Lothar Rolke und Jan Sass (Hrsg.)
Kommunikationssteuerung

Kommunikations-steuerung

Wie Unternehmenskommunikation in der digitalen Gesellschaft ihre Ziele erreicht

Herausgegeben von
Lothar Rolke und Jan Sass

ISBN 978-3-11-061258-5
e-ISBN (PDF) 978-3-11-043204-6
e-ISBN (EPUB) 978-3-11-043212-1

Library of Congress Cataloging-in-Publication Data
A CIP catalog record for this book has been applied for at the Library of Congress.

Bibliografische Information der Deutschen Nationalbibliothek
Die Deutsche Nationalbibliothek verzeichnet diese Publikation in der
Deutschen Nationalbibliografie; detaillierte bibliografische Daten sind im
Internet über http://dnb.dnb.de abrufbar.

© 2018 Walter de Gruyter GmbH, Berlin/Boston
Dieser Band ist text- und seitenidentisch mit der 2016 erschienenen
gebundenen Ausgabe.
Einbandabbildung: Kichigin/iStock/Thinkstock
Satz: le-tex publishing services GmbH, Leipzig
Druck und Bindung: CPI books GmbH, Leck

♾ Gedruckt auf säurefreiem Papier
Printed in Germany

www.degruyter.com

Inhalt

Lothar Rolke und Jan Sass
Herausforderungen und Benefits der Kommunikationssteuerung in der digitalen Gesellschaft – eine Einführung —— 1

Teil I: Grundlagen
Kommunikationssteuerung zwischen Anspruch und Verwirklichung

Lothar Rolke
Kommunikationssteuerung nach dem Stakeholder-Kompass – Wertschöpfung durch Wirkungsmanagement —— 17

Jan Sass
Kommunikations-Controlling in der digitalen Praxis —— 39

Christopher Storck
Die Integration des Kommunikationsmanagements in den Strategieprozess von Unternehmen —— 51

Ansgar Zerfaß und Christine Viertmann
Strategische Aufgaben des Kommunikationsmanagements in der digitalen Gesellschaft —— 67

Teil II: Zentrale und dezentrale Kommunikationssteuerung

Christof Ehrhart
Kommunikationssteuerung in Zeiten der Postmoderne —— 81

Heike Bernard und Mark-Steffen Buchele
Step by Step – Der Weg zur zielorientierten Kommunikationssteuerung der Siemens AG —— 93

Dorothee Hutter
Im Zusammenspiel liegt die Stärke – Von zentraler und dezentraler Kommunikation bei der GIZ —— 103

Christoph Lautenbach
Unternehmenskommunikation stakeholdergerecht organisieren –
Weiterentwicklung von Strukturen und Prozessen der
Kommunikationsfunktion —— 113

Jürgen Kornmann
Need for speed –
Warum Unternehmenskommunikation kampagnenfähig sein muss —— 127

Teil III: Steuerung der Mitarbeiter- und Führungskräftekommunikation

Ariana Fischer und Anja Kaup
Interne Kommunikation als Innovationstreiber —— 145

Matthias Eberle
Die Rolle der internen Kommunikation bei der Weiterentwicklung einer dialoggesteuerten Unternehmenskultur —— 159

Stefan Kantzenbach und Andreas Cezanne
Interne Kommunikation in der Kaskade – Regeln und Formate —— 171

Katharina Simon
Die Rolle der Unternehmenskommunikation als Business Partner —— 181

Gerhard Rickes
Kapitäne steuern – Lenkungsstrukturen in der Vorstandskommunikation —— 193

Teil IV: Steuerung der Kommunikationsfunktion
Themen, Kanäle, Ressourcen

Jan Dietrich Müller
Drehmoment entfalten –
Strategie als Instrument der Selbsttransformation einer Zentralfunktion —— 207

Philip Müller
Veränderte Anforderungen und Qualifikationsprofile für Kommunikatoren in der digitalen Gesellschaft —— 221

Ulrich Ott
Agenda Setting oder Agenda Sharing? –
Neue Möglichkeiten für übergreifendes Themenmanagement, digitales Netzwerken und interne strategische Beratung —— 233

Michael Schlechtriem
Unternehmenskommunikation als Treiber der Digitalisierung —— 245

Rainer Pollmann
Ressourcen der Unternehmenskommunikation systematisch auf die Strategie ausrichten —— 255

Teil V: Analyse, Strategie und KPIs im Kommunikationsmanagement

Jan Sass
Steuerung und Bewertung des Maßnahmen-Mixes: Von der Relevanzanalyse bis zur Überprüfung der Strategieanbindung —— 269

Uwe Berlinghoff und Thomas Breuer
Planen. Messen. Steuern.
Das integrierte Kommunikations-Controlling bei der Mainova AG —— 283

Jan Janzen
Cross-Channel-Measurement –
Digitalisierung und kausale Attribution als Schlüssel modernen Kommunikations-Controllings —— 293

Eike Tölle
Von der Strategie zum KPI in Zeiten des Medienwandels —— 307

Lothar Rolke
Webmonitoring next level –
Benchmark-orientiertes Performance- und Response-Measurement in den Kommunikationsräumen des Internets —— 319

Autorenverzeichnis —— 333

Stichwortverzeichnis —— 339

Lothar Rolke und Jan Sass

Herausforderungen und Benefits der Kommunikationssteuerung in der digitalen Gesellschaft – eine Einführung

Kommunikationssteuerung ist ein faszinierender Begriff. Und zugleich ein problematischer, weil er zu der Vorstellung verleitet, Gespräche oder der massenhafte Austausch im Netz, Dialoge online wie offline, die breite Werbeansprache und selbst Diskussionsrunden vor laufender Kamera ließen sich steuern wie ein Auto. Oder wie Videospiele mittels Konsolen. Oder zumindest wie den Verkehr und die Ströme von Fußballfans, die mit Hilfe von Signalanlagen, Absperrungen und Ordnern auf dem Weg ins Stadion von einem Leitstand aus gelenkt werden. Tatsächlich finden sich die Kenngrößen des Controllings von Unternehmen, auch die von Kommunikation, nicht selten in Dashboards wieder, die – Armaturenbrettern gleich – die Steuerung wie bei einem Fahrzeug suggerieren. Doch die eher mechanistischen Vorstellungen von Kommunikation funktionieren nicht, weil die Menschen als Kommunikationsteilnehmer keine bedingten Reflex-Wesen sind, die auf Werbebotschaften, Dialogangebote und irgendwelche Neuigkeiten berechenbar reagieren. Und weil große Menschengruppen wie das Fernsehpublikum oder auch umfängliche Kundensegmente, Belegschaften und Vereinsmitglieder einer ganzen Reihe höchst unterschiedlicher Einflüsse ausgesetzt sind und sich untereinander verständigen – nicht selten konträr zu den Absichten des Initiativ-Kommunikators. Gleichwohl verströmt der Begriff Steuerung für Führungskräfte zweifellos Attraktivität und etwas höchst Begehrenswertes, weil sich darin der Anspruch auf gezielte Einflussnahme, Regeln, Leiten und Lenken eingeschrieben hat. Er verspricht die Möglichkeit einer ziel- und willensgeleiteten Gestaltbarkeit menschlichen Miteinanders mit den Mitteln der Verständigung – allerdings verwendet wie eine lenkende Technik: in der kleinen Gesprächssituation ebenso wie in der weltweiten Netzkommunikation.

Außerdem wird Steuerung heute nicht selten automatisiert und selbstregulierend gedacht – wie beim selbstfahrenden Auto oder der selbststeuernden technischen Anlage. In der Technisierung erfährt Steuerung ihre Legitimation durch Selbstbezug und höhere Rationalität – am nachdrücklichsten im Begriff der „Industrie 4.0", die eine Utopie oder schon die Realität der intelligenten Selbststeuerung ist. Die Steuerung durch das Subjekt hat dagegen immer etwas Prekäres, weil menschliches Versagen weniger auszuschließen ist als technisches. Da menschliches Verhalten im Allgemeinen als nicht kontrollierbar und bis ins Einzelne beeinflussbar erscheint, ist zudem die grundsätzliche Frage nach der Steuerbarkeit menschlichen Zusammenwirkens zu stellen. Was hält eine Organisation zusammen und lässt sie auf ein Ziel hin agieren? Die Skepsis gegenüber kollektiver Selbst- wie auch Fremdsteuerung jedenfalls ist mit der Digitalisierung von Gesellschaft und Kommunikation gewachsen. Wie also ist vor diesem Hintergrund eine Steuerung mittels Kommunikation überhaupt vorstellbar? Und was ist mit Steuerung gemeint?

Schaut man sich in Natur und Objektwelt um, fallen Phänomene auf, die helfen einen mechanistisch verengten Steuerungsbegriff aufzusprengen, um danach den Problemkontext weiter auszuleuchten: Das Echolot von U-Booten oder die Ultraschall-Ortung von Fledermäusen erinnern daran, dass jeder, der ein Ziel ansteuert, die Umgebung mit ihrer spezifischen Beschaffenheit kennen muss, um sich nicht durch unbeabsichtigte Zusammenstöße selbst auszuschalten. Es gilt also vorher auszuloten, was geht und was nicht. Segelschiffe stehen für eine andere Art von Steuerungsproblemen: den Umgang mit dem Wind – einer externen Kraft, die sich der Segler nutzbar zu machen sucht. Die Brise sorgt dafür, dass sich Ziele erreichen lassen. Zwar nicht über eine präzise und immer verfügbare Route, aber bei Gegenwind immerhin über ein aufwendigeres Kreuzen. Im Falle einer Flaute fällt allerdings auch diese Möglichkeit aus. Von Raumfähren schließlich weiß man, dass sie regelmäßig der Nachsteuerung bedürfen, weil die Vorausberechnungen nicht zu hundert Prozent präzise sein können oder technische Ausfälle eintreten.

Die Umgebung zu erkennen, Winde zu nutzen, die Zielerreichung vorauszuberechnen und gegebenenfalls nachzusteuern, mag in der konkreten Situation eine große Herausforderung darstellen. Doch im Vergleich zu den komplexen Steuerungsaufgaben in Wirtschaft, Gesellschaft und Politik handelt es sich dabei um etwas relativ Einfaches. Denn dort sind immer Menschen und Menschengruppen involviert, die die Welt und die darin wahrgenommenen Steuerungsimpulse gemäß ihrer eigenen Wunsch- und Wertvorstellungen beurteilen, mitunter diskutieren und sich danach verhalten. Gegenstände und Naturphänomene widersprechen nicht, wenn sie benannt, bearbeitet oder beurteilt werden. Menschen schon. Sie haben ein eigenes Bild von sich, verfolgen ihre Ziele und deuten ständig und unaufgefordert, was um sie herum passiert. Menschen handeln im Interesse an sich selbst, aber keineswegs nur zweckrational. Gesellschaftliches Zusammenleben und die damit verbundene Wirtschaftstätigkeit sind daher durch ein hohes Maß an Komplexität und Kontingenz bestimmt. Gleichwohl ist beides nicht einfach beliebig und chaotisch, sondern vorstrukturiert durch erwartbares Handeln und absehbare Prozesse, die sich unter gewissen Bedingungen auch gestalten lassen. Dabei finden milliardenfach koordinierte Interaktionen statt, ohne das vorher aktiv ein Konsens herbeigeführt wurde: Kunden kaufen täglich Produkte, ohne Preise zu diskutieren. Regeln werden ungezählt befolgt, ohne dass die Betreffenden vorher aktiv von ihnen überzeugt werden müssen. In der gesellschaftstheoretischen Diskussion hat Jürgen Habermas (1987) für diese Art der funktionalen Handlungskoordinierung den Begriff der Steuerungsmedien eingeführt. Konkret: „Macht" und „Geld", die das Handeln des Einzelnen in institutionalisierten Zusammenhängen kanalisieren, weil sie „vorprogrammiertes" Folgehandeln auslösen oder ermöglichen: Werden Regeln verletzt, führt das zu Sanktionen, sodass die Regeln meist doch befolgt werden. Wer seine Waren gegen

Geld tauscht, weiß ganz sicher, dass er das Geld später einsetzen kann, um andere Leistungen zu erwerben.

Habermas sieht in ihnen systemische Codes der kommunikationsentlasteten Handlungskoordination, die die Menschen, im Gegensatz zur verständigungsbasierten Kommunikation, einer funktionalen Handlungslogik – eben unter „Umgehung sprachlicher Konsensbildung" (ebd. II: 271) – unterwerfen. Doch im Grunde sind die Steuerungsprozesse über „Geld" und „Macht" nichts anderes als verselbständigte Formen institutionell verfestigter und kodifizierter Kommunikation, in der die Selektionsprozesse von Informieren, Mitteilen und Verstehen bereits gesellschaftlich einprogrammiert sind: reduziert, akzeptiert und sanktioniert, um menschliches Zusammenleben von seinem erheblichen, immanenten Kommunikationsaufwand zu entlasten und zugleich die Dissensrisiken zu minimieren. Steuerungsmedien führen zu systemischen Selbstverständlichkeiten, die nicht mehr vereinbart oder hinterfragt werden müssen, um zu funktionieren. Sie sind es bereits. Wer dennoch Geld nicht als werthaltiges Tausch- und Anlagemittel akzeptiert oder die in bindenden Regelungen niedergelegten Machtansprüche verletzt, verhält sich gesellschaftlich gesehen dysfunktional, wird ausgegrenzt und muss mit Nachteilen rechnen. Sicherlich lassen sich Geld- und Machtcodes diskursiv in Frage stellen, aber sie sind durch Diskussion und Widerspruch allein nicht zu ändern, weil ihre Funktionalität der Zustimmung des Einzelnen nicht bedarf. Es handelt sich um verselbständigte Formen kanalisierter und prozessual verfestigter Kommunikation des ökonomischen und politisch-administrativen Systems, die den Austausch von Gütern bzw. Dienstleistungen und die Durchsetzung bindender Entscheidungen sicherstellen. Weil „Geld" und „Macht" im Rahmen eines evolutionär herausgebildeten Korridors mit „erwartungsleitender Wahrscheinlichkeit" Folgekommunikation auslösen oder ermöglichen, sieht Niklas Luhmann (1997: 316 ff.) in ihnen funktionale Kommunikationsprozesse und spricht anstatt von Steuerungsmedien von „symbolisch generalisierten Kommunikationsmedien" (nicht zu verwechseln mit Verbreitungsmedien wie Zeitungen oder Fernsehen), zu denen er im Übrigen auch „Liebe", „Wahrheit" oder „Kunst" zählt. Für ihn ist die Gesellschaft insgesamt nichts anderes als Kommunikation. Doch konzeptionell praktischer erscheint es – und wird deshalb hier favorisiert – in Anlehnung an die Habermassche Dualität zwischen funktionalen Steuerungsmedien einerseits und verständigungsbasierter Kommunikation andererseits zu unterscheiden, auch wenn diese durch die Massenmedien gesellschaftlich vorgeformt und ritualisiert ist. Immerhin – Kommunikation, wie sie hier verstanden wird (vgl. Rolke 1999; Rolke 2008), ist an Sprache sowie an eine kulturelle Erfahrungs- und Lebenswelt rückgebunden und besitzt daher eine Art Veto-Recht gegenüber systemischen Zumutungen formalrechtlicher und rein geldbasierter Handlungskoordination, das sich in Protest und Einspruch, Kritik und Gegendarstellung äußern kann.

Was nützt nun eine solche hier nur kursorisch eingeführte Unterscheidung von (verständigungsbasierter) Kommunikation, die persönlich oder medial, mit Worten oder Bildern erfolgen kann, und Steuerungsmedien, die die gesellschaftlichen Subsysteme von Kommunikation entlasten, für die praktische Frage nach der Kommunikationssteuerung von Unternehmen? Drei Aspekte sollen hier hervorgehoben werden, die für die Unternehmenskommunikation konstitutiv sind:

Verständigungsbasierte Kommunikation ist selbst ein einzigartiges und unverzichtbares Steuerungsmittel, das Informationen, Mitteilungen und Verstehen selektiert; das gilt auch obwohl sie mit den Risiken des Nicht- und Missverstehens wie auch des Widersprechens behaftet ist. Sie ermöglicht, Einverständnis herzustellen und Interpretationshilfen zu geben. Weder Unternehmen noch Politik oder Verwaltungen können auf konsensbildende Kommunikation zur Handlungskoordination verzichten, wenn sie auf Dauer überzeugen wollen. Allerdings handelt es sich bei Organisationen immer um eine auftragsabhängige, zweckgerichtete Kommunikation, die intern der Rationalisierung bedarf.

In der Praxis ist nicht ohne Grund überwiegend eine *Koppelung von Steuerungsmedien und verständigungsbasierter Kommunikation* zu beobachten. Produkte werden nicht nur über den Preis verkauft. Und selbst wenn das geschieht, muss kommuniziert werden, warum der Preis der Leistung entspricht, also ein gutes Preis-Leistungs-Verhältnis besteht. Um Mitarbeiter erfolgreich zu führen, reichen hierarchiegestützte Weisungen und materielle Anreize nicht aus. Mitarbeiter wollen verstehen, involviert und überzeugt werden. Dennoch erfolgt ein Großteil der routinierten Interaktionen des Unternehmens über die systemisch gestützten Prozesse von Tausch (Gehalt/Boni gegen Arbeitsleistung) sowie über die machtgestützten Verfahren zur Durchsetzung bindender Entscheidungen (Handbücher, Anweisungen und definierte Berichtswege).

Doch je mehr sich der lebensweltliche und mediale Kontext verändert, desto weniger scheinen die eingeübten und eher starren Interaktionsformen kommunikativ zu funktionieren. Durch das Internet und die damit verbundene Digitalisierung der Gesellschaft sind nicht nur neue publizistische Plattformen entstanden. Vielmehr hat das Individuum in einem bislang nicht gekannten Ausmaß an kommunikativer Einflussnahme gewonnen. Je stärker jeder Einzelne durch Kritik und Bewertung die als selbstverständlich geltenden Ansprüche internetöffentlich in Frage stellen kann, je direkter sich die User untereinander austauschen können und je mehr Quellen für alle zur Verfügung stehen, desto weniger überzeugen die routiniert eingespielten Kommunikationsformen über die klassischen Medien und desto weniger funktionieren die traditionellen Geschäftsmodelle.

Anders formuliert: Unternehmen befinden sich in einer schwierigen Situation, die in der digitalen Gesellschaft an Schärfe gewinnt. Um der Effizienz willen müssen sich Unternehmen von den erfahrungs- und lebensweltlich gespeisten Kommunikationsansprüchen ihrer Stakeholder entlasten – von deren Begründungserwartungen ebenso wie von deren Transparenzwünschen. Das gelingt in der Regel über den Einsatz von Steuerungsmedien im Habermasschen Sinne, also über preisbasierte Tauschprozesse und regulierte Verfahren, durch die Machtpositionen kodifiziert sind. Denn die basalen Elemente von Kommunikation – Information, Mitteilung und Verstehen – sind dort einprogrammiert, weil sie sich bewährt haben. Doch eben diese erweisen sich regelmäßig in ihrer Starrheit als dysfunktional, wenn sie mit den Partizipationsansprüchen und Erfahrungen der Stakeholder kollidieren. Sharing Economy, Wikinomics, Shitstorms und User Empowerment sind Begriffe, in denen sich die neuen Ansprüche und Möglichkeiten der handelnden und kommunizierenden Stakeholder ausdrücken. Kunden und potenzielle Mitarbeiter, Aktionäre und Blogger wollen eher den Austausch mit dem Unternehmen, als sich mit starren Verkaufskanälen zufrieden zu geben oder sich von einseitig initiierten Informationsangeboten überfluten zu lassen. Aber nicht immer, nicht überall und vor allem selbstbestimmt, weil der totale Dialog einer Selbstüberforderung gleich käme.

Schon Arnold Gehlen hat darauf hingewiesen, dass die menschliche Fähigkeit zur Durcharbeitung von Wirklichkeitswelten konstitutiv äußerst begrenzt ist, weil der Mensch im Unterschied zu anderen Lebewesen mit einer „offenen Welt" konfrontiert wird. Seinen zentralen Begriff der „Entlastung" definiert Gehlen als das Streben, in das „Chaos der Reizüberflutung" ein Maximum an Ordnung, Zusammenhang und Regelmäßigkeit hineinzuinterpretieren und so die Pluralität des Wirklichen auf bestimmte, gelernte und kulturell präfigurierte Wahrnehmungsmuster zu reduzieren (Gehlen 1981: 78 ff.). Die Weltfülle wird damit verringert, kodifiziert und als Erfahrung im Bewusstsein verfügbar gemacht. Das ist einerseits die Voraussetzung dafür, dass sich das Individuum in einer als stabil wahrgenommenen Umwelt bewegen kann, andererseits aber ein Widerstand gegen Umwertungen und Neudeutungen bzw. gegen Erfahrungsbildung insgesamt. Die ontologisch vorgegebene Abweisung von Komplexität zeigt sich in Phänomenen der Verallgemeinerung, Tilgung oder Verzerrung und nimmt mit der Menge medialer Reize und Informationsangebote zu. Für die Kommunikationssteuerung entsteht dadurch eine widersprüchliche Situation: Unternehmen suchen um der Effizienz willen die Entlastung von Kommunikationsansprüchen, werden jedoch aufgrund der digitalen Möglichkeiten immer stärker zur Kommunikation herausgefordert. Dabei streben die Stakeholder ihrerseits selbst nach Entlastung, indem sie kommunikativen Reizen ausweichen, die nicht ihren unmittelbaren Interessen entsprechen oder durch die Form ihrer Aufbereitung einen (zu) hohen psychischen Aufwand bedeuten würden, erwarten aber gleichzeitig die nutzwertige Information zu richtigen Zeit, im angemessenen Umfang und am gewünschten Ort.

Und weil die routiniert eingespielten, massenmedial begrenzten Formen von Information und Verständigung immer weniger funktionieren – klassische Werbung ebenso wenig wie die herkömmliche Pressearbeit, die traditionelle Mitarbeiterzeitung so wenig wie Telefonaktionen bei Kunden –, weil ferner das Internet mit seinen vielfältigen Kommunikations- und Interaktionsmöglichkeiten in der Medienlandschaft die Leitfunktion übernommen hat und die Ansprüche sowie die Vielfalt der kommunikativ gut ausgerüsteten Stakeholder weiter steigen, rücken die Fragen zur Kommunikationssteuerung verstärkt ins Blickfeld und verlangen ein konzeptionelles Umdenken.

Als Kritiker der Kommunikationssteuerung haben sich besonders Christensen et al. (2009) positioniert. Sie halten die Vorstellung, dass große Unternehmen ein einheitliches Bild gegenüber ihren Anspruchsgruppen abgeben können, für illusorisch und plädieren für das Zulassen von Widersprüchen und mehr Vielfalt in der Organisationsdarstellung. Zu viel Konsistenz kann aus ihrer Sicht einer Uniformierung gleichkommen, die authentisches Verhalten verhindert und kreative Entwicklungen in der Organisation hemmt. Stattdessen trauen die Autoren den Anspruchsgruppen zu, sich trotz widersprüchlicher Botschaften ein homogenes Bild von einem Unternehmen zu machen, das dadurch zugleich lebendiger wahrgenommen wird: „To integrate its communication, an organization needs to embrace diversity and variety and to balance the wisdom of its many voices with the effort to secure clarity and consistency in its overall expression" (ebd. 212). Wahrnehmung wird damit als ein kreativer Prozess aufgefasst, der vom Absender weder geplant noch gemanagt werden kann. Kein Zweifel: Wirkungsorientierte Kommunikationssteuerung ist schwieriger geworden und in der digitalen Gesellschaft einem multifaktoriellen Geschehen unterworfen. Dennoch ist es fragwürdig, die organisationale Planung von Kommunikationswirkungen insgesamt zu diskreditieren und sie einer bloßen Rekonstruktion von Vielstimmigkeit zu überlassen. Die bestehenden Etats in Unternehmen belegen, dass das Management der Kommunikationsfunktion eine geldwerte Steuerungsleistung zutraut.

In der Praxis ist die Steuerung der Kommunikation jedoch aufgefordert, von einem einseitigen Informations- und Vermittlungsverständnis abzurücken und stattdessen mit den Stakeholdern in eine dauerhafte, Dialog ermöglichende Beziehung zu treten. Dabei geht es um die Feststellung gemeinsamer Anliegen und Ziele, um Aushandlungs- und Verständigungsprozesse. Während Unternehmenskommunikation beziehungsorientierter wird, entwickelt sich Kommunikationssteuerung zu einem Response-Management, das eine fortlaufende Anpassung der Ziele und Maßnahmen an die Meinungen und Erwartungen der Stakeholder erforderlich macht.

Agilität und die Bereitschaft zum „Zuhören" werden unter diesen Vorzeichen zu zentralen Bedingungen der Kommunikationssteuerung. Diese darf nicht überkomplex werden, da sie dann im operativen System zu unflexibel ist und die Anforderungen der Umwelt nicht mehr erfüllt. Gleichzeitig ist an einem absichtsvollen und datengestützten Steuerungsanspruch der Kommunikation festzuhalten weil es dazu auch in der digitalen Gesellschaft keine Alternative gibt. Wer eine Strategie im Kopf hat, muss auch den Willen haben, diese umzusetzen. Am Anspruch auf Steuerung ist daher grundsätzlich festzuhalten, andernfalls lohnten sich weder Planung für Kommunikation und noch Investitionen in sie. Nur das Verständnis von Steuerung in einem hochkomplexen und dynamischen Umfeld muss sich erweitern, auf Flexibilität und Lernbereitschaft basieren, ohne die strategischen Ziele aus dem Blick zu verlieren. So wichtig hier die ständige Überprüfung der eigenen Durchsetzungsfähigkeit und Zielerreichung ist, wobei beides keine Maximal-, sondern Optimalgrößen sind, so bedeutsam ist der Transfer von externen Ansprüchen in die Organisation hinein, um sie auf die Veränderungen in der Umwelt vorzubereiten.

Eine solche bewegliche und auf Nachhaltigkeit ausgelegte Kommunikationssteuerung will den Einsatz verständigungsbasierter Kommunikation von Unternehmen (und anderen Organisationen) rationalisieren, indem sie den sprachabhängigen Austausch zwischen Unternehmen und ihren Stakeholdern als Zweck-Mittel-Beziehung zum Wohle des Unternehmens zu organisieren versucht. Eine solche Vorgehensweise ist nicht risikofrei, aber risikomindernd. Im Kern dient der geplante kommunikative Mitteleinsatz den nutzwertigen Zwecken bzw. Zielen der Organisation, deren Erreichen am Ende überprüft wird. Wie Unternehmens-Controlling generell, verlässt sich Kommunikations-Controlling dabei nicht auf die begrenzte Erfahrung und Rationalität des einzelnen Akteurs, sondern versucht seinen Steuerungsanspruch systemisch zu konzipieren. Es dient so der Rationalitätssicherung im Unternehmen – trotz der persönlichen Grenzen des Könnens und Wollens der einzelnen Führungskraft (Weber & Schäffer 2011: 26). Angesichts der wachsenden Anpassungsprobleme, denen Unternehmen sich heute aufgrund sich dynamisch verändernder Umwelten ausgesetzt sehen, hat sich Controlling ganz allgemein intern als eine „Koordinationsfunktion" zu bewähren, „die die Ausrichtung des Unternehmensgeschehens am Ergebnisziel bewirken soll" (Horváth 2011: 9) – eben unter Berücksichtigung der sich ständig verändernden Rahmenbedingungen, was dann nicht selten zu einer Änderung des Geschäftsmodells führt. Das funktioniert in der Praxis nur, indem Tätigkeiten und Handeln in Produktion wie im Marketing, im Einkauf wie in der Unternehmenskommunikation in Zweck-Mittel-Beziehungen übersetzt und in Kennzahlen abgebildet werden – unterlegt mit entsprechenden Zielsetzungen, Planungs-, Informations- und Kontrollkonzepten.

Insofern ist Kommunikationssteuerung nur auf der Grundlage eines entwickelten Kommunikationsmanagements möglich, dessen notwendiger Bestandteil sie wiederum ist: Ohne den Rückbezug auf die Unternehmensstrategie kann keine dem wirtschaftlichen Erfolg dienliche Kommunikationsstrategie entwickelt werden, die ihrerseits darauf überprüft werden muss, ob aufgrund der Fähigkeiten der Organisation und den äußeren Bedingungen überhaupt Aussicht auf eine erfolgreiche Umsetzung besteht. Wenn ja, lassen sich Aufgaben und Ziele ableiten, Zielgruppen und Themen definieren, die die konkrete Maßnahmenplanung bestimmen. Kommunikations-Controlling dient im Rahmen des Kommunikationsmanagements der Vorsteuerung beim Mitteleinsatz, der projektbegleitenden Steuerung wie auch der Nachsteuerung, wenn die Wirkungsergebnisse nicht zufriedenstellend sind. Insofern reicht das Toolset im Kommunikations-Controlling von Umwelt- und Kompetenzanalysen über diverse Planungsverfahren bis hin zu einem mittlerweile stark ausdifferenzierten Instrumentarium der Erfolgs- und Wirkungskontrolle (vgl. dazu Rolke & Zerfaß 2014; Linke 2014; Esch et al. 2016), wobei das geplante und das realisierte kommunikative Geschehen üblicherweise in Kennzahlen und Performanzindikatoren, Ampelsystemen und Dashboards abgebildet wird – wohl wissend, dass die Informationslage damit nur unvollständig erfasst werden kann. Kein Unternehmen vermag die gesamte Bandbreite an möglichen Daten und Informationen aufzubereiten und zu nutzen. Es wäre im Übrigen auch nicht empfehlenswert, weil der enorme Aufwand jegliches Managementhandeln wie auch die Kommunikation des Unternehmens zum Erlahmen brächte.

Die Umwandlung von Daten in Kennzahlen verhilft dazu, den Kommunikationsstatus eines Unternehmens zu einem gegebenen Zeitpunkt oder über einen längeren Zeitraum hinweg zu beurteilen. Sie schaffen Transparenz zur Wahrnehmung des Unternehmens bei Stakeholdern und geben Auskunft über die Wirksamkeit und Qualität der Maßnahmen sowie über Prozesse der Unternehmenskommunikation. Gut ausgewählte Kennzahlen erlauben frühzeitige Kurskorrekturen und können darüber hinaus auch Vergleichsmöglichkeiten mit anderen Unternehmen eröffnen. Zu viele Indikatoren auf einer Verantwortungsebene trüben jedoch den Blick auf das Wesentliche und sind daher einer klaren Handlungsorientierung nicht förderlich. Bei der Auswahl von leistungs- und wirkungsbezogenen Kennzahlen ist es wichtig, auch unterjährige Daten zu berücksichtigen. Steuerung ist nur möglich, wenn sie über aktuelle, veränderliche und von der Unternehmenskommunikation beeinflussbare Daten verfügt. Hier ist daran zu erinnern, dass die Relevanz der Kommunikationswirkung für das Unternehmen zwar mit jeder Wirkungsstufe steigt, die Zurechenbarkeit der Kommunikationswirkung jedoch abnimmt (vgl. dazu Sass & Zerfaß 2016).

Weder lässt sich die Umweltkomplexität, mit denen sich Organisationen auseinandersetzen müssen, vollständig abbilden noch sind die nötigen Zeit-, Geld- und Personalressourcen hinreichend verfügbar. Eine lebendige und heute höchst dynamische Kommunikation verlangt in der digitalen Gesellschaft Reaktionen nahezu in Echtzeit – und das funktioniert nur unter der Bedingung unvollständiger Information. Außerdem erfolgt sie in vorstrukturierten Stakeholder-Beziehungen mit beidseitigen Vorerfahrungen und der begleitenden systemischen Mitsteuerung über Geld und Recht, finanzieller bzw. vertraglicher Absicherung. All das erfordert neben Planung und Erfolgskontrolle auch spontane Kreativität und Improvisation, die dann nachträglich überprüft werden müssen – am besten innerhalb eines strategischen Rahmens. Die Erfahrung und Rationalität des Einzelnen sowie die Rationalität des Kommunikationsmanagements und -controllings bilden keinen Gegensatz, sondern ergänzen sich in der Umsetzung der strategischen Kommunikationsziele.

Fragt man professionelle Kommunikatoren nach ihren konkreten Aufgaben, dann werden regelmäßig drei große Handlungsfelder erkennbar, denen sich die Verantwortlichen zu stellen haben. Und je exponierter das Unternehmen ist, desto komplexer sind die Anforderungen:
- die sogenannte *Regelkommunikation* als ständige Pflichtaufgabe, weil sich Unternehmen fortwährend im Tausch und Austausch befinden, dem sie sich nicht entziehen können,
- die *Kampagnen-Kommunikation*, um bestimmte strategische Unternehmensziele nachdrücklich durchzusetzen oder zumindest gezielt zu unterstützen, und
- die *Krisenkommunikation*, weil die Märkte wie die Gesellschaft ihrerseits mit kommunikativen Ansprüchen (re)agieren, die in Unternehmen für erhebliche Instabilität sorgen können – vor allem dann, wenn die Auslöser mit Legalitäts- bzw. Legitimitätserwartungen verknüpft sind.

Immer wieder geht es dabei um grundsätzliche Aspekte der Unternehmenskommunikation, die den Alltag der Kommunikatoren bestimmen und einer kontinuierlichen Überprüfung sowie Neuausrichtung bedürfen:
- die Ausrichtung von Kommunikation auf Wertschöpfung *(Kommunikationssteuerung zwischen Anspruch und Wirklichkeit)*,
- das Management der Wirkungsfelder *(zentrale und dezentrale Kommunikationssteuerung)*,
- die Aktivierung der eigenen Organisation *(Steuerung der Führungskräfte- und Mitarbeiterkommunikation)*,
- die Koordination der Kommunikationsmittel und -optionen *(Themen, Kanäle und Ressourcen)* sowie
- die Planung und Messung von Kommunikationserfolg *(Analyse, Strategie und KPI's im Kommunikationsmanagement)*.

Worauf kommt es dabei in der digitalen Praxis an? Was hat sich bewährt, was wurde gelernt und wo liegen die Aufgaben der Zukunft? Die Herausgeber dieses Bandes haben unterschiedliche Experten der Unternehmenskommunikation gebeten darzulegen, wie sich Unternehmen angesichts steigender Kommunikationsanforderungen den Fragen zur Steuerung von Kommunikation stellen, wie sie die digitalen Kommunikationsmöglichkeiten nutzen, Stakeholder-Beziehungen gestalten und den neuen Herausforderungen begegnen. Entstanden ist ein sehr lebendiges Gesamtbild. Am Anspruch, dass Kommunikation zu steuern ist, halten alle Autoren fest. Gleichzeitig besteht Einigkeit, dass sich Steuerung und Gestaltung nicht auf einen einmal gesetzten Kommunikationsimpuls verlassen dürfen, sondern von der Zielanbindung bis zur Maßnahmenebene laufend aus dem Geschehen lernen müssen. Ein permanentes Ausloten – zwischen dem, was die Organisation vermitteln will, und den Interessen der Anspruchsgruppen – ist dabei ebenso notwendig wie die interne Positionierung der Kommunikationsfunktion als Business Partner.

In der nachfolgenden Kurzbeschreibung der einzelnen Beiträge in diesem Band wird nicht nur die Aufmerksamkeit des Lesers auf die zentralen Aspekte der hier diskutierten Fragestellungen gelenkt, sondern er erhält auch einen ersten Eindruck von dem hier geformten Mosaik der Kommunikationsteuerung in Wissenschaft und Praxis.

Kommunikationssteuerung zwischen Anspruch und Verwirklichung: Wenn Unternehmen jeden Tag mit großem Mitteleinsatz und auf immer mehr Kanälen mit ihren Stakeholdern kommunizieren, dann beweist das zweifelsfrei, dass Kommunikation für sie von Wert ist. Und zwar so wertvoll, dass sie aktiv und zweckgerichtet gemanagt werden muss. *Lothar Rolke* (Hochschule Mainz) zeigt anhand des Stakeholder-Kompasses, welche Wertbeiträge Unternehmenskommunikation liefert (Wertschöpfung, Wertsicherung und Wertaufbau) und wie diese zu verorten sind. Wertorientiert steuern lässt sich Kommunikation allerdings nur, wenn Kommunikationsplanung und -controlling als Zusammenhang gesehen werden, weil beide flexibel den gleichen Wirkungsprozess in verschiedenen Stufen betrachten – einmal allerdings in der Vorschau (Planung) und einmal in der Rückschau (Controlling), wodurch Abweichungen erkennbar und Lerneffekte ermöglicht werden. In der Kommunikation wird kein Wert an sich gesehen, sondern ein Potenzialfaktor, der seine Werthaltigkeit erst in der Verknüpfung mit der Unternehmensstrategie entfaltet und durch ein nachhaltiges Stakeholder-Management zu steigern vermag.

Wie sich Unternehmenskommunikation unter dem Einfluss des digitalen Wandels verändern muss, arbeitet *Jan Sass* (LAUTENBACH SASS) heraus. Die Veränderung betrifft sowohl die eigene Organisationsstruktur, die sich lernend der vernetzten Welt anpassen muss, wie auch die Aufgabenstellung – beispielsweise indem die Kommunikationsfunktion selbst zur Steuerungseinheit für die digitale Transformation im Unternehmen wird. Flexibilität, Empathy und Integration sind intern wie extern die Antworten der Unternehmen(skommunikation) auf Dynamik, Kontrollverlust und Fragmentierung der Märkte. Kommunikations-Controlling gewinnt durch die permanenten Veränderungen an Relevanz.

Die Verbindung der Kommunikationsfunktion mit der Unternehmensstrategie gilt *Christopher Storck* (Hering Schuppener) als größte Herausforderung. In seinem Beitrag führt er aus, wie die Unternehmenskommunikation ihrem Ziel näher kommen kann, ein integraler Bestandteil des Strategieprozesses der Gesamtorganisation zu sein. In diesem Zusammenhang unterzieht er den Stakeholder-Ansatz in der Kommunikation einer kritischen Prüfung und entwirft ein erweitertes Rollenverständnis für Kommunikationsmanager.

Ansgar Zerfaß und *Christine Viertmann* (Universität Leipzig) erläutern die strategischen Ziele des Kommunikationsmanagements in der digitalen Gesellschaft und vor dem Hintergrund veränderter Erfolgsparameter der Unternehmensführung. Insofern Kommunikation als integrierte und koordinierende Funktion im Unternehmen zu verstehen ist und Kommunikationsprozesse in allen Phasen der Wertschöpfung stattfinden, folgen Veränderungen für die organisationale Ausrichtung und Struktur der Kommunikationsfunktion. Dazu werden drei Forschungsimpulse für die Weiterentwicklung der strategischen Kommunikation zur Diskussion gestellt: Befähigen statt Konzeptionieren, Aufbau einer „architecture of listening" und Polyphonie statt One-Voice-Policy.

Zentrale und dezentrale Kommunikationssteuerung: Globale Geschäftstätigkeit und dynamische Veränderungsprozesse zwingen Unternehmen gleichermaßen zu einer starken strategischen Ausrichtung wie zu flexiblen Anpassungen in den lokalen Märkten. *Christof Ehrhart* (Deutsche Post DHL Group) zeigt, wie durch die gesellschaftlichen und medialen Veränderungen Unternehmen immer stärker unter Rechtfertigungsdruck geraten, wodurch Image und Ansehen erheblichen Gefahren ausgesetzt sind. DHL hat darauf mit einem Reputationsmanagement reagiert, in dem die Treiber nicht nur gezielt stimuliert werden, sondern Reputation weltweit zur Leitwährung der Kommunikationssteuerung erhoben wurde. Organisatorisch konsequent sind Unternehmenskommunikation (Corporate Communications) und das

Nachhaltigkeitsmanagement des Unternehmens (Corporate Responsibility) heute in einer Funktion integriert.

Heike Bernard (Siemens) und *Mark-Steffen Buchele* (Buchele cc) zeichnen nach, wie die bisher etablierten Steuerungssysteme der Kommunikation bei Siemens in den vergangenen Jahren auf den Prüfstand gestellt und erstmals aufeinander abgestimmt wurden. Auf der Basis eines bereits 2006 entwickelten globalen Communication Performance Management-Systems dienten verschiedene Pilotprojekte dazu, ein weltweit einheitliches Vorgehen zur zielorientierten Steuerung und vergleichbaren Messung zu etablieren. Im Zuge dieser Entwicklung und einer Neuorganisation der siemensweiten Unternehmenskommunikation wurde der Bereich Communication Performance aufgebaut und in einer Abteilung gebündelt.

Dorothee Hutter (GIZ) führt in ihrem Beitrag aus, wie in der weltweiten Kommunikation der Organisation das Spannungsfeld zwischen einheitlichen Botschaften und kulturspezifischer Umsetzung zu gestalten ist. Dabei betont sie als Handlungsfelder die Einführung eines systematischen Strategieprozesses, die Entwicklung zentraler Strategieelemente sowie den Aufbau und die Qualifizierung eines dezentralen Kommunikatoren-Netzwerkes. Erfolgskritisch für die Unternehmenskommunikation der GIZ ist es, klare Leitplanken zu setzen, während eine landesbezogene Anpassung vor Ort geschieht.

Christoph Lautenbach (LAUTENBACH SASS) bietet in seinem Beitrag eine Bestandsaufnahme aktueller Organisationsformen der Unternehmenskommunikation und zeigt auf dieser Basis ihre Entwicklung von einer klassischen Linienfunktion zum offenen Netzwerk. Er stellt heraus, dass die Definition von Prozessen umso wichtiger wird, je mehr sich Strukturen auflösen. Hier liegt das Augenmerk auf der Beschreibung übergreifender koordinierender Prozesse, der Rolle von Gremien in der laufenden Zusammenarbeit, der Governance von Kommunikation sowie einer Anpassung ihrer Mandatierung. Zudem werden veränderte Anforderungen an Kompetenzen und Projektmanagement erläutert, die aus dem organisatorischen Wandel entstehen.

Jürgen Kornmann (Deutsche Bahn) demonstriert ausführlich, wie eine externe crossmediale Kampagne mit einem „Aufregerthema" – die vermeintliche Abschaffung der BahnCard – die Kommunikationsfunktion herausfordern kann und welche Bedeutung dann Geschwindigkeit für die Kommunikationssteuerung erhält. Es wird beschrieben, wie journalistische Kampagnen funktionieren und wie Unternehmenskommunikation selbst kampagnenfähig wird. In der Darstellung der Eskalationsstufen erweist sich die Dialogkommunikation unter Einbeziehung des Vorstands als wichtigster Erfolgsfaktor für die Wiedergewinnung an Definitionsmacht.

Steuerung der Führungskräfte und Mitarbeiterkommunikation: Ariana Fischer (ARIANAFISCHER) und *Anja Kaup* (SAP BI Infocient Consulting) legen dar, wie interne Kommunikation die Unternehmenskultur beeinflussen kann, damit Organisationen innovationsfähiger werden und im Wandel von Markt, Gesellschaft und Medien erfolgreich bestehen. Interne Kommunikation wird gerade mit Bezug auf kollaborative Ansätze wie Open Innovation und Co-Creation als wichtiger Treiber und Begleiter dieses Wandels profiliert. Auf der Grundlage von Studien und Praxiserfahrungen wird eine Reihe von Erfolgsfaktoren aufgeführt, die zum Beispiel die Beteiligung von Mitarbeitern oder die Vermittlung von Innovationen betreffen.

Matthias Eberle (Eurowings Group) berichtet von den Herausforderungen, die aus einer stark dezentralen Konzernstruktur mit vielen eigenständigen Geschäftsfeldern und Gesellschaften für die interne Kommunikation entstehen. Vor diesem Hintergrund beschreibt er, wie das gesamte interne Medien-Portfolio einem Konsolidierungsprozess unterzogen wurde und zur Entwicklung einer multimedialen Kommunikationsplattform führte. Besonders betont wird hierbei die Dialogkommunikation als Faktor für die Wertschöpfung.

Stefan Kantzenbach und *Andreas Cezanne* (Union Investment) gehen in ihrem Beitrag der Frage nach, in welchem Umfang die klassische Kommunikationskaskade der internen Kommunikation in einer digitalen Umwelt ihre Gültigkeit behält. Sie führen aus, dass die gewandelten Rahmenbedingungen unternehmerischen Handelns die Steuerung der Mitarbeiter- und Führungskräftekommunikation stark verändert haben. Dabei wird die These vertreten, dass eine als Kommunikationsarchitektur verstandene Kaskade nach wie vor einen wichtigen Beitrag zum Kommunikationserfolg leistet.

Katharina Simon (Fraunhofer-Gesellschaft) beschreibt die Funktion der Unternehmenskommunikation als Business Partner sowie ihre Steuerungsaufgaben zwischen Managementansprüchen und Stakeholdererwartungen. Sie erläutert Voraussetzungen, Entwicklungen und Benefits der Kommunikationsfunktion auf ihrem Weg zum Business Partner. In diesem Zusammenhang werden verschiedene Rollenprofile der Unternehmenskommunikation diskutiert und mit empirischen Ergebnissen aus der Befragung von Managern in Beziehung gesetzt.

Gerhard Rickes (SAP) beschreibt die Steuerung der Vorstandskommunikation als besonderes Aufgabengebiet der Unternehmenskommunikation. Es wird gezeigt, wie ein virtuelles internes Team die Vorstandspositionierung durch den Ausbau persönlicher Netzwerke sowie durch die Auswahl geeigneter Instrumente und Kanäle unterstützt. Als besonders wichtig für die Kommunikationssteuerung erweisen sich mit Blick auf das geringe Zeitbudget von Vorständen die Faktoren Fokussierung und Integration.

Koordination von Themen und Kanälen: Jan Dietrich Müller (MAN Diesel & Turbo) zeichnet die Integration von Unternehmens- und Marketingkommunikation im Unternehmen nach und führt aus, wie beide Bereiche aus einer Zentralfunktion heraus gesteuert werden. Der Beitrag gibt einen Überblick zu wesentlichen Schritten und Elementen des Wandels, der die Etablierung neuer Arbeitsweisen und die Fortentwicklung des Selbstbilds der Kommunikationsfunktion einschließt. Sein Fazit lautet, dass sie nur dann zu einem integralen Bestandteil der Unternehmensführung wird, wenn interne Entscheidungsprozesse mit externen Perspektiven verwoben werden.

Philip Müller (PR Career Center) beschreibt, wie sich der digitale Wandel in den Qualifikationsprofilen der Kommunikatoren niederschlägt. Er verdeutlicht, dass die glaubwürdige Kommunikation mit neuen Akteuren wie Bloggern oder Community-Mitgliedern eine wesentliche veränderte Anforderung darstellt. Um in Zukunft erfolgreich zu agieren, müssen Kommunikatoren ihr technologisches Know-how entwickeln, vor allem aber interdisziplinärer denken und flexibler handeln.

Ulrich Ott (ING-DiBa) erörtert das Verhältnis von Selbststeuerung und Kontextsteuerung im Zusammenhang mit dem Themenmanagement der Unternehmenskommunikation. Er betont, dass Unternehmen den Umgang mit der „Sprache der digitalen Gesellschaft" lernen müssen und beschreibt, welche Instrumente im Unternehmen zur Themensteuerung eingesetzt werden. Dabei werden, vor allem in der Mitarbeiter- und Führungskräftekommunikation, auch spielerische Möglichkeiten für die Vermittlung von Inhalten genutzt.

Michael Schlechtriem (Deutsche Telekom) stellt in seinem Beitrag dar, wie die Kommunikationsfunktion eines Unternehmens, das die Digitalisierung aktiv treibt und selbst von ihr unmittelbar betroffen ist, mit den Veränderungen umgeht. Ausgehend von der neuen strategischen Ausrichtung der Telekom erläutert er, wie die digitale Transformation von der Unternehmenskommunikation strategisch, taktisch und operativ gestaltet wird. Dabei liegt ein deutlicher Akzent auf der Entwicklung agiler Organisationsformen, die in einer dynamischen Umwelt mehr Transparenz schaffen, Entscheidungswege verkürzen und die Zusammenarbeit effizienter machen.

Rainer Pollmann (Pollmann & Rühm Training) führt aus, wie Kommunikationsbudgets transparenter und nachvollziehbarer auf die Strategie zu beziehen sind. Auf der Basis einer differenzierten Betrachtung des Ressourcenbegriffs erläutert er die Voraussetzungen zur Ermittlung von Ressourcen und entwickelt ihre systematische Verbindung mit Managementzielen. Daran anknüpfend zeigt der Beitrag Verfahren zur Herstellung von Transparenz sowie verschiedene Budgetierungsmethoden auf.

Analyse und Strategie im Kommunikationsmanagement: *Jan Sass* (LAUTENBACH SASS) beschreibt die Entwicklung und Planung des Maßnahmen-Mixes als wesentlicher Bestandteil des Kommunikationsmanagements. Er konzentriert sich hierbei auf operative Fragestellungen, die mit der strategieorientierten Auswahl von Instrumenten und Maßnahmen verbunden sind. In diesem Zusammenhang werden verschiedene praxiserprobte Tools für eine objektivierte Bewertung und Aussteuerung des Maßnahmen-Mixes vorgestellt und erläutert.

Uwe Berlinghoff und *Thomas Breuer* (Mainova) zeigen am Beispiel ihres Unternehmens, wie ein integriertes Kommunikations-Controlling entwickelt und umgesetzt werden kann. Ziele waren in erster Linie, die Kommunikationsfunktionen zeitlich und inhaltlich besser zu koordinieren, Kommunikationsaktivitäten zu bündeln und ihre Wirkungen übergreifend zu bewerten. Der integrierte Ansatz bei der Betrachtung der Kommunikationsaktivitäten hat dabei geholfen, die in verschiedenen Vorstandsressorts angesiedelten Bereiche PR und Marketing enger miteinander zu verzahnen.

Jan Janzen (Ausschnitt) erörtert in seinem Beitrag, wie Erfolgsmessung für integrierte Kommunikationsprojekte gestaltet werden kann. Er fokussiert Schwierigkeiten in der Zusammenführung von Evaluationsverfahren für Online- und Offline-Kampagnen und schlägt einen Ansatz zur Definition eines einheitlichen Bewertungsrahmens vor. Bei der Frage, welchen Beitrag einzelne Maßnahmen zur Zielerreichung leisten, werden Korrelations- und Kausalmodelle einander gegenübergestellt.

Eike Tölle (Landau Media) demonstriert am Beispiel der Bewegtbildkommunikation, wie sich aus der Unternehmensstrategie zielführende Kennzahlen ableiten lassen. Anhand unterschiedlicher Cases wird deutlich, dass die Übergänge zwischen Medienanalyse, Webanalytics und Marktforschung immer fließender werden. Der Beitrag führt vor Augen, dass noch nie zuvor so viele Daten zur Messung und Steuerung des Kommunikationserfolgs zur Verfügung gestanden haben – und dass heute die Herausforderung darin besteht, die relevanten Werttreiber herauszufiltern.

Lothar Rolke (Hochschule Mainz) verfolgt in seinem Beitrag zum Webmonitoring die Leitidee, dass sich in der Online-Welt das lineare Denken in der Kommunikation zunehmend auflöst und deshalb durch das Verständnis eines „Wirkungsraums" ersetzt werden sollte. Er stellt dar, dass das Internet nicht nur neue Kommunikationskanäle, sondern auch eine Vielzahl von Monitoring- und Auswertungstools sowie neuartige Messmöglichkeiten generiert hat, die es konzeptionell zu integrieren gilt. Mit dem „Three-Places-Model" werden relevante Webräume für die Bewertung beschrieben und mit den Wirkungsstufen im Kommunikations-Controlling systematisch verbunden.

Literatur

Christensen, L. T., Firat, A. F., & Cornelissen, J. (2009). New tensions and challenges in integrated communications. *Corporate Communications: An International Journal, 14* (2), 207–219.

Esch, F.-R., Langner, T., Bruhn, M. (Hrsg.) (2016). *Handbuch Controlling der Kommunikation*. Wiesbaden: Springer Fachmedien.

Gehlen, A. (1981). *Anthropologische Forschung*. Reinbek bei Hamburg: rde.

Habermas, J. (1981). *Theorie des kommunikativen Handelns. Bd. 1 + 2*. Frankfurt/M.: Suhrkamp Verlag.

Horváth, P. (2011). *Controlling*. München: Vahlen.

Linke, A. (2015). *Management der Online-Kommunikation. Steuerungsprozesse, Multi-Loop-Prozesse und Governance*. Wiesbaden: Springer VS.

Luhmann, Niklas (1997). *Die Gesellschaft der Gesellschaft*. Frankfurt a. M.: Suhrkamp Verlag.

Rolke, L. (1999). Die gesellschaftliche Kernfunktion von Public Relations – ein Beitrag zur Kommunikationswissenschaftlichen Theoriediskussion. *Publizistik 4*, 431–444.

Rolke, L. (2008). Public Relations – die Lizenz zur Mitgestaltung öffentlicher Meinung. Umrisse einer neuen PR-Theorie. In: U. Röttger (Hrsg.), *Theorien der Public Relations* (S. 173–198). Wiesbaden: VS Verlag für Sozialwissenschaften.

Rolke, L., & Zerfaß, A. (2014). Erfolgsmessung und Controlling der Unternehmenskommunikation: Wertbeitrag, Bezugsrahmen und Vorgehensweisen. In: A. Zerfaß & M. Piwinger (Hrsg.), *Handbuch Unternehmenskommunikation. Strategie – Management – Wertschöpfung* (S. 863–885). Wiesbaden: Springer Gabler.

Sass, J., & Zerfaß, A. (2016). Communication Scorecards zur Kommunikationssteuerung und Wertschöpfung. In F. R. Esch, T. Langner & M. Bruhn (Hrsg.), *Controlling der Kommunikation – Handbuchreihe der Kommunikation Band 4* (S. 163–179). Wiesbaden: Springer Gabler.

Weber, J., & Schäffer, U. (2011). *Einführung in das Controlling*. Stuttgart: Schäffer-Poeschel.

Teil I: **Grundlagen**

Kommunikationssteuerung zwischen Anspruch und Verwirklichung

Lothar Rolke
Kommunikationssteuerung nach dem Stakeholder-Kompass – Wertschöpfung durch Wirkungsmanagement

Unternehmen dürfen nichts tun, was nicht direkt oder indirekt der Wertschöpfung dient. Jedenfalls nicht auf Dauer. Weil sie ansonsten ineffektiv und ressourcen-verschwendend arbeiten würden. Und langfristig Wettbewerbsnachteile in Kauf nähmen, was unter stark kompetitiven Bedingungen sogar existenzgefährdend wäre. Da Unternehmen nun aber regelmäßig, außerdem über immer mehr Kanäle hinweg und mit zunehmender Intensität kommunizieren, kann unterstellt werden, dass Kommunikation für sie von Nutzen ist. Also besondere Wertbeiträge liefert. Und längst liegen dazu hinreichend fachwissenschaftliche Begründungen und Erklärungsansätze vor (vgl. aktuell Mast 2015: 67 ff.; Rolke & Zerfaß 2014: 864 ff.; Szyszka 2014: 923; Pfannenberg & Zerfaß 2010; Schmid & Lycek 2008: 3 ff.). Auch in der Unternehmenspraxis ist der Wert der Kommunikation vom Management an der Unternehmensspitze erkannt – vor allem in Hinblick auf die „Unterstützung von Geschäftsprozessen" und beim „Aufbau immaterieller Werte" wie etwa der „Stärkung von Marken und der Reputation" (Zerfaß et al. 2013: 14). Befragt man Vorstände direkt nach dem Anteil von Image bzw. Marke am Unternehmenserfolg, so schwanken die Antworten regelmäßig zwischen 40 und 50 Prozent (Rolke & Fredda 2007). Interessanterweise auch bei den B2B-Unternehmen.

Aus Sicht der Unternehmensführung wie auch der Kommunikationsmanager verdient daher heute nicht mehr die Frage nach dem „Ob-Kommunikation-zur-Wertschöpfung-beiträgt" eine besondere Aufmerksamkeit, sondern diejenige nach dem „Wie". Denn die Antwort darauf verspricht, den Wertschöpfungsbeitrag von Kommunikation besser manageable zu machen. Das ist gerade deswegen interessant, weil davon ausgegangen werden muss, dass Kommunikation den Unternehmenserfolg auf eine Weise unterstützt, zu der es keine Alternative gibt. Und vor allem, dass die besondere Art und Weise für Unternehmen in der „Digitalen Gesellschaft" immer wichtiger wird. Angesichts also der weiteren Zunahme von Kommunikationsmöglichkeiten und der steigenden Bedeutung von Verständigung mit den verschiedenen Stakeholder-Gruppen bei einer gleichzeitigen tendenziellen Abschirmung der direkten User-Kommunikation gegen den Einfluss von Unternehmen lohnt es sich, einige grundlegende Fragen systematisch in Hinblick auf die Kommunikations-Praxis neu zu diskutieren. Besonders sollen hier die Fragen geprüft werden: Welches Verständnis von Wertschöpfung sich heute als hilfreich erweist (1.). Wie Kommunikation im und für Unternehmen zur Wertschöpfung beiträgt (2.). Außerdem: Auf welche Weise sich wertschöpfende Kommunikation überhaupt steuern lässt? (3.) Und schließlich: Welche Bedingungen geschaffen werden müssen, damit Kommunikation nachhaltig Wertbeiträge liefern kann (4.).

1 Welches Verständnis von Wertschöpfung hilfreich ist – Umdenken nach dem Knowledge Turn

Wertschöpfung ist ein ökonomischer Leistungsbegriff, der ganz allgemein den geschaffenen Mehrwert eines Betriebes (oder einer Volkswirtschaft) innerhalb einer Periode beziffert. In der klassischen betriebswirtschaftlichen Perspektive des Industrieunternehmens ist Wertschöpfung dann nichts anderes als der Jahresumsatz (= der Verkaufserfolg) minus der durch Lieferanten erbrachten Vorleistungen. Darin ist übrigens auch der Gewinn enthalten, der sich mit Hilfe einer einfachen Gewinn- und Verlustrechnung ermitteln lässt. Unternehmen müssen sich zweifellos an monetären Ergebnisgrößen wie Gewinn, Rendite oder anderen Erfolgskennzahlen zur Ermittlung der Wertsteigerung orientieren, um am Ende die Richtigkeit der Managemententscheidungen in Hinblick auf effiziente Ressourcennutzung festzustellen. Doch ökonomischer Erfolg – daran lässt sich mit Peter Drucker (2002: 35) erinnern – ist „nicht der Zweck von Unternehmenstätigkeit", sondern nur der Maßstab für Erfolg. Dieses hervorzuheben ist deshalb von Bedeutung, weil ein auf Finanzkennzahlen verengtes Verständnis von Wertschöpfung die Beiträge der verschiedenen Unternehmensfunktionen und die Mitwirkenden am Prozess der Leistungserstellung unzulässigerweise ausblendet (vgl. dazu auch Hinterhuber 2015). Insofern vermochte schon eine Definition wie die von Bußmann u. a. aus dem Jahr 1997 zumindest das Verständnis zu erweitern – eben durch ihren Hinweis auf die Nutznießer: Wertschöpfung ist danach „die Summe der durch die Kombination von Produktionsfaktoren im Betrieb/Unternehmen geschaffenen Gesamtleistung abzüglich der von Dritten bezogenen Vorleistungen.... Sie ist Ausdruck der Leistungsfähigkeit des Betriebes und repräsentiert als Erfolgsgröße die im Leistungsprozess entstandenen Einkommen für Arbeitnehmer, den Staat und die Kapitalgeber" (95).

Doch auch wenn hier richtigerweise unterschiedliche Stakeholder berücksichtigt werden und implizit zwischen der Schaffung und der Verteilung des Mehrwertes unterschieden wird, weist ein solches Verständnis erhebliche konzeptionelle Schwächen auf: Kunden kommen als Stakeholder-Gruppe nicht vor und können von daher auch nicht als Wertschöpfungspartner erkannt werden (vgl. dazu Reichward & Piller 2002). Vor allem aber führt ein solches Verständnis unweigerlich zu Fehlallokationen, weil auch in diesem Konzept ein Unternehmen als umso wertschöpfender gilt, je teurer es seine Produkte verkaufen kann – unabhängig von der tatsächlichen Leistung, der Qualität, der Besonderheit und dem Nutzen. Auch jegliche Ausgaben für Werbung und Kommunikation dienen in diesem Konzept per se der Wertsteigerung – ohne dabei nach ihrer Wirkung zu fragen. Außerdem lassen sich in diesem Verständnis Rationalisierungspotenziale nicht systematisch erkennen, was sich angesichts des global steigenden Wettbewerbs als tiefgreifendes Problem erweist. Der klassische Ansatz zur Ermittlung von Wertschöpfung ist damit nicht mehr hilfreich.

Eine Antwort auf die neuen Herausforderungen durch eine starke, nicht selten globale Konkurrenz lieferte Michael Porter (1999) mit seiner Analyse der Wettbewerbskräfte und dem Modell der Wertkette. Er zerlegte den Prozess der Leistungserstellung, also die Basis der Wertschöpfung, in einzelne Wertaktivitäten. Darunter versteht er „die physisch und technologisch unterscheidbaren, von einem Unternehmen ausgeführten Aktivitäten. Sie sind die Bausteine, aus denen das Unternehmen ein für seine Abnehmer wertvolles Produkt schafft" (ebd. 68). Und diese Aktivitäten lassen sich einzeln optimieren. Doch auch wenn dabei sein analytischer Blick fast ausschließlich auf die Wettbewerbsvorteile durch Effizienzsteigerung und Differenzierung gerichtet ist, vermag er konzeptionell nicht ohne die Mitwirkenden auszukommen: die Kunden als „Abnehmer", die am Ende durch ihre Zahlungsbereitschaft über den Wert eines Produktes entscheiden (ebd.). Und die Arbeitskräfte plus Management als „gekauften Input"(ebd. 69), ohne den die Wertaktivitäten gar nicht durchzuführen wären. Dabei unterscheidet er zwischen „primären Aktivitäten", die den Input aus Betriebsmitteln aufnehmen, das Produkt formen und den Abnehmern zuführen, und den sogenannten unterstützenden Aktivitäten (= Unternehmensstruktur, Personalwirtschaft, Technologieentwicklung und Beschaffung), wodurch die übergreifenden Managementleistungen erfasst werden. All das ermöglicht, Chancen der Rationalisierung und der Wertverbesserung zu erkennen. Dennoch ist der Ansatz aus heutiger Sicht konzeptionell verengt. Weil sich das „Modell der Wertkette" (ebd. 66) trotz seiner Binnen-Differenzierung in der Leistungserstellung unverkennbar am klassischen Industrieunternehmen orientiert. Insofern ist kritisch neben der Vernachlässigung der Stakeholder-Perspektive auf die nach wie vor starke Orientierung an der materiellen Transformation hinzuweisen. Dadurch kommen „weiche" Faktoren wie Kommunikation oder Image erst gar nicht vor.

Der Knowledge Turn in der Wertschöpfungsdiskussion erfolgte nachhaltig erst mit Kaplan und Norton. Sie berücksichtigen in ihrem neuen Ansatz der Balanced Scorecard und vor allem der Strategy Map, dass der materielle Wert von Rohstoffen und Betriebsmitteln, Halbfertigerzeugnissen und Lagerbeständen heute für den am Markt akzeptierten Wert eines Produktes eine immer geringere Rolle spielt. Und bei Dienstleistungen sowieso. Wichtiger erscheinen ihnen stattdessen die immateriellen Vermögenswerte oder Intangibles, wobei in einem weiten Verständnis Führungsqualität und Strategieumsetzung ebenso dazu gehören wie Technologie-, Innovations- und Kundenpotenziale. Ferner Human-, Wissens- und Netzwerkkapital. Auch Reputation und Marken, Organisation und Kultur, Anpassungsfähigkeit, Kommunikation und Transparenz werden dazu gezählt (Servatius 2004: 86 ff.). All diesen nicht-materiellen Potenzialen ist gemeinsam, dass sie nur sehr begrenzt handelbar sind und dass sich ihr Wert aus ihrer Rolle im Geschäftskonzept eines Unternehmens ergibt (ebd.). Dabei hat der enorme Bedeutungszuwachs von diesen Intangibles im Wertschöpfungsprozess auch zu einer beobachtbaren Veränderung in der Investitionstätigkeit der Unternehmen geführt: „Vor allem Investitionen in Innovationen und dauerhaften Beziehungen zu Kunden, Mitarbeitern und Geschäftspartnern und in damit verbundenen Intangible Assets dominieren zunehmend die Wirtschaftstätigkeit in den entwickelten Ländern" (Daum 2004: 54).

Vor diesem Hintergrund muss ein materiell verengtes Verständnis von Wertschöpfung heute als obsolet gelten. Nicht die Kombination der Produktionsfaktoren, nicht die Veredelung von Rohstoffen und nicht der rationelle Einsatz der Betriebsmittel schaffen den hauptsächlichen Mehrwert, sondern die damit verbundene und weit darüber hinausgehende Umwandlung von immateriellem Vermögen in materiellen bzw. finanziellen Erfolg rückt in den Mittelpunkt der neuen Wertschöpfungsstrategien. Es waren Kaplan und Norton, die diesen Knowledge Turn der Informationsgesellschaft am überzeugendsten in ein neuartiges Wertschöpfungskonzept überführt haben. Dabei ist ihre Grundüberlegung bestechend einfach: „Eine Strategie beschreibt, wie eine Organisation Werte für ihre Anteilseigner, Kunden und Bürger schaffen will. Wenn die immateriellen Vermögenswerte einer Organisation mehr als 75 Prozent ihres Wertes darstellen, dann muss die Umsetzung ihrer Strategie explizit auf die Mobilisierung und Ausrichtung der immateriellen Vermögenswerte Bezug nehmen" (Kaplan & Norton 2004: 4).

Wie soll sich diese Mobilisierung oder besser: Umwandlung vollziehen? Das Ziel des finanziellen Erfolgs (wie Gewinn- und Wertsteigerung) bleibt ganz im Sinne des einfachen Grundgedankens von Wertschöpfung erhalten. Damit ist auch die Shareholder-Perspektive von Rappaport (1994) und anderen (Müller & Leven 1998) nicht ausgeschlossen, sondern kann integriert werden. Allerdings wissen Kaplan und Norton, dass die Kunden nun mal die Hauptquelle für den finanziellen Erfolg sind, weil sie im Sinne Porters darüber entscheiden, ob der „bepreiste" Wert eines Produkt- oder Dienstleistungsangebotes akzeptiert wird oder nicht. Deshalb haben sie die Kunden-Perspektive so ausgestaltet, dass der für den Kunden geschaffene Wert sichtbar wird. Der Produkt- oder Dienstleistungswert entsteht in den internen Prozessen, was bei Porter analytisch den Wertaktivitäten entspricht, die wie in der Wertkette auch gezielt optimiert werden können. Diese Wertschöpfungsprozesse im engeren Sinne sind all die Prozesse, „durch die immaterielle Vermögenswerte zu Kundenergebnissen und finanziellen Ergebnissen werden" (Kaplan & Norton 2004: 29). Diese Prozesse sind nicht gegeben, sondern müssen innerhalb des Unternehmens – und hier manifestiert sich der Knowledge Turn – mit Hilfe des verfügbaren Human-, Informations- und Organisationskapitals entwickelt werden. Wenn man so will, auf Basis des verfügbaren Wissens, der zugänglichen Daten und der gesammelten Erfahrung.

Entscheidend an dem Ansatz von Kaplan Norton ist das Verständnis von Wertschöpfung als ein Umwandlungsprozess immaterieller Potenziale in materiellen Erfolg, der sich mehrstufig kausal vollzieht. Dabei ist nicht das Phänomen der Umwandlung neu. Wenn ein Entrepreneur beispielsweise eine neue Produktidee hat oder ein innovatives Geschäftskonzept entwickelt und dann erfolgreich umsetzt, wird aus einem Intangible bares Geld. Auch die Kommunikation kennt dieses Phänomen der Umwandlung. Etwa wenn die kreative Produkteinführungskampagne die Verkaufszahlen hochschnellen lässt. Oder wenn PR die unternehmensinternen Nachrichtenwerte nutzt, um damit öffentliche Aufmerksamkeit für eine neue Dienstleistung zu generieren, die anschließend verstärkt nachgefragt wird. Neu ist vielmehr, dass es Kaplan und Norton gelungen ist, diesen Umwandlungsprozess systematisch in einem Strategie leitenden Prozess-Modell abzubilden. Auf ihrem Weg haben sie – wie hier gezeigt werden konnte – eine Reihe wichtiger Vorarbeiten aufgegriffen und für die Unternehmen der Informationsgesellschaft nutzbar gemacht. Gerade in der digitalen Gesellschaft erweist sich das Verständnis von Wertschöpfung als Umwandlung von immateriellen Vermögen in materiellen Erfolg als äußerst hilfreich. Denn Datenmengen, Netzwerke und Verfügbarkeiten, Datenanalysen und der ständige Austausch werden für künftige Erfolge eine noch viel größere Rolle spielen.

Dennoch bleibt aus Kommunikationssicht ein starkes Unbehagen. Weil die unverzichtbare Leistung von Kommunikation nicht angemessen „ein-modelliert" worden ist: Denn weder ist vorstellbar, dass das Human-, Informations- und Organisationskapital, allesamt selber das Ergebnis von Kommunikation (Will et al. 2014: 980), ohne Kommunikation aktiviert werden kann. Noch wie die Weitergabe von Impulsen innerhalb der mehrstufigen Ursachen-Wirkungskette ohne Kommunikation erfolgen kann. Gelingende Kommunikation ist genauso wenig selbstverständlich wie die zielführende Zusammenarbeit von Menschen. Beides muss aktiv erhalten oder hergestellt werden. *Kommunikation ist daher der vermutlich wichtigste Enabler des auf immateriellen Werten basierenden Wertschöpfungsprozesses.* Hilfreich wird sein, die kommunikativen unternehmensvermittelten Verbindungen zwischen den Mitarbeitern als wichtigste Träger von Wissen und Erfahrung und Kunden mit ihren Ansprüchen und Bedürfnissen deutlicher herauszuarbeiten. Gleichzeitig muss berücksichtigt werden, dass der wertschöpfende Umwandlungsprozess abgesichert werden muss – finanziell, weil ein Unternehmen immer wieder Kapital benötigt. Und legitimatorisch, weil es auf gesellschaftliche Akzeptanz angewiesen ist. An letzteres hat Drucker (2002: 57) instruktiv erinnert: „Das Unternehmen existiert in einer Gesellschaft und unter bestimmten wirtschaftlichen Rahmenbedingungen. Wer in einer Einrichtung lebt, neigt stets zu der Annahme, diese Einrichtung existiere in einem Vakuum. Und der Manager betrachtet sein Unternehmen zwangsläufig von innen. Doch das Unternehmen ist eine Schöpfung der Gesellschaft und der Volkswirtschaft, und diese können seine Existenz über Nacht beenden. Das Unternehmen existiert nur mit Duldung der Gesellschaft und nur so lange, wie die Gesellschaft und die Volkswirtschaft seine Tätigkeit für notwendig, nützlich und produktiv halten." Insofern ist die Absicherung der Wertschöpfung so wichtig wie die Wertschöpfung selbst. Um vor diesem Hintergrund die kommunikativen Leistungen angemessen ein-zu-modellieren, bedarf es eines Ordnungssystems, das die beteiligten Stakeholder und ihre Leistungsbeiträge funktional verknüpft.

2 Wie Unternehmenskommunikation zur Wertschöpfung beiträgt – Steuerung nach dem Stakeholder-Kompass

Kommunikation kann nur dort wertschöpfend wirken, wo Menschen beteiligt sind und monetarisierte Leistungen anerkennen. Für Unternehmen sind das zunächst einmal einerseits die *Mitarbeiter* (und Lieferanten) und andererseits die *Kunden* (und der Handel), deren jeweilige Kooperationsbereitschaft für den Wertschöpfungsprozess konstitutiv ist. Sie agieren nicht unverbunden nebeneinander, sondern stehen mittelbar zueinander in Beziehung: Mitarbeiter müssen wissen, was Kunden erwarten. Kunden hingegen wollen wissen, was das Unternehmen (mit Hilfe der Mitarbeiter) leistet und anbietet. Dabei sollen sie wirtschaftlich rational mit dem Unternehmen kollaborieren – also möglichst zielgerichtet (effektiv) und ressourcensparsam (effizient) handeln. Unternehmenskommunikation unterstützt entlang dieser Achse den Aufbau und die Stabilisierung der nutzenorientierten Austauschbeziehungen zu beiden Wertschöpfungspartnern.

Doch der Wertschöpfungsprozess mit dem Ziel der „Bedürfnisbefriedigung von Kunden" (Schmid & Lyczek 2008: 28) endet nicht mit der einmaligen erfolgreichen Umwandlung von Vorleistungen des Beschaffungsmarktes in absetzbare Produkte mit höherem Wert, sondern beginnt immer wieder von vorn, indem die realisierten Werte reinvestiert werden. Dieser Prozess, der den Unternehmen die regelmäßige Entgelterzielung ermöglicht und welcher der Gesellschaft und ihren Bürgern eine stabile Bedarfsdeckung bzw. Bedürfnisbefriedigung sichert, bedarf wie schon angedeutet der *zweifachen Absicherung*: erstens der finanziellen Überbrückung durch die Kapitalmärkte, weil in der Regel Einnahmen und Ausgaben zeitlich auseinanderfallen – mitunter sogar viele Jahre, wenn es sich um die Investitionen in Start-ups handelt. Das setzt Vertrauen in das Management und die Geschäftsidee voraus, was sich nur kommunikativ herstellen lässt.

Und zweitens ist die Akzeptanz durch die Gesellschaft erforderlich, die ihre Zustimmung zu einem Unternehmen, seiner Art der Produktion oder seinen Produkten bzw. Dienstleistungen jeder Zeit entziehen kann und die deswegen immer wieder neu „eingetauscht" werden muss. Vor diesem Hintergrund bilden der Finanzmarkt und aus betriebswirtschaftlicher Perspektive der Akzeptanzmarkt die sogenannte Wertsicherungsachse (Rolke 2010; Rolke 2002). Die Unternehmenskommunikation übernimmt hier eine öffnende und ausgleichende Funktion gegenüber den Erwartungen und Ansprüchen der beteiligten Stakeholder: den Geldgebern (und Analysten) auf der einen Seite und den Medienvertreten (und den politischen Repräsentanten) auf der anderen Seite. Wenn nur eine Seite ihr Vertrauen in das Unternehmen verliert, ist der betriebliche Wertschöpfungsprozess genauso gefährdet, wie wenn Kunden und Mitarbeiter ihre Kollaborationsbereitschaft aufkündigen würden. Umgekehrt vermag

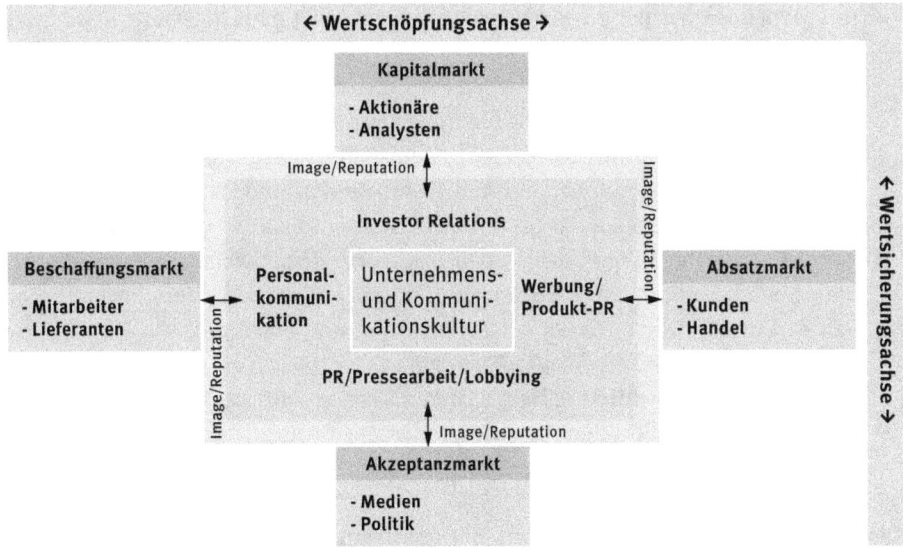

Abb. 1: Stakeholder-Kompass und Wertschöpfungsdimensionen

öffentliche Zustimmung den Prozess der Wertschöpfung sogar zu stimulieren oder zumindest zu stabilisieren.

Der Stakeholder-Kompass vermag die materiellen und immateriellen Interaktionen zwischen den Unternehmen und seinen Anspruchsgruppen sowohl in seiner kommunikativen als auch markt-logischen Struktur sichtbar zu machen: Danach tauschen Unternehmen auf allen Märkten werthaltige Angebote gegen entsprechende Gegenleistungen: Produkte und Dienstleistungen werden über einen zu zahlenden Preis auf dem *Absatzmarkt* veräußert, auf dem *Beschaffungsmarkt* Arbeitsleistungen gegen Einkommen verrechnet, auf dem *Finanzmarkt* Kapital und Zeit gegen Rendite gehandelt und auf dem *Akzeptanzmarkt* Reputation gegen Nutzenversprechen, Neuigkeiten (= Nachrichtenwerte), und Transparenz eingetauscht. Manche dieser Tauschbeziehungen dienen der direkten Wertschöpfung, andere der indirekten, indem sie den Wertschöpfungsprozess absichern helfen. Beides ist gleich wichtig. Kommunikation unterstützt die Tauschprozesse auf allen vier Märkten in doppelter Weise: Sie hilft den Unternehmen sich selbst, ihre Produkte und Handlungen ihren Stakeholdern zu erklären. Gleichzeitig versucht sie möglichst viele relevante Informationen ihrer Marktpartner zu erhalten, um so die Angebote des Unternehmens zu verbessern und damit seine Verhandlungsposition gegenüber den Marktteilnehmern zu stärken. Der Interaktionsprozess zwischen Unternehmen und Markt erfolgt also immer über einem doppelten, aber miteinander verknüpften Kreislauf: Tausch und Austausch. Insofern ist jedwede Interaktion zwischen Unternehmen und seinen Stakeholdern immer zugleich monetär- und verständigungsorientiert.

Aus Sicht des Unternehmens ergeben sich daraus vier marktrelevante Kommunikationsfelder (vgl. Abbildung 1):
- die Kommunikation mit und zwischen Führungskräften und Mitarbeitern (*interne Kommunikation*) und zu potenziellen neuen Mitarbeitern (*Personalkommunikation*) und Lieferanten zum Zwecke der gemeinsamen Leistungserstellung,
- die Kommunikation mit Kunden und (Handels-)Partnern zur Anbahnung von Kaufhandlungen, aber auch die kritische Kommunikation über Wettbewerber und seine Angebote (*Vertriebsunterstützende* oder *Absatzmarktkommunikation*),
- die Kommunikation mit gesellschaftspolitischen Gruppen, Meinungsmittlern, Parteien und Staatsvertretern zur Legitimation und Sicherung von Handlungsspielräumen (*Public Relations/Public Affairs*),
- die Kommunikation mit Anteilseignern und Akteuren des Kapitalmarktes, um die benötigte Liquidität für den Wertschöpfungsprozess abzusichern und Wachstum zu finanzieren (*Finanzkommunikation*).

Die Kommunikation des Unternehmens hat sich demnach sowohl interessensbezogen an den vier Märkten mit ihren Anspruchsgruppen auszurichten als auch prozessual an den beiden Achsen – also an der *Wertschöpfung* (direkter Wertbeitrag) und der Absicherung der Wertschöpfung, kurz: der *Wertsicherung* (indirekter Wertbeitrag). Gleichzeitig baut das Unternehmen bei anhaltendem kommunikativem Erfolg immaterielle Wertpotenziale auf. Durch diese marktbezogene Modellierung der Stakeholder-Beziehungen lassen sich nun auch die Wertschöpfungsbeiträge von Kommunikation systematisch rekonstruieren (vgl. auch Zerfaß & Viertmann in diesem Band):

1. *Kommunikation unterstützt den Prozess der Leistungserstellung bzw. Umwandlung:* Entlang der *Wertschöpfungsachse* verhilft sie unmittelbar dazu, die jeweiligen Beziehungen zu den Kunden und zu den Mitarbeitern (bzw. Lieferanten) gewinnbringend zu entwickeln. Zugleich unterstützt sie den Aufbau einer erfolgsentscheidenden Verknüpfung: die (Rück-)Übersetzung von Kundenbedürfnissen in ein adäquates Mitarbeiter- und Organisationsverhalten. Funktioniert diese Rückübersetzung nicht, entstehen Brüche und Reibungen. Umgekehrt verhilft sie dazu, die Fähigkeiten der Mitarbeiter (Humankapital), die Systeme des internen Austausches (Informationskapital) und das Klima der Zusammenarbeit (Organisationskapital) für die Befriedigung der Kundenbedürfnisse zu optimieren. In diesem Sinne definieren Kaplan & Norton (2004: S. 29) „Wertschöpfungsprozesse" als „Prozesse, durch die immaterielle Vermögenswerte zu Kundenergebnissen und finanziellen Ergebnissen werden". Aber das funktioniert eben nur, wenn die Tausch- und Umwandlungsprozesse, bei denen geistiges Vermögen zu Geldvermögen wird, durch den ständigen informationellen Austausch der Beteiligten gestützt werden. Kommunikationsunfähigkeit führt daher regelmäßig zu einer nur schwer erkennbaren, weil verdeckten Wertvernichtung – etwa weil Mitarbeiter durch schlechte Führung demotiviert oder Kundenansprüche verkannt werden.

2. Kommunikation sichert Handlungsspielräume entlang der Wertsicherungsachse – durch Vertrauen am Kapitalmarkt und Akzeptanz bei Politik und Medien: Betriebstätigkeit in marktwirtschaftlichen Systemen verlangt von den Unternehmen, glaubhaft gegenüber den Geldgebern (Finanz-Community) zu vermitteln, dass und warum eine hinreichende Chance auf Gewinnerzielung besteht (Daum 2004: 51). Dabei spielen nicht nur finanzielle Kennzahlen eine Rolle, sondern eben auch weiche Faktoren wie die Unternehmensvision oder das Image. Je nach Börsensegment scheint ihr Einfluss zwischen 30 und 60 Prozent zu liegen (Rolke & Wolff 2002: 234). Indem Investor Relations von den „Erfolgspotenzialen des Unternehmens zu überzeugen" versucht, sind sie „Marketing für die Aktie. Ein besonderer Schwerpunkt bei dieser Marketingaktivität liegt dabei auf der Kommunikationspolitik" (Leven 1998: 46). Aber auch nicht-börsennotierte Unternehmen, die sich über Kredite finanzieren, müssen ihre Geldgeber immer wieder von den Leistungen der Unternehmensführung und den hinreichend wahrscheinlichen Erfolgsaussichten der geplanten Investitionen überzeugen.

Gleichzeitig muss das Unternehmen der breiten Öffentlichkeit und ihren Repräsentanten vermitteln, dass und warum das Renditemotiv nicht die Gemeinwohlinteressen gefährdet. Damit ist ein struktureller Widerspruch gegeben, der in der Öffentlichkeit erklärungsbedürftig ist: Profitstreben einerseits, good partnership andererseits. Unternehmenskommunikation hat hier mitzuhelfen, dass dieser Gegensatz nicht als Blockade virulent wird, sondern sich erfolgsförderlich auflösen lässt. Typischerweise ist der breiten Öffentlichkeit verständlich zu erklären, warum etwa Personalfreistellungen, die häufig den Aktienkurs nach oben treiben und deshalb die Börse erfreuen, zumindest der verbliebenen Belegschaft helfen und die Zukunft des Unternehmens sichern. Oder den Analysten, warum Investitionen in den Umweltschutz, die zunächst einmal gewinnmindernd wirken, langfristig positiv auf den Unternehmenserfolg einzahlen. Gegensätzliche Interessen müssen also hier strategisch ausbalanciert werden, um den zentralen Prozess der Wertschöpfung nicht zu gefährden, sondern im Zweifel sogar zu beschleunigen. Einerseits bedarf es also der Beschaffung von günstigem Investitionskapital und der möglichst langfristigen Bindung von Investoren/Geldgebern, die an die Erfolgsaussichten des Unternehmens glauben. Andererseits darf gegenüber der Politik und der (Medien-)Öffentlichkeit nicht die „Licence to operate" gefährdet oder verteuert werden. Insofern gehört die Lösung von Konflikten zwischen unterschiedlichen Anspruchsgruppen, die Vermeidung von kommunikationsabhängigen Krisen und Skandalen sowie die rasche Beendigung von kritischen Entwicklungen durch eine entsprechende interne und externe Kommunikation zu den Kernaufgaben der Unternehmenskommunikation, die allesamt wertschöpfungsrelevant sind.

3. Kommunikation schafft schützende und stimulierende Potenziale in der Wahrnehmung einer Organisation (Image/Reputation): Neben dem Wertschöpfungsprozess im engeren Sinne und seiner permanenten Absicherung rückt damit der Wertaufbau in den Fokus der Betrachtung. Die Wahrnehmung einer positiven Differenz eines Unternehmens und seiner Angebote zu den Wettbewerbern und die regelmäßige Bestätigung eben dieser Differenz durch eigene und/oder fremde Erfahrungen sorgt bei den Stakeholdern für eine nachhaltige Imagination, durch die auch ihr künftiges Verhalten freundlich beeinflusst wird. Aus Sicht der Unternehmenskommunikation entsteht so ein Image- bzw. Reputationswert, der bei einigen Unternehmen zur Leitwährung wird, wenn es um die Messung des kommunikativen Erfolges geht – etwa bei dem weltweit agierenden Logistikkonzern Deutsche Post DHL, der sich damit regelmäßig selber überprüft: „Reputation – oder Unternehmensimage – ist der KPI, um den Erfolg der Kommunikation im breitesten Sinne (also über alle Kommunikationsdisziplinen hinweg) zu messen" (Ehrhart in diesem Band). Aus finanzwirtschaftlicher Sicht entsteht auf diese Weise ein Markenwert, der sich monetär ermitteln lässt (vgl. Menninger 2010). In der Kommunikationspraxis spielt der Treibereffekt allerdings die Hauptrolle: Denn durch eine starke Marke wird jedwede neue Kommunikation verstärkt. Insofern lohnt es sich nicht nur im Sinne der Wertsteigerung Markenwert zu generieren, sondern über Markenstärke Stakeholder kommunikativ zu binden. Voraussetzung dafür ist eine *achsenoptimale Kommunikation*, also das Verstehen der spezifischen Interessenslagen der einzelnen Stakeholder und die kommunikativen Vernetzung mit diesen Gruppen.

Niemand wird also die Wertschöpfungskette kommunikativ optimieren können, der nicht die jeweiligen Anspruchsgruppen an den beiden Eckpunkten der Achsen versteht: also zunächst die Kunden und die Mitarbeiter/Lieferanten mit ihren spezifischen Ansprüchen und Potenzialen an den Eckpunkten der Wertschöpfungsachse. Unter der Leitidee des Internal Branding als interne Fortsetzung der Markenbildung und -durchsetzung im Absatzmarkt haben die Marketer für sich diesen Zusammenhang längst entdeckt (Wittke-Kothe 2001; Müller-Neuhof & Giehl 2004). Ebenso wird niemand das Wertsicherungsparadoxon zwischen Geldgebern und Öffentlichkeit lösen können, der nicht von beiden Seiten akzeptiert wird. Insofern beginnt jedes Management von Kommunikation mit dem Aufbau von Beziehungen, die von gemeinsamen und konfligierenden Interessen bestimmt werden. Kommunikativ besteht das übergeordnete Ziel darin, eine positive Vorstellung über den Nutzen einer Beziehung zum wechselseitigen Vorteil zu entwickeln – trotz der unterschiedlichen und manchmal sogar widersprüchlichen Interessen.

Wer seine Wertschöpfungspartner im weiteren Sinn in der digitalen Gesellschaft auf längere Sicht binden will, braucht eine offene, in viele Richtungen durchlässige und flexible Kommunikationskultur, die den vertikalen wie den horizontalen Austausch barrierefrei ermöglichen sollte. Hierarchien sind da sachlich sinnvoll, wo es um Entscheidungen geht. In Fragen des Wissens- und Verantwortungsmanagements stören sie oft. Praktisch müssen die Kommunikatoren heute drei unterschiedliche Kommunikationssysteme beherrschen (vgl. Rolke 2013: 176):
- die klassische Informationskaskade, die über viele Kanäle und Ebenen hinweg erfolgt, aber Feedback nur in einem sehr begrenzten Umfang zulässt (= *Kaskaden-Kommunikation*),

- die neue intranet-basierte Netzwerk-Kommunikation, die üblicherweise horizontal verläuft, aber auch Bottom-up-Effekte erzeugt, weil höhere Ebenen hierarchiefern einbezogen sind, und die in den wissensorientierten Unternehmen immer wichtiger wird (= *Netz-Kommunikation*)
- schließlich die gezielte dialog-orientierte Direktansprache durch das Top-Management, das sich heute neben den Live-Auftritten der Unternehmensspitze auch der (Video- und Micro-) Blogs und des Netzwerkes bedienen kann (= *Präsidial-Kommunikation*).

Dabei geht es nicht um die Frage, was das beste Kommunikationssystem ist, sondern nur um die situativ bestmögliche Option, die zu einer kommunikativen Stimulation der Wertschöpfungsaktivitäten bei kleinstmöglichen dysfunktionalen Nebeneffekten führt. Interessanterweise zeigt die aktuelle Studie zur Exzellenz von Unternehmenskommunikation, dass die Kommunikationselite nicht nur die Netz-Kommunikation, sondern alle drei Systeme besser beherrscht als die Durchschnitts-Profis (Rolke & Forthmann 2014: 50). Allerdings ist die Verschiebung von der klassischen Kaskaden- zur Netzwerk-Kommunikation bei ersteren am weitesten vorangeschritten (ebd. 49). Schon heute sind die Netzwerk-Strukturen und ihre entsprechende Kommunikationsform intern wie extern die wichtigste Grundlage für eine innovations-offene Unternehmung. Und die Fähigkeit zu Innovation gilt als einer der wichtigsten Werttreiber in der digitalen Gesellschaft. Insofern sind Kommunikationsabteilungen mehr als je zuvor beauftragt, Neuerungen in der Beziehung zu allen Stakeholder-Gruppen auszulösen, zuzulassen, zu befördern und abzusichern. Wie das erfolgreich gelingt, bedarf genauso der regelmäßigen Überprüfung wie alle anderen Kommunikationsaufgaben, die sich aus der sogenannten Regel- und auch aus der Kampagnenkommunikation ergeben.

3 Wie sich Unternehmenskommunikation wertschöpfend steuern lässt – Modellierung in Konzept- und Wirkungsstufen

Ein systematisches Kommunikations-Controlling ermöglicht die Institutionalisierung von höchstmöglicher Rationalität in die Kommunikationsprozesse eines Unternehmens, indem Wissen und Daten aggregiert, die verfügbaren Experten einbezogen und Analyse- und Entscheidungsverfahren genutzt werden (Weber & Schäffer 2011). Zugleich übernimmt das Controlling eine Korrektivfunktion gegenüber auseinanderdriftenden Einzelinteressen von Managern und Abteilungen (Zerfaß 2010: 30 f.). Deshalb sind Kommunikationsabteilungen gut beraten, sich nicht allein auf die persönliche Rationalität der einzelnen Kommunikationsmanager mit ihren Erfahrungen, ihren

Ideen und ihren Interessen zu verlassen, sondern sich durch die Implementierung von Controlling-Systemen selber zu einer zusätzlichen Rationalität zu verhelfen. Im Kern geht es dabei um drei Ebenen der Rationalität (Weber & Schäffer 2011: 46 ff.): die *Ergebnisrationalität* (Werden die richtigen Kommunikationsziele bzw. Beobachtungsziele angestrebt und erreicht?), die *Prozessrationalität* (Werden geeignete Denkmodelle und Konzepte verwendet und umgesetzt?) und die *Inputrationalität* (Verfügen die Kommunikationsverantwortlichen und andere Beteiligte über das notwendige Können und Wollen? Stehen geeignete Ressourcen zur Verfügung?).

In der konzeptionellen Vorgehensweise des Kommunikationsmanagers verbindet sich die institutionalisierte mit der persönlichen oder situativen Rationalität. Idealerweise werden Kommunikationsaufgaben aus der Unternehmensstrategie abgeleitet (als Basis des strategischen Kommunikations-Controllings), um dann die Ergebnisse der Aufgabenlösung bzw. der Zielerreichung als Beitrag zum Unternehmenserfolg und damit als Wertschöpfungsbeitrag ausweisen zu können (Szyszka & Dürig 2008: 59). In der Praxis – so die aktuelle Studie zur „Exzellenz von Unternehmenskommunikation" (Rolke & Forthmann 2014) – kann weder das Vorhandensein einer Unternehmensstrategie noch der Rückbezug der Kommunikationsziele auf die übergeordneten Vorgaben als selbstverständlich vorausgesetzt werden. Tatsächlich unterscheiden sich die exzellent kommunizierenden Unternehmen gerade in diesem Punkt von solchen mit nur durchschnittlicher Professionalität: Erstere leiten signifikant häufiger ihre „Ziele aus der Unternehmensstrategie" ab und verstehen sich deutlich öfters als „Business Partner für den Vorstand" (vgl. dazu auch Simon in diesem Band). Damit korrespondiert, dass das „Unternehmens- und Produktimage" im Zielsystem dieser Unternehmen einen deutlich höheren Stellenwert haben als bei den anderen: Image- bzw. Markenbildung als nachhaltige Erfolgsgröße scheint dort wichtiger zu sein als der bloße Umsatz.

Die systematische Verknüpfung von Kommunikation mit den übergeordneten Unternehmenszielen wird erst durch eine konzeptionelle Kommunikationsplanung ermöglicht. Dabei gehört es zum Grundverständnis zweckgerichteter Kommunikation, dass der gewählte Mitteleinsatz und die dadurch generierten Wirkungen in keinem zuverlässigen und präzise vorausberechenbaren Kausalverhältnis zueinander stehen (Rolke & Zerfaß 2014). Ob ein Maßnahmenbündel oder eine Kampagne zu den gewünschten Effekten führt, kann immer erst mit Verzögerung, also wenn die Wirkung bereits einsetzt, sichtbar gemacht werden – in der Regel mit den Mitteln der empirischen Sozial- und Marktforschung. Folglich beginnt Kommunikationsplanung immer mit einer Folgen- und Wirkungsabschätzung, in denen sich die Zielsetzung spiegelt. Das anschließende professionelle Beobachten, Befragen und Auswerten von Daten ist dann insofern unabdingbar, weil nur auf diesem Weg festgestellt werden kann, wie hoch der Grad der Zielerreichung ist und ob ein „Nachlegen" und oder Korrigieren der Maßnahmen vonnöten erscheint. In diesem Sinne ist unter Kommunikationssteuerung ein zielgeleitetes Responsemanagement zu verstehen, das zwar auf Erfahrungswerten basieren mag, aber immer wieder neue Bedingungen vorfindet, die regelmäßig für

Abb. 2: Konzeptbausteine und Wirkungsstufen – ein Kreislauf-Modell (Quelle: eigene Darstellung)

Abweichungen zwischen Kommunikationszielen und -ergebnissen sorgt und insofern des regelmäßigen Monitorings und nicht selten einer Reaktion auf die Reaktion bedarf.

In der Praxis hat sich für die Kommunikationsplanung ein vierstufiges Prozessmodell durchgesetzt (vgl. Abbildung 2) – bestehend aus den Grundelementen Situationsanalyse, Strategieentwicklung, einer auf operativer Planung basierenden Umsetzung und Erfolgskontrolle (ähnlich auch Mast 2015: 118 f.; Raup & Vogelsang 2009: 97 f.):

- Die *Situationsanalyse* prüft einerseits den Auftrag *(Welche kommunikativen Probleme sollen gelöst werden?)* und andererseits die Fähigkeit einer Organisation, sich im ökonomischen, politischen und gesellschaftlich-medialen Kontext kommunikativ zu behaupten. Für eine rationale Sichtweise können SWOT-Analysen, Soll-Ist-Vergleiche, Früherkennungs- und Trendanalysen, Benchmarking und Image-bzw. Reputationsuntersuchungen sorgen (vgl. dazu Horvath 2011: 228 ff., 327 ff.; Weber & Schäffer 2011: 402 ff.; Straeter 2010: 67 ff.). Hierbei handelt es sich allesamt um Instrumente, die der strategischen Kommunikationsplanung zugerechnet werden können. Aus Sicht des Kommunikations-Controllings ist zunächst allerdings immer zu überprüfen, inwieweit der Auftrag kommunikativ zu lösen ist und wenn ja, wo und in welchem Umfang er auf die Unternehmensziele einzahlt, bevor dann die kommunikativen Fähigkeiten (Stärken/Schwächen) der Organisation mit den externen Handlungsbedingungen (Chancen/Risiken) gematcht werden. Wie noch zu sehen sein wird, ist der Bezug zu den Unternehmenszielen und der -strategie konstitutiv für die Identifizierung von Wertschöpfungspotenzialen.
- Bei der *Strategieentwicklung* werden die Ziele *(Was soll mit der Kommunikation informativ, meinungsbildend und verhaltensverändernd bewirkt werden?)*, die Zielgruppen *(Wer soll aktiviert oder neutralisiert werden?)*, die Botschaft *(Welches Vorstellungsbild soll vermittelt werden?)* und der Weg *(Wie soll die Botschaft die Zielgruppe erreichen, damit mit sie im Sinne der Zielsetzung wirksam werden kann?)*

bestimmt. Ohne messbare Ziele – abgeleitet aus dem Auftrag – ist eine laufende oder spätere Erfolgskontrolle nicht möglich.
- Die *Umsetzung*, die bei einer solchen konzeptionellen Vorgehensweise auf operativen Planungen basiert (mit Zeit-, Zuständigkeits- und Kostenplänen), umfasst das Maßnahmenprogramm (*Welche Instrumente werden in welchem Umfang mit welchen erwarteten direkten Effekten eingesetzt?*) und die Verfügbarkeit der Ressourcen (*Welcher Sach- und Personalaufwand ist wann nötig?*). Aus Sicht des operativen Kommunikations-Controllings interessieren neben der Budgettreue vor allem die direkten Maßnahmeneffekte (wie die Visits, Medienresonanz und die sonstigen realisierten Touchpoints).
- Die *Erfolgskontrolle* kann prozessbegleitend und/oder summativ am Ende einer Kampagne oder einer Periode durchgeführt werden. Sie dient dazu die über Kommunikation erzeugten Effekte zu erfassen, die Zusammenhänge zu berechnen und zu bewerten, mit den eigenen Vorerfahrungen oder Mitbewerber-Ergebnissen abzugleichen und den Nutzen durch den Vergleich mit dem Aufwand beurteilungsfähig zu machen.

Systematisch betrachtet, ist Erfolgskontrolle eine mehrstufige Rückbetrachtung der Kommunikationsplanung. Aus Sicht des Kommunikations-Controllings müssen – in Anlehnung an das Wirkungsstufen-Modell (Rolke & Zerfaß 2010; Rolke & Zerfaß 2014) – in der Rückschau drei Schlüsselfragen beantwortet werden, um die zuvor geleistete Aufgabendefinition, Planung und Durchführung nun vom Ergebnis her bis zurück zum Ausgangspunkt zu untersuchen:
- *Output-Checking:* Die Basis für jedwede Beachtung durch die Stakeholder und andere Zielgruppen ist die Wahrnehmung der generierten Kommunikationsangebote, die durch eine Kampagne geschaffen werden. Deshalb lautet die Basisfrage des Kommunikations-Controllings zunächst einmal: *Haben die Maßnahmen überhaupt gearbeitet und für entsprechende Kontaktangebote/Touchpoints gesorgt?* Hierbei geht es sehr konkret um Reichweiten, Kontaktchancen, Teilnehmerzahlen und Clickraten. Denn ob herausgegebene Pressemitteilung oder ein YouTube-Video, ob Event oder Newsletter – entscheidend ist die Wahrnehmungschance und -tiefe, also wer das Kommunikationsangebot wo, wie oft und wie intensiv wahrgenommen hat.
- *Outcome-Checking:* Da alle Kommunikationsangebote für die verschiedenen Stakeholder-Gruppen dazu dienen, Verständnis und Zustimmung für das Unternehmen und seine Produkte/Dienstleistungen, für seine Geschäftsprozesse und Entscheidungen zu erhalten, ist als nächstes zu klären: *Wurden die damit verbundenen Kommunikationsziele auch erreicht?* Hier müssen also neben der Wahrnehmung des kommunikativen Angebotes die Akzeptanz wie auch die generierten Meinungsbilder sowie die Veränderungen in der Verhaltensdisposition (z. B. die Bereitschaft zum Kauf oder zur Weiterempfehlung) sichtbar gemacht werden.

- Outflow-Checking: Kommunikation muss die Unternehmensstrategien unterstützen. Deshalb sind ihre Ziele daraus abgeleitet. Da diese immer auf Wertschöpfung abzielen, stellt die Erfüllung eines daraus abgeleiteten kommunikativen Auftrags per definitionem einen werthaltigen Beitrag da. Dieser kann direkt der Wertgenerierung dienen, indirekt der Absicherung der Wertschöpfung oder dem Aufbau von Wertpotenzialen. Kommunikations-Controlling fragt folglich: *Konnte die (aus den Unternehmenszielen abgeleitete) Aufgabe gelöst und dadurch ein Wertbeitrag erzielt werden?* Dabei ist der rechnerische Nachweis in der Praxis mitunter nicht oder nur mit sehr viel Aufwand möglich. Doch es gibt Hilfsgrößen, welche die Werthaltigkeit von Kommunikationswirkungen fassbar machen: Durch die Berechnung von Marken- und Kundenwerten (Menninger 2010), Produktivitätsleistungen und Reputationsgewinnen können die Folgeeffekte von Kommunikation monetär ausgewiesen werden. In praktischer Hinsicht bietet es sich an, geldwerte Effekte wie Kauf- und Weiterempfehlungsbereitschaft, Preisakzeptanz und Loyalität oder auch Wiederkauf als Hilfsgrößen zu definieren.

Die Generierung von Kontaktangeboten, ihre Wahrnehmung, der Einfluss auf Meinungsbildung und Einstellung sowie die Folgen für die Verhaltensdisposition und das tatsächliche (geldwerte) Verhalten stellen also keine unabhängigen Zielgrößen dar, sondern stehen in einer Ursache-Wirkungsbeziehung. Insofern muss Kommunikationsmanagement als Wirkungsmanagement und sein Controlling kausalanalytisch konzipiert werden. Die ermittelten Befunde sind häufig weder selbsterklärend noch in ihrer Eintrittswahrscheinlichkeit stabil. Deshalb ist damit ein ständiger Lernprozess über Erfolgsfaktoren, Wirkungszusammenhänge und die Bedeutung von Fremdeinflüssen verbunden, der ein professionelles Verständnis von Kommunikation voraussetzt. Controller ohne professionelles Hintergrundwissen würden an der Aufgabe scheitern.

Systematisch betrachtet ist *Kommunikations-Controlling also die Rückwärtsbetrachtung von aufgabengesteuerter Kommunikationsplanung und -umsetzung*, wie umgekehrt die davor geleistete *Kommunikationsplanung* nichts anderes bedeutet *als die Kommunikation vom gewünschten Wirkungsende her (im Sinne einer Kommunikationsfolgenabschätzung) zu denken, um später den Erfolg zu ermitteln und aus den Abweichungen zu lernen* (vgl. auch Rolke & Zerfaß 2014; Storck 2012).

Obwohl das hier in den Planungs- und Steuerungsprozess einverwobene Wirkungsstufen-Modell für Kommunikations-Controlling – wie andere Prozessmodelle übrigens auch: z. B. die Value Links (Pfannenberg 2010, S. 61 ff.) oder die Strategy Maps (Kaplan & Norton 2004) – Kausalität zunächst einmal nur normativ annimmt, muss am Anspruch der Generierung von Wirkung festgehalten werden (Rolke & Jäger 2009). Denn ohne Wirkungsabsicht wäre Kommunikationsmanagement, das immer auftragsbezogen ist, sinnlos. Allerdings muss die tatsächliche Wirkung von Zeit zu Zeit sichtbar werden – schon allein deswegen, um den Grad der eigenen Einflussmöglichkeiten zu bestimmen und die Stärke intervenierender Einflüsse zu erfassen und möglicherweise bei der Planung zu berücksichtigen. *Denn der Wert von Kommunikation ist nun mal die Wirkung und nichts anderes.* Allerdings hängt der Grad der Wirksamkeit von Kommunikation nicht allein von der Kraft des unternehmenseigenen Kommunikations-Impulses ab, sondern eben auch vom Kontext und der Kraft von Dritten (Bürker 2013).

Zugleich muss das Verständnis von Ursache-Wirkungs-Beziehungen den besonderen Bedingungen kommunikativen Handelns angepasst werden (Rolke & Zerfaß 2010:54 ff.): Kommunikationswirkungen sind in diesem Zusammenhang weder präzise prognostizierbar noch stabil, weil sie immer wieder durch intervenierende Faktoren beeinflusst werden. Sie vollziehen sich innerhalb von Schwankungsbreiten, die sich über Indikatoren entlang einer vermuteten und durch die Analyse vorheriger Kommunikationsprozesse in den Grenzen empirisch bestätigbarer Wirkungsketten sichtbar machen lassen. Obwohl sich häufig keine eindimensionalen Kausalbeziehungen nachweisen lassen, ist es doch möglich, typische Einflussfaktoren zu identifizieren. Bei der Steuerung von Kommunikationsprozessen muss also eine *korridorale Kausalität* unterstellt werden: „Korridorale Kausalität findet sich bei komplexen, nicht-linearen und häufig auch wechselseitigen Ursache-Wirkungs-Beziehungen, deren Wirkkräfte zwar eine erkennbare Richtung haben, aber die sich kontextabhängig innerhalb von Schwankungsbreiten zeigen. Dabei handelt es sich nicht selten um Effekte, die auf mehreren Ursachen beruhen" (ebd. 54). Kommunikationserfolge von der einzelnen Maßnahme her zu denken, ist daher meist unbefriedigend und für das Kommunikationsmanagement nicht zielführend. Allerdings nicht etwa deswegen, weil sich einzelne Effekte nicht diskriminieren ließen, sondern weil die erwünschten Meinungsbilder und Verhaltensdispositionen in der Regel nicht auf ein einzelnes Kommunikationsangebot zurückgehen, sondern die Zielgruppe unterschiedliche Quellen nutzt, um sich ein Bild von einem Angebot zu machen (vgl. auch Rolke in diesem Band).

4 Wodurch sich nachhaltige Kommunikation auszeichnet – Nachhaltigkeit durch Exzellenz

Indem Kommunikation den unternehmensinternen Prozess der Leistungserstellung direkt zu unterstützen und zu stimulieren vermag, sie außerdem Handlungsfreiheit gegenüber den Ansprüchen des Kapitalmarktes und der Gesellschaft sichern hilft und schließlich auch noch Wertpotenziale wie Image und Reputation schafft, wird sie zu einem Wertschöpfungsfaktor – allerdings wie viele andere Intangible Assets auch ist dieser immateriell, instabil und nicht handelbar. Sie ist für Unternehmen unverzichtbar wertvoll, besitzt in toto aber keinen Marktwert. Daher sind beim Management des Wertschöpfungsfaktors Kommunikation einige Nebenbedingungen zu beachten, auf die Kaplan und Norton (2004: 27 f.) schon in anderem Zusammenhang hingewiesen haben und die hier entsprechend adaptiert werden:

Wertschöpfung durch Kommunikation ist häufig mittelbar: Der Internetauftritt, die Kunden- oder Mitarbeiterzeitschrift, die gekaufte mediale Aufmerksamkeit in Form von Anzeigen oder Fernsehspots, der Unternehmensblog wie der Facebook-Auftritt generieren nicht unmittelbar positive finanzielle Effekte. Und stellen deswegen auch keinen fixen Wert dar. Sicherlich gibt es Ausnahmen, aber selbst im Vertrieb führt der einmalige Kontakt mit potenziellen Kunden nicht jedes Mal zum gewünschten Erfolg. Kommunikationsangebote sind häufig Auslöser, damit sich die Stakeholder mit dem Unternehmen, seinen Leistungsangeboten oder Karrieremöglichkeiten beschäftigen. Erst am Ende kann es zu einem Verhalten kommen, das für das Unternehmen geldwertig ist.

Kommunikation bildet wertvolles Potenzial, muss aber immer wieder aktiviert und genutzt werden. Eine identitätsbildende und offene Kommunikationskultur ist sicherlich eine wichtige Voraussetzung für innovative und wachstumsorientierte Unternehmen. Aber sie muss aktiv die interne Zusammenarbeit von Teams und Abteilungen befördern. Extern schafft Kommunikation die Möglichkeit, sich den Stakeholdern überzeugend mitzuteilen, aber auch zu erfahren, was die Märkte und die Gesellschaft insgesamt bewegt. Das so aufgebaute Vertrauen und das Wissen über Trends und Issues, muss Eingang in die Strategie finden, damit aus dem Wertpotenzial auch eine berechenbare materielle Wertschöpfung entsteht.

Die Wertgenerierung von Kommunikation ist strategieabhängig. Ob die Stakeholder ein Unternehmen als innovativ oder kostengünstig, als Qualitätsführer oder besonders serviceorientiert, als regional verankert oder internationalen Player wahrnehmen, ist kein Wert an sich. Wertvoll werden solche positionierungsrelevanten Image-Attribute erst dann, wenn es die Unternehmensstrategie unterstützt, weil sie dadurch an Wirksamkeit gewinnen, d. h. geldwerte Effekte auslösen.

Der Wert von Kommunikation entwickelt sich im Verbund mit anderen Assets. Um erfolgreich zu sein, muss sich Kommunikation mit anderem immateriellen und materiellen Vermögenswerten verbinden – seien sie organisationaler, finanzieller oder faktorieller Art. In der besonderen Kombination erlangen Unternehmen Differenzierung und Vorsprung gegenüber Mitbewerbern, gewinnen an Attraktivität und schaffen Nachhaltigkeit. Es reicht eben nicht, „bessere Produkte und Dienstleistungen anzubieten als die Konkurrenten; alle Komponenten der Führung, die Organisation und Führungskräfteentwicklung, die Unternehmenskultur, die Strategien, das Leitbild, um nur einige zu nennen, müssen in einem harmonischen Verhältnis zueinander stehen. Die Intensität und die Kombination dieser Regelkreise sind je nach Problemen und Situationen verschieden; die Unternehmensleitung muss sie alle verstehen und nach Maßgabe der Interessen und Ziele der ‚Stakeholder' gestalten." (Hinterhuber 2015: 43).

Vor diesem Hintergrund wird deutlich, warum Exzellenz in der Kommunikation nur in einem exzellent geführten Unternehmen möglich ist. Und umgekehrt, warum Unternehmen durch eine exzellent organisierte Kommunikation selber an Exzellenz gewinnen. Es sind in gewisser Weise die zwei Seiten derselben Medaille, auf die

Grunig und andere (ders. 1992; ders. u. a. 2002) frühzeitig aufmerksam gemacht haben. Wo die signifikanten Unterschiede in der Praxis liegen, konnte in der Vergleichsstudie von herausragender und durchschnittlicher Professionalität in der Unternehmenskommunikation empirisch herausgearbeitet werden (Rolke & Forthmann 2014). Entstanden ist daraus das „Magische Viereck exzellenter Unternehmenskommunikation", dessen fünf wichtigste Merkmale sich wie folgt zusammenfassen lassen:

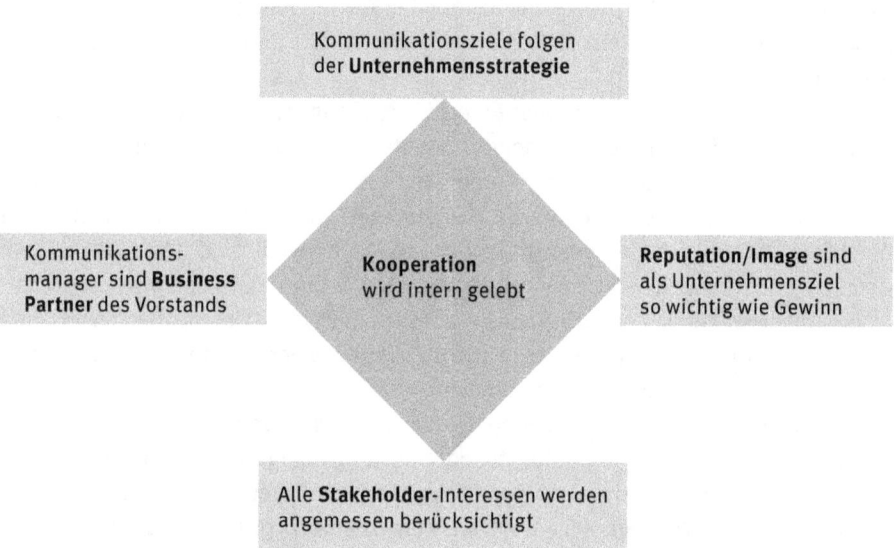

Abb. 3: Das Magische Viereck exzellenter Unternehmenskommunikation (Quelle: eigene Darstellung)

Die Kommunikationsziele exzellent kommunizierender Unternehmen folgen der Unternehmensstrategie: Kommunikation orientiert sich nicht an sich selbst, den eigenen Erfahrungen oder Routinen, sondern an den Erfolgserwartungen und der strategischen Planung des Unternehmens. Folgerichtig leitet die Kommunikationselite ihre Ziele signifikant öfter aus der Unternehmensstrategie ab als der Durchschnitt. In der Studie werden letztere als PR-Basisexperten bezeichnet. Sie setzen sich übrigens sehr viel öfter ihre Kommunikationsziele selber und stimmen sie erst dann mit dem Vorstand ab. Da also die Kommunikationselite ihre Kommunikationsarbeit deutlich häufiger mit der strategischen Ausrichtung des Unternehmens verzahnt, gewinnt sie vermutlich auch eher das Vertrauen des Vorstandes und kann sich auch leichter auf Vorstandsebene Einfluss auf die Strategieentwicklung nehmen. Das hat Auswirkungen auf die organisationsinterne Position und Funktion der Unternehmenskommunikation.

Unternehmenskommunikation ist Business Partner des Vorstandes: In der praktischen Zusammenarbeit mit dem Vorstand bzw. der Geschäftsführung zeigen sich wenig überraschend ebenfalls auffällige Unterschiede: Die Kommunikationselite versteht sich doppelt so häufig als Business Partner des Vorstandes wie die PR-Basisexperten. Das umfasst aus Sicht der Kommunikationsmanager eben auch die Mitwirkung an der Entwicklung der Unternehmensstrategie. Aus Sicht des Vorstandes geht es um die praktische Unterstützung bei der Umsetzung der Unternehmensstrategie. Vorstände wollen etwa wissen, wie die Kommunikation mit den verschiedenen Stakeholdern das strategische Ziel des profitablen Wachstums unterstützt. Wie sich also beispielsweise Pressearbeit, Online- und Event-Kommunikation mit den Wertaktivitäten anderer operativer Einheiten verknüpfen lässt, so dass ein messbarer Mehrwert geschaffen wird.

Image und Reputation sind so wichtig wie Gewinn: Erfahrungsgemäß rangieren Image/Reputation/Marke bei sehr vielen Studien, bei denen nach den Kommunikationszielen gefragt wird, ganz oben. Die Bedeutung dieses Ergebnisses wird allerdings erst dann erkennbar, wenn die Position von Image/Reputation/Marke im Zielsystem des Unternehmens bestimmt wird. Und hier zeigt die Exzellenzstudie, dass in den Unternehmen der Kommunikationselite Unternehmens- und Produktimage in Durchschnitt fast höher eingeschätzt werden als etwa „Sicherung der Wettbewerbsfähigkeit" und langfristige Gewinnerzielung. Im direkten Vergleich von Produkt- und Unternehmensimage hat letzteres überproportional an Bedeutung gewonnen. Nicht zuletzt auch deswegen, weil es sich finanziell häufig nicht lohnt, jede einzelne Produktmarke separat zu entwickeln. Mit der zunehmenden Bedeutung des Unternehmensimage vermag sich die Kommunikation aus dem engen absatzmarktbezogenen Fokus des Marketings noch stärker lösen als bisher, muss aber kooperativ bleiben. Denn für ein nachhaltig stabiles und Geschäfte begünstigendes Unternehmensimage sind Marketing und Unternehmenskommunikation gleichermaßen verantwortlich.

Alle Stakeholder-Interessen werden angemessen berücksichtigt: Wer Topmanager nach den wichtigsten Zielgruppen für ihr Unternehmen befragt, erhält eine eindeutige Antwort: Für 99 Prozent sind Kunden und Mitarbeiter „sehr wichtig" oder „wichtig" für den Unternehmenserfolg. Also die klare Fokussierung auf den Wertschöpfungsprozess im engeren Sinne. Multiplikatoren aus Medien, Politik oder Nichtregierungsorganisationen folgen abgeschlagen (49 Prozent). Aktionäre und Banken als Repräsentanten der Finanzmärkte gelten nochmals weniger als erfolgskritisch (44 Prozent). Soll sich also die Kommunikation des Unternehmens ausschließlich auf Kunden und Mitarbeiter fokussieren und alle anderen Zielgruppen vernachlässigen? Die Antwort der Kommunikationselite ist eindeutig: Sie erklärt signifikant häufiger als der Durchschnitt: „Wir kümmern uns um alle Stakeholder (Kunden, Mitarbeiter, Aktionäre, Öffentlichkeit etc.) ziemlich gleichmäßig." Der Grund: Kommunikationseffekte entstehen nicht linear. So führt intensiver und glaubwürdiger Austausch mit Kunden nicht zwingend sofort zu höherer Sympathie, Kaufbereitschaft oder gar höherem Marktanteil. Denn viele andere Absender – wie Gewerkschaften, Verbraucherschützer, Journalisten oder Blogger – können kontraproduktiv wirken, weil sie Einfluss auf die Kunden haben, und so die Kommunikationsbemühungen des Unternehmens beeinträchtigen. Die Kommunikations-Elite weiß zudem, dass der Wertschöpfungsprozess immer auch der gesellschaftlichen Absicherung bedarf.

Kooperation ist die Basis des Erfolgs – extern wie zunächst einmal intern: Das öffentliche Bild eines Unternehmens hängt nicht allein von der Arbeit einer einzelnen Abteilung ab. Es vermittelt sich über all die Kontaktpunkte, an denen Kunden oder auch künftige Mitarbeiter, Investoren, Journalisten oder Blogger, Anwohner oder Politiker mit dem Unternehmen in Berührung kommen. Insofern sind alle im Unternehmen gefordert, den Selbstanspruch des Unternehmens nach außen zu leben und nach innen zu vertreten – besonders allerdings die verschiedenen Kommunikationsabteilungen, die durch ihre Kooperation beweisen müssen, wie wichtig dem Unternehmen der gute Ruf bei allen Stakeholder-Gruppen ist. Wenn das geschieht, entsteht intern ein interessanter Effekt: Indem diejenigen konstruktiv zusammenarbeiten, die innerhalb des Unternehmens die verschiedenen Ansprüche der externen Stakeholder repräsentieren, ist gewährleistet, dass berechtigte Ansprüche, auch wenn sie widersprüchlich sind, bei den Managemententscheidungen innerhalb des Unternehmens fair berücksichtigt werden. Hier sind die exzellent kommunizierenden Unternehmen nachweisbar weiter, was sich auch in einer veränderten internen Kommunikationskultur niederschlägt. So herrscht dort eine ausgeprägtere, vernetztere und stärker auf Gegenseitigkeit beruhende Kultur der Zusammenarbeit und des Austausches vor. Dies zeigt sich vor allem in der stark intranetbasierten Kommunikation, die nicht nur weiter entwickelt ist, sondern auch deutlich besser funktioniert.

Je mehr Exzellenz in den Strukturen des Unternehmens und seiner Kultur verankert ist, desto deutlicher zeigt sich das wechselseitige Bedingungsverhältnis von kommunikativer und organisationaler Exzellenz. Insofern ist die vorhandene oder eben auch nicht vorhandene Exzellenz in der Unternehmenskommunikation immer auch ein Indiz für den Exzellenzgrad des Unternehmens insgesamt: Unternehmen, die nicht exzellent kommunizieren, können auch sonst auf Dauer nicht überdurchschnittlich und nachhaltig performen. Denn es gilt nun mal „einen kontinuierlichen Strom von Ressourcen vom Unternehmen zur Umwelt – Kunden, Kapitalgeber, Mitarbeiter und deren Organisationen, Gesellschaft, Lieferanten und verbündeten Unternehmen – und von der Umwelt zum Unternehmen aufrechtzuerhalten" (Hinterhuber 2015: 22). Und der wiederum ist zwingend auf die stetige und transparente Kommunikation angewiesen. Denn der funktionale Tausch von Produkten und Leistungen jeglicher Art bedarf immer zugleich des symbolischen Austausches – über Vorstellungen, Erwartungen und den Bedingungen des Einverständnisses. Insofern gilt: *Tausch und Austausch sind der untrennbare Zwilling in der erfolgreichen Interaktion der Unternehmen mit ihren Stakeholdern.*

Literatur

Bußmann, L., Koch, W., & Warneke, P. (1997). *Der Wertschöpfungsbeitrag zur Finanzierung der Gesetzlichen Rentenversicherung.* Frankfurt, New York: Campus Verlag.

Bürker, M. (2013). „Die unsichtbaren Dritten". Ein neues Modell zur Evaluation und Steuerung von Public Relations im strategischen Kommunikationsmanagement. Wiesbaden: Springer Fachmedien.

Daum, J. H. (2004). Transparenzproblem Intangible Assets: Intellectual Capital Statements und der Neuentwurf eines Frameworks für Unternehmenssteuerung und externes Reporting. In P. Horváth & K. Möller (Hrsg.), Intangibles in der Unternehmenssteuerung (S. 45–81). München: Vahlen.

Drucker, P. (2002). Was ist Management? Das Beste aus 50 Jahren. München: Econ.

Hinterhuber, H. H. (2015). Strategische Unternehmensführung. Das Gesamtmodell nachhaltiger Wertsteigerung. Berlin: Erich Schmidt Verlag.

Grunig, J. E. (Hrsg.). (1992). Excellence in Public Relations and Communication Management. Hillsdale: Lawrence Erlbaum Associates.

Grunig, L. A., Grunig, J. E., & Dozier, D. M. (2002). Excellent Public Relations and effective Organizations. A Study of Communication Management in Three Countries. Mahwah: Lawrence Erlbaum Associates.

Horváth, P. (2011). Controlling. München: Vahlen.

Kaplan, R. S., & Norton, D. P. (2004). Strategy Maps. Boston, MA: Harvard Business School Press.

Leven, F.-J. (1998). Investor Relations und Shareholder Value. In M. Müller & F.-J. Leven (Hrsg.), Shareholder Value Reporting. Veränderte Anforderungen an die Berichterstattung börsennotierter Unternehmen (S. 45–62). Wien, Frankfurt: Ueberreuter.

Mast, C. (2015). Unternehmenskommunikation. Konstanz: utb.

Menniger, J. (2010). Markenbewertung: Methoden und Standards. In J. Pfannenberg & A. Zerfaß (Hrsg.), Wertschöpfung durch Kommunikation. Kommunikations-Controlling in der Unternehmenspraxis (S. 140–152). Frankfurt a. M.: Frankfurter Allgemeine Buch.

Müller-Neuhof, K., & Giehl, W. (2004). Fokus Internal Branding. Vom Mitarbeiter zum Mitmacher. Sternenfels: Verlag Wissenschaft & Praxis.

Pfannenberg, J. (2010). Strategisches Kommunikations-Controlling mit der Balanced Scorecard. In J. Pfannenberg & A. Zerfaß (Hrsg.), Wertschöpfung durch Kommunikation: Strategisches Kommunikations-Controlling in der Unternehmenspraxis (S. 61–83). Frankfurt a. M.: Frankfurter Allgemeine Buch.

Pfannenberg, J., & Zerfaß, A. (Hrsg.). (2010). Wertschöpfung durch Kommunikation. Kommunikations-Controlling in der Unternehmenspraxis. Frankfurt a. M.: Frankfurter Allgemeine Buch.

Porter, M. E. (2002). Wettbewerbsvorteile. Spitzenleistungen erreichen und behaupten. Frankfurt, New York: Campus Verlag.

Rappaport, A. (1995). Shareholder Value. Wertsteigerung als Maßstab für die Unternehmensführung. Stuttgart: Schäffer-Poeschel Verlag

Raupp, J., & Vogelgesang, J. (2009). Medienresonanzanalyse. Eine Einführung in Theorie und Praxis. Wiesbaden: VS Verlag für Sozialwissenschaften.

Reichwald, R., & Piller, F. T. (2002). Der Kunde als Wertschöpfungspartner – Formen und Prinzipien. In: H. Albach, B. Kaluza & W. Kersten (Hrsg.), Wertschöpfungsmanagement als Kernkompetenz (S. 27–51). Wiesbaden: Verlag Gabler.

Rolke, L. (2002). Kommunizieren nach dem Stakeholder-Kompass. In B. Kirf & L. Rolke (Hrsg.), Der Stakeholder-Kompass. Navigationsinstrument für die Unternehmenskommunikation (S. 16–33). Frankfurt am Main: Frankfurter Allgemeine Buch.

Rolke, L. (2010). Der Stakeholder-Kompass. In: H. Paul & H. Wollny (Hrsg.), Instrumente des Strategischen Managements (S. 108–118). München: Oldenbourg.

Rolke, L. (2013). Interne Kommunikation vor der Revolution – Wie sich die Kommunikation im Unternehmen neu erfinden muss. In J. Funk, N. Hummel, N. Schack (Hrsg.), Arbeitsleben 3.0 – Erfolg in einer veränderten Welt (S. 160–179). Frankfurt a. M.: Frankfurter Allgemeine Buch.

Rolke, L., & Wolff, V. (2002). Finanzkommunikation zwischen Fakten und Phantasie. In L. Rolke & V. Wolff (Hrsg.). *Finanzkommunikation. Kurspflege durch Meinungspflege. Die neuen Spielregeln am Aktienmarkt* (S. 232–247). Frankfurt a. M.: Frankfurter Allgemeine Buch.

Rolke, L., & Freda, M. (2007). *Chefkommunikation in Deutschland 2006/7.* White Paper.

Rolke, L., & Jäger, W. (2009). Kommunikations-Controlling. Messung und Entwicklung eines Returns on Communication. In: M. Bruhn, F.-R. Esch & T. Langner (Hrsg.), *Handbuch Kommunikation* (S. 1021–1041). Wiesbaden: Gabler.

Rolke, L., & Zerfaß, A. (2010). Wirkungsdimensionen der Kommunikation: Ressourceneinsatz und Wertschöpfung im DPRG/ICV-Bezugsrahmen. In: J. Pfannenberg & A. Zerfaß (Hrsg.), *Wertschöpfung durch Kommunikation: Strategisches Kommunikations-Controlling in der Unternehmenspraxis* (S. 50–60). Frankfurt a. M.: Frankfurter Allgemeine Buch.

Rolke, L., & Zerfaß, A. (2014). Erfolgsmessung und Controlling der Unternehmenskommunikation: Wertbeitrag, Bezugsrahmen und Vorgehensweisen. In: A. Zerfaß & M. Piwinger (Hrsg.), *Handbuch Unternehmenskommunikation. Strategie – Management – Wertschöpfung* (S. 863–885). Wiesbaden: Springer Gabler.

Rolke, L., & Forthmann, J. (2014). *Exzellenz in der Unternehmenskommunikation. Die 12 Erfolgsfaktoren der Kommunikations-Elite.* Norderstedt: BoD.

Schmid, B. F., & Lyczek, B. (2008). Die Rolle der Kommunikation in der Wertschöpfung der Unternehmung. In M. Meckel & B. F. Schmid (Hrsg.), *Unternehmenskommunikation. Kommunikationsmanagement aus Sicht der Unternehmensführung* (S. 5–150). Wiesbaden: Gabler.

Servatius, H. G. (2004)- Nachhaltige Wertsteigerung mit immateriellen Vermögen. In P. Horváth & K. Möller (Hrsg.), *Intangibles inder Unternehmenssteuerung* (S. 83–95). München: Verlag Vahlen.

Storck, C. (2012). Der Wert der Kommunikation. *Pressesprecher, 10* (8), 28–30.

Straeter, H. (2010). *Kommunikationscontrolling.* Konstanz: UVK.

Szyszka, P. (2014). Soziales Kommunikations-Controlling: Wertschöpfung durch Authentizität und soziales Kapital. In A. Zerfaß & M. Piwinger (Hrsg.), *Handbuch Unternehmenskommunikation. Strategie – Management – Wertschöpfung* (S. 919–937). Wiesbaden: Springer Gabler.

Szyzka, P., & Dürig, U.-M. (Hrsg.). (2008). *Strategische Kommunikationsplanung.* Konstanz: UVK Verlagsgesellschaft.

Weber, J., & Schäffer, U. (2011). *Einführung in das Controlling.* Stuttgart: Schäffer-Poeschel.

Will, M., Alwert, K., & Kivikas, M. (2014). Wissensbilanzierung: Strategische Kommunikationsprozesse bewerten und steuern. In A. Zerfaß & M. Piwinger (Hrsg.), *Handbuch Unternehmenskommunikation. Strategie – Management – Wertschöpfung* (S. 969–983). Wiesbaden: Springer Gabler.

Wittke-Kothe, C. (2001). *Interne Markenführung. Verankerung der Markenidentität im Mitarbeiterverhalten.* Wiesbaden: DUV.

Zerfaß, A. (2010). Controlling und Kommunikations-Controlling aus Sicht der Unternehmensführung: Grundlagen und Anwendungsbereiche. In J. Pfannenberg & A. Zerfaß (Hrsg.), *Wertschöpfung durch Kommunikation: Strategisches Kommunikations-Controlling in der Unternehmenspraxis* (S. 28–49). Frankfurt a. M.: Frankfurter Allgemeine Buch.

Zerfaß, A. (2014). Kommunikations-Controlling: Steuerung und Wertschöpfung. In G. Bentele, R. Fröhlich & P. Szyszka (Hrsg.), *Handbuch der Public Relations* (S. 715–738), Wiesbaden: Springer VS.

Zerfaß, A., Schwalbach, J., & Sherzada, M. (2013). *Unternehmenskommunikation aus der Perspektive des Top-Managements: Eine empirische Studie bei Vorständen und Geschäftsführern bei deutschen Großunternehmen.* Leipzig. Abgerufen vonhttp://de.slideshare.net/communicationmanagement/studie-unternehmenskommunikation-aus-der-perspektive-des-topmanagements-juni-2013

Jan Sass
Kommunikations-Controlling in der digitalen Praxis

Viele Entscheider in der Unternehmensführung nehmen den Beitrag der Unternehmenskommunikation für den Gesamterfolg der Organisation immer stärker wahr. Mit einem intensiveren Wettbewerb und der Ermächtigung von Anspruchsgruppen durch Social Media sind die Anforderungen an den Erfolgsnachweis und die Darstellung des Wertbeitrags der Kommunikation deutlich gestiegen. Weitere Gründe dafür sind der Aufgabenzuwachs für die Unternehmenskommunikation, die damit verbundenen höheren Kommunikationsbudgets sowie zunehmende Überschneidungen mit anderen Funktionen, vor allem mit dem Marketing (Rolke & Zerfaß 2014: 864).

1 Relevanz des Kommunikations-Controllings

Dass die Verknüpfung von Unternehmens- und Kommunikationsstrategie aus Sicht der Kommunikationsverantwortlichen seit Jahren eine der wesentlichen Herausforderungen in der Praxis ist, hat mit ihrer gewünschten Rolle als strategischer Partner im Unternehmen zu tun, aber auch mit den Erwartungen des Managements. Kommunikations-Controlling hilft den Kommunikationsverantwortlichen, diese Erwartungen zu erfüllen: Es trägt zur Erhöhung von Effektivität und Effizienz der Unternehmenskommunikation bei und verbessert die Integration der Kommunikation im Unternehmen. Während sich Evaluation auf Erfolgsmessung beschränkt, ist „Kommunikations-Controlling eine Unterstützungsfunktion, die Strategie-, Prozess-, Ergebnis- und Finanztransparenz für den arbeitsteiligen Prozess des Kommunikationsmanagements schafft und geeignete Methoden, Strukturen und Kennzahlen für die Planung, Umsetzung und Kontrolle der Unternehmenskommunikation bereitstellt" (Zerfaß 2010: 35). Daran ändert sich auch in der digitalen Kommunikationswelt nichts.

Die Entwicklung des Kommunikations-Controllings wird in Deutschland von Wissenschaftlern, Unternehmenskommunikatoren, Controllern und Beratern getragen. So haben die Deutsche Public Relations Gesellschaft (DPRG) und der Internationale Controller-Verein (ICV) gemeinsam einen *Bezugsrahmen für das Kommunikations-Controlling* verabschiedet, der von Wissenschaftlern und Experten aus beiden Disziplinen entwickelt wurde. Mit den dort definierten Wirkungsdimensionen der Kommunikation – Input, Output, Outcome und Outflow – ein einheitlicher Standard für das Kommunikations-Controlling im deutschsprachigen Raum geschaffen. In einem erweiterten *Positionspapier Kommunikations-Controlling* (DPRG/ICV 2011) hat die DPRG zudem wesentliche Grundlagen und Anwendungsbeispiele zu diesem Thema dargestellt.

In der Praxis des Kommunikations-Controllings dominiert als Folge dieser Entwicklung die Arbeit mit Werttreiberbäumen, Value Links und Scorecards (Pfannenberg 2010: 81 f.). Diese Instrumente werden in den Unternehmen unterschiedlich angewendet und unterscheiden sich auch in der Intensität der Umsetzung. Ihr Einsatz führt zu höherer Transparenz, verbessert die Steuerung der Kommunikation und schafft mehr Rationalität im Kommunikationsmanagement, wenngleich mit einer „hypothetischen Kausalität", die vor allem auf den praxistypischen Plausibilitätszuschreibungen gründet (Rolke & Zerfaß 2014: 879).

Vieles deutet darauf hin, dass sich die Standards für das Kommunikations-Controlling auch international angleichen. So wird in amerikanischen Whitepapers inzwischen eine klare Orientierung von Kommunikation an Geschäftszielen gefordert. Auch die spezifische Messbarkeit der Ziele auf verschiedenen Wirkungsstufen gilt als Voraussetzung, um den Erfolgsbeitrag von Kommunikation bewerten zu können. Bei näherem Hinsehen fällt allerdings eine starke, mitunter sogar einseitige Marktorientierung in der Erfolgsmessung auf. Das Whitepaper „PR Measurement that Matters" von Nasdaq Solutions und Ragan Communications (Nasdaq 2015) liefert eine Reihe von Beispielen, wie Public Relations mit Kanaleffekten zu Erlösen oder zumindest zu erlösrelevanten Leads geführt hat. Die Disziplin erscheint in dieser Perspektive allerdings ausschließlich als vertriebsunterstützende Marketingfunktion, und der in diesem Paper beschworene „Business outcome" ist kaum mehr als ein reklamierter Beitrag zum Erlös. Es bleibt Evaluation mit dem Versuch einer monetären Beweisführung und ist keine Steuerung von Kommunikation, die alle strategischen Unternehmensziele im Blick hat.

Die Erfolgskriterien der Unternehmenskommunikation liegen dagegen in ihrem Beitrag zur Strategieumsetzung – also darin, in welchem Umfang die Stakeholder die Organisationsziele unterstützen. Aus Sicht des Kommunikations-Controllings (Rolke & Zerfaß 2014: 869) sind hierbei drei wesentliche Fragen zu beantworten: *Haben die Maßnahmen ihre Ziele erreicht? Wurden die Kommunikationsziele erreicht? Konnte die aus der Unternehmensstrategie abgeleitete Aufgabe gelöst werden?* Diese Fragen betreffen den Markt, aber auch Mitarbeiter, Öffentlichkeit, Kapitalgeber und andere Anspruchsgruppen. Unternehmenskommunikation hat nicht die Aufgabe, Erlöse zu erwirtschaften. Sie sollte daher auch vermeiden, sich über einen *Return on Investment (ROI)* zu legitimieren, der begrifflich immer monetär aufzufassen ist (Watson & Zerfaß 2011). Steuerung bedeutet, die Kommunikation auf die strategischen Ziele der Organisation auszurichten. Abhängig von diesen Zielen und den betroffenen Anspruchsgruppen ergeben sich sehr unterschiedliche Anforderungen für die Kommunikation. Um sie zu erfüllen, müssen die Kommunikationsziele stufenweise aufeinander aufbauen und mit geeigneten Messgrößen verbunden werden.

Zu diesem Verständnis hat die weltweite Branchenorganisation zur Messung und Evaluation von Kommunikation AMEC mit ihrem Valid Metrics Framework (AMEC 2011) wesentlich beigetragen. Dieser Bezugsrahmen für die systematische Kommunikationssteuerung basiert auf der 2010 durch die AMEC verabschiedeten „Barcelona Declaration of Measurement Principles". Inzwischen liegen diese Principles in einer überarbeiteten zweiten Fassung vor und sind auch speziell für Social Media abgebildet. Daneben bestehen weitere Vorschläge, die sich an solchen Stufenmodellen orientieren. Insgesamt liegt der Fokus im Vergleich zur Diskussion in Deutschland jedoch noch weniger auf der Strategieentwicklung als bei der Performance Messung von Medien und Instrumenten (Lautenbach 2014: 901). Zudem weichen die Definitionen von Messgrößen im angloamerikanischen Raum noch von denen in den deutschsprachigen Ländern ab. Die Angleichung internationaler Standards für das Kommunikations-Controlling bleibt damit weiterhin ein Ziel.

2 Wertbeitrag von Kommunikation: Anspruch und Praxis verbinden

Die Kommunikations-Professionals in Europa haben „Linking communication and business strategy" mit fast 43 Prozent, wie in den vergangenen Jahren, als ihre wichtigste Herausforderung benannt. Das geht aus den aktuellen Befragungsergebnissen des „European Communication Monitor 2015" hervor (Zerfass et al. 2015). In ihrer Analyse stellen die Autoren der Studie fest, dass die Lücke zwischen dem Anspruch der Kommunikationsverantwortlichen, einen nennbaren Wertbeitrag zu schaffen und der Evaluationspraxis groß ist. So versuchen drei Viertel der Befragten den Wertbeitrag der Kommunikation gegenüber dem Management zu begründen. Dazu nutzen sie unterschiedliche Argumente – von den Effekten der Kommunikation auf immaterielle Werte wie Marke, Reputation und Organisationskultur über die Unterstützung operativer Managementziele bis hin zu ökonomischen Wirkungen. Auf der anderen Seite zeigen die Ergebnisse zur Evaluationspraxis, dass Aktivitäten und Wirkungen mit Blick auf die Unterstützung von Organisationszielen nur von knapp 36 Prozent gemessen oder gemonitored werden (ebd. 70 f.).

Diese Diskrepanz zwischen Anspruch und Wirklichkeit kann als Praxishemmung verstanden werden. Sie ist eine wesentliche Ursache, warum die Verknüpfung von Unternehmens- und Kommunikationsstrategie seit Jahren an erster Stelle der Agenda steht. Die Gründe dafür liegen überwiegend in der Abstraktheit von Strategie, der fehlenden Übersetzung von Zielen und operativen Tätigkeiten und nicht zuletzt auch in einem Mangel an Pragmatismus. Um den Wertbeitrag von Kommunikation besser darzulegen, muss keine perfekte Lösung am Anfang stehen. Eine Orientierung an generischen Zielen und an vorhandenen Daten ist ein legitimer Weg, um ein funktionsfähiges Kommunikations-Controlling zu initiieren. Dabei kann es sinnvoll sein, mit einem Kommunikationsbereich zu beginnen, damit die Komplexität nicht zu hoch wird und erste Erfolge schnell sichtbar sind. Um interne Akzeptanz zu gewinnen, helfen zudem visuelle Formate, die ein schnelleres Verständnis ermöglichen.

Mit der Einführung eines zunächst auch nur basischen Systems für die Steuerung und Bewertung der Kommunikation entstehen im Laufe der Zeit Fragen und neue Anforderungen. Dadurch kann sich das Kommunikations-Controlling organisch entwickeln ohne die Beteiligten zu überfordern. So können die Ziele langsam geschärft und die Messpunkte systematischer in den Ursache-Wirkungsketten der Kommunikation abgebildet werden. Damit wächst auch das Bewusstsein, welche Daten bei der Bewertung des Kommunikationserfolgs helfen und wie die Messinstrumente anzupassen sind. Kommunikations-Controlling kann mithin pragmatisch sein – es muss aber zugleich realisieren, dass sich die Anforderungen an die Unternehmenskommunikation mit der Digitalisierung stark erhöht haben.

3 Auswirkungen der Digitalisierung auf die Unternehmenskommunikation

Die vierte industrielle Revolution, eine neue Stufe der Organisation und Steuerung der gesamten Wertschöpfungskette über den Lebenszyklus von Produkten, hat bestehende Geschäftsmodelle von Unternehmen bereits verändert und wird in Zukunft noch dynamischer fortschreiten (PwC 2015: 16). Diese Entwicklung betrifft nicht nur die Funktionen entlang der vertikalen Wertschöpfungskette, sondern auch eine horizontale Integration von Bestands- und Planungsdaten mit Zulieferern, Kunden und anderen Wertschöpfungspartnern. Durch die weitere Vernetzung der Unternehmen mit ihren Anspruchsgruppen, die Digitalisierung des Produkt- und Serviceangebots sowie die radikale Veränderung von Geschäftsmodellen entsteht ein zunehmendes Angebot an Mehrwertlösungen. Diese Entwicklung führt zur These, dass die Wertschöpfung zukünftig vor allem mit den rund um das Produkt angebotenen Diensten verbunden sein wird. So hat die Analyse und Nutzung von Daten bei Industrie 4.0 eine hohe Bedeutung: Informationen müssen zunehmend gemanagt werden. Ein anderer Aspekt, der nach der PwC-Studie zu einer Aufwertung der Unternehmenskommunikation führen wird, bezieht sich auf die zu erwartende deutliche Zunahme von Kooperationen: „Über 80 Prozent der befragten Unternehmen gehen davon aus, dass in fünf Jahren vertiefte Kooperationen und eine intensivere horizontale Vernetzung einen wichtigen Stellenwert haben werden" (PwC 2015: 13).

Ismail et al. (2014) beschreiben, wie radikal sich Unternehmen verändern müssen, um in den disruptiven Prozessen der gerade erst begonnenen Digitalisierung zu überleben; in einer ultimativ beschleunigten Umwelt, in der das lineare Denken ein

Risiko ist, organisationale Größe zum Ballast wird und Informationen das größte Vermögen sind: „(it) demands a level of unprecedented commitment from a broader set of stakeholders – individuals who traditionally have had only a tenuous connection to the enterprise" (ebd. 83). In dieser neuen Welt sind Unternehmen im Vorteil, die mit maximaler Flexibilität handeln und durch eine kraftvolle Mission kollektive Erwartungen und Unterstützung an sich binden können.

Solche *„Exponential organisations"* zeichnen sich durch verschiedene Eigenschaften bzw. Fähigkeiten aus, die nur mithilfe der Kommunikationsfunktion zu erwerben und zu sichern sind. An erster Stelle gehört dazu die Vermittlung eines *„Massive Transformation Purpose"* einer Vorstellung von *Größe*, die eine auf schnelles Wachstum zielende Geschäftsstrategie unterstützt und, weiter gedacht, das Bestehen im Wettbewerb erst erlaubt (ebd. 53). Statt sich auf eine große und unbewegliche Anzahl von Mitarbeitern zu verlassen, so die Prognose, wird es bei dem Erreichen strategischer Ziele darum gehen, *Communities and Crowds* mit neuen Formen des *Engagements* für sich zu gewinnen und stärker auf *Staff on Demand* zu setzen.

Nicht zuletzt deshalb, weil sich zunehmend ein digitales Reservoir an Arbeitskräften erschließt, das mit nahezu unbegrenzten Kapazitäten mobil zur Verfügung steht. Adressiert sind damit motivierte und flexibel nutzbare externe Ressourcen, die das eigene Know-how erhöhen, für die notwendige Geschwindigkeit im Wettbewerb sorgen sowie zur Verbesserung und Neuentwicklung von Produkten beitragen. Ismail et al. weisen darauf hin, dass solche wissensbasierten Communities nicht mehr auf räumliche Nähe gründen, sondern sich durch Ziele, Glaubenssätze, Bedürfnisse, Kenntnisse, Präferenzen etc. konstituieren.

Als wesentliche interne Attribute von wettbewerbsfähigen Organisationen der Zukunft nennen Ismail et al. *Experimentation* und *Autonomy* (ebd. 95 ff.). Damit ist einerseits die Fähigkeit einer Organisation gemeint, schneller als der Wettbewerb zu lernen, indem Freiräume für Versuche und Irrtümer existieren und gute Fehler – solche, die in einem gesetzten strategischen, ökonomischen, ethischen und rechtlichen Rahmen entstehen – sogar honoriert werden, weil sie zu mehr Transparenz und Innovationen beitragen. Auf der anderen Seite geht es um die Fähigkeit zur Selbstorganisation in multidisziplinären Teams, die mit dezentraler Autorität handeln. Neue Organisationsmodelle mit einer Vielzahl unternehmerisch getriebener, eigenverantwortlicher Teams ersetzen nach diesem Befund die zentral geführten Projekte, um mit hoher Agilität und in kompetenzbezogenen Hierarchien Marktangebote angesichts zunehmend informierterer und kritischerer Kunden zu entwickeln. Diese wettbewerbsentscheidenden Attribute sind unmittelbar kommunikationsrelevant, denn ihre Erfüllung hängt von immateriellen Faktoren wie Kultur, Wissen, Ressourcenmanagement und Kooperationsfähigkeit in der digitalen Welt ab. Unternehmenskommunikation ist nicht nur selbst ein Gegenstand der Digitalisierung; sie hat bei der Steuerung der digitalen Transformation im Unternehmen eine wichtige Rolle.

Vor diesem Hintergrund wächst der Unternehmenskommunikation eine veränderte Steuerungsrolle zu: So ist es kaum ein Zufall, dass bei Henkel die Leitung der Unternehmenskommunikation sowie der unternehmensweiten Digitalstrategie in einer Funktion vereint ist. Der strategische Rahmen für alle digitalen Aktivitäten von Henkel dient dazu, eine gemeinsame Sprache für die beteiligten Bereiche zu finden und beschreibt einen dynamischen Ansatz mit vier Fokusfeldern. Der Aufbau einer digitalen Kultur ist mit dem Schlagwort *Evolve* fest im strategischen Rahmen für alle digitalen Aktivitäten bei Henkel verankert. Das Ziel ist eine kollaborative Arbeitskultur, die von (digitalem) Dialog geprägt ist und in der Wissen abteilungsübergreifend ausgetauscht wird. Die Einführung des internen Social Media-Networks „Yammer" ist in diesem Zusammenhang eine Kernmaßnahme. *Leverage* ist das nächste Fokusfeld in Henkels dynamischem Framework. Hier geht es darum, durch digitale Technologien und Daten neue Erkenntnisse über Marktentwicklungen zu gewinnen und so Innovationen im Unternehmen schneller voran zu treiben. Das dritte Feld *Engage* konzentriert sich auf die Kunden. Das Ziel besteht hier darin, die Kundenbeziehungen an allen digitalen Touchpoints zu stärken, zu individualisieren und ein vertrauenswürdiger Begleiter in Echtzeit zu werden. Im vierten Feld *Grow* sollen die digitalen Aktivitäten einen Wettbewerbsvorteil durch einen aktiven Austausch mit den Kunden schaffen. Hierzu setzt Henkel auf „Multichannel Excellence" und eine digitale, vernetzte Wertschöpfungskette. Die vier Fokusfelder sind bewusst als Kreislauf angelegt und sollen die Unternehmenskultur besser an die Digitalisierung anpassen (DPRG 2015).

Aber der digitale Wandel betrifft die Unternehmenskommunikation in ihrer Organisationsform selbst. Seit Jahren ist ein Aufweichen gewohnter Ordnungsmuster in der Unternehmenskommunikation durch die Digitalisierung zu beobachten. In der Vergangenheit konnten die Kommunikationsabteilungen eindeutig auf interne und externe Stakeholder ausgerichtet werden; jetzt treffen diese traditionellen Organisationsstrukturen auf eine vernetzte Welt von Anspruchsgruppen. Die Unternehmenskommunikation muss diesen Veränderungen ebenfalls organisatorisch gerecht werden. Daher sind gerade auch die Strukturen und Prozesse der Unternehmenskommunikation an die sich verändernden Rahmenbedingungen anzupassen (Zerfaß et al. 2014: 989).

Eine Reaktion darauf ist die Auflösung solcher Strukturen und ihre Transformation zu themenorientierten Newsrooms, in denen alle relevanten Anspruchsgruppen crossmedial von Themenexperten bzw. wechselnden Teams versorgt werden. Die Unternehmenskommunikation der Deutschen Telekom hat ihre Silo-Organisation aufgegeben und sich für ein internes Agenturmodell entschieden. Die Gründe dafür lagen in Strukturen, die zunehmend als zu starr empfunden wurden, weil sie Kapazitäten fest in Bereichen verankerten, eine stakeholderübergreifende Perspektive hemmten und den Erfolg neuer Ideen nicht begünstigten. In der neuen Struktur werden die Kapazitäten nach einzelnen Themen-Pools gesteuert. Jeder Experte gehört zu einem oder zu mehreren solcher Themen-Pools, dessen jeweilige Steuerung ein Key Accounter verantwortet. Die Qualität der Themenführung ist potenziell höher, weil sich die Verantwortung der Themenmanager auf alle Kanäle, auf interne und externe Anspruchsgruppen sowie auf nationale und internationale Kommunikation erstreckt. Je nach Themenlage können Experten in andere Pools delegiert werden oder in verschiedenen Pools gleichzeitig arbeiten, womit eine hohe Flexibilität erreicht wird (vgl. dazu auch die Beiträge von Schlechtriem und Lautenbach in diesem Band).

Durch die Digitalisierung hat die Unternehmenskommunikation viel mehr als früher die Möglichkeit, Geschäftsprozesse zu formen, sich in die Entwicklung der Unternehmensstrategie einzubringen, bei der Produktentwicklung zu unterstützen und zu beraten sowie Veränderungsprozesse mitzugestalten (FTI 2013: 23). Im besten Fall kann sie dabei ein Vorreiter und Treiber auf dem Weg des Unternehmens in die digitale Zukunft sein. Das setzt allerdings voraus, dass sie selbst zum Rollenmodell für die Zusammenarbeit in globalen Netzwerken wird und andere Unternehmensbereiche dabei coacht.

In der Folge muss die Unternehmenskommunikation bei einer enormen Zunahme von Tempo und Transformation in der Wirtschaft mehr als in der Vergangenheit Veränderungsbereitschaft und Kooperationsfähigkeit unterstützen. Kommunikation rückt damit näher an die Wertschöpfungsachse heran. „Eine kursorische Übersicht zeigt, dass der durch das Internet initiierte Wandel von gesellschaftlicher Kommunikation und organisatorischen Wertschöpfungsprozessen Auswirkungen auf den (potenziellen) Beitrag von Kommunikation zur Wertschöpfung und Erreichung von Organisationszielen hat" (Pleil & Zerfaß 2012: 48). Mit der Digitalisierung wandeln sich die traditionellen Stakeholdergruppen zu differenzierten Anspruchsgruppen, die spezifisch auf ihre Interessen angesprochen werden wollen. Die zurückgehende Bedeutung der Printmedien und die weitere Differenzierung digitaler Plattformen erschweren es, die Adressaten am relevanten Touchpoint zu erreichen – dafür entstehen jedoch mehr Möglichkeiten für eigene Plattformen bzw. selbstgestaltete Kanäle.

Aus der unidirektionalen Kommunikation ist eine moderierende Netzwerkkommunikation geworden, deren Insignien Stakeholder-Beratungsgremien, Townhall Meetings und Online-Communities sind. Die Atomisierung der Stakeholder, der Medienwandel und die individuelle Nutzung von Medien und Kommunikationskanälen stellen die Unternehmenskommunikation und das Kommunikations-Controlling vor ganz neue Aufgaben: Eine wahrnehmbare Kommunikation erfordert steigende Aufwendungen. Damit erhöhen sich die „ökonomisch bedeutsamen *Grenzkosten der Kommunikation*" (Zerfaß & Piwinger 2014: 3) und die Relevanz des Kommunikations-Controllings insgesamt.

4 Herausforderungen für das Kommunikations-Controlling

In den kommenden Jahren wird sich die Bedeutung des Kommunikations-Controllings vor allem deshalb eher erhöhen, „weil durch die Überschneidungen verschiedener Kommunikationsfunktionen – wie Markt-, Personal- und Interner Kommunikation – sowie durch das Entstehen neuer Kommunikationsplattformen und -kanäle im Internet mehr systemische Rationalität gefragt ist" (Rolke & Zerfaß 2014: 883). Der digitale Wandel schafft nicht nur neue Erfordernisse bei der Governance, sondern erweitert die Aufgabenstellungen zum Erfolgsbeitrag von Kommunikation. Als allgemeine Wertschöpfungsziele der Kommunikation (Pleil & Zerfaß 2012: 51; Rolke & Zerfaß 2014: 868 f.) gelten
- die Unterstützung der laufenden Leistungserstellung (Ertragssteigerung, Kostensenkung),
- der Aufbau immaterieller Erfolgspotenziale (u. a. Bekanntheit, Unternehmenskultur, Reputation),
- die Unterstützung der Strategieentwicklung sowie
- die Sicherung von Handlungsspielräumen für die Organisation.

Eine besondere Bedeutung kommt zukünftig der dritten Stoßrichtung zu, „weil sich hier Wettbewerbsvorteile und gesellschaftliche Legitimation auf einer sehr grundlegenden Ebene schaffen lassen" (ebd.). In diesem Zusammenhang ist insbesondere das organisationale *Zuhören* wichtig, das Erkennen von Chancen und Kritikpotenzialen, welches jenseits „von Versuchen der Meinungsbeeinflussung und Imagebildung die Potenziale von Verstehenshandlungen nutzt" (Pleil & Zerfaß 2012: 51) und damit dem Management wertvolle Hinweise zur Gestaltung der Strategie liefert. Dazu müssen Unternehmen da sein, wo ihre Stakeholder sind. Vor allem in Social Media. Viele kritische Themen lassen sich über Kommentare in den sozialen Medien frühzeitig identifizieren, wobei die Erkenntnisse in einem definierten Prozess intern an die zuständigen Funktionen weiterzuvermitteln sind. So kann eine *Listening-Strategie* dazu beitragen, die Bedürfnisse, Interessen und Themen der Anspruchsgruppen rechtzeitig zu bewerten und zu beantworten. Auf diese Weise können Kommunikatoren ihre Beraterfunktion für die Unternehmensführung und somit die eigene Position in der Organisation stärken. „Organisational Listening" bedeutet mehr, als mit seiner Facebook- oder Twitter-Community im Dialog zu stehen. Im Idealfall entsteht ein dynamischer Prozess, in dem die erkannten Stakeholder-Bedürfnisse kontinuierlich in die Unternehmensstrategie einfließen.

Die stärkere Vernetzung mit Stakeholdern, die Hinwendung zur *Corporate Empathy* (vgl. Ehrhart in diesem Band), folgt einer doppelten Intention: Einerseits geht es darum, dass Unternehmenskommunikation zunehmend Informationen zu generieren hat, die für die Produktentwicklung wichtig sind, und dass sie bei den neuen informationsbasierten Geschäftsmodellen zu einem entscheidenden Werttreiber wird: „Das größte Innovationspotenzial liegt (...) nicht in den Organisationen selbst, sondern im Aufbau von Netzwerken und der Einbindung von externen Kompetenzen" (Pleil & Zerfaß 2012: 49). Auf der anderen Seite ist dieses Zuhören, die schnelle Integration von Daten und Meinungen in Managementsysteme, eine wesentliche Voraussetzung, um die Strategie den Stakeholdererwartungen anzupassen und Handlungsspielräume zu erhalten. Gauly (Gauly 2013: 29) bemerkt hierzu: „Die Unternehmenskommunikation wird – neben anderen Zentralbereichen – sowohl in der Informationsgenerierung als auch in der intelligenten Weiterverarbeitung eine wichtige Rolle spielen und stärker als bisher Teil der Geschäftsstrategie werden, weil sie nicht Informationen ‚nach draußen' verkündet, sondern umgekehrt Informationen, die für die Produktentwicklung oder Kundenansprache wichtig sind, generieren wird."

Die Digitalisierung und Globalisierung der öffentlichen Kommunikation haben die Reaktionszeiten für das Kommunikationsmanagement radikal verkürzt, und das Kommunikationsmanagement versucht, diese Entwicklung mit schnelleren Prozessen, einem Monitoring in Echtzeit und immer mehr Daten aufzufangen. Mit der einfachen Verfügbarkeit größerer Datenmengen entsteht auch die Tendenz zur Kleinteiligkeit und zu einer Messfixierung, bei der die Ziele nachrangig erscheinen: „Das Misstrauen von Kommunikationsleistungen jenseits des Nachverfolgbaren ist gestiegen" (Born 2015: 17). Die durch die Digitalisierung fortschreitende Fragmentierung der Kommunikationsmärkte, die oben schon benannte Ausdifferenzierung von Anspruchsgruppen, geht einher mit der Evasion von Werbung, einer beiläufigen Rezeption von TV und Zeitungen, einem sich verschärfenden Wettbewerb um Aufmerksamkeit und einer sinkenden Aufmerksamkeitsspanne insgesamt. „Die Aufmerksamkeit der Rezipienten ist eine knappe Ressource. Sie wird immer knapper, umso intensiver Unternehmen kommunizieren und umso mehr Rezipienten mit Mitteln der mobilen Informationstechnologie ‚always on' sind und ständig die Qual der Wahl zwischen einer schier unendlichen Vielfalt jederzeit verfügbarer Informationen und Interpretationen haben" (Zerfaß & Piwinger 2014: 3). Je mehr Adressaten ihre Zeit auf unterschiedliche Medien und Kanäle verteilen und je zerstreuter sie es tun, desto härter wird dieser Wettbewerb: „Die Konkurrenz um Aufmerksamkeit auf der digitalen Bühne ist gigantisch geworden" (Born 2015: 15). Weil die Individualisierung und Personalisierung der Kommunikation mit der Digitalisierung fortschreiten, treten „vermehrt Stakeholder dritter und vierter Ordnung hervor, die ihre Positionen durchsetzen wollen" (Pleil & Zerfaß 2012: 49). Die Fragmentierung und Individualisierung erfordern eine neue Präzision in der Kommunikation. In der Folge gilt es, relevante Inhalte spezifischer und näher an den Bedürfnissen der Stakeholder zu vermitteln – dazu dienen zum Beispiel *Long-Tail-Content-Strategien*, mit denen ähnliche Kanäle für differenzierte Anspruchsgruppen implementiert werden.

Die digitale Kommunikation fordert zudem die funktionalen Grenzen zwischen Public Relations und Marketing heraus, weil „die Schnittmengen zwischen Marketing und PR (...) mit der Bespielung von Social Media-Plattformen sehr viel größer geworden" sind (Mickeleit 2013). Hier ist eine „Schwerpunktverlagerung von der klassischen Werbung zur direkten und dialogorientierten Kommunikation" (Zerfaß & Piwinger 2014: 5) zu erkennen. Unternehmen setzen dabei weniger auf gekaufte Reichweiten, sondern wollen eine Kommunikationswirkung mit zielgruppenaffinen Inhalten bewirken. Wenn auch andere Unternehmensfunktionen, vor allem über Social Media, die Kommunikation mit ihren Zielgruppen verstärken, muss sich die Unternehmenskommunikation als interner Koordinator und Steuerungsinstanz bzw. Content-Hub in der Organisation positionieren. Kommunikations-Controlling übernimmt damit „eine Korrektivfunktion gegenüber auseinanderdriftenden Einzelinteressen von Kommunikationsmanagern und -abteilungen" (Zerfaß 2010: 30 f.).

Die Unternehmenskommunikation kann diese Integrationsaufgabe, die sich schon vor dem Hintergrund der unterschiedlichen Online-Aktivitäten in einer Organisation stellt, meist nicht allein kraft ihrer natürlichen Autorität bewältigen. Sie benötigt dafür eine vom Management bestätigte *Governance*, in der eindeutig festgelegt ist, welche Kompetenzen und Weisungsbefugnisse die Unternehmenskommunikation von anderen kommunizierenden Unternehmensfunktionen trennt. Im Zentrum steht hier die Frage nach dem Koordinierungsprozess bei der Entwicklung, Gestaltung und Distribution von Inhalten – besonders in Organisationen, die über starke Bereiche mit eigenen Markttätigkeiten verfügen. Wichtig ist vor allem, dass die Kompetenzen für Strategie und Themensetzungen sowie für die operative Agenda der Organisationskommunikation gut definiert sind, dass die Kontakte zu Medienschaffenden klar geregelt werden und eindeutige Vorgaben für die Erstellung und Distribution von Kommunikationsinstrumenten bestehen. Wenn sich die Grenzen zwischen innen und außen auflösen, jeder direkt kommunizieren kann, PR und Marketing konvergieren – dann stellt sich die Frage nach der Steuerung und Integration von Kommunikation neu. Der Frankfurter Energieversorger Mainova (vgl. Berlinghoff & Breuer in diesem Band) hat einen Lenkungskreis für Kommunikation installiert, dem Führungskräfte aus Konzern- und Marketingkommunikation angehören, aber auch Top-Manager aus der Unternehmensentwicklung, dem Vertrieb und aus weiteren Abteilungen. Dieser Lenkungskreis entscheidet über die Schwerpunkte der Kommunikation und zahlt damit auf die Integrationsbemühungen ein. So konnte bei der Mainova das in vielen Unternehmen vorherrschende Bereichsdenken stark vermindert werden. Verstärkt wurde dies außerdem durch eine gemeinsame Zielvereinbarung der beiden Leiter Konzern- und Marketingkommunikation.

Der Kontrollverlust der organisationalen Kommunikation ist nahezu unbestritten. Bei aller notwendigen Gelassenheit darf die Kommunikation ihren Steuerungsanspruch nicht aufgeben, wenn sie sich als ein wesentlicher Wertschöpfungsfaktor im Unternehmen weiter entwickeln will – wobei „der größte Handlungs- und Entscheidungsbedarf beim Umgang mit Online-Medien in der strategischen Organisationskommunikation" (Pleil & Zerfaß 2012: 53) besteht. Etwa 85 Prozent der Befragten im European Communication Monitor sehen vor diesem Hintergrund einen höheren Bedarf an integrierter Kommunikation (Zerfass et al. 2015: 26 f.). Die Studie zeigt allerdings, dass es seit 2011 aber nur wenig Fortschritte in der internen Zusammenarbeit gegeben hat. Und dies scheint die größte Herausforderung zu sein: „The question is not if different communication functions will integrate; the question is how and with what effect they will" (ebd.). Das wiederum kann allein mit einem integrierten Controllingsystem erfolgreich sein: Nur über eine rationale Erfassung der ausgelösten Kommunikationseffekte werden alle beteiligten Abteilungen von ihnen lernen.

Literatur

AMEC (2011). *Valid metrics for PR measurement. Putting principles into action. Based on the Barcelona Declaration of measurement principles.* Abgerufen von http://amecorg.com/downloads/resource/ValidMetricsFramework7June2011PrintVersion.pdf/

Born, C. (26. 06. 2015). Alles kommt zusammen. *Werben und Verkaufen*, 12–19.

DPRG/ICV (Deutsche Public Relations Gesellschaft & Internationaler Controller Verein) (Hrsg.). (2011). *Positionspapier Kommunikations-Controlling.* Bonn: Gauting.

DPRG Deutsche Public Relations Gesellschaft (2015). *Impuls-Report Digitale Transformation Arbeitskreis Kommunikationssteuerung und Wertschöpfung.* Abgerufen von http://www.lautenbachsass.de/wissen/arbeitskreise-und-lehrauftraege.html

FTI Consulting (2013). *Shaken, not stirred. Die neue Realität der Unternehmenskommunikation.* O. O.

Gauly, Th. (2013). Cultural Change und Big Data. *Kommunikationsmanager IV/2013*, 26–31.

Ismail, S., Malone, M. S., & van Geest, Y. (2014). *Exponential Organizations: Why new organizations are ten times better, faster, and cheaper than yours (and what to do about it).* New York: Diversion Books.

Lautenbach, C. (2014). Kennzahlen für die Unternehmenskommunikation: Definition, Erfassung, Reporting. In A. Zerfaß & M. Piwinger (Hrsg.), *Handbuch Unternehmenskommunikation. Strategie – Management – Wertschöpfung* (S. 887–902). Wiesbaden: Gabler.

Mickeleit, T. (15. 8. 2013). *Hat PR eine Zukunft?* Abgerufen von http://www.pressesprecher.com/nachrichten/hat-pr-eine-zukunft.

Nasdaq Inc. (2015). *PR measurement that matters.* Abgerufen von http://business.nasdaq.com/campaigns/pr-measurement-guide

Pleil, T. (2012). Kommunikation in der digitalen Welt. In T. Pleil & A. Zerfaß (Hrsg.), *Handbuch Online-PR: Strategische Kommunikation in Internet und Social Web* (S. 17–38). Konstanz: UVK.

Pleil, T. & Zerfaß, A. (2012). Strategische Kommunikation in Internet und Social Web. In T. Pleil & A. Zerfaß (Hrsg.), *Handbuch Online-PR: Strategische Kommunikation in Internet und Social Web* (S. 39–82). Konstanz: UVK.

Pfannenberg, J. (2010). Strategisches Kommunikations-Controlling mit der Balanced Scorecard. In J. Pfannenberg & A. Zerfaß (Hrsg.), *Wertschöpfung durch Kommunikation: Kommunikations-Controlling in der Unternehmenspraxis* (S. 61–83). Frankfurt a. M.: Frankfurter Allgemeine Buch.

PwC (2014). *Industrie 4.0 – Chancen und Risiken der vierten industriellen Revolution.* Abgerufen von https://www.pwc-wissen.de/pwc/de/shop/publikationen/Industrie+40+Chancen+und+Herausforderungen/?card=12820

Rolke, L., & Zerfaß, A. (2014). Erfolgsmessung und Controlling der Unternehmenskommunikation: Wertbeitrag, Bezugsrahmen und Vorgehensweisen. In A. Zerfaß & M. Piwinger (Hrsg.), *Handbuch Unternehmenskommunikation. Strategie – Management – Wertschöpfung* (S. 863–885). Wiesbaden: Gabler.

Watson, T., & Zerfass, A (2011). Return on investment in public relations: A critique of concepts used by practitioners from communication and management sciences perspectives. *Prism 8* (1). Abgerufen von http://www.prismjournal.org/fileadmin/8_1/Watson_Zerfass.pdf

Zerfaß, A. (2010). Controlling und Kommunikations-Controlling aus Sicht der Unternehmensführung. In J. Pfannenberg & A. Zerfaß (Hrsg.), *Wertschöpfung durch Kommunikation: Kommunikations-Controlling in der Unternehmenspraxis* (S. 28–50). Frankfurt a. M.: Frankfurter Allgemeine Buch.

Zerfaß, A., Ehrhart, C., & Lautenbach, C. (2014). Organisation der Kommunikationsfunktion: Strukturen, Prozesse und Leistungen für die Unternehmensführung. In: A. Zerfaß & M. Piwinger (Hrsg.), *Handbuch Unternehmenskommunikation. Strategie – Management – Wertschöpfung.* (S. 987–1010). Wiesbaden: Springer Gabler.

Zerfaß, A., & Piwinger, M. (2014). Unternehmenskommunikation als Werttreiber und Erfolgsfaktor. In A. Zerfaß & M. Piwinger (Hrsg.), *Handbuch Unternehmenskommunikation. Strategie – Management – Wertschöpfung* (S. 1–18). Wiesbaden: Gabler.

Zerfass, A., Verčič, D., Verhoeven, P., Moreno, A., & Tench, R. (2015). *European Communication Monitor 2015. Creating communication value through listening, messaging andmeasurement. Results of a Survey in 41 Countries.* Brussels: EACD/EUPRERA, Helios Media.

Christopher Storck
Die Integration des Kommunikationsmanagements in den Strategieprozess von Unternehmen

Die größte Herausforderung für die Kommunikationsfunktion besteht in ihrer Verbindung mit der Unternehmensstrategie. So haben es die 2.253 Kommunikationsmanager aus 41 europäischen Staaten gesehen, die am European Communication Monitor 2015 teilgenommen haben. Alle bisher neun Jahrgänge dieser Langzeitstudie zusammengenommen ergeben dasselbe Bild. Nur den kommunikativen Chancen und Risiken der Digitalisierung ist ähnliche Bedeutung zugemessen worden (Zerfass et al. 2007–2015). Der folgende Beitrag zeigt, wie die Unternehmenskommunikation dem Ziel näher kommen kann, integraler Bestandteil des Strategieprozesses der Gesamtorganisation zu werden. Dafür ist zunächst zu klären, welches Verständnis des unternehmerischen Strategieprozesses der Suche nach Rollen zugrunde liegt, die Organisationskommunikation in diesem Prozess spielen kann. Der Darstellung dieser Optionen folgt eine Erörterung von Hemmnissen und Voraussetzungen dafür, dass Kommunikationsmanager diese Rollen übernehmen können und dürfen. Den Abschluss bildet ein Vorgehen, das sich als praktikabel erwiesen hat, um die Kommunikationsarbeit mit der Unternehmensführung zu verbinden.

1 Strategie

Anfang der achtziger Jahre beklagte Aloys Gälweiler den inflationären Gebrauch der Wörter „Strategie" und „strategisch": „Beides sind Modewörter geworden, ohne dass damit in den meisten Fällen eine ausreichend präzise und konkrete Vorstellung über Inhalte und spezifische Besonderheiten verbunden ist. Was man im allgemeinen darunter versteht und in vielfach anzutreffender Unkenntnis über die spezifischen Eigenschaften des strategischen Denkens, Entscheidens und Handelns zu definieren und zu interpretieren versucht, ist eher dazu geeignet, mehr Verwirrung als Klarheit zu schaffen" (Gälweiler 1982: 9).

Das sah nicht nur der Generalbevollmächtigte und Leiter des Zentralbereichs Unternehmungsplanung der Brown Boveri & Cie AG (heute ABB) so, der zugleich Professor der Universität zu Köln für Betriebswirtschaftslehre war. Das konstatierte Ende der neunziger Jahre auch Henry Mintzberg, Management-Professor an der McGill University: „The word strategy has been around for a long time. Managers now use it both freely and fondly. It is also considered to be the high point of managerial activity. For their part, academics have studied strategy extensively for about two decades now, while business schools usually have as their required capstone a course in strategic management. The word strategy is so influential. But what does it really mean?" (Mintzberg et al. 1998: 9)

Mintzberg zufolge lassen sich darauf verschiedene Antworten geben: Strategie kann ein Plan sein, eine List, ein Verhaltensmuster, eine Positionierung, eine Wirklichkeitskonstruktion oder Kombinationen davon (Mintzberg 1987a: 11–17). Organisationen nutzen Strategien, um den Beteiligten Richtung zu geben, ihr Handeln zu fokusieren, sich zu definieren, Unsicherheit zu reduzieren, für Konsistenz und Konsequenz zu sorgen (Mintzberg 1987b: 25–29).

Außerdem muss, wer strategisch führen will, den Unwägbarkeiten der Umwelt Rechnung tragen. Strategien gehen in der Regel nicht vollständig auf. Ein Teil dessen, was beabsichtigt war, lässt sich meist nicht umsetzen. Stattdessen sind unvorhergesehene Entwicklungen zu berücksichtigen. Aus den daraus gezogenen Konsequenzen und den tatsächlich realisierten Absichten besteht die letztlich realisierte Strategie (Mintzberg 1987a: 13 f.). Deswegen erfordert Strategie einen zyklischen Prozess aus Planung, Umsetzung und Monitoring.

Der Ursprung des Strategie-Begriffs liegt im Militärischen. Im Athen des 5. Jahrhunderts v. Chr. hatten die Strategen die Führung der Streitkräfte inne. Das schloss nicht nur die für Generäle bis heute typische Befehlsgewalt im Gefecht der verbundenen Waffen ein. Im Vordergrund stand die Sicherstellung der Fähigkeiten des Stadtstaates, kriegerische Angriffe von außen abzuwehren und seine Machtinteressen militärisch durchzusetzen. Dazu gehörte die Aufwuchsfähigkeit von Heer und Flotte im Kriegsfall, Ausbau, Unterhalt und Schutz von militärisch relevanter Infrastruktur wie Hafen- und Verteidigungsanlagen, aber auch immaterielle Vorsorgemaßnahmen wie Opfergaben für jene Gottheiten, von denen die Polis sich Schutz und Kriegsglück erhoffte (Bleicken, 1986: 154–158).

Dieses Verständnis ist nach wie vor Gegenstand der Offiziersausbildung: Eine Strategie dient dazu, sich die Kräfte zu verschaffen, die nötig sind, um den Krieg zu gewinnen. Dazu gehören, im Rahmen eines Masterplans, vorbereitende Maßnahmen auf den Gebieten der Rüstung, der Rekrutierung und Ausbildung, die Entwicklung logistischer Fähigkeiten und Pläne sowie die Erschließung von Unterstützungspotenzialen jenseits der eigenen Streitkräfte. Der Einsatz der am Gefechtsort verfügbaren Kräfte ist Gegenstand taktischer Planung und operativer Führung (Storck 2015).

2 Strategisches Management

Der Einfluss des Zweiten Weltkriegs auf die Entwicklung des modernen Managements ist angesichts der militärischen Ursprünge nicht überraschend. Der Diskurs über strategische Unternehmensführung ist verknüpft mit der enormen Expansion der US-

Wirtschaft nach 1945. Zu den Wissenschaftlern, die in den fünfziger Jahren an den entstehenden Business Schools damit begannen, die Ursachen für die erfolgreiche Entwicklung von Großkonzernen zu erforschen und dabei ihre Weltkriegserfahrungen einbrachten, gehörte Alfred D. Chandler. Seine Definition von Strategie im Kontext der Unternehmensführung umfasst drei wesentliche Aspekte: die Formulierung von über das Tagesgeschäft hinausreichenden Zielen, auf die Erreichung dieser Ziele ausgerichtete Vorgehensweisen und die Sicherstellung der dafür erforderlichen Ressourcen: „Strategy can be defined as the determination of the basic long-term goals and objectives of an enterprise, and the adoption of courses of action and the allocation of resources necessary for carrying out these goals" (Chandler 1962: 13).

Zwei Jahrzehnte später hat Aloys Gälweiler die Sicherstellung der für den nachhaltigen Unternehmenserfolg wesentlichen Ressourcen – der materiellen wie der immateriellen – noch klarer als Kernaufgabe strategischer Unternehmensführung herausgearbeitet: „Das Erfolgspotential einer bestimmten Geschäftsaktivität oder eines Geschäftsfeldes ist die im Zentrum der strategischen Unternehmungsführung stehende Steuerungs- und Führungsgröße. Ihre schließliche Funktion – und damit auch die Aufgabe der strategischen Unternehmungsführung – ist eine systematische ‚Vorsteuerung' des Erfolges, in gleicher Weise, wie die Funktion der Erfolgssteuerung eine systematische ‚Vorsteuerung' der Liquidität darstellt" (Gälweiler 1982: 10 f.). Prägnanter: „Der Zweck strategischer Entscheidungen ist die Schaffung und Erhaltung langfristig hoher und sicherer Erfolgspotentiale" (Gälweiler 2005: 112).

Die St. Gallener Management-Schule, zu deren Pionieren Gälweiler gehört, hat einen weiteren Aspekt ins Zentrum des Strategie-Diskurses gestellt: die Komplexitätsbewältigung. Fredmund Malik, der Leiter des Management Zentrums St. Gallen, wird nicht müde, der Behauptung entgegenzutreten, die Welt, in der Unternehmen handeln müssen, sei inzwischen zu komplex und zu volatil, als dass strategische Führung noch möglich sei. Wer diese Auffassung vertrete, verwechsle strategische Planung mit langfristiger Planung. Gerade wenn es turbulent zugehe, sei Strategie unverzichtbar: „Strategie ist das Umgehen mit einem nicht zu beseitigenden Mangel an Wissen. Denn wenn wir alles wüssten, was wir für weitreichende Entscheidungen brauchen, dann wäre keine Strategie nötig, sondern nur gewöhnliche Planung, nämlich das Ableiten von Konsequenzen aus vorhandenen Informationen und Daten. Wir können aber nie alles wissen, was wir wissen müssten, weil wir als Führungskräfte in der Hyperkomplexität global vernetzter Großsysteme und der Dynamik ihres sich beschleunigenden Wandels arbeiten und führen müssen. Wir leiden unter einem ständigen Mangel an Information und Wissen, weil solche Systeme prinzipiell nicht durchschaubar sind und weil sie sich oft rascher verändern, als man selbst entscheiden kann" (Malik 2011: 19).

Zusammenfassend lässt sich feststellen: Strategische Führung hat den Zweck, Unternehmen zu befähigen, besser mit den Unwägbarkeiten der Zukunft umzugehen als der Wettbewerb, indem die Erfolgspotenziale sichergestellt werden, die das Unternehmen braucht, um nachhaltig am Markt zu bestehen.

3 Stakeholder-Ansatz

Um dieses Strategie-Konzept in die Tat umzusetzen, sind professionelle Kommunikatoren nicht zwingend notwendig. Sie können zur Kollektivierung und zur Stabilisierung von Zielbildern sowie von handlungsleitenden Ordnungen beitragen, aber diese Aufgabe können Führungskräfte grundsätzlich auch selbst erfüllen. Dort, wo die Größe, Komplexität, Internationalität oder Gesellschaftsform eines Unternehmens eine Institutionalisierung seiner Kommunikation nach innen und außen erforderlich macht, führt auch das nicht notwendig zur Einbeziehung dieser Unterstützungsfunktion in den Strategieregelprozess der Gesamtorganisation.

Diese Möglichkeit eröffnete erst ein erweitertes Unternehmensverständnis, das parallel zu Gälweilers Potenziallehre Ende der siebziger Jahre in den USA entstand und 1984 in einen breiteren, bald auch internationalen Diskurs über strategische Unternehmensführung mündete: der Stakeholder-Ansatz, der seit der Veröffentlichung des Buchs „Strategic Management: A Stakeholder Approach" mit dem Namen R. Edward Freeman verbunden ist (Freeman 2010: 44 ff., 52–55).

Das Neue daran war nicht die Erkenntnis, dass Unternehmensführungen gut daran tun, bei ihren Entscheidungen die Interessen aller Gruppen und Einzelpersonen in Betracht zu ziehen, ohne deren konstruktive Mitwirkung die Organisation ihre Ziele nicht erreichen kann: Mitarbeiter, Kunden, Eigentümer, Kapitalgeber, Lieferanten und sonstige Geschäftspartner; langfristig erfolgreiche Unternehmen hatten das vermutlich stets getan. Tabelle 1 skizziert das erwünschte Verhalten dieser „primären Stakeholder".

Tab. 1: Primäre Stakeholder und ihr ideales Verhalten aus Unternehmenssicht (Storck & Liehr 2009: 258)

Geschäftskunden	die Produkte bevorzugt nutzen, verarbeiten, ins Sortiment aufnehmen und dort halten sowie ihren Kunden empfehlen
Lieferanten	unter für das Unternehmen günstigen Vertragsbedingungen optimale Leistungen erbringen und dem Unternehmen loyal sein – auch in Krisenzeiten
Kapitalgeber	Kapital günstig zur Verfügung stellen, in das Unternehmen investieren und langfristig investiert bleiben – auch in schwierigen Zeiten
Talente	sich bevorzugt beim Unternehmen bewerben und so gern dort arbeiten wollen, dass ihr Einstieg nicht zu teuer erkauft werden muss

Ungewohnter war die Ansicht, dass dies auch im Hinblick auf Gruppen geschehen sollte, deren Ansprüche von Unternehmern und angestellten Top-Managern bis heute eher als störend, oft auch als illegitim betrachtet werden: Gewerkschaften, Bürgerinitiativen, Politiker und staatliche Behörden, Nichtregierungsorganisationen und andere Akteure der Zivilgesellschaft; diese „sekundären Stakeholder" sind Gegen-

Tab. 2: Sekundäre Stakeholder und ihr ideales Verhalten aus Unternehmenssicht (Storck & Liehr 2009: 258)

Sekundäre Stakeholder	Akzeptanzbeitrag
Regierungen Gesetzgeber Aufsichtsbehörden	die wirtschaftspolitischen Bedürfnisse des Unternehmens kennen und dessen Interessen bei legislativen bzw. regulatorischen Entscheidungen berücksichtigen
Nichtregierungs- organisationen Gewerkschaften Anwohner	mit dem Unternehmen in Dialog treten und (wann immer das im beiderseitigen Interesse ist) kooperieren – gerade in konflikträchtigen Situationen

stand von Tabelle 2. Freeman wies darauf hin, dass die Legitimität von Ansprüchen keine zielführende Frage ist, wenn jene, die diese Ansprüche erheben, erheblichen Einfluss auf die Bedingungen nehmen können, unter denen das Unternehmen operiert (z. B. indem Umweltschutzorganisationen eine Verschärfung von Umweltschutzbestimmungen betreiben).

Daraus zog Freeman einen unternehmenstheoretischen Schluss: Der Zweck von Unternehmen besteht darin, Mehrwert zu schaffen für alle, deren Ressourcen für den Geschäftsbetrieb genutzt werden. Dazu gehören die Arbeitszeit und -kraft der Mitarbeiter, das eingesetzte Kapital von Investoren und Geldgebern, die Arbeitsleistung und Güter der Lieferanten – aber eben auch natürliche Ressourcen und Lebensräume sowie von Gesellschaften geschaffene Infrastrukturen und Bildungssysteme, Rechts- und innere Sicherheit. Wessen „Vermögen" (im weiteren Sinne) ein Unternehmen in Anspruch nimmt, dem muss es eine Rendite zahlen. Ist diese nicht attraktiv genug, können gesellschaftliche Stakeholder ihre Unterstützung genauso entziehen wie Kapitalgeber.

In die Unternehmenspraxis hat der Stakeholder-Ansatz erst auf Umwegen Einzug gehalten: zunächst seit Ende der neunziger Jahre in Gestalt von Reputationsmanagement (als Entwicklungsgebiet der Unternehmenskommunikation) und Corporate Social Responsibility (als imageträchtiges Gegengewicht zur immer einseitigeren Fokussierung auf die Interessen der Anteilseigner). Nachhaltigen Einfluss auf die Unternehmensführung hat der Stakeholder-Gedanke aber erst als Folge des gesellschaftlichen Partizipationsdrucks gewonnen, der von der Digitalisierung ausgeht und durch die kritische Auseinandersetzung mit dem Kapitalismus anglo-amerikanischer Prägung seit 2008 befeuert wird (Storck 2015).

Dass zunehmend auch Top-Manager den Stakeholder-Ansatz ernsthaft in Betracht ziehen, ist nicht zuletzt Michael Porter zu verdanken, dem es – gemeinsam mit Mark Kramer – gelungen ist, Freemans Ideen in eine Form zu bringen, die nicht die Schwierigkeiten des Interessenausgleichs in den Vordergrund stellt, sondern die damit verbundenen Geschäftschancen (Porter & Kramer 2011). Porter rief die Teilnehmer des „World Economic Forums 2012" auf, die weltweit wachsende Zahl gesellschaftlicher Probleme anzugehen, die die Politik (allein) nicht lösen kann. Er prognostizierte Unternehmen, die dafür Geschäftsmodelle entwickeln, nachhaltigen wirtschaftlichen Erfolg, weil ihre Tätigkeit nicht nur für die primären Stakeholder Wert schaffen, sondern auch für die Gemeinschaften, deren sozioökonomische Entwicklung befördert wird. Entsprechend appellativ ist der Name für den Anspruch an Geschäftsmodelle ausgefallen, die auf einen bezahlten gesellschaftlichen Auftrag zielen: *Creating Shared Value* (CSV). Seitdem haben Unternehmen wie Nestlé oder Novartis damit begonnen, das CSV-Konzept in die Tat umzusetzen (www.sharedvalue.org). Die Aufnahme in das „Executive-Education-Programm" der Harvard Business School dürfte dafür sorgen, dass das Thema noch stärkere Verbreitung in den Vorstandsetagen der Wirtschaft finden wird (www.exed.hbs.edu/programs/csv).

4 Neue Rollen für Kommunikationsmanager

Inwiefern birgt dieses Konzept Chancen für die Entwicklung der Unternehmenskommunikation über das bisher stark operativ geprägte Aufgabenspektrum hinaus? Je mehr kommerzielle Organisationen über die Stabilisierung der Kooperations- und Zahlungsbeziehungen mit ihren Stakeholdern einen Weg zurück in die Gesellschaft suchen, desto größer werden die Chancen, das Versprechen der strategischen Organisationskommunikation in der Unternehmenswirklichkeit einzulösen.

Als treibende Kraft könnte sich die Notwendigkeit erweisen, dass Unternehmen die Interessenlagen aller relevanten Stakeholder kennen und einschätzen können, welche Erwartungen das Verhalten dieser Gruppen oder Individuen bestimmen.

Denn das ist im Zuge der globalen Integration sozioökonomischer Prozesse, der digitalen Revolution und eines wachsenden Partizipationsanspruchs eine äußerst komplexe Aufgabe geworden. Nicht nur die Zahl der Gruppen, die Ansprüche geltend machen, ist gestiegen, sondern auch die Qualität dieser Ansprüche. Die Interessenkonflikte, mit denen Unternehmen umgehen müssen, sind immer schwerer aufzulösen.

Hinzu kommt, dass viele Unternehmen – multinationale Konzerne wie Hidden Champions auf dem Weg zum Global Player – den Kontakt zu ihren sekundären, teils auch zu ihren primären Stakeholdern verloren bzw. noch gar nicht hergestellt haben. Organisationen, die nicht vernetzt genug sind, um zu wissen, was ihre Stakeholder dazu bewegt, sich kooperativ oder oppositionell zu verhalten, müssen lernen, dieses Wissen zu erwerben, aktuell zu halten und in Handlungsentscheidungen einfließen zu lassen. Es reicht nicht, Unterstützungspotenziale einmalig aufzubauen; diese müssen ständig gepflegt werden. Das verlangt, mögliche Auslöser für Antagonismen früh zu erkennen, um ermessen zu können, welche davon besser vermieden, entschärft oder in Kauf genommen werden (Storck 2014: 554–557).

Tab. 3: Generische Erwartungen von Stakeholdern an Unternehmen (Storck 2015)

Stakeholder	Erwartungen an Unternehmen
Mitarbeiter & Talente	– Attraktiver Arbeitsplatz – Faire Bezahlung und Chancen – Entwicklungsmöglichkeiten
Kunden	– Bedarfsgerechte Angebote – Produkt- und Service-Qualität – Vertrauen und Respekt
Lieferanten	– Volumen und faire Preise – Verlässliche Partnerschaft – Management- und Prozess-Qualität
Kapitalgeber	– Attraktive Verzinsung – Hohe Wertsteigerung – Governance und Compliance
Politische Akteure	– Arbeitsplätze und Steuern – Transparenz und Mitwirkung – Governance und Compliance
NGOs & Sozialpartner	– Soziale Fairness – Umweltschutz – Problemlösungskompetenz

Jede Unternehmensfunktion hat Kontakt zu mindestens einer Stakeholdergruppe – und sei es eine interne – und kennt folglich deren Erwartungen, die Tabelle 3 generisch beschreibt. Erst wenige Organisationen haben aber definiert, wer dafür verantwortlich ist, die Perspektiven aller Stakeholder einschließlich der dazwischen bestehenden Widersprüche und Konfliktpotenziale insgesamt im Blick zu haben und auszubalancieren.

Auf dieses Problem hat Freeman (2010: 219–224) schon Mitte der achtziger Jahre hingewiesen. Und er ist der Frage nachgegangen, welche bestehende Unternehmensfunktion am ehesten die Fähigkeiten besitzt, diese Aufgabe zu erfüllen. Seine Antwort war: die PR unter der Voraussetzung ihrer organisatorischen und konzeptionellen Weiterentwicklung.

Das Verständnis und Instrumentarium, das die Unternehmenskommunikation bis dahin entwickelt hatte, betrachtete Freeman als unzureichend: „Armed with the traditional weapons of the vitriolic press release, the annual report, a slick videotape, corporate philanthropy, etc. today's PR manager is a sacrificial lamb on the altar of multiple stakeholder dissatisfaction with corporate performance" (ebd. 221).

Freeman plädierte für die Zusammenführung von Public Relations und Public Affairs zu einer Funktion namens „External Affairs", die folgendes leisten sollte:

1. *Issue Management*: Ausschau halten nach Entwicklungen, die sich negativ auf die Kooperationsbereitschaft von Stakeholdern auswirken können und die Geschäftsleitung dafür sensibilisieren;
2. *Stakeholder Representation*: neue Stakeholder identifizieren bzw. die Aufmerksamkeit der Geschäftsleitung auf Stakeholder richten, deren Interessen von Managern anderer Funktionen oder Bereiche nicht hinreichend beachtet werden;
3. *Stakeholder Strategies*: Impulse für die Formulierung von Strategien geben, die das für den Unternehmenserfolg erforderliche Verhalten dieser Stakeholder gewährleisten;
4. *Stakeholder Mapping*: für eine integrative Betrachtung der Anliegen aller Anspruchsgruppen sorgen;
5. *Stakeholder Negotiation*: Mit Stakeholdern gemeinsame Ziele aushandeln, um Interessengemeinschaften herzustellen (ebd. 222).

Dabei ging es Freeman nicht unbedingt darum, Handlungen zu vermeiden, die Konflikte auslösen können. Er hielt es aber für wichtig, dass Top-Manager sich gegenläufiger Stakeholder-Interessen und deren wahrscheinlicher Folgen bewusst sind, wenn sie damit verbundene Entscheidungen treffen. Denn nur dann können sie Chancen und Risiken, Nutzen und Kosten, Vor- und Nachteile der möglichen Optionen angemessen berücksichtigen und verlässlich beurteilen.

Im Hinblick auf die fünfte Aufgabe hielt Freeman es für unumgänglich, Kommunikationsverantwortliche mit mehr Entscheidungskompetenz auszustatten. Wer keine Entscheidungen treffen und Kompromisse eingehen könne, den würden die Stakeholder kaum als Verhandlungspartner akzeptieren. Eine solche Aufwertung müssten sich Kommunikationsmanager aber zunächst verdienen, indem sie sich als verlässlicher Partner und wertvoller Kompetenzträger für den Vorsitzenden des Vorstands oder der Geschäftsführung erweisen (ebd. 223 f.).

Damit einher geht eine Veränderung der Rolle des Kommunikationsmanagers, sofern dieser sich der Aufgabe stellt und von der Unternehmensleitung dazu ermächtigt wird, seine Tätigkeit in den Strategieprozess der Gesamtorganisation zu integrieren. Matthias Karmasin (2007: 71 f.) hat diese Herausforderung auf den Punkt gebracht: Für die Organisation zu kommunizieren reicht nicht mehr, die Kommunikationsfunktion muss darüber hinaus die Aufgabe übernehmen, die Kommunikation zu organisieren, an der die gesamte Organisation beteiligt ist.

Wenn Unternehmen das Management von Stakeholder-Beziehungen als Grundlage unternehmerischer Wertschöpfung begreifen, wandeln sich die Anforderungen an die Unternehmenskommunikation als Fachabteilung: Die Planung und Durchführung kommunikativer Maßnahmen mit Blick auf Mitarbeiter und ausgewählte externe Zielgruppen bleibt zwar Teil ihres Aufgabenspektrums. Der Schwerpunkt verschiebt sich aber in Richtung der funktions- und disziplinübergreifenden Organisation der Reputationsarbeit des gesamten Unternehmens im Einklang mit Zweckbestimmung

und Strategie. Um diesen erweiterten Auftrag zu erfüllen, müssen Kommunikationsmanager zusätzliche Rollen einnehmen:
- *Stakeholder-Anwalt* – Sicherstellung, dass bei der Strategiefindung nicht nur die Interessen aller Anspruchsgruppen in Betracht gezogen werden, sondern auch die mit der Strategieumsetzung verbundenen Zumutungen oder Konflikte.
- *Strategie-Dolmetscher* – Übersetzung der Unternehmensstrategie in die Sprache und Vorstellungswelt von Mitarbeitern und externen Anspruchsgruppen im Zuge der Strategieformulierung.
- *Führungskräfte-Coach* – Befähigung und operative Unterstützung der Führungskräfte bei der Überzeugungsarbeit, die mit der Umsetzung einer neuen Strategie verbunden ist: Wer dauerhafte Verhaltensänderungen erreichen will, muss Konflikte erkennen und konstruktiv lösen können, um Mitarbeiter für die Verfolgung gemeinsamer Ziele zu gewinnen.
- *Geschichten-Entwickler* – Sicherstellung, dass die Elemente der Strategie sich zu einer stimmigen Erzählung fügen, die alle Stakeholder attraktiv finden können und dass dafür ständig neue Belege gefunden und narrativ aufbereitet werden.
- *Identitäts-Wahrer* – Beratung der Geschäftsführung bei der Feststellung, Bewahrung und Weiterentwicklung von Unternehmensidentität, -kultur und -werten. Dazu zählt die Verantwortung für Entwicklung und Implementierung der Unternehmensmarke.
- *Reputations-Manager* – Organisation der Reputationsarbeit über Unternehmensfunktionen und -bereiche hinweg. Dabei geht es primär um die Planung, Koordination und Steuerung von Maßnahmen der externen Kommunikation, an denen mehrere Strukturelemente beteiligt sind (z. B. beim Thema Employer Branding).
- *Kommunikations-Controller* – Messung und Analyse der Wirkungen der Reputationsarbeit bei Stakeholdern und Mediatoren (Journalisten, Blogger, Analysten) sowie Einleitung korrigierender Kommunikationsmaßnahmen in Fällen falscher oder lückenhafter Wahrnehmungen. Entsprechen kritische Wahrnehmungen in der Organisation der gelebten Praxis, werden Entscheidungen des Vorstands bzw. der Geschäftsführung zwecks Behebung der Ursachen oder Änderung der Kommunikationspolitik vorbereitet (Storck 2015).

5 Strategische Kommunikation mit dem Wirkungsstufenmodell

Je mehr von diesen Rollen Kommunikationsmanager einnehmen und je überzeugender sie das aus Sicht der Unternehmensleitung tun, desto stärker wird die Unternehmenskommunikation in den Strategieprozesses integriert. Erst wenn Geschäftsführung und Kommunikationsverantwortliche auf dieser Basis miteinander klären und vereinbaren, welche kommunikativen Leistungen für den Geschäftserfolg unverzichtbar sind, lassen sich die Resultate der Kommunikationsarbeit an die Planungs-, Steuerungs- und Berichtsprozesse der Gesamtorganisation anschließen.

Das zu erreichen, ist das Ziel von Kommunikations-Controlling. Ein Weg dorthin folgt dem Bezugsrahmen der Wirkungsstufen der Kommunikation, den der Internationale Controller Verein (ICV) und die Deutsche Public Relations Gesellschaft (DPRG) 2008 gemeinsam entwickelt und 2009 als Leitprinzip für die Erfassung kommunikativer Wirkungen verabschiedet haben. Um den Prozess des strategischen Kommunikationsmanagements vollständig abzubilden, müssen die sechs Stufen zweimal durchlaufen werden: zunächst in der Planung von der zu erzielenden Wertschöpfung bis zu den dafür erforderlichen Mitteln, dann in der Umsetzung in umgekehrter Richtung von den eingesetzten Mitteln bis zu den wirtschaftlich relevanten Ergebnissen der Reputationsarbeit (Storck 2013). Abbildung 1 illustriert dieses Gegenstromverfahren.

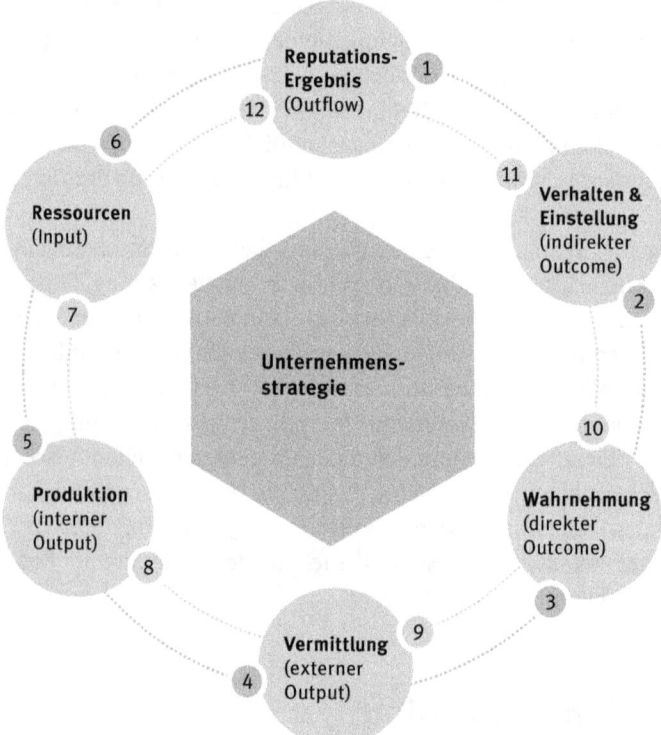

Abb. 1: Die Wirkungsstufen der Kommunikation als Management-Modell (Storck & Schmidt 2014: 19)

6 Strategische Kommunikationsplanung

Die Planungsphase verläuft vom *Ergebnis* für die Gesamtorganisation über den Einfluss auf *Verhalten und Einstellung* der Stakeholder, die *Wahrnehmung* der relevanten Anspruchsgruppen, die *Vermittlung* der kommunikativen Angebote an diese Gruppen und die *Produktion* der erforderlichen Kommunikationsmittel bis hin zu den dafür benötigten finanziellen und personellen *Ressourcen*.

Tabelle 4 operationalisiert die Leitfragen für jeden der sechs Planungsschritte durch je drei exemplarische Fragestellungen, die sich in der Praxis oft als sinnvoll erweisen. Diese können bei Bedarf selbstverständlich durch andere Aspekte ersetzt oder ergänzt werden.

7 Stellenwert der Unternehmenskommunikation

Am Verfahren und Ergebnis der Budgetierung zeigt sich, wie weit eine Organisation auf dem Weg zur strategischen Kommunikation gekommen ist. Heute haben die Leistungen der institutionalisierten Kommunikation vielfach keinen bestimmten Preis. Die unzureichende Reflexion kommunikativer Leistungen in den Zielvereinbarungen von Führungskräften demonstriert deren fehlende Wertschätzung für weite Teile des Aufgabenspektrums der Organisationskommunikation. Das spiegelt sich in der Mittelausstattung von Kommunikationsabteilungen wider: Diese ist immer noch häufiger eine Fortschreibung historischer Haushaltsentscheidungen, die situativ angepasst werden, als der aktuelle Jahresabschnitt der in der Mittelfristplanung vorgesehenen kommunikativen Aufwendungen. Wo das so ist, ist Kommunikation nicht Teil des Strategieprozesses. „Denn Budgets, die nicht auf einer mittelfristigen Planung beruhen, sind planlos. Planungen, die nicht auf Zielen beruhen, sind ziellos. Und Ziele, die keinen Sinn vermitteln, sind sinnlos. Zum Schluss besteht die Gefahr, dass Unternehmen mit plan-, ziel- und sinnlosen Budgets arbeiten" (Storck & Schmidt 2014: 20).

Für die Positionierung der Unternehmenskommunikation ist es daher von entscheidender Bedeutung, die sechs Planungsschritte nicht im Alleingang abzuarbeiten. Vielmehr kommt es darauf an, nach den ersten beiden Schritten explizit Einvernehmen mit der Unternehmensleitung herzustellen, dass diese Ergebnisse schlüssig sind und welche Konsequenzen sich daraus ergeben. Nur dann besteht eine realistische Aussicht darauf, dass die Kommunikationsfunktion ein Budget zugesprochen bekommt, das es ihr erlaubt, ihre strategische Rolle zu erfüllen. Damit werden zugleich die Voraussetzungen dafür geschaffen, den Fortschritt und den Erfolg der geplanten Kommunikationsaktivitäten später mit vertretbarem Aufwand zu messen.

Schließlich konkurriert die Unternehmenskommunikation mit anderen Funktionen und Stakeholdern um das Geld, das die Gesamtorganisation ausgeben kann. Welche Stelle im Unternehmen über wie viel Geld verfügen darf, hängt davon ab, welchen

Tab. 4: Das Wirkungsstufenmodell in der strategischen Planung der Unternehmenskommunikation (Storck 2013: 37)

Planungsstufen	Leitfragen	Operationalisierungsfragen
1. Ergebnis	Welche Organisationsziele sind kommunikativ zu unterstützen?	– Welche bestehenden Geschäftsbeziehungen mit welchen Interessengruppen sollen in welchem Maße nach Dauer und Intensität ausgeweitet, verringert oder beendet werden? – Welche neuen Geschäftsbeziehungen wollen wir mit wem entwickeln, und was streben wir dabei an? – Wie wollen wir zukünftig die Konditionen und Rahmenbedingungen unserer Geschäftstätigkeit gestalten?
2. Verhalten und Einstellung	Welche Unterstützungspotenziale müssen wir abrufen, um das zu erreichen?	– Welche Stakeholdergruppen müssen mitwirken, und was sollen sie tun? – Welche gemeinsamen Interessen können wir mit diesen Gruppen entwickeln? – Was könnte diese Gruppen davon abhalten, mit uns zu kooperieren?
3. Wahrnehmung	Welches Bild von uns soll die Stakeholder zur Kooperation bewegen?	– Welche Informationen wollen wir den Stakeholdern vermitteln? – Welche Erfahrungen sollen die Stakeholder mit uns machen? – Welche anderen Wahrnehmungen stehen dem eventuell entgegen?
4. Vermittlung	Welche Berührungspunkte mit den Stakeholdern wollen wir dafür nutzen?	– Über welche Plattformen und Kontaktstellen verfügen wir bereits? – Welche können wir darüber hinaus durch Kooperation erschließen? – Welche müssen wir erst noch schaffen bzw. einkaufen?
5. Produktion	Welche kommunikativen Angebote wollen wir produzieren?	– Was sind unsere Kernbotschaften? – Wie können wir diese belegen und dauerhaft untermauern? – Welche Kommunikationsmittel wollen wir herstellen?
6. Ressourcen	Welche Ressourcen brauchen wir, um das alles zu tun?	– Wie viele Mitarbeiter mit welchen Fähigkeiten benötigen wir? – Welcher Einstellungs- und Weiterbildungsbedarf entsteht? – Welche Produkte und Dienstleistungen müssen wir einkaufen?

Wertschöpfungsbeitrag ihr die Geschäftsführung jeweils zutraut bzw. welche Macht sie anderweitig ausüben kann. Es liegt folglich im Interesse von Kommunikationsabteilungen dafür zu sorgen, dass ihnen das Top-Management möglichst großen Einfluss auf den geschäftlichen und persönlichen Erfolg zuschreibt. Dazu muss die Unternehmensführung die Ziele der Kommunikation gutheißen, ihre geplanten Aktivitäten verstehen und Transparenz darüber haben, woran Fortschritt und Erfolg abgelesen werden sollen.

8 Strategische Kommunikationssteuerung

Bei der Umsetzung geht es um den zieldienlichen Einsatz der bewilligten *Ressourcen*, die Qualität der Kommunikationsmittel und die Effizienz ihrer *Produktion*, die erfolgreiche *Vermittlung* der darin enthaltenen Botschaften, die dadurch erzielte Veränderung der *Wahrnehmung* seitens der Stakeholder, deren daraus resultierendes *Verhalten* im Sinne des Unternehmens und den damit verbundenen Beitrag zum *Ergebnis* der Geschäftstätigkeit. Der Plausibilitätskorridor der kommunikativen Wirkungsstufen wird in umgekehrter Reihenfolge ein zweites Mal durchlaufen.

Tabelle 5 operationalisiert die Leitfragen für das Kommunikations-Controlling in der Umsetzungsphase strategischer Kommunikation. Erneut wird jeder Schritt durch drei exemplarische Fragestellungen konkretisiert, die auch hier wieder bei Bedarf durch situativ bedeutsamere Aspekte ersetzt oder ergänzt werden können.

9 Ansatzpunkte

Die Einladung, am Strategieprozess regulär teilzunehmen und das Mandat, die neuen Rollen auszuüben, müssen Kommunikationsmanager sich verdienen. Gelegenheiten dazu finden sich nicht im Brot-und-Butter-Geschäft, sondern in Vorgängen, die mit Veränderungen in der Organisation oder in deren Umfeld verbunden sind. Beispiele dafür sind:
- Wechsel an der Spitze des Unternehmens bzw. der Kommunikationsabteilung
- Strukturelle Veränderungen im Unternehmen bzw. der Kommunikationsabteilung
- (Weitere) Internationalisierung des Unternehmens
- Änderung der Strategie bzw. des Geschäftsmodells
- Wandel der Marktverhältnisse oder gesellschaftlichen Rahmenbedingungen
- Technologische Umbrüche und Antritt neuer Wettbewerber (Disruption)
- Sondersituationen wie Eigentümerwechsel, (drohende) Insolvenz, Skandale und andere ereignisgetriebene Krisen

Tab. 5: Das Wirkungsstufenmodell in der Umsetzung der Kommunikationsstrategie (Storck 2013: 37)

Umsetzungsstufen	Leitfragen	Operationalisierungsfragen
7. Ressourcen	Wie erreichen wir die gestellten Ziele mit den verfügbaren Ressourcen?	– Welche strukturellen Anpassungen erscheinen sinnvoll? – Welche Prozesse lassen sich wie verbessern? – Setzen wir Mitarbeiter und Dienstleister optimal ein?
8. Produktion	Wie gut sind wir in der Herstellung unserer kommunikativen Angebote?	– Was soll uns zeigen, ob die Qualität unserer Kommunikationsmittel stimmt? – Woran wollen wir erkennen, dass unser Kommunikationsangebot nachhaltig ist? – Woran wollen wir die Effizienz der Kommunikationsmittel-Produktion ablesen?
9. Vermittlung	Wie verfügbar sind unsere kommunikativen Angebote für die Adressaten?	– Wie messen wir den Erfolg unserer Medienarbeit? – Wie ermitteln wir die Reichweite unserer Online-Kommunikation? – Wie verfolgen wir andere Kommunikationsaktivitäten wie z. B. Face-to-face, Events?
10. Wahrnehmung	In welchem Maß nehmen die Zielgruppen unsere Angebote zur Kenntnis?	– Woran sehen wir, ob unsere kommunikativen Angebote die Stakeholder erreichen? – Wie stellen wir fest, ob und wie sich das Bild der Organisation verändert? – Wie ermitteln wir Gründe für Wahrnehmungen, die dem Zielbild abträglich sind?
11. Verhalten & Einstellung	Erreichen wir die angestrebten Veränderungen beim Verhalten bzw. bei den Einstellungen der Stakeholder?	– Wie entdecken wir die handlungsleitenden Reputationsaspekte? – Wie identifizieren wir Stellschrauben für zieldienliches Verhalten? – Wie erkennen und bewerten wir mögliche Reputationsrisiken?
12. Ergebnis	Hat Kommunikation adäquat zur Wertschöpfung beigetragen?	– Hat die Organisation ihre strategischen Ziele erreicht? – Wurden die angestrebten internen und externen Veränderungen verwirklicht? – Hat die Kommunikationsfunktion die dafür vereinbarten Leistungen erbracht?

In Herausforderungen wie diesen sah Freeman schon vor 30 Jahren den Schlüssel zur Spielfeld-Erweiterung: „The EA [External Affairs] manager must be seen as a valuable resource to the general manager, as a manager of vision and insight who can help the general manager decipher a complex external environment and who can negotiate with a multiplicity of stakeholder groups. [...] The EA manager in the current business environment must be willing to take risks, and to manage these new issues and stakeholders before they are recognized and legitimated within the firm (Freeman 2010: 224)."

Literatur

Bleicken, J. (1986). *Die athenische Demokratie*. Paderborn: Schöningh.
Chandler, A. D. (1962). *Strategy and structure: Chapters in the history of the industrial enterprise*. Cambridge, MA: MIT Press.
Freeman, R. E. (2010). *Strategic Management: A Stakeholder Approach*. Cambridge: Cambridge University Press.
Gälweiler, A. (1982). Grundlagen der Strategischen Unternehmensführung. Vortrag anlässlich des WIV-Kongresses 1982 am 11. Juni 1982 im Grazer Congress. *Der Wirtschaftsingenieur*, 15 (1), 8–29.
Gälweiler A. (2005). *Strategische Unternehmensführung*. Frankfurt a. M.: Campus.
Harvard Business School Executive Education (2015). *Focused Programs: Creating Shared Value*. Abgerufen von http://www.exed.hbs.edu/programs/csv.
Karmasin, M. (2007). Stakeholder-Management als Grundlage der Unternehmenskommunikation. In M. Piwinger & A. Zerfaß (Hrsg.), *Handbuch Unternehmenskommunikation* (S. 71–87). Wiesbaden: Springer.
Malik, F. (2011). *Strategie: Navigieren in der Komplexität der neuen Welt*. Frankfurt a. M.: Campus.
Mintzberg, H. (1987). The Strategy Concept I: Five Ps For Strategy. *California Management Review, 30* (1), 11–24.
Mintzberg, H. (1987). The Strategy Concept II: Another Look at Why Organizations Need Strategies. *California Management Review, 30* (1), 25–32.
Mintzberg, H., Ahlstrand, B. & Lampel, J. (1998). *Strategy Safari: A Guided Tour through the Wilds of Strategic Management*, New York, NY: Prentice Hall.
Porter, M. E. & Kramer, M. R. (2011). Creating shared value: How to Reinvent Capitalism and Unleash a Wave of Innovation and Growth. *Harvard Business Review, 89* (1/2), 62–77.
Shared Value Initiative (2015). *Website*. Abgerufen von http://www.sharedvalue.org.
Storck, C. (2013). Wirkungsstufen im Kommunikations-Controlling. *Kommunikationsmanager, 9* (2), 36–39.
Storck, C. (2014). Stakeholderbefragungen und Reputationsanalysen. In M. Piwinger & A. Zerfaß (Hrsg.), *Handbuch Unternehmenskommunikation* (S. 545–562). Wiesbaden: Springer.
Storck, C. (2015). Strategische Kommunikation als Entwicklungsgebiet der Unternehmensführung. In Holenweger, M. (Hrsg.), *Strategische Kommunikation*. Baden-Baden: Nomos. i.E.
Storck, C. & Liehr-Gobbers, K. (2009). Reputationsmessung und -bewertung als Beitrag zur Wertschöpfung. In Möller, K., Piwinger, M. & Zerfaß, A. (Hrsg.), *Immaterielle Vermögenswerte: Bewertung, Berichterstattung und Kommunikation* (S. 253–271). Stuttgart: Schäffer-Poeschel.
Storck, C. & Schmidt, W. (2014). In zwölf Schritten zum Reputationsertrag. *Pressesprecher*, 11 (7), 18–21.
Zerfass, A. et al. (2007–2015). *European Communication Monitor*. Brussels: EACD/EUPRERA, Helios Media.

Ansgar Zerfaß und Christine Viertmann
Strategische Aufgaben des Kommunikationsmanagements in der digitalen Gesellschaft

1 Einleitung – Neue Rahmenbedingungen für die Unternehmenskommunikation

Die fortschreitende Digitalisierung hat die strategischen und organisatorischen Aufgaben des Kommunikationsmanagements grundlegend verändert. Durch digitale Vernetzung und Individualisierung ist eine Fragmentierung von Öffentlichkeiten hin zu Netzwerken aus Partikularinteressen zu beobachten, die durch strategische Kommunikation geprägt werden (Bentele & Nothhaft 2010; Murphy 2015). Diese spürbare Beschleunigung und Lockerung kommunikativer Beziehungen (Rosa 2013) lässt die Vorstände und Aufsichtsräte von Unternehmen über die Organisation und Bewertung professioneller Kommunikation neu nachdenken. Zentral sind dabei folgende Fragen: Welche Leistungen und Werte schafft die Kommunikationsabteilung? Brauchen wir professionelle Kommunikation in organisierter Form oder benötigen wir vielmehr eine Professionalisierung aller Kommunikationsvorgänge? Wie kann Kommunikation erfolgreich gesteuert und dokumentiert werden?

Kommunikationsverantwortliche, die mit solch grundsätzlichen Fragen konfrontiert werden, können heute nicht mehr mit Ansätzen traditioneller Erfolgskontrolle argumentieren. Clippings aus klassischen Massenmedien, Teilnehmerquoten bei Veranstaltungen oder Einstellungsveränderungen von einzelnen Stakeholdern können die Unternehmensführung nicht mehr überzeugen, weil sie keine Aussagen darüber liefern, inwiefern die erzielten Erfolge auf das Gesamtziel des Unternehmens einzahlen. In einer digitalen Gesellschaft, die zunehmend durch *owned media* geprägt wird, schwindet zudem der Wert einzelner Anzeigen oder Artikel in Tageszeitungen. Stand das organisierte Presse-Event oder die Einrichtung des Twitter-Kanals in einer akzeptablen Relation zu den dafür bereitgestellten Ressourcen? Welche strategischen Unternehmensziele konnten durch die einzelnen kommunikativen Maßnahmen unterstützt werden?

Diese Fragen nicht beantworten zu können, ist für die Kommunikationsabteilung vor allem deshalb problematisch, weil Kommunikation in den Führungsebenen immer noch primär als Kostenfaktor angesehen wird. Zwar sieht das Management die Notwendigkeit der Differenzierung von Produkten und Dienstleistungen und die Zunahme der Komplexität von Kommunikation in verschiedenen Bereichen wie Kundenkommunikation, Investor Relations oder CEO-Kommunikation, aber in Zeiten der "audit society" (Power 1997) reichen gut gemeinte Hinweise auf die gesellschaftliche Legitimation des Unternehmens oft nicht aus. Reputation, Image, Marken sowie kommunikative Beziehungen oder Krisenresilienz sind richtige und relevante Zielgrößen, werden aber bisher nicht hinreichend an die ökonomische Rationalität des Managements und deren strategische Positionierung angedockt. Zwar gab es bereits Versuche den Return on Investment (ROI) von Kommunikation zu berechnen, jedoch stellten sich diese Ansätze einer Rationalisierung von Kommunikation als unseriös und damit eher kontraproduktiv heraus (Watson & Zerfass 2011).

Dieser Beitrag gibt einen Überblick über die von der Strategie der Unternehmensführung abgeleiteten Ziele der Unternehmenskommunikation sowie den daraus resultierenden Aufgaben des Kommunikationsmanagements im Kontext der digitalen Gesellschaft. Darüber hinaus soll die Organisation von Kommunikation innerhalb von Unternehmensstrukturen diskutiert werden. Kommunikation wird hier zunächst durch ökonomische Rationalität begründet und anschließend in ihrer Wirkung in einzelnen Teilbereichen beschrieben. Dieser Argumentationsgang könnte Kommunikationsabteilungen helfen, ihr Handeln aus Sicht des Managements zu reflektieren und somit als Botschafter für die Neuausrichtung von Unternehmenskommunikation zu wirken.

2 Strategische Zieldimensionen der Unternehmensführung

Die Logik der meisten Ansätze des Kommunikations-Controllings orientiert sich an Maßnahmen und deren Erfolgsmessung. Um den Beitrag einzelner Maßnahmen zur Strategie der Unternehmenskommunikation und zur Unternehmensführung darzustellen, ist es wenig zielführend, bei der Kommunikation anzusetzen. Das Topmanagement entscheidet über die strategische Ausrichtung des Unternehmens und nicht das Kommunikationsmanagement. Zwar gibt es keine generischen strategischen Zielsetzungen der Unternehmensführung und doch lässt sich das oberste Ziel jedes wirtschaftlichen, bzw. organisationalen Handelns mit einem Wort beschreiben: Erfolg.

Was ist Erfolg für ein Unternehmen? Aus heutiger Sicht sind Umsatz und Gewinn nicht mehr die einzigen Zielgrößen, die ausreichen, um den Erfolg eines Unternehmens zu bestimmen. Würde man die strategische Ausrichtung des Kommunikationsmanagements nur aus dieser Perspektive betrachten, wären lediglich die klassischen Maßnahmen der Produkt-Pressearbeit oder Absatzwerbung für den Erfolg des Unternehmens von strategischer Bedeutung. Mit dem Ansatz des *Value Based Management* nach Porter (1987, 2010) wird die Gewinnorientierung in das übergeordnete Konzept der Wertsteigerung eingebettet. Jedes unternehmerische Handeln soll zum Wert des Unternehmens beitragen, der sich mit Hilfe des Return on Investment (ROI) bzw. dem *Shareholder-Value*, der Wertsteigerung des eingesetzten Kapitals von Investoren, messen lässt. In diesem Sinne trägt Kommunikation beispielsweise mit Kampagnen oder einzelnen Funktionen wie Investor Relations dazu bei, das Unternehmen in der Öffentlichkeit für die Financial Community positiv darzustellen und es am Markt zu positionieren. Ein Blick auf aktuelle gesellschaftliche und wirtschaftliche Fragen und Probleme reicht jedoch aus, um die Grenzen des Shareholder-Value-Ansatzes deutlich zu machen. Investoren bleiben eine zentrale Zielgruppe, aber Unternehmen werden auch von anderen Gruppen bewertet und beeinflusst – von Kunden, Mitarbeitern, Politikern oder den Medien. Diese Gruppen haben Ansprüche bzw. Erwartungen an das gesellschaftliche Handeln und werden als Stakeholder bezeichnet. Freeman (1984) erweiterte mit der Beschreibung des *Stakeholder-Values* das Konzept der Wertsteigerung als Erfolg des Unternehmens, indem die Erwartungen und Interessen mehr oder weniger meinungskritischer und einflussreicher Gruppen aus Politik und Gesellschaft in die Bemessung unternehmerischen Erfolgs einbezogen werden. Damit muss die strategische Zielsetzung der Unternehmensführung sowohl auf ökonomische Zielgrößen als auch auf gesellschaftliche Legitimation ausgerichtet sein. Es geht in diesem Kontext keineswegs darum, die Gesamtheit der Erwartungen und Interessen aller Anspruchsgruppen zu bedienen, sondern diese in das strategische Handeln einzubeziehen und anhand von möglicher Einflussnahme und Aktivierungsgrad einzuordnen.

Mit der Veränderung des Erfolgsbegriffes für die Unternehmensführung geht eine Neudefinition von Erfolg für die Kommunikation einher. Für das Kommunikationsmanagement bedeutet Unternehmenserfolg heute, dass Kommunikation sowohl ökonomische als auch legitimatorische Ziele verfolgen muss, um den Unternehmenserfolg effektiv zu unterstützen. Das Ziel des Unternehmenserfolges lässt sich ausgehend von Gälweiler (2005) und seiner Beschreibung der Strategie der Unternehmensführung in vier Zieldimensionen beschreiben, auf die alle Handlungen jeder einzelnen Abteilung, ob Personal, Einkauf oder Kommunikation einzahlen sollten: (1) Materielle Werte und (2) immaterielle Werte tragen zur direkten Steigerung des Unternehmenswertes bei; das Ziel ist es, konkrete *Werte zu schaffen*. Dagegen soll die Sicherung von (3) Handlungsspielräumen und (4) Entwicklungschancen *Wertschöpfung ermöglichen*. Bei näherer Betrachtung der Zieldimensionen stellen materielle Werte und Handlungsspielräume den *aktuellen Wertbeitrag* zum Unternehmenserfolg dar. Dem gegenüber stehen immaterielle Werte und Entwicklungschancen als *künftiger Wertbeitrag*. Diese vier generischen Zieldimensionen des Top-Managements sollen im Folgenden näher beschrieben und auf die Kommunikation bezogen werden.

3 Vier strategische Ziele des Kommunikationsmanagements

Von den Zieldimensionen der Unternehmensführung lassen sich vier strategische Ziele des Kommunikationsmanagements ableiten. (1) Materielle Werte – *Leistungserstel-*

lung unterstützen, (2) Immaterielle Werte – *Immaterielles Kapital aufbauen*, (3) Handlungsspielräume – *Flexibilität sichern* und (4) Entwicklungschancen – *Strategie weiterentwickeln*. Diese vier Hebel der Wertschöpfung durch Kommunikation wurden in empirischen Untersuchungen für die Praxis bereits bestätigt (Zerfass et al. 2010: 26 ff.; Zerfaß et al. 2014b). Für jedes Ziel des Kommunikationsmanagements stehen jeweils drei strategische *Kernziele der Unternehmenskommunikation*.

(1) Leistungserstellung unterstützen durch Publizität, Kundenpräferenzen und Mitarbeiter-Commitment: Zunächst müssen in jedem Unternehmen materielle Werte geschaffen werden. Kommunikation unterstützt dabei das Tagesgeschäft durch die Unterstützung der laufenden Leistungserstellung, indem es die Leistungen und Services des Unternehmens bekannt macht, z. B. durch klassische Pressearbeit. *Publizität* bzw. Bekanntheit ist und bleibt ein Basisziel für das Kommunikationsmanagement, um das Unternehmen am Markt und in der Öffentlichkeit zu positionieren. Gerade in Zeiten der Digitalisierung und der zunehmenden Angleichung von Produkten muss Kommunikation neue Wege finden, um in den öffentlichen Meinungsmarkt durchzudringen. Bekanntheit allein reicht jedoch nicht aus, um materielle Werte für das Unternehmen zu beeinflussen. Es müssen auch Meinungen und Bewertungen von Kunden beeinflusst werden. *Kundenpräferenzen* können durch die Herausstellung von Alleinstellungsmerkmalen und durch die gezielte Antizipation von Einstellungen durch Kommunikation beeinflusst werden. Zwischen einer Vielzahl an Produkten, Angeboten und Kanälen der Produktkommunikation muss die Unternehmenskommunikation Orientierung schaffen. Ein weiterer Beitrag zum Aufbau materieller Werte für das Unternehmen ist die Steigerung der Qualität der internen Kommunikation. *Mitarbeiter-Commitment* zu fördern und zu erhalten, ist eine der wichtigsten Aufgaben des Kommunikationsmanagements. Motivierte Mitarbeiter arbeiten effizienter und wirken als positive Botschafter für das Unternehmen nach innen und außen. Hier wird die Aufgabe des Kommunikations-Coachings immer wichtiger. Expertise und Know-how für Kommunikationsprozesse müssen im Unternehmen weitergegeben werden.

(2) Immaterielles Kapital aufbauen durch Reputation, Marken und Unternehmenskultur: Nicht nur materielle Werte, sondern auch immaterielle Erfolgspotenziale tragen maßgeblich zum Unternehmenserfolg bzw. zur Steigerung des Unternehmenswertes, der Produkte und Beziehungen bei (Möller et al. 2009). Mit der Zunahme an komplexen Strukturen der öffentlichen Meinungsbildung und dem härteren Wettbewerb um Aufmerksamkeit entscheiden jene *Intangibles* nicht selten über den Erfolg unter Konkurrenten. *Reputation* und *Marken* sind hierbei wichtige Parameter, die sowohl das Unternehmen in seiner Gesamtheit als auch einzelne Organisationsmitglieder, wie den CEO, betreffen können (Schwalbach 2015; Zerfaß & Georgi 2015). Diese Bündel an immateriellen Werten prägen zudem die Identität des Unternehmens nach innen und außen. Diese wird als *Unternehmenskultur* kommunikativ vermittelt und als „Geist des Unternehmens" erlebbar gemacht. Während fest etablierte Verfahren der Markenbewertung und Reputationsmessung existieren, muss die Persönlichkeit und spezifische Wertestruktur eines Unternehmens sich als drittes Reservoir kom-

munikativer Werte erst noch etablieren. Vor dem Hintergrund des demographischen Wandels und des damit verbundenen Fachkräftemangels beschäftigen sich Unternehmen zunehmend mit Fragen der kulturellen Anpassung an die Bedürfnisse zentraler Stakeholder, wie Mitarbeiter und potenzielle Bewerber.

(3) Flexibilität sichern durch Beziehungen, Vertrauen und Legitimität: Unternehmen müssen sich innerhalb des gesellschaftspolitischen Kontextes legitimieren. Sie sind im Zuge der digitalen Revolution mehr denn je auf die Akzeptanz ihrer Produkte und Dienstleistungen durch wichtige Stakeholder angewiesen. Netzwerkstrukturen helfen, die Handlungsfähigkeit des Unternehmens auch in kritischen Situationen sicherzustellen. Im Vergleich zu klassischen Beziehungsstrukturen sind Netzwerke einer digitalen Öffentlichkeit eher instabil und risikobehaftet (Murphy 2015: 124). Aus festen Beziehungen werden zunehmend heterogene Gruppenbewegungen, die sich in kürzester Zeit auflösen oder verändern können, deshalb werden Monitoring und die Pflege von *Beziehungen* zu zentralen Zielen der Kommunikation. *Vertrauen* ist in diesem Zusammenhang die Basis für die Langfristigkeit und Stabilität von Beziehungen und muss daher als eigenes Kernziel und Aufgabenstellung betrachtet werden. Die Wahrnehmung der Stakeholder orientiert sich an fachlichen, sozialpsychologischen sowie ethisch-normativen Vertrauensfaktoren (Bentele 1994), die sich in der öffentlichen und nicht-öffentlichen Kommunikation des Unternehmens niederschlagen. Diskrepante Äußerungen oder Handlungen können zu Vertrauensverlusten und Störungen von Kommunikationsbeziehungen führen (Seiffert et al. 2013). Über die Bedeutung von Vertrauen hinaus, gibt es kritische Situationen und Sachverhalte, die mit den Stakeholdern ausgehandelt werden müssen. *Legitimität* ist vor allem bei der Kommunikation von Großprojekten, Krisen- und anderen Changesituationen ausschlaggebend. Vertrauen und Legitimität in Hinblick auf die vorhanden Handlungsspielräume des Unternehmens und im Kontrast zu den immateriellen Werten Reputation, Marken und Unternehmenskultur zu messen, ist eine zentrale Herausforderung des Kommunikations-Controllings.

(4) Strategie weiterentwickeln durch Thought Leadership, Innovationspotenzial und Krisen-Resilienz: Wird einem unternehmerischen Handeln die Akzeptanz abgesprochen, muss die Strategie des Vorhabens auf der Ebene der Unternehmensführung kritisch geprüft werden. Diesen Wissenstransfer bietet die Kommunikation vor allem durch ihre Fähigkeit des Beobachtens und der Analyse von Meinungsnetzwerken. Die wichtigste Aufgabe der Kommunikation ist hierbei die Unterstützung von Themenführerschaft (*Thought Leadership*), die dem Unternehmen eine Vordenkerrolle in gesellschaftlichen Netzwerken einräumt. Nicht selten ist es die Fähigkeit Themen aktiv zu besetzen und zu antizipieren, die über den Erfolg und die Durchsetzungsfähigkeit von Entscheidungen des Top-Managements entscheidet. Auch die für Unternehmen zentrale Variable des *Innovationspotenzials* ist eng mit der Zuhörerschaft bzw. der Beobachtungfunktion von Kommunikation verbunden. Werden Themen als relevant für das Unternehmen eingestuft sollten sie auf innovative Ideen, Konzepte und Visionen für das Management hin überprüft werden. Im Gegenzug muss kommunikatives Mo-

nitoring auch auf Risiken und *Krisenresilienz* als definiertes und messbares Ziel ausgerichtet sein.

Erst die Zusammenführung dieser vier Zieldimensionen (1) Leistungserstellung unterstützen, (2) Immaterielles Kapital aufbauen, (3) Flexibilität sichern sowie (4) Strategie weiterentwickeln gewährleistet eine Systematisierung der Aufgabenstellung des Kommunikationsmanagements im digitalen Zeitalter. Bekannte Konzepte und Ansätze des Kommunikations-Controllings setzen häufig bei einer der vier unternehmerischen Zieldimensionen an. Meist beziehen sich die Messmethoden, Reporting- oder Steuerungstools auf den Aufbau immaterieller Werte, wie Reputation oder Markenbildung, um bei bestimmten Stakeholdern eine Wertsteigerung zu realisieren. Ob Communication Scorecards (Sass & Zerfaß 2015), Modelle und Verfahren zur Markenbewertung (Esch et al. 2014), RepTrak® (Fombrun et al. 2015), Stakeholder-Kompass (Rolke 2002) oder die Messung und Steuerung von Beziehungskapital (Szyszka 2014) – keinem Ansatz oder Instrument gelingt es bislang, die Spezifika von Kommunikation als strategische Funktion innerhalb der unternehmerischen Wertschöpfungskette (Porter 2010) abzubilden. Selbst der DPRG/ICV-Bezugsrahmen (DPRG/ICV 2011), der die Wirkungsebenen von Kommunikation systematisiert, kann die Verbindung von Unternehmens- und Kommunikationszielen nicht darstellen. Wenn man Kommunikation als integrierte und koordinierende Unternehmensfunktion versteht, sind Kommunikationsprozesse sowohl Bestandteil von primären (Eingangslogistik, Operationen, Ausgangslogistik, Marketing/Vertrieb und Kundenservices) sowie sekundären Aktivitäten im Unternehmen (Beschaffung, Forschung und Entwicklung, Personalwirtschaft und Infrastruktur). Kommunikation trägt in allen Phasen der Wertschöpfung dazu bei, Informationen zu sammeln (Zuhören/inbound) und zu vermitteln (Sprechen/outbound) (Macnamara 2014; Zerfaß 2015). Legt man diesen hohen Maßstab an die Kommunikationsfunktion an, sind Veränderungen innerhalb der organisationalen Ausrichtung und Struktur der Kommunikation im Unternehmen – vor allem vor dem Kontext des Megatrends der Digitalisierung – vorprogrammiert. Im nächsten Kapitel werden die Konsequenzen und neuen Rahmenbedingungen der theoretisch hergeleiteten Zieldimensionen für die Kommunikation aufgezeigt.

4 Neuorganisation der Kommunikationsfunktion – Drei Forschungsimpulse

Das Forschungsgebiet der Strategischen Kommunikation verbindet verschiedene Forschungsrichtungen, die sich mit den Zielen und Aufgaben professioneller Kommunikation beschäftigen (Public Relations, Organisationskommunikation, Marketingkommunikation, Unternehmenskommunikation etc.) (Holtzhausen & Zerfass 2015: 7). Strategische Kommunikation wird nach Hallahan et al. (2007: 3) als „purposeful use of communication by an organization to fulfil its mission" definiert. Eine breitere

Definition von Holtzhausen und Zerfass (2013) beschreibt strategische Kommunikation auf der Ebene der Öffentlichkeit als absichtsvolle *Auftragskommunikation*, die sich an übergeordneten strategischen *Zielen* orientiert (Holtzhausen & Zerfass 2013: 74). Auch wenn die genannten Wertschöpfungsdimensionen und Ziele der Kommunikation bestehen bleiben, wird sich die Art und Weise der Zielerreichung und vor allem die Vermittlung von Zielen und Erfolgsdefinitionen in den nächsten Jahren weiter verändern hin zu einem offeneren und diskursiveren Prozess. Drei wichtige Ansätze der aktuellen Forschung zur strategischen Kommunikation sollen im Folgenden einen Ausblick auf neue Herausforderungen und Chancen für die Kommunikationsfunktion in Unternehmen und anderen Organisationen geben.

(1) Befähigen statt Konzeptionieren. Die neue Aufgabenstellung für das Kommunikationsmanagement beinhaltet in allen Wertschöpfungsdimensionen und kommunikativen Zielkorridoren die Hinwendung zu einer sog. *communicative organization* (Hamrefors 2009, 2010; Zerfass & Franke 2013). Communicative organization bedeutet, dass Kommunikatoren eine Querschnittsfunktion im Unternehmen wahrnehmen und sich in diesem Punkt von anderen Funktionen und Abteilungen unterscheiden müssen. Es geht nicht mehr um große Konzepte oder Ideen zu Einzelmaßnahmen, sondern um eine systematische Bereitstellung kommunikativer Ressourcen und Plattformen für alle Unternehmensbereiche. Die neue Kernaufgabe der Kommunikatoren ist das Befähigen aller Organisationsmitglieder Botschafter für die Ziele und Werte der Organisation zu werden. Mazzei (2014: 82) beschreibt alle Mitarbeiter einer Organisation in diesem Zusammenhang als „active agents in the communication arena of a company". Verschiedene Studien konnten zeigen, dass eine Orientierung der Wertschöpfung an Mitarbeitern signifikant zum finanziellen Erfolg von Unternehmen beiträgt (Bussy and Suprawaan 2012; de Bussy 2010; Meng & Pan 2012). Nach Bussy (2010) impliziert Mitarbeiterorientierung die Etablierung einer Kultur der Wertschätzung, mehr Flexibilität und Offenheit der gesamten Organisation und die Fähigkeit des *Zuhörens*.

(2) Aufbau einer „architecture of listening". Das Konzept des organizational listening wurde von Macnamara (2013) als Antwort auf eine zunehmende Fragmentierung von Öffentlichkeit beschrieben. Publika müssen durch *Audience-making* erst geschaffen werden. Die Stimme jedes Mitarbeiters wird als Teil der Stimme der Organisation und damit als soziales Kapital verstanden, das alle verbalen und schriftlichen Kommunikationshandlungen umfasst (Macnamara 2013, 2014). Nach einer ersten emprischen Studie konnte Macnamara (2014: 102) sechs zentrale Vorraussetzungen für die Etablierung einer „architecture of listening" in einer Organisation identifizieren: (1) Eine offene und wertschätzende Unternehmenskultur, die durch Aufmerksamkeit, Verständnis und Feedback auf die Kommunikationshandlungen von Organisationsmitgliedern reagiert. (2) Richtlinien, die eine gemeinsame Diskussion und Ressourcen für Sprechen und Zuhören garantieren. (3) Offene und interaktive Kommunikationssysteme, wie Wahl- und/oder Kommentierungsmöglichkeiten auf Websites. (4) Technische Tools, die Zuhören und Interaktion mit vielen Stakeholdern

ermöglichen, wie Monitoring Services, Textanalysesoftware, automatische Feedbackfunktionen etc. (5) Fachpersonal für die professionelle Bereitstellung und Bedienung von Listening-Systemen (Foren, Kommentierungsplattformen, Monitoring- und Analysesysteme), aber auch interpersonales Zuhören, Kommentieren und Beantworten von Fragen. (6) Die Rückführung und Artikulation der gewonnenen Informationen und Erkenntnisse zur Management-Ebene.

(3) Polyphonie statt One-Voice-Policy. Macnamara (2013) betrachtet sein Konzept des Zuhörens bewusst aus einer normativen Perspektive. Das Ziel einer architecture of listening ist die demokratische Herstellung einer Organisationsstimme. Damit ist jedoch nicht das traditionelle Modell der One-Voice-Policy gemeint, die multiple Stakeholder-Beziehungen und die steigende Komplexität in Organisationen nicht mehr abbilden kann. Das Ziel ist vielmehr die bewusste Steuerung von *Polyphonie*. Ohne eine vorgegebene Sprachregelung kann jedes Organisationsmitglied die Stimme der Organisation mitgestalten und zu einer neuen Harmonie beitragen (Christensen & Cornelissen 2011; Zerfass & Viertmann 2016). Strategieentwicklung wird somit bewusst als offener Prozess beschrieben, an dem alle Beteiligten mitwirken können. Das „European Communications Expert Panel", eine Studie in vier europäischen Staaten (UK, Niederlande, Deutschland und Italien) im Jahr 2013, identifizierte das Konzept der „polyphony of voices" als wichtigste Herausforderung für die Unternehmenskommunikation (Zerfass et al. 2013). Gründe liegen vor allem in der durch die Digitalisierung zunehmenden Interaktion mit Stakeholdern, die immer weniger kontrolliert und gesteuert werden kann. Es gibt offenbar eine neue Kultur des Misstrauens bzw. der Verzerrung von Botschaften, die Unternehmen dazu zwingt andere Wege der Generierung von Botschaften zu finden (Zerfass et al. 2013). Eine vergleichende Studie zwischen USA und Europa bestätigt diese Wahrnehmung des Kontrollverlustes der professionellen Kommunikatoren über Botschaften und Themen (Swerling et al. 2014).

Die Konzepte der *communicative organization*, der *architecture of listening* und der *polyphony of voices* lassen sich zu einem neuen Paradigma zusammenfassen: Weniger Top-Down Management und eine neue Art der Hinwendung zu den Stakeholdern. Dies stellt eine grundsätzliche Neuorientierung der Kommunikation im Unternehmen und anderen Organisationstypen dar und impliziert eine Veränderung von Aufgabenstellungen und Organisationsstrukturen. Es wird zunehmend notwendig, die Kommunikationsabteilungen auf ihre organisatorische und strategische Verknüpfung mit den Zielen der Unternehmensführung hin zu überprüfen. Systematisches Kommunikations-Controlling bedeutet im digitalen Zeitalter Kommunikation als Querschnittsfunktion des Unternehmens zu betrachten, die sich in all ihren Aufgaben, Abläufen und Ergebnissen auf die vier unternehmerischen Wertschöpfungsdimensionen *Materielle Werte, Immaterielle Werte, Handlungsspielräume* und *Entwicklungschancen* beziehen muss.

5 Fazit – Kommunikation als Schlüsselfunktion in der digitalen Gesellschaft

Während traditionelle Ansätze Kommunikation als strukturierte, planbare Abfolge von Informations- und Kommunikationshandlungen beschreiben, wird die neue Form der strategischen Kommunikation als dynamischer und sinnstiftender Prozess definiert. Professionelle Kommunikatoren sollten sich daher eher als Manager von Kommunikationsprozessen und weniger als Informationsvermittler oder Sprecher verstehen (Holtzhausen & Zerfass 2015: 8). Durch die Auflösung von Unternehmens- und Kommunikationsgrenzen durch die Digitalisierung hat Kommunikation in erster Linie die Aufgabe Sense-Making Prozesse im Unternehmen zu beobachten, zu bewerten und sie mit der Strategie der Unternehmensführung in Beziehung zu setzen (Putnam et al. 2008; Weick 1988; Heide & Simonsson 2011).

Die vier zentralen Ziele der Kommunikation (*Leistungserstellung ermöglichen, Immaterielles Kapital aufbauen, Flexibilität sichern* und *Strategie weiterentwickeln*) implizieren eine neue Form der *shared responsibility* von Kommunikation im Unternehmen. Die Zeiten, in denen sich Kommunikationsabteilungen abschotten und den Erfolg ihrer Einzelmaßnahmen als Legitimierungsstrategie nutzen sind vorbei. Wie oben beschrieben dient Kommunikation heute als Querschnittsfunktion, die durch ein strategisches Kommunikationsmanagement implementiert werden muss. Professionelle Kommunikation findet nicht nur durch Sprecher oder die Unternehmensführung statt, sondern wird von allen an einem Wertschöpfungsprozess beteiligten Akteuren gelebt. Als Kommunikatoren wirken heute alle Mitarbeiter, die einen kommunikativen Beitrag zu den vier Zieldimensionen der Wertschöpfung leisten, also Mitarbeiter aus Produktion, Vertrieb, Personal etc. Neue Kommunikationsplattformen und technische Möglichkeiten stellen traditionelle Kommunikationshierarchien infrage und weiten den Blick für die Vielzahl an Stimmen, die die Kommunikation im Unternehmen prägen.

Kommunikations-Controlling oder Steuerung erscheint angesichts des wahrgenommenen Kontrollverlusts von Kommunikatoren als Kampf gegen Windmühlen. Dies ist jedoch nur die halbe Wahrheit. Nie zuvor hatten Kommunikatoren im Unternehmen mehr Spielräume die eigenen Aufgaben und Strukturen neu zu prägen. Durch die Etablierung einer gemeinsamen Leitstrategie und einer verständlichen Sprache gegenüber Top-Management und Business Partnern kann die Kommunikationsabteilung die Herausforderungen der fortschreitenden Digitalisierung erfolgreich bewältigen. Professionelle Kommunikation muss von Kommunikatoren initiiert, gesteuert und dokumentiert werden. Dafür bedarf es auch einer flexibleren Struktur von Kommunikationsabteilungen hin zu interner Kommunikationsberatung, die unternehmensübergreifend kommunikative Probleme löst und ihre Prozesse transparent dokumentiert. Um die Sprache des Managements zu verstehen und anzuwenden, bedarf es zudem eines erweiterten Wissens der Betriebswirtschaft bzw. der wertorientierten Unternehmensführung (Zerfaß et al. 2014a: 1009; Tench et al. 2013). Schafft es die Kommunikationsabteilung ihre Aufgaben selbstreflexiv zu beschreiben und eine gemeinsame Sprache zu finden, die sich an betriebswirtschaftlichen Terminologien und Zielformulierungen des Managements orientiert, wird sie sich innerhalb der digitalen Gesellschaft als neue Schlüsselfunktion etablieren.

Literatur

Bentele, G. (1994). Öffentliches Vertrauen – normative und soziale Grundlage für Public Relations. In W. Armbrecht & U. Zabel (Hrsg), *Normative Aspekte der Public Relations. Grundlagen und Perspektiven. Eine Einführung* (S. 131–158). Opladen: Westdeutscher Verlag.

Bentele, G., & Nothhaft, H. (2010). Strategic communication and the pubic sphere from a European perspective. *International Journal of Strategic Communication, 4* (2), 93–116.

de Bussy, N. M. (2010). Dialogue as a basis for stakeholder engagement: Defining and measuring the core competencies. In R. L. Heath (Hrsg.), *The Sage handbook of public relations* (S. 127–144). Thousand Oaks, CA: Sage.

de Bussy, N. M., & Suprawaan, L. (2012). Most valuable stakeholders: The impact of employee orientation on corporate financial performance. *Public Relations Review, 38* (2), 280–287.

Christensen, L. T., & Cornelissen, J. (2011). Bridging corporate and organizational communication: Review, development and a look to the future. *Management Communication Quarterly, 25* (3), 383–414.

DPRG/ICV (Deutsche Public Relations Gesellschaft & Internationaler Controller Verein) (Hrsg.) (2011), *Positionspapier Kommunikations-Controlling*. Bonn: Gauting.

Esch, F.-R., Tomczak, T., Kernstock, J., Langner, T., & Redler, J. (Hrsg.). (2014). *Corporate Brand Management. Marken als Anker strategischer Führung von Unternehmen*. Wiesbaden: Springer Gabler.

Fombrun, C. J., Ponzi, L. J., Newbury, W. (2015). Stakeholder Tracking and Analysis: The RepTrak®System for Measuring Corporate Reputation. *Corporate Reputation Review, 18* (3), 3–24.

Freeman, E. (1984). *Strategic management: A stakeholder approach*. Boston, MA: Pitman.

Gälweiler, A. (2005). *Strategische Unternehmensführung*. Frankfurt a. M.: Campus Verlag.

Hallahan, K., Holtzhausen, D., Van Ruler, B., Vercic, D., & Sriramesh, K. (2007). Defining strategic communication. *International Journal of Strategic Communication, 1* (1), 3–35.

Hamrefors, S. (2009). *The information officer's role in leadership. Final report in the research project ‚Business Effective Communication'*. Stockholm: The Swedish PR Association.

Hamrefors, S. (2010). Communicative leadership. *Journal of Communication Management, 14* (2), 141–152.

Heide, M., & Simonsson, C. (2011). Putting coworkers in the limelight: New challenges for communication professionals. *International Journal of Strategic Communication, 5* (4), 201–220.

Holtzhausen, D. R., & Zerfass, A. (2013). Strategic communication – pillars and perspectives on an alternate paradigm. In K. Srirameah, A. Zerfass & J.-N. Kim (Hrsg.), *Public Relations and Communication Management. Current Trends and Emerging Topics* (S. 283–302). New York, NY: Routledge.

Holtzhausen, D. R., & Zerfass, A. (2015). Strategic communication. Opportunities and challenges of the research area. In D. R. Holtzhausen, & A. Zerfass (Hrsg), *The Routledge handbook of strategic communication* (S. 3–17). New York, NY: Routledge.

Macnamara, J. (2013). Beyond voice: Audience-making and the work and architecture of listening. *Continuum, 27* (1), 160–175.

Macnamara, J. (2014). Organisational listening: A vital missing element in public communication and the public sphere. A study of the work and ‚architecture of listening' in organisations. *Asia Pacific Public Relations Journal, 15* (1), 89–108.

Mazzei, A. (2014). Internal communication for employee enablement. Strategies in American and Italian companies. *Corporate Communications: An International Journal, 19* (1), 8–95.

Meng, J., & Pan, P.-L. (2012). Using a balanced set of measures to focus on long-term competency in internal communication. *Public Relations Review, 38* (3), 484–490.

Möller, K., Piwinger, M., & Zerfaß, A. (Hrsg.) (2009), *Immaterielle Vermögenswerte. Bewertung, Berichterstattung, Kommunikation.* Stuttgart: Schäffer-Poeschel.

Murphy, P. (2015). Strategic Communication versus the networked nature of nearly everything. In D. R. Holtzhausen, & A. Zerfass (Hrsg.), *The Routledge handbook of strategic communication* (S. 113–126). New York, NY: Routledge.

Porter, M. E. (1987). From competitive advantage to corporate strategy. *Harvard Business Review, 65* (3), 43–59.

Porter, M. E. (2010). *Wettbewerbsvorteile: Spitzenleistungen erreichen und behaupten.* Frankfurt a M.: Campus.

Power, M. (1997): *The Audit Society. Rituals of Verification.* Oxford.

Putnam, L., Nicotera, A. M., & McPhee, R. D. (2008). Introduction: Communication constitutes organization. In L. Putnam, & A. M. Nicotera (Hrsg.), *Building theories of organization: the constitutive role of communication* (S. 1–20). New York, NY: Routledge.

Rolke, L. (2002). Kommunizieren nach dem Stakeholder-Kompass. In B. Kirf & L. Rolke (Hrsg.), *Der Stakeholder-Kompass. Navigationsinstrument für die Unternehmenskommunikation* (S. 16–33). Frankfurt a. Main: Frankfurter Allgemeine Buch.

Rosa, H. (2013). *Social acceleration: A new theory of modernity.* New York, NY: Columbia University Press.

Sass, J., & Zerfaß, A. (2015). Communication Scorecards zur Kommunikationssteuerung und Wertschöpfung. In F. R. Esch, T. Langner & M. Bruhn (Hrsg.), *Controlling der Kommunikation – Handbuchreihe der Kommunikation Band 4* (S. 1–14). Wiesbaden: Springer Gabler.

Schwalbach, J. (2015). *Reputation und Unternehmenserfolg. Unternehmens- und CEO-Reputation in Deutschland 2011–2013. Forschungsberichte zur Unternehmenskommunikation Nr. 5.* Leipzig: Akademische Gesellschaft für Unternehmensführung & Kommunikation.

Seiffert, J., Bentele, G., & Mende, L. (2011). An exploratory study on discrepancies in communication and action of German companies. *Journal of Communication Management, 15* (4), 349–367.

Swerling, J., Thorson, K., & Zerfass, A. (2014). The role and status of communication practice in the USA and Europe. *Journal of Communication Management, 18* (1), 2–15.

Szyszka, P. (2014). Soziales Kommunikations-Controlling: Wertschöpfung durch Authentizität und soziales Kapital. In A. Zerfaß & M. Piwinger (Hrsg.), *Handbuch Unternehmenskommunikation.* (2. Auflage, S. 1141–1159). Wiesbaden: Springer Gabler.

Tench, R., Zerfass, A., Verhoeven, P., Vercic, D., Moreno, A., & Okay, A. (2013). *Communication management competencies for European practitioners.* Leeds: Leeds Metropolitan University.

Watson, T., & Zerfass, A. (2011). Return on Investment in Public Relations. A critique of concepts used by practitioners from communication and management sciences perspectives. *PRism – Australian and New Zealand Academic Journal of Public Relations, 8* (1), 1–14.

Weick, K. E. (1988). Enacted sensemaking in crisis situations. *Journal of Management Studies, 25* (4), 305–317.

Zerfaß, A. (2015). Kommunikationscontrolling. Steuerung und Wertschöpfung. In R. Fröhlich, P. Szyska, & G. Bentele (Hrsg.), *Handbuch der Public Relations: Wissenschaftliche Grundlagen und berufliches Handeln. Mit Lexikon* (3. Auflage, S. 715–738). Wiesbaden: Springer Gabler.

Zerfass, A., & Franke, N. (2013). Enabling, advising, supporting, executing: a theoretical framework for internal communication consulting within organizations. *International Journal of Strategic Communication, 7* (2), 118–135.

Zerfaß, A., & Georgi, L. (2015). *Reputation von Unternehmen messen und steuern.* CCCV Whitepaper 2015. Wien: Corporate Communication Cluster Vienna.

Zerfaß, A., & Viertmann, C. (2016). Multiple voices in corporations and the challenge for strategic communication. In K. Alm, M. Brown & S. Røyseng (Hrsg.), *Kommunikasjon og ytringsfrihet i organisasjoner* (S. 44–63). Oslo: Cappelen Damm.

Zerfaß, A., Ehrhart, C. E., & Lautenbach, C. (2014). Organisation der Kommunikationsfunktion: Strukturen, Prozesse und Leistungen für die Unternehmensführung. In A. Zerfaß & M. Piwinger (Hrsg.), *Handbuch Unternehmenskommunikation* (2. Auflage, S. 987–1010). Wiesbaden: Springer Gabler.

Zerfass, A., Schwalbach, J., Bentele, G., & Sherzada, M. (2014). Corporate Communications from the Top and from the Center: Comparing Experiences and Expectations of CEOs and Communicators. *International Journal of Strategic Communication,* 8 (2), 61–78.

Zerfass, A., Invernizzi, E., Verhoeven, P., Tench, R., & Klewes, J. (2013). *European communications expert panel. Report on a qualitative study in four countries.* Brussels, London: EUPRERA/Ketchum.

Zerfass, A., Tench, R., Verhoeven, P., Verčič, D., & Moreno, A. (2010). *European Communication Monitor 2010. Status Quo and challenges for public relations in europe. Results of an empirical survey in 46 countries.* Brüssel: EACD/EUPRERA, Helios Media.

Teil II: Zentrale und dezentrale Kommunikationssteuerung

Christof Ehrhart
Kommunikationssteuerung in Zeiten der Postmoderne

1 Kommunikative Paradigmen und wirtschaftlicher Fortschritt

Wirtschaftsgeschichte ist nicht nur Technikgeschichte wie Nikolai Kondratjew in seiner „Theorie der Langen Wellen" zyklischer Wirtschaftsentwicklung schon in den 20er Jahren des vorherigen Jahrhunderts für die ersten Phasen der Industrialisierung beschrieben und zugleich für ihre späteren Etappen vorhergesagt hat (Kondratjew 1926; Nefiodow 2007). Wirtschaftsgeschichte ist darüber hinaus auch Mediengeschichte und es ist bezeichnend, wenn ein Autor wie Jeremy Rifkin zu einem Zeitpunkt auf diesen Umstand hinweist, da wir uns mit Schlagworten wie *Internet der Dinge* und *Industrie 4.0* einem neuen Paradigma der wirtschaftlichen Wertschöpfung annähern, das sich letztlich aus einer explosionsartigen Vervielfachung unserer maschinellen Fähigkeiten zur Speicherung, Übermittlung und Verarbeitung von Information – auf der Basis medial wirksamer Innovationen – speist (Rifkin 2011: 46 ff.).

Tatsächlich wurde jede Phase der Industrialisierung von einem Schlüsselmedium begleitet, das die für die jeweilige Wirtschaftsweise erforderliche Bereitstellung und Verbreitung von Information ermöglicht bzw. gefördert hat. Waren die auf Rotationspressen gedruckten Plakate und Zeitungen die Leitmedien der von Dampfmaschine und Eisenbahn geprägten ersten industriellen Revolution, so schufen Radio und Fernsehen die massenmedialen Kommunikationskanäle für die v. a. von Chemie, Elektrotechnik und Automobil getragene zweite industrielle Revolution.

Mit dem Internet erleben wir seit rund zwei Jahrzehnten die sich zunehmend beschleunigende Entfaltung des jüngsten Leitmediums der Wirtschaftsgeschichte in einer dritten industriellen Revolution, die mit der Digitalisierung physischer Geschäftsmodelle und -prozesse vor allem im Dienstleistungssektor ihren Anfang genommen hat, aber aktuell dem exakt umgekehrten Trend der zunehmenden physischen Manifestierung digitaler Vernetzung – von Mensch zu Maschine bzw. Maschine zu Maschine – folgt. Mit Innovationen wie der Datenbrille zur Ergänzung menschlicher Sinneseindrücke, der sich selbst wartenden Maschine oder dem selbstfahrenden Auto tritt das Digitale in unsere physische Lebenswelt ein.

Die Begrenzungen, Potentiale und Wirkungen der jeweiligen Leitmedien in den ökonomischen Epochen wie auch die Besonderheiten der wirtschaftlichen und gesellschaftlichen Verhältnisse haben zugleich die Entwicklung der Unternehmenskommunikation beeinflusst. Jede industrielle Revolution hat ihr eigenes kommunikatives Paradigma zur Vermittlung zwischen Unternehmen und Gesellschaft geprägt. Der Bogen reicht von *Propaganda* mit dem Ziel der Kontrolle bzw. Steuerung öffentlicher Meinung im Zeitalter knapper medialer Kommunikationskanäle über die Beeinflussung der Öffentlichkeit durch *Public Relations* (Öffentlichkeitsarbeit) im Zeitalter der elektronischen Massenmedien bis zum Vertrauens- bzw. Reputationsaufbau durch systematisches *Kommunikationsmanagement*, wie es im Zeitalter der digitalen Medien den *State-of-the-Art* in den Unternehmen darstellt.

Obwohl die Disziplin ganz offensichtlich einen mehr als ein Jahrhundert währenden Reifungsprozess absolviert hat, der zum einen zur ganz erheblichen Professionalisierung der Arbeitsweisen und zum anderen zu einer Abkehr von einem rein *transmissionalen* Kommunikationsverständnis (Bolten 2007: 16 f.) geführt hat, so ist sie dennoch bis heute einer Arbeitsweise verhaftet, die der Hauptzielrichtung *von innen nach außen* folgt. Tatsächlich war diese Logik schon bei den beiden wesentlichen Vetretern der PR-Gründerzeit, Edward Bernays und Arthur Page angelegt.

Wo Bernays als Ziel der internen und externen Kommunikationsarbeit *engineering of consent* (Bernays 1952) im Interesse des Unternehmens als Aufgabe sah, stellte Page *building good will for the company* (Page 1932) in den Mittelpunkt. Die Aufgabe des Unternehmens als soziales System besteht in dieser Sichtweise also in der Beeinflussung – im Sinne von *Überredung* oder *Überzeugung* – der Umwelt. Tatsächlich aber wird dieses überkommene unilaterale Verständnis der Aufgabenstellung von Unternehmenskommunikation den aktuellen Anforderungen in der ersten Hälfte des 21. Jahrhunderts nicht mehr gerecht und zwar unabhängig davon, wie professionell es praktisch umgesetzt wird.

2 Unternehmenskommunikation in der ökonomischen Postmoderne

Diese Wegscheide für die Unternehmenskommunikation erklärt sich aus gesellschaftlichen Veränderungen, die auch die Folgen der weiter oben beschriebenen Digitalisierung in der dritten industriellen Revolution einschließen, aber deutlich über sie hinausgehen. Zum einen ist die Weltwirtschaft in die dritte Phase der Globalisierung eingetreten, in der neu erstarkte Industrienationen wie China, Indien, Brasilien und Mexiko zunehmend erfolgreich in die Märkte der westlichen Welt exportieren und in deren Folge ihre bisher lokal und regional agierenden Unternehmen selbst Global Player werden. Zwar ist die Welt noch nicht wirklich „flach" (Friedman 2005), aber die weltweite Vernetzung nimmt kontinuierlich zu. Zugleich sind Fragen nicht nur den Umweltschutz betreffender unternehmerischer Verantwortung in der letzten Dekade durch fundamentale Auswüchse wie den Casino-Kapitalismus in Teilen des Investment-Bankings oder krisenhafte Zuspitzungen wie zuletzt *Dieselgate* ins Bewusstsein der Öffentlichkeit gerückt.

In der Folge sind die „Meta-Diskurse" – wie der französische Philosoph Jean-Francois Lyotard die sozialen Debatten zur Klärung von grundlegenden Legitimitätsfragen bezeichnete – im Falle der wirtschaftlichen Wertschöpfung in Veränderung begriffen (Lyotard 2012: 23). Bildeten die Phasen der ersten und zweiten industriellen Revolution zusammen mit der Frühphase der dritten industriellen Revolution eine weitgehend konsistente Epoche der *ökonomischen Moderne*, die von Fragen nach Prosperität und Wachstum geprägt war, zeichnen sich in der jetzt heraufziehenden *ökonomischen Postmoderne* Sinn und Verantwortung als neue Leitthemen dieses Austauschs ab (Lyotard 2012: 53 ff.).

Wenn Kommunikationskanäle angesichts der Digitalisierung nicht mehr knapp sind, sondern via Social Media aus passiven Zielgruppen jederzeit aktive Stakeholder werden können, und zugleich die Anforderungen an Unternehmertum deutlich über wirtschaftlichen Erfolg hinausgehen, dann ergeben sich offensichtlich auch fundamental neue Anforderungen an erfolgreiche Unternehmenskommunikation. Gelegentlich wird vor diesem Hintergrund auch schon der Abgesang auf die professionellen Kommunikatoren angestimmt. So argumentiert etwa der langjährige PR-Berater Robert Phillips in seinem 2015 erschienen Buch: „Unternehmen, denen man zukünftig vertraut, sind nicht auf PR und Kommunikation aufgebaut. ... Sie interessieren sich für das Wohlbefinden ihrer Kunden und wollen nicht nur ‚Zeug' verkaufen" (Phillips 2015: 53).

Diese neuen Anforderungen an die Leistungsbilanz eines Unternehmens sorgen für kontinuierlichen Rechtfertigungsdruck. Wo in der Vergangenheit oftmals der Maßstab der Legalität zur Unterscheidung zwischen unternehmerisch „geboten" und „zu verwerfen" genügte, rückt heute der Aspekt der Legitimität – und damit die Frage der gesellschaftlichen Akzeptanz in den Vordergrund. In der Folge befinden sich Unternehmen mehr denn je im Zustand der latenten Krise. Ein Zustand, der nicht zuletzt durch die Wirkungsmechanismen der neuen medialen Hyper-Transparenz zusätzlich befördert wird. Anders gesagt: unser klassisches Verständnis von Öffentlichkeit, das Unternehmen und Gesellschaft als sorgfältig getrennte Sphären mit begrenzter und damit kontrollierbarer Schnittmenge versteht, ist überholt. Im Zeitalter der ökonomischen Postmoderne sorgen v. a. Social Media für ungeahnte Durchlässigkeit und damit für die weitgehende Überlappung der zuvor getrennten Sphären.

Unter dem Eindruck dieser neuen Gegebenheiten muss sich die Unternehmenskommunikation der Aufgabe stellen, überzeugende Antworten auf von außen herangetragene Fragen zu geben und Plattformen für den Dialog (nach innen wie außen) bereitzustellen. In diesem Sinne verstanden ist Kommunikationsmanagement dann auch nicht auf taktische Schönheitsreparaturen, sondern auf strategischen Vertrauensaufbau ausgerichtet. Damit kann das Verhältnis zwischen Unternehmen und sozialem Umfeld auch nicht mehr von einseitiger Beeinflussung oder Überzeugung geprägt sein. Vielmehr müssen Unternehmen die Fähigkeit entwickeln, soziale Interessenlagen zu erkennen, zu verstehen und in ihre Positionen einzubinden: Corporate Empathy wird so zum wesentlichen Erfolgsfaktor.

3 Reputation als Leitwährung der Kommunikationssteuerung

Die Entwicklung einer langfristig ausgerichteten Kommunikationsstrategie stand auch am Ausgangspunkt der Überlegungen als im Jahr 2009 bei Deutsche Post DHL Group eine Neuausrichtung der Unternehmenskommunikation vorgenommen wurde. Dabei ging es zunächst um die Frage, in welcher kommunikativen Währung der Return-on-Investment (ROI) jeglicher Positionierungsmaßnahmen des Unternehmens, seiner Produkte und Marken überhaupt sinnvoll gemessen bzw. bewirtschaftet werden kann. Die Entscheidung fiel letztlich auf den Parameter *Reputation* – insbesondere weil es in Wissenschaft und Praxis ausreichend überzeugende Belege für eine positive Wechselwirkung zwischen der Unternehmensreputation und dem Erfolg eines Unternehmens im Wettbewerb um Kunden, Mitarbeiter und Kapital gab.

Zudem hatten auf der Basis vergleichender Reputationsbefragungen durchgeführte Regressionsanalysen mit hoher Übereinstimmung ein Set von wesentlichen *Reputationstreibern* ermittelt, die gleichsam als anzusteuernde Hebel und Druckpunkte für die Kommunikationsstrategie dienen konnten. Diese sind bis heute: Produkte & Dienstleistungen, Arbeitgeberqualität, Geschäftserfolg, Führung & Management, Vision & Strategie und unternehmerische Verantwortung. Die für die genannten Reputationstreiber in der breiten Öffentlichkeit und bei relevanten Stakeholdergruppen wie Kunden, Mitarbeitern, Anlegern und kritischen NGOs ermittelten Werte bilden im jährlichen Zyklus der Strategiebildung den Ausgangspunkt für die Entwicklung und Implementierung des globalen Kommunikationsplans.

Dabei belegt der Begriff *Reputationsmanagement* schon auf der sprachlichen Ebene die Herausforderungen der gezielten Positionierung eines Unternehmens gegenüber seiner internen und externen Öffentlichkeit. Reputation (lat. Reputatio = Erwägung) bezieht sich auf das bei Stakeholdern erworbene Ansehen, das allenfalls über längere Zeit verdient, aber nicht erzwungen werden kann und sich damit deutlich vom leichter gestaltbaren *Image* unterscheidet.

Der Begriff des *Management* (lat. Manus = Hand, engl. to manage = handhaben) bezieht sich hingegen auf den durch Organisation und definierte Abläufe gezielten Einsatz knapper Ressourcen, um klar definierte Ziele zu erreichen. Insofern ist Reputationsmanagement eigentlich ein konzeptioneller Widerspruch in sich selbst, der sich in der Praxis eines mit mehr als 480.000 Mitarbeitern in 220 Ländern und Territorien aktiven Unternehmens nicht selten anfühlt wie das sprichwörtliche „den Pudding an die Wand nageln".

Wenn wir heute dennoch von Reputationsmanagement als einer wesentlichen Teildisziplin der Unternehmenskommunikation sprechen, dann ist dies vor allem zwei Entwicklungen geschuldet: der wachsenden Bedeutung, die das Ansehen des Unternehmens auch in der subjektiven Sicht des Top-Managements für den langfristigen Erfolg hat, und der Transformation unserer Disziplin von der sporadisch-monologischen Öffentlichkeitsarbeit zum systematischen Kommunikationsmanagement, dem – bei allen Unwägbarkeiten seiner Ressourcen (wie Meinungen, Stimmungen, Interessen) und Instrumente (wie Medienkontakte, Publikationen, Werbekampagnen) – im arbeitsteilig organisierten Management die gezielte Aufgabe zugeordnet wird, mit Kommunikationsstrategien gleichsam Handläufe ins Ungewisse zu bauen.

4 Reputationsmanagement bei Deutsche Post DHL Group

Um Reputation gezielt zu bewirtschaften, werden auf der Grundlage der Abweichungen zwischen Ist-Ständen und angestrebten Soll-Ständen der Reputationstreiber zunächst strategische Leitlinien und Schwerpunkte festgelegt. Diese berücksichtigen zugleich die langfristige Geschäftsstrategie des Unternehmens – zunächst die Strategie 2015 und nunmehr die Strategie 2020 – sowie die Jahresplanungen der Geschäftsbereiche und funktionalen Vorstandsressorts. Diese Schwerpunkte, für die sich bei Deutsche Post DHL Group der Begriff der *Strategic Thrusts* eingespielt hat, werden dann in einem iterativen Prozess unter Einbeziehung regionaler und lokaler (also geschäftsnaher) Kommunikatoren und weiterer interner Stakeholder feinjustiert und – noch wichtiger – mit strategischen Initiativen hinterlegt, in die kommunikative Ressourcen im laufenden Jahr gezielt investiert werden, um Reputationsaufbau zu betreiben. Der gesamte Plan mit Ausgangsmessungen bei den Reputationstreibern, Schwerpunkten der Kommunikation, konkreten Projekten und dem Budget wird jeweils im Dezember für das Folgejahr vom Vorstand diskutiert und verabschiedet. In 2015 etwa standen 8 Schlüsselprojekte im Fokus, die auf die Schwerpunkte *Priorities, Performance, Purpose* eingezahlt haben.

Diese strategischen Projekte werden immer von gemischten Teams bearbeitet, die verschiedene Kompetenzen der Kommunikationsfunktion verbinden und zugleich als *Chefkümmerer* die Umsetzung der entsprechenden Maßnahmen sicherstellen. Die schrittweise Realisierung der gesamten Strategie bei Einhaltung des gesteckten Budgetrahmens wird parallel zum kommunikativen Tagesgeschäft über einen sogenannten Technical Implementation Plan (TIP) gewährleistet, der – im Führungsteam regelmäßig präsentiert – den Umsetzungsstand der einzelnen Maßnahmen sowie den erforderlichen Einsatz von Arbeitskraft und Budget mit einer Ampel-Logik begleitet.

Als erfolgsentscheidend erweist sich hierbei die integrierte Aufstellung der Kommunikationsfunktion, die – divisionsübergreifend organisiert – alle für den systematischen Reputationsaufbau erfolgsentscheidenden Disziplinen wie Media Relations inklusive umfassender Social Media-Präsenz, Internal Communications, Communications Strategy & Stakeholder Relations sowie Corporate Brand Marketing steuert. Die Divisionen als übergeordnete operative Geschäftseinheiten wie auch die funktionalen

Vorstandsressorts halten selbst keine eigenen Ressourcen für Unternehmenskommunikation vor.

Im Gegenzug sorgen Key Account-Manager auf der Ebene der funktionalen Abteilungsleiter innerhalb der Unternehmenskommunikation für kontinuierlichen Abgleich zwischen der strategischen Kommunikationsarbeit entlang des verabschiedeten Plans und dem alltäglichen Kommunikationsbedarf des Geschäfts. Dieser Austausch ermöglicht auch die erforderlichen Anpassungen der strategischen Planung im Falle zuvor nicht bekannter oder neu zu bewertender Ereignisse und Entwicklungen.

Natürlich gibt es Phasen, in denen kurzfristig auftretenden Herausforderungen für das Ansehen des Unternehmens der Vorrang vor strategischen Kommunikationszielen gegeben werden muss wie etwa angesichts eines mehr als 50 Tage währenden Streiks bei der Deutschen Post in 2015. Letztlich konzentrieren sich aber die Verantwortlichen immer wieder auf die Umsetzung ihrer im TIP mit Ressourcen und Zeitplänen hinterlegten strategischen Initiativen. Um es in der Sprache des Fußballs zu sagen: Wer erfolgreich alle akuten Kommunikationskrisen bewältigt, aber seine strategischen Ziele aus dem Blick verliert, kann maximal „den Kasten sauber halten" und „zu null spielen". Wer Tore schießen will, braucht Strategie (Schwerpunkte auf Basis der Analyse von Reputationstreibern) und Taktik (Projekte, die diszipliniert umgesetzt werden).

Als Beispiele für wesentliche strategische Kommunikationsprojekte mit dem Ziel des externen Reputationsaufbaus können bei Deutsche Post DHL Group die Publikationsreihe *Delivering Tomorrow* zu Zukunftsfragen der Logistikindustrie und ihres sozioökonomischen Umfelds, der *DHL Global Connectedness Index* zur Messung der weltwirtschaftlichen Vernetzung, der *Deutsche Post Glücksatlas* zur Lebenszufriedenheit in Deutschland und die DHL-Werbekampagnen *The Speed of Yellow* bzw. *The Power of Global Trade* inklusive parallel aufgebauter passgenauer Sponsoring-Partnerschaften etwa mit der Formel 1 und dem FC Bayern München genannt werden. Für diese Schlüsselprojekte wurden jeweils umfassende Kommunikationspläne umgesetzt, um in Format und Inhalt den Anforderungen unterschiedlicher Zielgruppen gerecht zu werden. Die Bandbreite reicht hier von *Delphi Dialogen* als zukunftsorientierter Veranstaltungsreihe zum Austausch mit Meinungsführern über globale Medienpartnerschaften wie etwa mit CNN, CNBC und der Time Inc.-Gruppe bis zu Blogger-Events mit Meinungsführern der digitalen Szene wie zuletzt dem Internet-Futurologen Ben Hammersley.

Der interne Reputationsaufbau wurde schrittweise durch so unterschiedliche Maßnahmen wie die Einrichtung eines Leserbeirats für die Mitarbeiterzeitschrift, die Schaffung eines Extranets für Mitarbeiter in der Produktion (und damit ohne Computerzugang), die Weiterentwicklung des Intranets in das dialogische Kommunikationsportal *myNet* sowie eine umfassenden Mitarbeiterkampagne zur Umsetzung der Unternehmensstrategie 2015 – unter dem Motto *Because of you* waren die Kollegen weltweit aufgefordert, ihren persönlichen Leistungsbeitrag zur Umsetzung in Wort und Bild darzustellen – vorangetrieben.

Im Ergebnis ist es gelungen das Ansehen von Deutsche Post DHL Group in der internen und externen Öffentlichkeit seit Beginn des systematischen Reputationsmanagements erkennbar zu steigern. Seit der ersten Messung mit dem TRI*M-Index von TNS Infratest im Jahr 2010 ist der Wert von 74 Indexpunkten (auf einer Skala bis 100) auf 77 Indexpunkte in 2014 gestiegen. Damit führt Deutsche Post DHL Group laut TNS Infratest die Reputations-Hitparade der weltweiten Logistikindustrie an. Intern ist der Reputationsindex im gleichen Zeitraum um 15 Punkte gestiegen.

2015 hat das amerikanischen Magazin *Fortune* das Unternehmen in seine jährlich veröffentlichte Liste der *Most Admired Companies* aufgenommen, nachdem Deutsche Post DHL Group bereits seit Jahren Spitzenpositionen im entsprechenden Ranking für die Logistik-Branche hatte verzeichnen können. Zugleich zeigen unabhängige Analysen einen deutlichen Anstieg bei den Bewertungen der Leistungsmarken Deutsche Post und DHL seit Beginn der strategischen Ausrichtung der Kommunikationsarbeit vor rund sieben Jahren: Die Marke Deutsche Post erreichte in 2014 bei der Analyse von *Semion Brand-Broker* einen Gesamtwert von 13,2 Mrd. Euro (2009: 12,6 Mrd. Euro), obwohl sich in diesem Zeitraum die Liberalisierung des Brief- und Paketmarkts in Deutschland entfaltete, was angesichts der wachsenden Konkurrenz v. a. im Geschäftskundenbereich auch als Herausforderung für das Markenimage bewertet werden muss. *Millward Brown* beziffert den Wert der Marke DHL in 2015 auf 16,3 Mrd. US-$, was im Vergleich zum Jahr 2009 (9,7 Mrd. US-$) einer Steigerung um 68 Prozent entspricht. *Interbrand* führt die Marke DHL im Jahre 2015 überhaupt zum ersten Mal in der Liste der 100 wertvollsten Marken der Welt. Natürlich hat bei diesen Entwicklungen auch der positive Trend der letzten Jahre bei Geschäftsergebnissen und Aktienkurs der Gruppe eine wichtige Rolle gespielt.

5 Strategische Kommunikationssteuerung braucht taktische Kalibrierung

Das strategische Kommunikationsmanagement angesichts der beispielhaft dargestellten Planungssystematik in den Rang einer Sozialtechnik zu erheben, die über das gezielte Ansteuern von Aggregaten wie Reputation und entsprechender Treiberfaktoren kommunikative Verhältnisse gleichsam zwingend *machbar* erscheinen lässt, würde nicht nur die Augen vor der grundsätzlichen Komplexität gesellschaftlicher Zusammenhänge verschließen. Auf diesem Wege liefe man auch unweigerlich Gefahr, die eingangs dargestellte neue Unübersichtlichkeit zu ignorieren, die das Zeitalter der postmodernen Ökonomie ausmacht und für die sich im angelsächsischen Raum das Akronym VUCA eingebürgert hat: *V = volatile, U = uncertain, C = complex, A = ambigious*. Auf das Aufgabenfeld der kommunikativen Steuerung übertragen, ergibt sich aus dieser postmodernen Situation zusätzlich zur strategischen Planung als Orientierungspunkt die Notwendigkeit zur kontinuierlichen taktischen Kalibrierung der

Zielsetzung mit dem Ziel der nicht nur kurz- und mittelfristig erfolgreichen, sondern auch nachhaltig durchhaltbaren Ausrichtung der Kommunikationsarbeit unter der Annahme, dass sich die Lage gleichsam über Nacht fundamental ändern kann.

Strategisches Kommunikationsmanagement darf keinesfalls auf kontinuierlichen Reputationsaufbau reduziert werden. Trotz ihrer Bedeutung für den langfristigen Erfolg ist die kommunikative Logik unternehmerischer Entscheidungen letztlich nur ein Aspekt unter vielen, der mit Fragen des Geschäftserfolgs regelmäßig auch in einem Spannungsverhältnis steht. Das wird besonders dann deutlich, wenn Geschäftsentscheidungen unmittelbar Gegenstand einer breiteren gesellschaftlichen Debatte mit entsprechenden Positionierungen meinungsführender Medien oder politischer Interessen werden wie etwa im Falle einer im Streik kulminierenden Tarifauseinandersetzung. In einem solchen Falle erweist sich Reputation als Ressource, die nicht nur systematisch aufgebaut, sondern dann auch gezielt investiert werden kann und muss.

Dabei kann ein Reputationsinvestment eben auch beinhalten, daß der ROI nicht kurz-, sondern erst mittel- bis langfristig wirksam wird. In einem solchen Falle gilt es die Ausrichtung der Kommunikationsarbeit entlang realistischer Ziele taktisch zu kalibrieren: wo man aufgrund grundlegender gesellschaftlicher Meinungstrends und negativer Betroffenheit breiter Bevölkerungsgruppen keine breite Akzeptanz oder gar positive Aufnahme erwarten kann, ist Balance zwischen Befürwortung und Ablehnung – etwa in der Berichterstattung der meinungsführenden Medien oder auch den entsprechenden internen Feedback-Kanälen – ein angemessenes Ziel. Wer nur geliebt werden will und daher Reputationsmanagement uneingeschränkt als Optimierungsaufgabe versteht, reduziert hingegen *per se* den kommunikativen Spielraum für das Unternehmen auf genau die von der Öffentlichkeit kurzfristig akzeptierte Bandbreite.

Die Bedeutung der Durchhaltbarkeit strategischer Kommunikation zeigt sich bei einer neuen kommunikativen Teildisziplin, die in den letzten Jahren innerhalb der Unternehmenskommunikation und ihrer Begleitung durch Agenturen, Fachmedien und Wissenschaft zunehmend Aufmerksamkeit genießt: CEO-Kommunikation. Ausgehend von der Annahme, dass der CEO gleichsam die Marke ist, in der sich die Unternehmensreputation verdichtet und die daher als wichtiger (manchmal auch wichtigster) Anknüpfungspunkt für die strategische Kommunikationsarbeit zu sehen sei, wird die Präsenz und das Ansehen des CEOs – zwischenzeitlich in einer ganzen Reihe von entsprechenden Rankings kontinuierlich dokumentiert – zum Gradmesser für das Ansehen eines Unternehmens.

Tatsächlich werden weder wissenschaftliche Begleiter noch erfahrene Praktiker des Kommunikationsmanagements die Bedeutung des CEO für die Reputation des Unternehmens in Frage stellen. Genauer zu betrachten ist allerdings angesichts der dargestellten postmodernen Komplexität, welche Zielsetzung CEO-Kommunikation im Interesse des Unternehmens, aber auch der betroffenen Führungspersönlichkeit selbst, verfolgen sollte. Hier gehen mit erhöhter medialer Präsenz und verstärkter Profilierung auch signifikante Risiken einher, die es abzuwägen gilt.

Wenn etwa beim für das Jahr 2014 im Branchenmagazin *pressesprecher* veröffentlichten „CEO Medienpräsenz-Ranking" der Agentur Keynote (Maass 2015) die ausgewiesenen Anteile negativer Berichterstattung gegen die positiven aufgerechnet werden, ergibt sich ein ganz anderes Bild als bei der Betrachtung der Menge veröffentlichter Artikel allein. Die ersten vier Plätze eines solchen qualitativen Rankings nehmen dann CEOs ein, die es im rein quantitativen Ranking nicht einmal unter die ersten 15 geschafft haben. Und von den 15 Spitzenreitern in Sachen Berichterstattungsmenge finden sich gerade einmal 3 noch unter den Top 15 in Sachen Netto-Tonalität der medialen Begleitung.

Daraus kann man nur den Schluss ziehen, dass auch gelungene CEO-Kommunikation nicht nur im permanenten Steigflug stattfinden kann und die Suche nach maximaler Flughöhe in guten Zeiten schon die mediale Fallhöhe definiert, von der Spitzenmanager stürzen können, wenn am Horizont dunkle Wolken erscheinen. Einiges spricht also dafür, dass im kommunikativen Alltag jenseits elementarer Krisensituationen eine mittlere Flughöhe angeraten ist, die das Verschwinden vom medialen Radar ebenso vermeidet wie Überbelichtung.

Die sich hieraus ergebende Aufgabe der CEO-Kommunikation – also letztlich die permanente Suche nach dem richtigen Maß für Aktivitäten, Präsenz und Taktung ist geradezu paradigmatisch für die Kommunikationssteuerung in der Postmoderne. Wie ein Pilot, der sein Flugzeug nach dem Start auf Reiseflughöhe bringt und hält, steuert der postmoderne Kommunikationschef nicht mit blindem Vertrauen in den Autopiloten – sprich den strategischen Kommunikationsplan –, sondern hat die Instrumente kontinuierlich im Blick und auch die Hand immer wieder am Steuer, um auf Veränderungen von innen oder außen zu reagieren und den Flug auf der avisierten Höhe zu stabilisieren.

6 Aufmerksamkeit und Wesentlichkeit – postmoderne Kommunikationssteuerung

Während sich die Unternehmenskommunikation auf die Herausforderungen der ökonomischen Postmoderne – wie in den Teilkapiteln 2 bis 4 dargestellt – insbesondere mit der gezielten Steuerung über umweltbezogene Parameter bei gleichzeitiger Kalibrierung im Tagesschäft eingestellt hat, verharrt sie prinzipiell noch immer im überkommenen Paradigma des systematischen Kommunikationsmanagements. Im Vordergund stehen abstrakte Zielgruppen, die mit sozialwissenschaftlichen Methoden erfasst und dann mit Instrumenten der massenmedialen Kommunikation angesprochen werden. Die neuen Möglichkeiten der Social Media sorgen hier allenfalls für eine Ergänzung der kommunikativen Ausrichtung und ermöglichen so dialogische Elemente und spezifische Segmentierungen der Zielgruppen.

Insofern findet Kommunikationsmanagement bzw. Kommunikationssteuerung zwar unter den Bedingungen der Postmoderne statt, aber die Frage nach einem postmodernen Modell der Unternehmenskommunikation ist noch unbeantwortet. Vor diesem Hintergrund können Erfahrungen von Interesse sein, die bei Deutsche Post DHL Group seit 2012 durch eine organisatorische Veränderung gemacht werden, die für das Reputationsmanagement des Unternehmens zunächst eine wesentliche Ergänzung und zwischenzeitlich auch Neuorientierung gebracht haben.

Damals wurden die Funktionen Corporate Communications und Corporate Responsibility (CR) – also das Nachhaltigkeitsmanagement des Unternehmens – integriert. Es erweist sich, dass beide Funktionen auf der Grundlage eines von Bereitschaft und Fähigkeit zur Corporate Empathy geprägten Selbstverständnisses sehr viel voneinander lernen und sich jenseits ihrer jeweils spezifischen fachlichen Aufgaben hilfreich ergänzen können.

Wo Kommunikatoren sich der Aufgabe widmen, mit dem Ziel des Reputationsaufbaus Wahrnehmungen zu beeinflussen, streben Nachhaltigkeitsmanager den Interessensausgleich mit Anspruchsgruppen auf dem Wege der Interaktion an. Während sich die Unternehmenskommunikation auf die Herstellung medialer Aufmerksamkeit (Signifikanz) durch massenmediale Ansprache von Vielen versteht, konzentriert sich CR auf die Behandlung thematischer Wesentlichkeit (Relevanz) vor allem im dialogischen Austausch mit Wenigen. Anders gesagt: die Unternehmenskommunikation kann besser senden und die CR besser empfangen.

Hier liegt ein interessanter Anknüpfungspunkt für die zukünftige Aufstellung des Reputationsmanagements, denn empathische Kommunikation zu bzw. mit wichtigen Zielgruppen und empathische Interaktion mit kritischen Stakeholder-Gruppen ergänzen sich gleichsam zur vollen Aktivierung des Reputationspotentials eines Unternehmens, indem erforderliche Aufmerksamkeit und angemessene Wesentlichkeit in Balance gebracht werden können.

Eine Schlüsselrolle kommt dabei der 2013 bei Deutsche Post DHL Group eingeführten Stakeholder-Befragung zu, im Rahmen derer die Teilnehmer sich zu allen Dimensionen verantwortungsvoller Unternehmensführung äußern. Mit Hilfe einer daraus abgeleiteten Materialitätsanalyse kann verlässlich eingeschätzt werden, welche Themen für das Unternehmen als wesentlich einzuschätzen sind. Damit wird die Materialitätsanalyse – neben dem bereits etablierten Issues Monitoring entlang der veröffentlichten Meinung – zu einem Instrument, mit dem die Erwartungen interner und externer Stakeholder zum Kompass für die langfristige strategischen Positionierung des Unternehmens gemacht werden können.

So ergibt sich nicht nur eine sehr viel feinere Justierungsmöglichkeit für die strategische Ausrichtung der Unternehmenskommunikation, die noch dazu die Sichtweise wichtiger Anspruchsgruppen unmittelbar reflektiert. Vielmehr entsteht in der Folge auch ein fundierter Beurteilungsmaßstab, der angesichts zunehmender Frequenz und

Amplitude medialer Aufregung zwischen bedeutsamen und nachrangigen Erscheinungen und Kommentierungen etwa in der tagesaktuellen Berichterstattung zu unterscheiden hilft.

Die Ergebnisse der Materialitätsanalyse wie des Issues Monitoring werden zusätzlich im persönlichen Austausch mit Expertengremien bewertet, um die abstrakten Erwartungen der Anspruchsgruppen zum einen mit der Praxis des unternehmerischen Alltags und zum anderen mit dem aktuellen Stand der entsprechenden Diskussionen in Wissenschaft, Politik und Ethik abzugleichen. Hierfür wurden mit dem internen Netzwerk für *Responsible-Business-Practice*, in dem neben den operativen Divisionen auch die Konzernfunktionen für Compliance, HR, Unternehmenskommunikation, CR, Konzerneinkauf und Konzernsicherheit vertreten sind, und dem externen *Sustainability-Advisory-Council*, der mit unabhängigen Experten und Meinungsführern der genannten Disziplinen sowie Kundenvertretern besetzt ist, wirksame Gremien geschaffen.

Mit dieser an den Einstellungen und Bedürfnissen der Stakeholder orientierten Vorgehensweise wird natürlich zugleich eine einseitig signifikanz-orientierte Kommunikationssteuerung in Frage gestellt. Der ROI einer postmodernen Kommunikationsstrategie kann sich nicht in unilateralen Aggregaten wie Vertrauen, medialer Aufmerksamkeit oder Image erschöpfen. Vielmehr muss auch der Interaktionsaspekt des Austauschs mit kritischen Anspruchsgruppen Berücksichtigung finden, wie er sich im fachlichen Dialog, im konkretem Interessensausgleich und in gemeinsamen Projekten dokumentiert. Es geht nicht um einen erreichten Ansehenstatus, sondern um die Qualität von Beziehungen.

Die ursprüngliche kommunikative Leitwährung Reputation kann in der postmodernen Kommunikationssteuerung nur Bestandteil einer umfassenderen Ressource sein, die im Verhältnis zwischen Unternehmen und seiner Umwelt entsteht und letztlich ein soziales Kapital darstellt, dessen Wert sich in Vertrauen, Kooperation und Reziprozität dokumentiert. Die Definition dieser Ressource und ihre Bemessung in Kombination mit den Kommunikatoren vertrauten großen Zahlen der Aufmerksamkeitsanalysen (z. B. Zirkulation, Einschaltquoten und Clicks) und mit den für die CR-Manager bedeutsamen kleinen Zahlen der Wesentlichkeitsanalysen (z. B. Stakeholder-Feedbacks, unabhängige Rankings und zertifizierten Qualitätssiegel) ist ein wesentliches Desiderat der Unternehmenskommunikation auf dem Wege zu ihrem postmodernen Paradigma.

Literatur

Bernays, E. (1952). *Public Relations*. Norman: University of Oklahoma Press.
Bolten, J. (2007). *Einführung in die interkulturelle Wirtschaftskommunikation*. Göttingen: Vandenhoeck & Ruprecht.
Friedman, M. (2005). *The world is flat. A brief history of the twenty-first century*. New York: Farrar, Straus, Giroux.
Kondratjew, N. D. (1926). Die langen Wellen der Konjunktur. *Archiv für Sozialwissenschaft und Sozialpolitik*, 56, 573–609.
Lyotard, J.-F. (2012). *Das postmoderne Wissen*. Wien: Passagen Verlag.
Nefiodow, L. A. (2007). *Der sechste Kontratieff*. Sankt Augustin: Rhein-Sieg-Verlag.
Page, A., De Forest Arnold, H., Fletscher, H., Brown, R., Otterson, J. E., Jewett, F. B., & Ives, H. E. (1932). *Modern Communication*. Boston, New York: Houghton Mifflin.
Phillips, R. (2015). *Trust me, PR is dead*. London: unbound.
Rifkin, J. (2011). *Die dritte industrielle Revolution: Die Zukunft der Wirtschaft nach dem Atomzeitalter*. Frankfurt a. M.: Campus.
Maass, H. (2015). Die Top Ten des CEO Medienpräsenz-Rankings. *Pressesprecher. Magazin für Kommunikation*, 1/2015, 11–12.

Heike Bernard und Mark-Steffen Buchele
Step by Step –
Der Weg zur zielorientierten Kommunikationssteuerung der Siemens AG

1 Kommunikationsmanagement bei der Siemens AG

Siemens ist ein weltweit tätiges Unternehmen mit dem Fokus auf Elektrifizierung, Automatisierung und Digitalisierung. Als einer der größten Anbieter energieeffizienter, ressourcenschonender Technologien ist der Konzern führend bei Systemen für die Energieerzeugung und -übertragung sowie für die medizinische Diagnose. Bei Lösungen für Infrastruktur und Industrie nimmt das Unternehmen eine Vorreiterrolle ein und beschäftigt in mehr als 200 Ländern über 340.000 Mitarbeiter. Sie erwirtschafteten im Geschäftsjahr 2015 Umsatzerlöse von 75,6 Milliarden Euro.

Die Unternehmenskommunikation der Siemens AG ist weltweit aufgeteilt in Zentral-, Geschäfts- und Länderorganisationen. Die seit Oktober 2014 am Hauptsitz des Unternehmens in München gebündelte Hauptabteilung „Corporate Communications" steuert Konzeption und Umsetzung der zentralen Corporate Themen und Botschaften. Die interne und externe Kommunikation in den unterschiedlichen Geschäftsbereichen wird über die Strukturen Business Partner, Centers of Expertise, Functional Shared Services und Governance verantwortet. Mit dem Zusammenlegen der Verantwortungsbereiche und der Zentralisierung der Kommunikationsabteilungen wurden auch die bisher etablierten Steuerungssysteme aus diversen Communication Performance Measurement- Initiativen der letzten Jahre auf den Prüfstand gestellt und erstmals integriert aufeinander abgestimmt. Siemens ist dafür einen langen Weg gegangen und kann auf viele Wegmarken zurückblicken. Der folgende Beitrag skizziert die wesentlichen Erfolgsfaktoren und Grundlagen dafür.

2 Grundlagen Communication Performance Measurement bei Siemens

Schon früh haben sich Kommunikatoren der Siemens AG in die entstehende Diskussion um Wertschöpfung durch Kommunikation eingebracht und eigene Erfahrungen gesammelt. Bereits 2001 begann ein kleines Team im Bereich Corporate Communications, sich dem Thema Kommunikations-Controlling zu nähern. Dessen Aufgabe war, Informationen für eine zielorientierte Steuerung der Unternehmenskommunikation

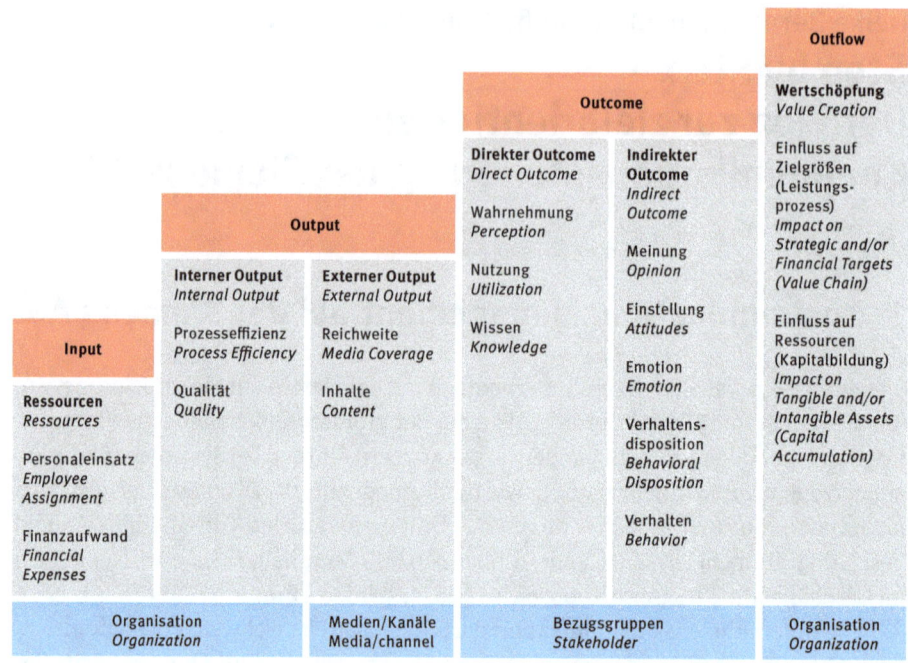

Abb. 1: Bezugsrahmen für Kommunikations-Controlling (vgl. DPRG/ICV 2011)

zur Verfügung zu stellen. Bis 2006 wurde daraus ein Handlungsrahmen für ein globales Communication Performance Measurement System (kurz CPM) entwickelt. Es war damals eines der ersten und bis dato erfolgreichsten Projekte im Kommunikations-Controlling (vgl. Buchele 2008). Die Erfahrungen im Umgang mit diesem Handlungsrahmen sowie enge Kontakte von Siemens Vertretern mit dem DPRG-Arbeitskreis „Wertschöpfung durch Kommunikation", regelmäßige Treffen der Unternehmen Munich Re, Hypovereinsbank und Siemens als „Münchner Runde" (vgl. Buchele 2007) haben Gestaltung und Ausarbeitung des DPRG/ICV-Bezugsrahmens für Kommunikations-Controlling geprägt. In diesem Bezugsrahmen werden sechs Ebenen für das Management von Kommunikationsaktivitäten unterschieden (vgl. Abbildung 1). Mit abnehmender Steuerungsmöglichkeit durch das Kommunikationsmanagement beschreiben die Stufen Input, Output, Outcome und Outflow Messbereiche, beispielhafte Messgrößen sowie das jeweilige Messobjekt für ein Kommunikations-Controlling. Ansatz und Anwendungsmöglichkeiten des Modells sind mittlerweile wissenschaftlich wie praktisch ausführlich beschrieben (vgl. Rolke & Zerfaß 2010, Storck 2013, Sass & Zerfaß 2014, Pollmann 2015, Buchele et al. 2016).

Auch bei Siemens gelten die Grundprinzipien nach wie vor. Der Bezugsrahmen wird mittlerweile als Zielsystem für die zahlreichen Kommunikationsaktivitäten und damit initiierten Kommunikationsprozesse genutzt und dient gleichzeitig als Ordnungssystem für Messgrößen und Indikatoren. Seit 2007 wurden etliche Pilotprojekte vor diesem Hintergrund umgesetzt und damit Schritt für Schritt durch ein zielorientiertes Kommunikationsmanagement eingefasst. Zwei Projekte aus den letzten Jahren verdeutlichen die Umsetzung.

3 Performance Measurement im Einsatz

3.1 Leistungen und Wirkungen der internen Kommunikation

2009 entwickelte der Bereich Employee- and Leadership Communications auf Basis des DPRG/ICV- Bezugsrahmens ein Performance Measurement System mit siemensweit einheitlichen Key Performance-Indikatoren (Abbildung 2).

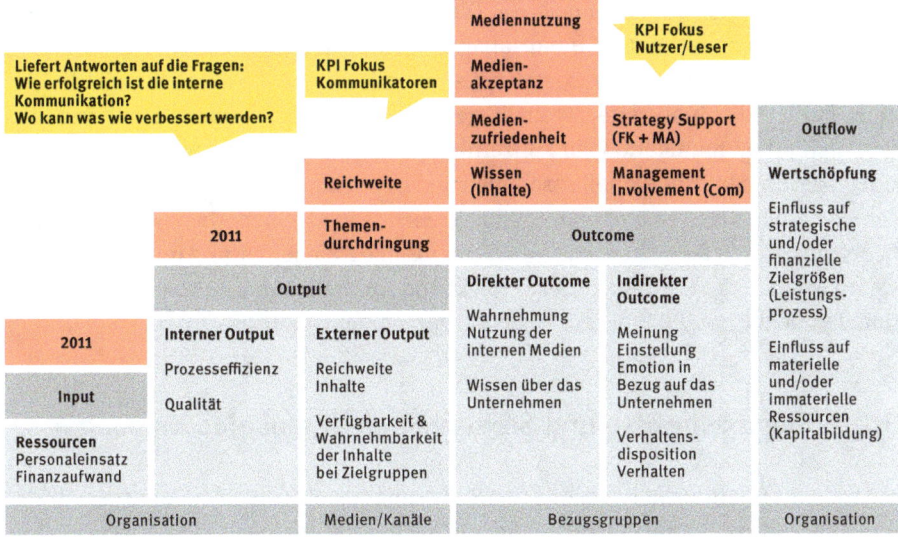

Abb. 2: Performance Measurement System der internen Kommunikation 2009 (Quelle: Siemens)

Im Zeitraum von 2009 bis 2014 konnten damit konzernweit und international vergleichbar folgende Fragen beantwortet werden:
- Welche Medientypen kosten wieviel und wie viele interne Ressourcen werden dafür eingesetzt?
- Welche Mitarbeiter können welche Medien nutzen? (Reichweite)
- Wie umfangreich und wo werden welche strategischen Themen kommuniziert? (Themendurchdringung)
- In welcher Qualität und wie medienadäquat werden die Themen umgesetzt? (quantitative und qualitative Inhaltsanalyse)

- Wie intensiv nutzen die Mitarbeiter welche Medien? (Mediennutzung)
- Wie akzeptiert sind die Medien bei den Mitarbeitern? (Medienakzeptanz)
- Sind die Mitarbeiter mit den internen Medien insgesamt zufrieden? (Medienzufriedenheit)
- Wie gut wissen die Mitarbeiter über welche Themen Bescheid? (Wissen)
- Wie tragen Führungskräfte und Mitarbeiter die Strategie, Ziele und Ausrichtung des Konzerns mit? (Unterstützungsbereitschaft)
- Versteht das Management Mitarbeiterkommunikation als wesentlich für den Unternehmenserfolg? Und wie nehmen die Mitarbeiter das wahr? (Management Involvement in Communications)

Damals war der Konzern in vier Geschäftsbereiche (Sektoren) und 16 Divisionen gegliedert. Inhaltlich mit Vorgaben aus dem Bereich Corporate gesteuert, war es nötig, Überblick über die Aktivitäten zu gewinnen und die Umsetzung der zentralen Corporate Messages transparent zu machen. Die Datenbasis für die Key Performance Indikatoren lieferten regelmäßige Inhaltsanalysen von 53 internen Siemens-Medien sowie Befragungen von 60.000 repräsentativ ausgewählten Siemens-Mitarbeitern in 19 Ländern. Zwölf individualisierte, regelmäßige Berichte für die Teams der Employee- und Leadership-Kommunikation auf Konzern-, Sektor- und Division-Ebene fassten steuerungsrelevante Informationen zusammen und gaben konkrete Handlungsempfehlungen. Vor allem die enge und sektorenübergreifende Zusammenarbeit der Verantwortlichen aus diesen Bereichen sowie die gemeinsame Datenerfassung und -auswertung waren wesentliche Erfolgsfaktoren. Projekt und Ansatz wurden 2011 mit dem Internationalen Deutschen PR Preis der DPRG ausgezeichnet (vgl. DRPG 2011).

3.2 Erfolgsnachweise und Steuerung einer globalen Kampagne

Ein weiteres Pilotprojekt realisierte den Steuerungsaspekt sowohl in Analyse und Planung als auch in der Umsetzung einer auf Dialog ausgerichteten, integriert angelegten Kommunikationskampagne (vgl. Bernard & Buchele 2014a). Zeitlich und inhaltlich abgestimmte Aktivitäten in den Bereichen Live-Event, Messepräsenz, Presse- und Medienarbeit, Online, Social Media und Advertising begleiteten und inszenierten die Siemens-Präsenz auf dem World Energy Congress (WEC) 2013. Der alle drei Jahre vom Weltenergierat einberufene Kongress ist der größte und wichtigste Treffpunkt für Experten, Entscheider und Meinungsbildner der globalen Energiewirtschaft. Im Oktober 2013 diskutierten über 7.500 Kongressteilnehmer aus 123 Ländern und 25.000 Messebesucher die Herausforderungen der globalen Energiewende zum Thema „Securing tomorrow's energy today" in Daegu, Südkorea.

Zwölf Monate vor dem Event wurde eine umfassende Analyse zum Markt- und Wettbewerberfeld, zu Kundenwahrnehmungen sowie zu Tonalitäten in der Berichterstattung und Social Media durchgeführt. Die Analyse offenbarte Potentiale und legte die Grundlage für die strategische Ausrichtung der Kampagne. Die Ergebnisse zeigten unter anderem: Siemens wurde bereits als „action und solution leader" im Energiebereich wahrgenommen. Für den Sector Energy wurde die Chance deutlich, sich im Rahmen der WEC 2013 vor seinen Wettbewerbern als „thought leader for today's & tomorrow's energy world" zu positionieren und bei den Kernzielgruppen die Wahrnehmung als führender Lösungsanbieter im Bereich des globalen Energiewandels zu festigen. Auf dieses übergeordnete Kommunikationsziel wurden alle Aktivitäten rund um den World Energy Congress 2013 ausgerichtet.

Die Kernzielgruppen wurden priorisiert und der Kommunikationsprozess in vier Zielbereiche anhand der Wirkungsstufen des DPRG/ICV-Bezugsrahmens für Kommunikations-Controlling strukturiert. Im Anschluss sind diese Bereiche mit kanalübergreifenden, vergleichbaren Messpunkten operationalisiert worden. Ergebnis waren teamübergreifende Ziele sowie Key Performance Indikatoren für die jeweiligen Anspruchsgruppen auf den Ebenen Performance der Kanäle und Maßnahmen (u. a. Reichweite der Botschaften), Wissen und Wahrnehmung sowie Einstellung und Verhalten.

Zahlreiche Maßnahmen standen dabei im Fokus: Mittelpunkt der Vor-, Haupt- und Nach-Kommunikation im Zeitraum April 2013 bis Januar 2014 war die „Road to Daegu". Drei Säulen bildeten die Grundlage der Umsetzung der Strategie:

- Auf einer Reise um die Welt diskutierte der damalige Siemens Energy Vorstand Michael Süss in TV-formatierten und live übertragenen Round Tables in sechs Kernmärkten (Europa, Russland, USA, China, Naher Osten, Korea) mit Kunden, Entscheidungsträgern und Experten zentrale Energiethemen der jeweiligen Region. Die weltweit wichtigsten Siemens-Kunden und ausgewählte Journalisten waren exklusiv eingeladen, an den Diskussionen persönlich oder via Web-Stream teilzunehmen.
- Eine globale Trendstudie präsentierte Szenarien für die energiespezifischen Herausforderungen in den Kernmärkten von Siemens. Verbunden mit dem Reiseverlauf wurden die zentralen Ergebnisse schrittweise veröffentlicht. Die gesamte Studie wurde zum Finale der „Road to Daegu" auf dem WEC 2013 im Rahmen einer Pressekonferenz herausgegeben und auf dem Messestand präsentiert.
- Zwei Siemens-Blogger untersuchten und diskutierten auf ihrer „Road to Daegu" Energiesituationen weltweit und berichteten auf ihrer Reise über ihre Eindrücke auf TheEnergyBlog. Die Stories bildeten den Ausgangspunkt für einen Meinungs- und Erfahrungsaustausch mit den Lesern.

Weitere Maßnahmen in den Bereichen Markt , Event , und interne Kommunikation, PR sowie Online & Social Media ergänzten die Initiativen. Dabei wurden „Klassiker" wie eine zentrale Internetplattform (siemens.com/wec) genutzt, die reichweitenwirksam durch Aktivitäten auf twitter, facebook, linkedin und google+ beworben wurden. Spezielle Zielgruppen konnten mit innovativen Direktmarketingformaten wie einer Papierbewegtbildeinladung – einem Einladungsbrief mit integrierter Videobotschaft – oder einem eigens entwickelten Energiespiel (powermatrixgame) erreicht werden. Die zielorientierte Steuerung dieser umfassenden Gesamt-Kommunikation unterstützte ein Performance Measurement System, das alle Kommunikationsprozesse anhand der Zielbereiche und Key Performance Indikatoren beobachtete: Monatliche Analysen und Reportings von Nutzungsdaten, Medienresonanzen, Stakeholder-Befragungen sowie Kommentar- und Inhaltsanalysen lieferten den Teilprojektleitern steuerungsrelevante Informationen und zeigten monatlich Optimierungspotentiale auf. Das Team konnte damit die wichtigsten Fragen dieser Positionierungsinitiative beantworten:

- Wie erfolgreich ist die integrierte und crossmedial umgesetzte Kommunikation rund um den World Energy Congress 2013?
- Wie gut unterstützt der eingesetzte Medienmix die zentralen Kommunikationsziele?
- Was kann in der laufenden Umsetzung optimiert werden?

Regelmäßige Managementreports informierten den Leitungskreis über den Projektverlauf und schlugen auf Basis fundierter Analysen Anpassungen der Maßnahmen oder Budgetveränderungen vor, weil Ziele noch nicht erreicht oder – in Einzelfällen – übererreicht wurden. Das Projekt wurde für den European Excellence Award 2013, die PR Report Awards 2014 sowie für den Deutschen Preis für Onlinekommunikation 2014 nominiert (vgl. Bernard & Buchele 2014b).

Diese und weitere kleinere Teilprojekte, wie die Vergleichbarkeit der Messe-Evaluationen, die Vereinheitlichung der Medienresonanzanalysen sowie systematisch an den Zielen der Webseiten und Internetpräsenzen von Siemens ausgerichteten Kennzahlen lieferten zahlreiche Erkenntnisse und Anknüpfungspunkte, um ein orchestriertes, weltweit vergleichbares und einheitliches Vorgehen zur zielorientierten Steuerung und vergleichbaren Messung zu etablieren. Die neue Organisationsstruktur des Konzerns und damit auch des Kommunikationsbereichs bot dafür die entsprechenden organisatorischen, budgetären und personellen Rahmenbedingungen.

4 Das „neue" Denken: Communication Performance Excellence

Mit Umsetzung der neuen Konzernstrategie „Vision 2020" ab Oktober 2014 (vgl. Siemens 2014) änderten sich auch Zuständigkeitsbereiche und Aufgaben der siemensweiten Unternehmenskommunikation. Die Zentrale übernahm stärker als bisher die Governance-Rolle – sowohl inhaltlich wie formal. Strukturen wurden verschlankt, Abteilungen zusammengelegt, Synergien verstärkt gehoben und vor allem Querschnittsaufgaben innerhalb des Unternehmens international gebündelt. Eine Führungseinheit stellt nun sicher, dass eine gemeinsame Kommunikationsstrategie entwickelt und über alle Funktionen umgesetzt wird sowie dass einheitliche Prozesse genutzt werden. Das Know-how ist in „Centers of Expertise" konzentriert, in der Zusammenarbeit mit „Business Partnern" – Kommunikationsexperten aus dem jeweiligen Geschäftsfeld – wird die Kommunikation für jeweils eine der insgesamt neun Siemens-Divisionen betreut. Die Teams sorgen dafür, dass die globale Kommunikationsstrategie in eine für jeden Bereich spezifische Strategie transferiert wird und sichert somit die nötige Geschäftsnähe (vgl. Peymani 2015). Im Zuge dessen wurde der Bereich Communication Performance Excellence aufgebaut und in einer Abteilung gebündelt. Eine der ersten Initiativen der neuen Abteilung war, den globalen Status quo bisher im Konzern eingesetzter, regelmäßiger Evaluationsmethoden zu erfassen. In einem Analyseraster wurden Umfang, Volumen, Vergleichbarkeit und Aussagekraft zusammengestellt und bewertet sowie Dienstleister und interne Experten dokumentiert. Durchleuchtet wurden unter anderem die Bereiche Presse- und Medienresonanzanalyse, Messe- und Eventevaluationen, Kunden- und sonstige Zielgruppenbefragungen sowie Online- und Social-Media-Monitoring-Anbieter und -Lösungen. Deutlich wurde: Nur eine Orchestrierung und Vereinheitlichung der unterschiedlichen Messmethoden und eingesetzten Key Performance Indikatoren vor dem Hintergrund zentraler Ziele würde eine Vergleichbarkeit der Ergebnisse ermöglichen – und damit steuerungsrelevante Informationen für das nun konzernweite zielorientierte Kommunikationsmanagement liefern. Über Workshops wurden fünf Handlungsfelder abgeleitet, um dieses Zielbild zu erreichen:

1. *Zentrale Indikatorenkataloge:* Aus der Analyse der bestehenden Messungen und den Pilotprojekten wurden für alle Kommunikationsbereiche Indikatoren identifiziert, systematisiert, einheitlich definiert und typischen (Siemens-)Projektkategorien zugeordnet.
2. *Zentrales Dienstleisterverzeichnis:* Die in den bisherigen Messungen und Evaluationen eingesetzten Dienstleister wurden erfasst, nach Leistungsumfang und weiteren Kompetenzkriterien klassifiziert, um perspektivisch Synergieeffekte in Konzeption und Kostenersparnisse über Volumen zu erreichen sowie Doppelbeauftragungen zu vermeiden.
3. *Internes Expertennetzwerk:* In allen Kommunikationsbereichen wurden Communication Performance Excellence-Experten benannt, die als Netzwerk-Knotenpunkte Bedürfnisse interner Stakeholder kennen sowie Ansprechpartner für Projekte aus den Bereichen sind.
4. *Zentrales Baselining:* Aus den ersten Pilotprojekten sowie den im Rahmen der Umsetzung entstehenden indikatorenbasierten Messungen und Evaluationen wurde eine Datenbank aufgebaut, die zum internen Benchmarking Vergleichsdaten liefert. Damit sind Aussagen möglich, welche Ziele realistisch zu erreichen sind und worin gute Vorgaben bestehen. Den Projektleitern wird so eine Verortungsmöglichkeit und Einschätzungsbasis sowohl für zurückliegende als auch für geplante Projekte zur Verfügung gestellt. Planungen und Erfolgsnachweise werden erleichtert.

5. *Zentrale Reporting-Templates:* Für typische Anwendungsfälle wie Projektreports, Kampagnen- oder Managementreports wurden Templates zu Aufbau und Struktur sowie visuelle Elemente entwickelt und zur Verfügung gestellt. Damit wird der Vergleichbarkeit der Projektergebnisse untereinander – sowohl inhaltlich wie formal – ein einheitlicher Rahmen gegeben, der die Informationserwartungen der Empfängerzielgruppen optimal bedient.

In der Umsetzung der Communication Performance Excellence sichert ein standardisierter, mehrstufiger Prozess die Verbindung von Unternehmenszielen mit den Kommunikations- und spezifischen Projektzielen. Dies ist die entscheidende Grundlage für eine zielorientierte Steuerung der vornehmlich in Projektstrukturen angelegten Kommunikationsinitiativen des Konzerns aus der Zusammenarbeit von Centers of Expertise und Business Partnern. Erprobt an zahlreichen Pilotprojekten aus unterschiedlichen Feldern, wie interne Kommunikation, Kampagne, Messepräsenz oder neuer Geschäftsstrategie eines Konzernbereichs, bedienen die einheitlichen und vergleichbar definierten Indikatorenkataloge den immer wieder geäußerten Wunsch der Projektleiter nach „Key Performance Indikatoren" (KPIs). Auf Grundlage der Ziele der Aktivitäten werden die für das jeweilige Kommunikationsprojekt steuerungsrelevanten KPIs aus den Katalogen ausgewählt. Dafür müssen strukturiert Fragen beantwortet und Prozessschritte eingehalten werden. Dies erfolgt in engem Austausch zwischen Projektleiter und Communication Performance Excellence-Verantwortlichen und sichert ein integriertes Communication Performance Measurement. Haben die Projektleiter die festgelegten Schritte durchlaufen und Fragen nach Zielen, Zielgruppen und angestrebten Aktivitäten beantwortet, erlauben die im Verlauf des Prozesses ausgewählten Key Performance Indikatoren Aussagen über den individuellen Projektverlauf. Teilstandardisierte Reportingempfehlungen passend zu den gewählten KPIs ermöglichen dann die Steuerung oder gegebenenfalls Anpassung der Kommunikationsaktivitäten. Das Communication Performance Excellence Team (CPE-Team) nimmt hier eine starke Guidance-Rolle ein. Der Ansatz befähigt die Projektleiter, Ziele zu konkretisieren und das Projekt im Abgleich mit den erreichten Ergebnissen und Aussagen aus dem Reporting zielorientiert zu steuern.

Prozess und Ansatz sind gleichzeitig Kommunikationsinstrumente für zentrale Kommunikationsziele und verdeutlichen den Bezug des eigenen Projektes – und damit den Beitrag der einzelnen Kommunikationsprojekte – für die übergeordnete Kommunikationsstrategie. Entscheidend ist dabei der Dialog zwischen Projektleitung und CPE-Team: Hierfür wurde ein gesprächs- und abstimmungsorientierter Beratungsprozess aufgebaut. Beim Projektstart sichert er die Umsetzung des Konzeptes und das Einhalten der einzelnen Schritte. Dieser Dialog gewährleistet die Verbindung von Kommunikationsmanagement und Kommunikations-Controlling in den Phasen Konzeption, Planung und Ergebnisinterpretation. Auch das daran anschließende zielorientierte, mit steuerungsrelevanten Aussagen versehene Reporting ist berücksichtigt. Dieser Dialog greift Grundverständnisse des Kommunikations-Controlling auf (vgl. Buchele

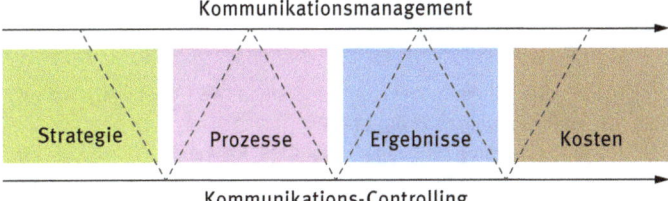

Abb. 3: Der Dialogprozess von Kommunikationsmanagement und Kommunikations-Controlling (vgl. Buchele 2009 nach Zerfaß 2006)

2009) und setzt sie praktisch bei Siemens um. So wird Communication Performance Excellence bei Siemens verstanden als „unternehmerischer Prozess, der parallel zum Kommunikationsmanagement verläuft und mit diesem im regelmäßigen Austausch steht. Leistungen und Abweichungen in den Bereichen Strategie, Prozesse, Ergebnisse und Kosten werden berichtet und können durch Maßnahmen des Kommunikationsmanagers angepasst werden." (Buchele et. al. 2016, 13). Die beschriebenen Erfassungsabläufe, Methoden und Kennzahlen bei Siemens sind die Grundlage für ein zielorientiertes Kommunikationsmanagement.

5 Im Einsatz: Review und Ausblick

Nach zahlreichen Pilotprojekten, daraus folgenden Erfahrungen und Ableitungen sichern nun fünf Schritte ein integriertes Communication Performance Measurement bei der Siemens AG. Über die damit zusammenhängenden Methoden und Standards beweist sich der Ansatz aktuell unter anderem in der Begleitung der Kampagne „Ingenuity for life" sowie bei der Reflexion der Kommunikationsstrategie der nächsten Jahre. Auf Basis von Daten aus Onlineaktivitäten, digitalen und analogen Anzeigenkampagnen, Medienresonanzanalysen oder Ergebnissen aus Zielgruppenbefragungen sowie Portfolioanalysen anderer Quellen werden Maßnahmen angepasst, Ziele reflektiert und neu gesetzt. Regelmäßig werden Erfolge – aber auch kritische Befunde – zielorientiert den Projektleitern und im Leitkreis berichtet. Bei Bedarf wird nachgesteuert. Das System bewährt sich. Rückblickend betrachtet waren die wichtigsten Erfolgsfaktoren dafür: Zentralisierung, Standardisierung aber vor allem der beschriebene Dialog zwischen den Projektleitungen der Kommunikationsinitiativen und dem CPE-Team. Die dafür nötigen Grundlagen hat Siemens in den letzten Jahren aktiv mitgestaltet und auch intern gelegt. Der Weg ist noch nicht zu Ende, es gilt nach wie vor: Step by Step.

Literatur

Bernard, H., & Buchele, M.-S. (2014a). ‚Sie haben Ihr Ziel erreicht'. Siemens AG – sechs Monate auf der ‚Road to Daegu'. *Kommunikationsmanager, 11* (3), 12–15.

Bernard, H., & Buchele, M.-S. (2014b). Leadership für Daegu. Case: Data, Research und Analyse. *PR Report* (5). 21–22.

Buchele, M.-S. (2008). *Rückblick: 4. Fachtag Kommunikationscontrolling.* Abgerufen von http://www.communicationcontrolling.de/aktuelles/4-fachtag-komcon.html

Buchele, M.-S. (2007). *Veranstalter und Initiatoren der ‚Münchener Runde' laden zur Podiumsdiskussion um ‚Erfolgsfaktoren bei der Implementierung von Kommunikations-Controlling in Unternehmen' ein.* Abgerufen von http://www.communicationcontrolling.de/aktuelles/termine.html

Buchele, M.-S., Pollmann, R., & Schmidt, W. (2016). *Starter Kit für Kommunikations-Controlling.* Freiburg: Haufe.

DPRG – Deutsche Public Relations Gesellschaft (2011). *PR 2011 – Die Finalisten. Dokumentation der Einreichungen zum Internationalen Deutschen PR Preis.* DPRG/FAZ, 2011.

DPRG Deutsche Public Relations Gesellschaft & ICV Internationaler Controller Verein (2011). *Positionspapier Kommunikations-Controlling.* Bonn, Gauting: DPRG/ICV.

Rolke, L., & Zerfaß, A. (2010). Wirkungsdimensionen der Kommunikation: Ressourceneinsatz und Wertschöpfung im DPRG/ICV-Bezugsrahmen. In J. Pfannenberg & A. Zerfaß (Hrsg.), *Wertschöpfung durch Kommunikation. Kommunikations-Controlling in der Unternehmenspraxis* (S. 50–60). Frankfurt a. Main: Frankfurter Allgemeine Buch.

Sass, J., & Zerfaß, A. (2014). Kommunikationssteuerung und Wertschöpfung: Zielsysteme, Communication Scorecards, Reporting. In F. R. Esch, T. Langner & M. Bruhn (Hrsg.), *Controlling der Kommunikation – Handbuchreihe der Kommunikation. Band 4.* Wiesbaden: Springer Gabler.

Storck, C. (2013). Wirkungsstufen im Kommunikations-Controlling. *Kommunikationsmanager 9* (2), 36–39.

Siemens (2014). *Vision 2020 – Wir verwirklichen, worauf es ankommt. Strategie im Überblick.* Abgerufen von http://www.siemens.com/about/pool/strategy/siemens-strategiebroschuere.pdf

Peymani, B. (2015). Restrukturierung bei Siemens. Hängepartie um Heimbach. In: *PR Report* (2), 9–13.

Pollmann, R. (2015). Wirkungsstufen der Kommunikation. In G. Bentele, M. Piwinger & G. Schönborn (Hrsg.), *Kommunikationsmanagement (Loseblattwerk)* (Nr. 4.45, S. 1–57). Neuwied: Luchterhand.

Zerfaß, A. (2006). *Unternehmensführung und Öffentlichkeitsarbeit. Grundlegung einer Theorie der Unternehmenskommunikation und Public Relations.* Wiesbaden: VS Verlag für Sozialwissenschaften.

Dorothee Hutter
Im Zusammenspiel liegt die Stärke
Von zentraler und dezentraler Kommunikation bei der GIZ

Eine Anekdote aus den siebziger Jahren zeigt eindrucksvoll, wie internationale Kommunikation nicht funktionieren kann: ein Pharmaunternehmen wollte in Ägypten ein Schmerzmittel einführen. Eine Anordnung von drei Bildern sollte die Botschaft klar machen: erst ein Bild eines Menschen mit Kopfschmerzen, dann die Einnahme des Medikaments, dann ein strahlender Mensch – erkennbar ohne Kopfschmerzen. Das Ergebnis: Der Umsatz sank. Was war geschehen? Die Kampagnenmacher hatten nicht bedacht, dass im arabischen Raum nicht von links nach rechts, sondern von rechts nach links gelesen wird, und die Botschaft somit ins Gegenteil verkehrt wurde. Auch wenn sich in der Zwischenzeit viel verändert hat, stellt die internationale Kommunikation nach wie vor Unternehmen vor große Herausforderungen, im Kleinen wie im Großen. Schon bei der farblichen Gestaltung von Materialien scheiden sich oft die Geister. Die Frage, ob der Unternehmensauftritt Understatement ausdrückt oder Pomp, ob ein Werbeauftritt ironisch ist oder als anstößig wahrgenommen wird, wie formell oder informell eine Veranstaltung ist und ob der Journalist seine Berichterstattung im Vorfeld zum Gegenlesen gibt – das sind nur einige Facetten, die es in der internationalen Kommunikation zu bedenken gilt. Wie die GIZ ihre Kommunikation weltweit gestaltet, welche Schwerpunkte sie setzt und wie sie die Wirksamkeit ihrer Kommunikationsarbeit beobachtet und bewertet: Darum geht es im folgenden Praxisbeispiel.

1 Zwischen Politik und Markt

Ein Unternehmen zwischen Politik und Markt – so kann man die Deutsche Gesellschaft für internationale Zusammenarbeit (GIZ) GmbH beschreiben. Für die Bundesregierung, aber auch für anderen Auftraggeber übernimmt die GIZ weltweit Aufgaben; sie unterstützt in China Institutionen in Fragen der Klimapolitik, schafft zusammen mit der lokalen Wirtschaft Arbeitsplätze in den Ländern Nordafrikas, fördert Biodiversität in Costa Rica oder berät im Kosovo zu Arbeitsplatzvermittlung im Land und zu Fragen der legalen Migration nach Deutschland. Als Bundesunternehmen mit rund 130 Standorten, gut 1000 Führungskräften, mehr als 16.000 Mitarbeiter/innen und einem enorm vielseitigen Themenspektrum steht die GIZ vor der großen Herausforderung, trotzdem weltweit ein einheitliches Profil zu zeigen.

Als wichtiges Instrument der Bundesregierung in der Umsetzung ihrer politischen Agenda gilt es bei aller Eigenständigkeit als Unternehmen auch immer abzuwägen, welche kommunikativen Ansprüche seitens der Politik – sowohl von der Bundesregierung als auch vom Parlament – zu bedenken sind. Hinzu kommt die Tatsache, dass vermehrt sowohl die EU als auch ausländische Regierungen und Organisationen, wie zum Beispiel die schwedische und die britische Regierung oder die Bill & Melinda Gates Stiftung die Dienste der GIZ in Anspruch nehmen – eine Vielzahl von unterschiedlichen Anforderungen, die sehr direkt in der Arbeit vor Ort zusammentreffen. Daraus wird deutlich, dass gerade die Landesdirektoren vor Ort eine klare Vorstellung haben müssen, was der Markenkern der GIZ ist und was landes- oder auftraggeberspezifische Variationen sind.

Für die Gestaltung der weltweiten Kommunikation der GIZ lauten daher die zentralen Fragen: Wie kann man das Spannungsfeld zwischen einheitlichen Botschaften und kulturspezifischer Umsetzung gestalten? Wieviel kann und muss zentral gesteuert werden? Was und wieviel muss vor Ort entschieden und umgesetzt werden? Welche Akteure sind besonders anzusprechen? Wie kann eine einheitliche Evaluierung erfolgen? Welche Rolle spielen digitale Medien in diesem Umfeld? In welche Unternehmenskultur bettet sich die Kommunikation ein?

Drei Handlungsfelder hat die Unternehmenskommunikation bearbeitet, um diese Fragen für die GIZ zu beantworten und um einheitliche Botschaften sicherzustellen:
- Einführung eines systematischen Strategieprozesses in der Unternehmenskommunikation und Entwicklung zentraler Strategieelemente (Stakeholdermap, Zielhaus, Unternehmensbotschaften, Kommunikations-Controlling),
- Stärkung der Rolle der internen Kommunikation, vor allem Aufbau und Intensivierung der Führungskräftekommunikation,
- Aufbau und Qualifizierung eines Netzwerkes von Kommunikatoren vor Ort.

Warum genau diese drei Handlungsfelder? Als Unternehmen ist die GIZ dezentral organisiert. Eine erfolgreiche Kommunikation kann sich nur dann etablieren, wenn sie entlang der unternehmenskulturellen Gegebenheiten agiert. Um also einen Impact für die GIZ-Kommunikation insgesamt zu erreichen, müssen ihre strategischen Elemente definiert und die inhaltlichen Leitplanken klar sein. Genauso deutlich muss sein, an welchen Stellen es Gestaltungsspielraum gibt und braucht, was zum Kern des Unternehmens gehört und was landesspezifisch angepasst werden kann oder muss. Und so schwierig es in einem dezentral aufgestellten Unternehmen auch ist, es braucht ein Kommunikations-Controlling, das den internationalen Auftritt integriert.

Zum zweiten ist das Dienstleistungsangebot der GIZ hoch erklärungsbedürftig. Eine Vielzahl von Beratungsansätzen, Personaldienstleistungen und Managementaufgaben in einem hochpolitischen Umfeld mit vielen unterschiedlichen Stakeholdern macht die Arbeit sehr komplex. Damit alle Mitarbeiter/innen einheitlich über die GIZ kommunizieren, müssen sie deren Vielfalt und das Umfeld verstehen. Dafür dienen natürlich die klassischen Instrumente der internen Kommunikation wie zum Beispiel die Mitarbeiterzeitschrift *Wir:* und das Intranet. Das reicht aber nicht aus. Gerade wenn es darum geht, komplexe Sachverhalte zu erläutern und in den Kontext einzuordnen, hat der persönliche Dialog entscheidende Vorteile. Führungskräften die unternehmenspolitische Orientierung zu vermitteln und sie mit allen notwendigen Hintergrundinformationen auszustatten, sodass sie wiederum ihre Mitarbeiter/innen gut orientieren können, ist eine zentrale Funktion der Führungskräftekommunikation.

Und schließlich geht es um die Kommunikator/innen vor Ort selbst, meist nationales Personal, das in den Landesbüros arbeitet. Sie müssen unternehmensspezifisches Wissen und Know-how mit kommunikativer Kompetenz verknüpfen; hier hat die Unternehmenskommunikation, die zwar nicht hierarchisch, aber fachlich führt, eine wichtige Aufgabe zu erfüllen.

2 Einführung eines systematischen Strategieprozesses

Zwei Ziele standen im Mittelpunkt des Strategieprozesses:
- einen gemeinsamen, verbindlichen Rahmen für die weltweite Kommunikation zu schaffen und
- den Beitrag der Unternehmenskommunikation für den Unternehmenserfolg sichtbar zu machen.

Dafür wurden vier, aufeinander aufbauende Strategieelemente entwickelt: die Stakeholdermap, das Zielhaus, die Unternehmensbotschaften und das Kommunikations-Controlling, die anschließend in einem Handbuch „Kommunikationsmanagement" zusammengefasst wurden. Bei allen Elementen wurde darauf geachtet, dass sie für die Bedürfnisse der Kommunikation in der Außenstruktur replizierbar sind.

Die *Stakeholdermap* besteht aus fünf Clustern: Mitarbeiter/innen & Arbeitsmarkt; Anteilseigner & Kontrollorgane; Partnerschaften & Allianzen; Öffentlichkeit & Multiplikatoren und Kunden & Auftraggeber. In einem breiten Prozess mit allen relevanten Bereichen des Hauses wurden die Stakeholder der GIZ daraufhin betrachtet, wie ihr Verhältnis zum Unternehmen ist, wie hoch ihr Interesse an der GIZ ist und wie groß ihre Einflussmöglichkeiten auf die Geschäftstätigkeit sind. Daraus ergab sich ein Ranking in drei Kategorien nach Priorität, mit dem Ergebnis, dass sich der zentrale Teil der Kommunikationsarbeit auf die Stakeholder im inneren Zirkel bezieht. Diese Stakeholder sind mit maßgeschneiderten Kommunikationsangeboten anzusprechen. Die Stakeholder im äußeren Zirkel werden zwar ebenfalls mit Kommunikation bedacht, jedoch ohne für sie spezifisch konzipierte Produkte. Damit konnte die Kommunikationsarbeit deutlich fokussiert werden. Gleichzeitig ermöglicht die Stakeholdermap eine sehr klare Aussage darüber, was die Unternehmenskommunikation zentral macht und was auch nicht. Im nächsten Schritt wurde die Stakeholdermap in Kooperation mit den Landesbüros auf die jeweilige Situation im Land angepasst und um spezifische Stakeholdergruppen ergänzt.

Das *Zielhaus* geht von der Unternehmensstrategie aus und beschreibt anhand ihrer Handlungsfelder, welchen Beitrag die Unternehmenskommunikation zum Erreichen der Unternehmensziele leistet. Hier ist dokumentiert, welche internen und externen Stakeholder welche Informationen und Botschaften wahrnehmen sollen. Darüber hinaus enthält das Zielhaus stakeholderbezogene Wirkungsziele, die sich auf Wissen, gewünschte Einstellungen und Verhaltensweisen gegenüber der GIZ beziehen. So werden Wirkungs- und Wahrnehmungsziele themenfeldbezogen für einzelne Stakeholder definiert. Aus diesen Zielen leiten dann die Teams in der Unternehmenskommunikation ihre konkreten Aktivitäten und Maßnahmen ab. Auch hier sind Ziele festgelegt, die teilweise nur mittelbar durch die Unternehmenskommunikation beeinflussbar sind; umso wichtiger ist der stete Austausch mit den Kolleg/innen vor Ort, welche Kommunikationsleistungen sie im Rahmen ihrer Alltagsarbeit erbringen müssen.

Die *Unternehmensbotschaften* beschreiben in sieben kurzen Sätzen, wer die GIZ ist und für was sie steht. Eingebettet sind die Botschaften in einen erläuternden Text, der die Sätze in einen größeren Kontext setzt. Die Botschaften sind die Essenz, die unveränderlich bleibt. Das ist aus sehr pragmatischen Gründen immer wieder wichtig zu erläutern: die Mitarbeiter/innen müssen verstehen, dass der Kern des Unternehmens immer gleich bleibt und sich die GIZ nicht aus falsch verstandenem Akquisitionsinteresse plötzlich aus einem Bundesunternehmen in ein unabhängiges Consultingunternehmen verwandelt. Dies ist für einen einheitlichen Auftritt des Unternehmens, der vor allem gegenüber Auftraggebern stimmig sein muss, eine entscheidende Voraussetzung. Dennoch braucht es für die Akzeptanz vor Ort jeweils einen spezifischen Kontext, in dem die Botschaften wirken; dieses Umfeld kann nur mit guter Landeskenntnis gestaltet werden.

Mit dem *Kommunikations-Controlling* überprüft die Unternehmenskommunikation die Wirksamkeit der eigenen Arbeit. Ein Evaluierungskalender beschreibt, welche Instrumente wann und mit welchen Mitteln evaluiert werden. Das reicht von Online-Befragungen über Interviews bis hin zu Ergebnissen der regelmäßig stattfindenden Mitarbeiterbefragung und zu Medienresonanz- und Reputationsanalysen. Bei letzteren werden ausschließlich deutsche, europäische und nordamerikanische Medien analysiert, denn der Aufwand und Nutzen einer weltumspannenden Medienresonanz stehen in keinem vertretbaren Verhältnis zueinander. Daher fokussiert sich die Unternehmenskommunikation auf die Medien, die mit Blick auf die Auftraggeber der GIZ besonders wichtig sind. Auch wenn in einigen Ländern dezentral die Presseresonanz erhoben wird, fließt sie nicht in die zentrale Medienresonanzanalyse ein, da das Erhebungsverfahren sich deutlich unterscheidet und die Aussagen für die jeweilige Landesebene zwar eine Relevanz haben, nicht jedoch für die Zielerreichung der Unternehmenskommunikation. Das Kommunikations-Controlling setzt vor allem auf Wirkungsindikatoren, die aber nicht in allen Themenfeldern ermittelbar sind Daher sind auch Effizienz- und Leistungsindikatoren Teil des Systems. Mit Blick auf die internationale Kommunikation gibt es bei den Key Performance Indikatoren einen Indikator zur Strategiefähigkeit weltweit. Dabei steht die Einbettung und Umsetzung der Kommunikation in den landeseigenen Strategieprozess im Vordergrund. Zum anderen geht es bei der „Communication preparedness" um die Frage, inwieweit die Landesbüros über ein definiertes Set an Kommunikationsinstrumenten zur internen wie externen Kommunikation verfügen und dieses Set erfolgreich umsetzen.

Die Einführung des Strategieprozesses war aufwendig, die erstmalige Erstellung der Strategieelemente sehr zeitintensiv. Und auch die interne Vermittlung der Notwendigkeit eines solchen Prozesses kostet Zeit und Energie. Es galt nicht nur der Ansicht „wir machen doch eine gute Arbeit, was brauchen wir jetzt so einen umfangreichen Prozess" zu begegnen, sondern auch die Sorge ernst zu nehmen, die Einführung eines Controllings könnte zur direkten Bewertung der einzelnen Arbeitsleistung führen. Nachdem alle Instrumente etabliert waren, hat sich die regelmäßig anstehende Aktualisierung als wenig aufwendig erwiesen, und auch die Bedenken um zunehmende Kontrolle stellten sich als unbegründet heraus. Stattdessen wollen sich die Mitarbeiter/innen mit „ihren" Indikatoren im halbjährlichen Managementreport der Unternehmenskommunikation zeigen. Dieser Report fasst die wichtigsten Kennzahlen und ihre Entwicklung für das Top-Management der GIZ zusammen. Für die Kolleg/innen vor Ort schafft der Strategieprozess einen klaren Rahmen für die Grundsätze der Kommunikation im Unternehmen. Zudem bieten die Strategieinstrumente eine gute Basis für die eigene Kommunikationsplanung im Land.

3 Führungskräftekommunikation als Erfolgsfaktor

Es ist eine Illusion zu glauben, in einer vernetzten Welt könnte eine Unternehmenskommunikation die Kommunikation eines Unternehmens kontrollieren. Aufgabe der Unternehmenskommunikation ist es vielmehr, die Mitarbeiter/innen und vor allem die Führungskräfte darüber zu orientieren, was das Unternehmen ist, in welchem Kontext es arbeitet, was förderlich für die Reputation des Unternehmens ist und natürlich die Identifikation mit der GIZ zu stärken. Nur gut informierte, dem Unternehmen zugewandte Mitarbeiter/innen und Führungskräfte senden einheitliche Botschaften aus. Für die interne Kommunikation heißt das, ihre Kanäle dementsprechend zu gestalten, stärker zwischen reinen Informationen und Orientierungsleistungen zu unterscheiden sowie Formate in der Führungskommunikation zu entwickeln, die gerade die Orientierungsfähigkeit der Führungskräfte unterstützen, um so eine einheitliche Kommunikation weltweit zu gewährleisten.

Das *Intranet* auf Deutsch und Englisch ist der interne Nachrichtenkanal des Unternehmens. Darüber werden Inhalte zentral bereitgestellt, können aber auch dezentral eingepflegt und kommentiert werden. Die strategischen Themen werden in der quartalsweise erscheinenden *Mitarbeiterzeitschrift* erläutert. Hier gibt es Hintergründe, Interviews, längere Erklärstücke, aber auch praktische Beispiele, wie die Umsetzung der Strategie in der Praxis aussehen kann. Auch die Mitarbeiterzeitschrift erscheint auf Deutsch und Englisch und wird in alle Länder verschickt. Es zeigt sich jedoch, dass die Mediennutzung durch das nationale Personal noch verbesserungsbedürftig ist. Natürlich stellt sich auch die Frage, in welchen Sprachen ein Unternehmen, das in 130 Ländern arbeitet, kommuniziert; die Unternehmenskommunikation fokussiert sich auf Deutsch und Englisch, um in zwei Sprachen ein umfangreiches Angebot machen zu können statt in mehreren Sprachen nur ein kleines. Der weitaus überwiegende Teil der nationalen Fach- und Führungskräfte spricht gut Englisch oder Deutsch, sodass insgesamt der wesentliche Teil des Personalkörpers über die Unternehmenskommunikation direkt erreicht wird; den Transfer von Zielen und Botschaften für das jeweils eigene Land übernehmen die Führungskräfte vor Ort.

Damit die Führungskräfte gut für ihre Vermittlungsaufgaben gerüstet sind, wurde in den vergangenen Jahren eine Reihe von Formaten für Führungskräfte etabliert. Das reicht von reinen Informationsangeboten über Dialogformate mit dem Vorstand bis hin zu zweijährlich stattfindenden, weltweiten Führungstagungen. Anlassbezogen werden die Leitenden Angestellten per Video- und Telefonkonferenz über wichtige Entwicklungen innerhalb und außerhalb des Unternehmens informiert. So gab es zum Beispiel innerhalb eines groß angelegten Reorganisationsprozesses, zusätzlich zu den im Rahmen von Change Management ohnehin angelegten Diskussions- und Partizipationsformaten, einmal monatlich eine Information zum Stand der Dinge mit der Möglichkeit, Anregungen, Fragen oder auch Stimmungslagen einzubringen.

Ein eigenes *Führungsportal* im Intranet bündelt die Angebote, die für Führungskräfte relevant sind. Das reicht von einer Aufbereitung aller für die Personalführung relevanten Themen bis hin zu Hintergrundinformationen und Einordnungen zu politischen Entscheidungen. Der handlungsleitende Gedanke dabei ist nicht, dass den Mitarbeiter/innen Informationen vorenthalten werden, sondern dass die Führungskräfte zusätzliche Informationen erhalten, damit sie in der Lage sind, ihren Mitarbeiter/innen Hintergründe zu erläutern und Entscheidungen nachvollziehbar zu machen. Gerade für die Orientierungsfunktion ist aber die reine Bereitstellung von Informationen nicht ausreichend. Der persönliche Dialog und das eigene Auseinandersetzen mit relevanten Themen ermöglichen eine tiefergehende Befassung, die für die glaubwürdige Vermittlung notwendig ist. Beim *Strategiedialog* für Führungskräfte gibt es die Gelegenheit, themenoffen mit einem Vorstandsmitglied über die aktuellen strategischen Themen und Veränderungen im Umfeld zu diskutieren. Je besser die Kenntnisse über den strategischen Rahmen, desto besser können die Führungskräfte dezentral für ihre Mitarbeiter/innen die Strategie einordnen. Dieses Dialogformat findet bislang ausschließlich an deutschen Standorten statt, da eine wirkliche Diskussion per Videokonferenz aufgrund der zum Teil doch sehr schlechten IT-Bedingungen schwierig ist. Während sich beim Strategiedialog die Führungskräfte aus allen Bereichen mischen, gibt es für die Landesdirektoren einer Region in der Regel halbjährliche *Regionale Führungskonferenzen*, bei denen es zum einen um operative Themen geht, zum anderen aber ebenfalls um den Dialog zu unternehmenspolitisch wichtigen Themen. Je nach Thema unterstützt die Unternehmenskommunikation dafür die Bereichsleitungen oder ggf. den Vorstand mit einem Set von einheitlichen Botschaften.

Die alle zwei Jahre stattfindende, allgemeine *Führungstagung* vereint alle Landesdirektor/innen und Leitenden Angestellte. Sie ist ein zentrales Element in der Kommunikationskaskade und wird von der Unternehmenskommunikation verantwortet. Erklärtes Ziel der Tagung ist es, den Führungskräften die Strategie zu vermitteln, sie mit ihnen zu diskutieren und mit den Erfahrungen aus den Ländern anzureichern. Wenn die Führungskräfte die Tagung mit dem Gefühl verlassen, dass sie nun wissen, wie sie die Strategie noch passgenauer in ihrem jeweiligen Umfeld umsetzen und an ihre Mitarbeiter/innen weiter vermitteln können, sind Kernziele der Veranstaltung erreicht.

Neben den Instrumenten für die Führungskräfte existieren in vielen Ländern *Newsletter* in Print oder elektronisch zur Vermittlung landesspezifischer Themen. Wichtige Themen aus der Zentrale machen einen Schwerpunkt aus. Daneben stehen die für die konkrete Arbeit relevanten Entwicklungen aus dem jeweiligen Land oder Berichte aus der Projektarbeit im Fokus. Eine weitere wichtige Funktion der Newsletter ist das Stiften von Identität, was nicht nur über Sachinformationen geschieht, sondern auch über das Vorstellen neuer Kolleg/innen, Glückwünsche zu Hochzeiten und Geburten oder Ähnliches. Die Verantwortung für diese Newsletter liegt dezentral bei den Landesdirektor/innen. Die Unternehmenskommunikation hält Templates bereit und unterstützt auch beim Aufsetzen eines Konzepts; die Umsetzung geschieht jedoch vor Ort.

4 Von der „Corporate Design Polizei" zum Beratungsportal

Das äußere Erscheinungsbild eines Unternehmens ist ohne jeden Zweifel wichtig. Noch entscheidender ist jedoch, dass die Inhalte der Kommunikation stimmen. Für die GIZ bedeutete das, eine Veränderung in der Haltung der Mitarbeiter/innen der Unternehmenskommunikation herbeizuführen. Ging es in der Beratung der Kolleg/innen im Ausland zunächst vor allem um die Einhaltung aller Gestaltungsrichtlinien, so liegt der Fokus nun darauf, dass in erster Linie die Inhalte konsistent mit den Unternehmensbotschaften sind und dann erst, dass das Corporate Design stimmt. Diese veränderte Haltung mündete in der Entwicklung und Qualifizierung eines Netzwerks von Kommunikator/innen in 80 Ländern weltweit und schließlich in einer veränderten Aufstellung der Unternehmenskommunikation in Deutschland.

Der Aufbau eines *Kommunikatorennetzwerks* mit Kolleg/innen vor Ort hat den Charme, dass es die Stärken einer fachlichen Steuerung aus der Zentrale mit der guten Landeskenntnis und dem Vorteil, „nah dran zu sein", verbindet. Voraussetzung für das Gelingen einer solchen Struktur ist die gute Einbindung der Kommunikatoren in die Kommunikationsstrategie des Unternehmens und eine entsprechende Qualifizierung. Als Teil des Netzwerkaufbaus entwickelte die Unternehmenskommunikation regionale Workshops und weltweite Fortbildungen auf Deutsch und Englisch, die praxisorientiert die Unternehmensstrategie und deren Kommunikation vermitteln. Dazu gehören auch Module, um die zentralen Botschaften an den landesspezifischen Kontext anzupassen oder, abgeleitet von der Stakeholdermap der Unternehmenskommunikation, eine auf das konkrete Land bezogene Stakeholdermap zu entwickeln. Unterstützungsangebote im Intranet, inklusive Blogs zum Erfahrungsaustausch, ein Wiki zu Fragen rund um Kommunikation und eine Community, runden das Qualifizierungsprogramm ab. Die Qualifizierungsangebote fokussieren ausschließlich auf den „GIZ way of doing communication". Es werden keine grundständigen Kommunikationsinstrumente wie beispielsweise das Verfassen einer Pressemitteilung vermittelt, da es in nahezu allen Ländern gute Ausbildungsangebote gibt. Die Kommunikator/innen sind Teil der Landesbüros und den jeweiligen Landesdirektor/innen unterstellt, die fachliche Steuerung erfolgt aus der Unternehmenskommunikation. Dieses Modell ist in Linie mit der generellen Aufstellung der GIZ und funktioniert daher gut.

Mit dem *Beratungsportal* hat die GIZ Neuland betreten: Im Rahmen einer internen Neuaufstellung stellte sich die Frage, wie der Bedarf an Beratung der vielen Kolleg/innen in den unterschiedlichen Projekten und vor Ort professioneller abgedeckt werden kann. In einem partizipativen Prozess innerhalb der Unternehmenskommunikation wurde die Idee eines „Beratungsportals" entwickelt, das alle Anfragen zu Kommunikation bündelt. Es ist kontinuierlich mit Kolleg/innen besetzt, die über eine breite Kommunikationskompetenz verfügen. „First Level-Beratung" wird ausschließlich über das Beratungsportal abgewickelt, „Second Level" je nach Spezialisierung der jeweiligen im Beratungsportal tätigen Kolleg/innen, und „Third Level" wird an die Fachgruppen in der Kommunikation weitergegeben. Ein definiertes Service-Level stellt die Geschwindigkeit und Qualität des Angebots sicher. Die Erfahrungen mit dem Portal haben die Erwartungen aus der Konzeptionsphase deutlich übertroffen. Die Qualität der Beratung hat sich erheblich verbessert, die Transparenz über Fragen und vor allem deren Antworten ist durch die Einrichtung eines gemeinsamen Wikis gestiegen, was zu spürbar höherer Effizienz geführt hat. Da alle Fragen nun an einer Stelle gebündelt werden, zeigt sich etwaiger Bedarf an systematischer Beratung oder an der Erstellung von Leitfäden und Checklisten sehr viel deutlicher. Auch die Qualifizierungsangebote für die Kommunikatoren weltweit werden aus den konkreten Erfahrungen aus dem Beratungsportal heraus – im Dialog mit Kommunikator/innen vor Ort – konzipiert.

Zudem fühlen sich die Fachgruppen stark entlastet, weil die Ad-hoc-Anfragen nicht mehr bei ihnen landen. Die anfänglichen Befürchtungen, das Beratungsportal könne eine Art Call Center mit langweiligen Aufgaben werden, haben sich ins Gegenteil verkehrt. Denn neben der hohen Akzeptanz, die sich das Beratungsportal erarbeitet hat, konnten die Kolleg/innen ihre Beratungskompetenz ausbauen.

5 Fazit: Klare Leitplanken für dezentrale Umsetzung

Welche Erfolgsfaktoren für gelungene internationale Kommunikation lassen sich aus diesen Erfahrungen ableiten? Die Unternehmenskommunikation muss von der Zentrale aus *klare Leitplanken* setzen, die praktische Umsetzung und eine landesspezifische Anpassung sollten jedoch vor Ort passieren. Nur so können die gegenseitigen komparativen Vorteile ihren Wert entfalten. Gute Kommunikation bei der GIZ lebt davon, dass die Kommunikator/innen nicht nur ihr Handwerk beherrschen, sondern auch wirklich verstehen, was das Unternehmen ist und für was es steht. Damit ändert sich die Rolle der Unternehmenskommunikation fundamental. Nur die Befähigung und Beratung der Führungskräfte und von dezentralen Kommunikator/innen führt zum gewünschten einheitlichen Auftritt. Selbermachen ist immer weniger gefragt, stattdessen brauchen Kommunikatoren mehr strategische Fähigkeiten und Beratungskompetenz. Gerade der Vielfältigkeit der Kommunikation in sozialen Medien kann man – bei 16.000 Mitarbeiter/innen weltweit – durch strikte Regeln nicht begegnen. Es gilt vielmehr, die Chancen der Netzwerke zu nutzen und die Mitarbeiter/innen zu befähigen, verantwortungsvoll, im Sinne des Unternehmens zu agieren. Auch das wird nicht in jedem Einzelfall gelingen, aber im Allgemeinen funktioniert es sehr gut.

Aus Sicht der Unternehmenskommunikation hat sich das *Modell des Zusammenspiels* zwischen zentralen und dezentralen Funktionen bewährt. Die Qualifizierung der Kommunikator/innen in zentralen strategischen Fragen sowie der direkte Dialog und die Beratung durch das zentrale Beratungsportal sorgen für die notwendige Einheitlichkeit. Die Darstellung des Unternehmens weltweit ist deutlich professioneller und kohärenter geworden, das lässt sich über die Key Performance Indikatoren nachweisen. Ein gutes *Monitoring* unterstützt die zentrale und dezentrale Steuerung der Kommunikationsarbeit. Da die Auswertungen zum Beispiel zur „Communication preparedness" sowohl auf Landes- als auch auf Kontinent-Ebene gemacht werden, gibt es einen produktiven Wettbewerb zwischen einzelnen Ländern, aber auch zwischen den Kontinenten. Sie stellen ebenfalls eine gute Gesprächsgrundlage für die strategische Beratung der regionalen Bereichsleitungen dar und sind damit ein weiterer unverzichtbarer Bestandteil einer gelungenen Unternehmenskommunikation. Ein gutes internes Standing hat eine Unternehmenskommunikation nur, wenn sie als *professionelle Beraterin* geschätzt wird. Häufig gibt es in der Kommunikation kein „richtig" oder

„falsch", vieles hängt vom Kontext ab. Hier einen klugen Weg aufzuzeigen, ist eine der Kernaufgaben der Unternehmenskommunikation. Zudem gilt, dass Kommunikation von vielen Führungskräften immer noch als „Add-on" empfunden wird, ohne deren Mitwirkung würde die Kommunikation jedoch scheitern. Gerade bei den vielfältigen Anforderungen, die an die Büros vor Ort gestellt werden, ist eine gesunde Balance zwischen dem Wünschbaren und dem Realisierbaren notwendig.

Eine Einheit der Botschaften in der Vielfalt der Kommunikation gelingt nur, wenn Mitarbeiter/innen und Führungskräfte gemeinsam für ihr Unternehmen, für die GIZ, stehen und so auch kommunizieren. Dafür muss die Unternehmenskommunikation den strategischen Rahmen setzen, den Mitarbeiter/innen und insbesondere den Führungskräften sowie den verschiedenen Kommunikator/innen Orientierung geben und nicht zuletzt geeignete Monitoringinstrumente einsetzen, um die Gestaltung der Kommunikation zu steuern.

Christoph Lautenbach
Unternehmenskommunikation stakeholdergerecht organisieren – Weiterentwicklung von Strukturen und Prozessen der Kommunikationsfunktion

1 Einführung: Veränderte Rahmenbedingungen als Treiber der Weiterentwicklung

Neue Technologien, eine fragmentierte, konsolidierte Medienlandschaft, gestiegene Erwartungen und größere Transparenzanforderungen der Stakeholder, die zunehmende Entgrenzung durch die Digitalisierung und ein damit einhergehender Kontrollverlust – die besonderen Herausforderungen für Unternehmenskommunikation sind vielfach beschrieben. Die Unternehmenskommunikation muss ihnen organisatorisch gerecht werden und ihre Strukturen und Prozesse an die veränderten Rahmenbedingungen anpassen. Die klassische zielgruppen- und kanalzentrierte Arbeitsteilung verliert vor dem Hintergrund des digitalen Wandels schrittweise an Bedeutung. Zwar besteht die Notwendigkeit zur organisatorischen Weiterentwicklung – entsprechende Ansätze finden bislang aber nur selten Ausdruck in der Organisation der Unternehmenskommunikation.

2 Status: Mehr Heterogenität als Einheitlichkeit bei der Organisation der Unternehmenskommunikation

Die Gestaltungsmöglichkeiten für die Unternehmenskommunikation sind zunächst durch die bestehende Organisation und das Geschäftsmodell des Unternehmens bestimmt. Wie die Aufstellung der Unternehmenskommunikation umgesetzt wird, hängt im Wesentlichen von der Größe, der geografischen Präsenz und der Struktur des gesamten Unternehmens ab. Dies lässt den Schluss zu, dass es keine einfachen, einseitigen Organisationsmodelle für die Kommunikationsfunktion gibt (Klewes & Zerfaß 2011; zum internationalen Stand Valin & Paluszek 2012).

Zusammengefasst herrscht bei der Organisation der Unternehmenskommunikation mehr Heterogenität als Einheitlichkeit. Zur aktuellen Struktur der Unternehmenskommunikation in deutschen Unternehmen lassen sich dennoch einige allgemeingültige Aussagen treffen, und einige Trends bei der organisatorischen Weiterentwicklung zeichnen sich ab.

Dominanz der Presse- und Medienarbeit: Innerhalb der Kommunikationsfunktion findet sich fast immer eine Einheit, die für Presse- bzw. Medienarbeit zuständig ist. Oft handelt es sich um die von der Anzahl der Mitarbeiter am besten ausgestattete Teilfunktion, meist auch um diejenige, die die größte Nähe zum Macht- und Entscheidungszentrum des Unternehmens hat. Dies ist nicht erstaunlich, weil sich die meisten Bereiche für Unternehmenskommunikation aus Presseabteilungen heraus entwickelt haben, aber angesichts des allgemein stark veränderten Mediennutzungs- und Informationsverhalten dennoch bemerkenswert. Noch immer dominiert in deutschen Unternehmen eine instrumentelle Ausrichtung auf Presse- bzw. Medienarbeit.

Bedeutungszuwachs der internen Kommunikation: Eine der Teilfunktionen in der Unternehmenskommunikation, die in den letzten Jahren am stärksten gewachsen sind, ist die interne bzw. die Mitarbeiterkommunikation. Nach Einschätzungen von Top-Managern (Zerfaß et al. 2013) wird sie auch angesichts immer durchlässiger werdender Grenzen zwischen der Innen- und Außenwelt von Unternehmen noch weiter an Bedeutung gewinnen. Nicht nur in der Top-Down-Kommunikation mit allen Mitarbeitern reicht sie über die verschiedenen Ebenen des Unternehmens bis in die Einheiten vor Ort hinein (Tochtergesellschaften, Niederlassungen). Zunehmend wird sie für die Begleitung von unternehmensweiten Veränderungsprozessen herangezogen. Allerdings ist die Verantwortung für die Führungskräftekommunikation oft nicht in der Kommunikationsfunktion, sondern im Personalbereich angesiedelt, was einer konsistenten internen Kommunikation im Wege steht.

Interner Wettbewerb mit der Marketingkommunikation: Die Verantwortung für Markenführung ist überwiegend eine wesentliche Aufgabe einer zentral aufgestellten Unternehmenskommunikation, zuweilen in einem eigenen Bereich Marke verortet. Dagegen sind die Marketing- und Kunden- bzw. Produktkommunikation häufig in den Geschäftseinheiten angesiedelt, und mit zunehmender Marktnähe übernimmt die Kommunikation dort auch vertriebsunterstützende Aufgaben. Die Ressourcenausstattung für die Marktkommunikation übersteigt die der Unternehmenskommunikation zumeist deutlich. Nur selten sind die beiden Bereiche einer gemeinsamen Leitung unterstellt; oft stehen sie sich im internen Wettbewerb um Managementaufmerksamkeit und Ressourcenvergabe gegenüber.

Diffuse Verortung von Public Affairs: In (Groß-) Unternehmen gehören Public Affairs bzw. Politikkommunikation überwiegend zur Unternehmenskommunikation. Die politisch-gesellschaftliche Kommunikation wird jedoch keineswegs immer als deren Aufgabe angesehen. Insbesondere bei Unternehmen in staatlich regulierten Märkten ist Public Affairs meist als Funktion mit eigener Berichtslinie zum CEO angelegt. Das Aufgabenfeld bleibt insgesamt diffus. Dazu können Kontakte zur politischen Legislative und Exekutive mit Verbindungsbüros in Berlin und Brüssel, politisches Monitoring als Frühwarnsystem sowie Lobbying zur Beeinflussung der politischen Willensbildung gehören, manchmal auch die Beziehungen zu gesellschaftlichen Gruppen. Corporate Social Responsibility (CSR) ist oft nicht Teil der Unternehmenskommunikation, sondern mitunter in rechtlich eigenständigen Einheiten ausgegliedert, z. B. in Konzernstiftungen.

Stärkung der Internationalisierung der Kommunikation: Eine eigenständige Kommunikationsfunktion mit Ausrichtung nach Regionen oder Ländern ist in allen international agierenden Unternehmen die Regel. Obwohl deren Leiter häufig fachlich an die Leitung Unternehmenskommunikation berichten, sind die Teams doch so gut wie ausnahmslos disziplinarisch den jeweiligen geografischen Einheiten bzw. Landesgesellschaften zugeordnet. Die Arbeit von Kommunikationseinheiten in den Regionen lässt sich kaum auf einen einheitlichen Nenner bringen; es finden sich „Communication Hubs" zwischen der Zentrale und den Landesgesellschaften oder rein operative Teams, die für einzelne Länder de facto die gesamte Unternehmenskommunikation übernehmen. Eigenständige regionale Kommunikationsteams sind selten; oft werden sie aus pragmatischen Gründen in die Teams eines größeren Landes in der betreffenden Region integriert. Die Abstimmung bzw. Steuerung der internationalen Einheiten übernimmt zunehmend eine eigene Einheit in der zentralen Unternehmenskommunikation. In deutschen Unternehmen sind die Kommunikationsaufgaben meist auf Deutschland fokussiert. Auch wenn Unternehmen international agieren – der Großteil des Kommunikationsteams ist vor Ort in Deutschland angesiedelt. Nur selten sind die Zuständigkeiten für den Heimatmarkt und die internationale Kommunikation voneinander getrennt. Fast immer werden die internationalen Anspruchsgruppen wie auch die Bezugsgruppen in Deutschland von den gleichen Kommunikatoren angesprochen. Zwar gibt es eine Entwicklung zu internationalen Teams, noch wird das Bild aber durch Kommunikatoren mit deutschem Sprach- und Kulturhintergrund bestimmt.

Unklare Verortung von Social Media bzw. digitaler Kommunikation: Trotz der steigenden Bedeutung der Digitalisierung für die Unternehmenskommunikation hat sich dieses Aufgabenfeld noch nicht eindeutig organisatorisch etabliert. Wo es den Kommunikationsfunktionen zugeordnet ist, finden sich meist nur kleine Teams mit stark operativer Ausrichtung. Noch immer ist Social Media oft außerhalb der Unternehmenskommunikation und an ihr vorbei parallel organisiert. Insbesondere bei endverbraucherorientierten Unternehmen mit starkem Markenprofil wird Social Media häufig in Marketing- oder Vertriebsfunktionen angesiedelt oder dort eigenständig betrieben.

Outsourcing nicht-strategischer Aufgaben: Einige Aufgabenfelder, wie Events und Corporate Publishing, die zumeist nicht als strategisch angesehen werden, sind häufig nicht in der Unternehmenskommunikation selbst aufgehängt. Je standardisierter und austauschbarer Umsetzung und Leistungserbringung sind, umso eher werden sie an externe Dienstleister oder Agenturen outgesourct. Reorganisationen der Kommunikationsfunktion, die eine Vereinfachung, Straffung oder Personalreduzierung anstreben, setzen bei diesen Funktionen zuerst an.

Etablierung einer Steuerungsfunktion: Die zunehmende Tendenz zu einer systematischen und nachvollziehbaren Planung, Steuerung und Bewertung der Unternehmenskommunikation bildet sich auch organisatorisch ab. Eine dedizierte Einheit für Strategieentwicklung und Planungsaufgaben sowie für Monitoring und Messung bzw.

Evaluation ist inzwischen in vielen Unternehmen vorhanden. Als ein Stab im (Kommunikations-) Stab organisiert, übernimmt diese Einheit alle nicht-operativen Kommunikationsaufgaben. Die Bandbreite reicht von kaufmännischen Aufgaben (Einkauf von Dienstleistungen, kaufmännisches Controlling, Ressourcenplanung) bis zur strategischen Kommunikationssteuerung.

Zuordnung nach Vorstandsressorts und stärkere interne Kundenorientierung: In der Regel gibt es außerhalb der Unternehmenskommunikation eigenständige spezialisierte Einheiten für Kommunikationsaufgaben, die direkt einem Vorstandsressort zugeordnet sind. Die Abteilung Investor Relations beispielsweise berichtet i. d. R. direkt dem Finanzvorstand. Aus der zentralen Rolle des Vorstands als Auftraggeber oder Abnehmer von Unternehmenskommunikation ist die Tendenz zu einem „Key Account Management" zu beobachten, mit dem die Unternehmenskommunikation die ressortverantwortlichen Vorstände als wichtigste interne Kunden direkt bedient. Innerhalb der Geschäftsbereiche eines Unternehmens (Divisionen oder „Business Units") finden sich inzwischen häufiger so genannte „Business Partner", die als Kommunikationsberater agieren, die Abstimmung zwischen Geschäftsbereichen und Kommunikationsfunktion übernehmen, die Ressortthemen in die Kommunikationsplanung einbeziehen und damit eine größere Marktnähe der Unternehmenskommunikation sicherstellen.

Aufstellung nach pragmatischen Erwägungen: Die Unternehmenspraxis lässt den Eindruck zu, dass die Kommunikationsfunktion oft weniger nach definierten Aufgaben aufgestellt wurde als nach rein pragmatischen Erwägungen. Nicht selten finden sich „historisch gewachsene" Aufstellungen. So dürfte das konzerninterne Kräfteverhältnis bzw. der jeweilige Machtanspruch benachbarter Funktionen für die Organisation der Kommunikationsfunktion ebenso eine Rolle spielen wie die knappe Verfügbarkeit von geeignetem Führungspersonal in der Unternehmenskommunikation, die eine Zusammenfassung teils unterschiedlicher Aufgabengebiete notwendig macht.

3 Strukturen: Von der klassischen Linienorganisation zum offenen Netzwerk

Im Gegensatz zu den operativen Geschäftseinheiten eines Unternehmens ist die Kommunikationsfunktion in aller Regel organisatorisch als *Stabsfunktion* oder im „Corporate Center" zentral verankert. Die Aufstellung als *Servicefunktion* oder einem „Shared Service Center" ist ein weniger verbreitetes alternatives Modell. Dabei steht der Dienstleistungscharakter im Vordergrund, die Kommunikationsverantwortlichen agieren entsprechend als „interne Agentur". Unabhängig von der Verankerung besteht häufig ein gegenläufiges Verhältnis zwischen der beratenden bzw. unterstützenden Kommunikationsfunktion und der operativen Linie. Um dieses zu harmonisieren, muss die organisatorische Integration als eine Daueraufgabe angesehen werden (Von Werder & Grundei 2009).

Die in der Literatur idealtypisch beschriebenen Modelle für die Organisation der Unternehmenskommunikation (u. a. Dozier & Grunig 1992, Bruhn 2005, Van Riel & Fombrun 2007) sind in der Praxis kaum vorhanden. Zumeist finden sich Mischformen unterschiedlicher Gestaltungsprinzipien; eine einheitliche Aufbauorganisation in der Unternehmenskommunikation ist nicht anzutreffen. Die besondere Herausforderung besteht immer darin, eine abteilungsübergreifende bzw. *crossfunktionale* Zusammenarbeit zu organisieren (Bruhn & Ahlers 2007; Bruhn 2005: 161 ff.).

Zentralisiertes Organisationsmodell: Dem Geschäftsmodell und der Eigentümerstruktur kommt eine entscheidende Bedeutung bei der Aufstellung der Unternehmenskommunikation zu. Insbesondere börsennotierte Unternehmen tendieren angesichts der strengen Regularien für kapitalmarktrelevante Finanzkommunikation grundsätzlich zu einem zentralisierten Organisationsmodell. Ob innerhalb dieser zentralen Kommunikationsabteilung eher divisionale Unterfunktionen je Geschäftseinheit des Unternehmens oder funktionale Unterfunktionen entlang der wesentlichen Kommunikationsdisziplinen gebildet werden, hängt vom Geschäftsmodell ab. Unternehmen, die nicht börsengelistet sind, gewähren ihren operativen Geschäftseinheiten meist größere kommunikative Freiheiten, was zu eigenständigen Kommunikationsfunktionen in einzelnen Divisionen oder Geographien bzw. Märkten führt. Die Unternehmenskommunikation bewegt sich damit zwischen zentraler Standardisierung und marktbezogener Differenzierung (Huck 2013). Die Steuerungsmodelle sind entsprechend entweder zentralistisch oder kooperativ angelegt. Für zukünftige Ansätze zur Strukturierung der Organisation der Unternehmenskommunikation nehmen flexible Modelle an Bedeutung zu.

Kanalzentrierte Linienorganisation als klassische Aufstellung: Für die Unternehmenskommunikation ist die Aufstellung als Linienorganisation das klassische Modell. Jede Kommunikationsdisziplin bzw. jeder Kanal (Interne Kommunikation, Presse-Medienarbeit etc.) wird danach über eine eigene Abteilung gesteuert. Diese Aufstellung ist sehr übersichtlich und ermöglicht es, Kompetenzen in einzelnen Funktionsbereichen zu bündeln. Sie lässt es auch zu, sich auf Spezialaufgaben zu fokussieren, z. B. durch eigene Abteilungen für strategische Planung oder Publishing. Dieses Organisationsmodell hat noch immer eine große Verbreitung in der Unternehmenskommunikation und ist als solches „gelernt". Sind alle Kommunikationsdisziplinen in einer Funktion unter einer Leitung zusammengeführt, gewährleistet diese Aufstellung ein hohes Maß an Konsistenz. Die Ausrichtung nach Disziplinen kann aber zu einem „Silodenken" führen, das die abteilungsübergreifende Zusammenarbeit erschwert und stattdessen Interessenkonflikte zwischen einzelnen Funktionsbereichen fördert. Zuweilen wird einer so aufgestellten Kommunikationsfunktion eine fehlende Marktnähe attestiert. Die Zusammenarbeit mit anderen Teilfunktionen der Kommunikation sowie mit Schnittstellen im Unternehmen ist hierbei über Austauschprozesse und Gremienabstimmungen zu fördern. Der Koordinationsaufwand für die Abstimmung und Entscheidungsfindung ist entsprechend hoch und führt zumeist zu langsamen Reaktionszeiten; Flexibilität und Umsetzungsgeschwindigkeit leiden.

Trotz des hohen Abstimmungsaufwands ist eine Linienorganisation für eine integrierte Kommunikation ein durchaus geeignetes Organisationsmodell, wenn die Aufstellung nicht nach Disziplinen, sondern nach Stakeholdern erfolgt und sie möglichst alle Anspruchsgruppen bedient. Die Zusammenführung unter einer Leitung ermöglicht eine hohe Integration der Kommunikationsaktivitäten. Die Orientierung an Stakeholderinteressen sorgt per se für eine Hinwendung von Kommunikationsdisziplinen oder -kanälen zu einer themenorientierten Organisation. Der Kommunikationsbereich der Commerzbank (GM-C), der über Jahre hinweg die Kommunikation mit Mitarbeitern und Führungskräften, Kunden und potenziellen Kunden, Öffentlichkeit, Politik und Verbänden sowie sogar Aktionären, Investoren und Analysten in einem Bereich zusammengeführt hat, ist ein gutes Beispiel für eine effektive stakeholderorientierte Kommunikation im Rahmen einer klassischen Linienorganisation. In einer derartig schlagkräftigen Unternehmenskommunikation, die aus einer Hand agieren kann, liegt inzwischen sowohl die Verantwortung für die Dachkampagnen als auch für die zentrale Marktforschung der Bank.

Themenkoordinierung in der multiplen Matrix: Ein Organisationsmodell, das bei der Aufstellung der Unternehmenskommunikation zunehmend Beachtung findet, ist das der mehrdimensionalen Matrix. Kennzeichnend ist hier die Überkreuzung von Funktionen (z. B. Kommunikationskanälen) und Objekten (z. B. Themen oder Vorstandsressorts), die eine Koordinierung erleichtert und die Einbindung verschiedener Teilfunktionen erlaubt. Querschnittsaufgaben wie Redaktion und Eventorganisation oder auch Strategieentwicklung und internationale Koordination lassen sich in einer Matrix besonders gut abbilden. Die Matrix folgt dem Prinzip der teamorientierten Ausrichtung und setzt stärker als die Linienorganisation auf kooperatives Verhalten sowie eigenverantwortliches Handeln. Die mehrdimensionale Aufstellung sorgt für eine umfassende Betrachtung der Kommunikationsaufgaben und fördert die Partizipation bei Problemlösungen. Gleichzeitig entlastet sie die Führung und führt zu einem direkten Austausch innerhalb der Teams. Um zu vermeiden, dass Verantwortlichkeiten unklar bleiben, die Entscheidungsfindung zu lange dauert oder Konflikte auf Teamebene nicht gelöst werden können, sind die wesentlichen übergreifenden Prozesse nachvollziehbar zu kartieren und die Zuständigkeiten eindeutig zu regeln. Auch wenn insgesamt ein hoher zeitlicher Bedarf für die teaminterne Kommunikation und Abstimmungsprozeduren entsteht: Die Matrixorganisation scheint als Strukturmodell die Voraussetzungen für eine integrierte stakeholderorientierte Kommunikation besonders gut zu erfüllen.

Flexible Projektorganisation nach Agenturvorbild: Ein neues Modell für die Aufstellung der Unternehmenskommunikation ist die Organisation nach dem Vorbild von Unternehmensberatungen und Agenturen. Eine flexible, offene Struktur soll das Arbeiten in Projekten unterstützen. Einen besonderen Schritt hin zu einer solchen Projektorganisation hat die Deutsche Telekom vor einigen Jahren gewagt. Im Zuge einer unternehmensweiten Reorganisation aller Stabsfunktionen hat sich die Unternehmenskommunikation anstelle einer schrittweisen Weiterentwicklung zu einem radikalen Umbau entschieden. Die klassische Abteilungsstruktur wurde durch eine Projektorganisation ersetzt, in der die vorherige Trennung von interner und externer, nationaler und internationaler Kommunikation aufgehoben ist. Stattdessen ist die Kommunikationsfunktion thematisch aufgestellt. Eine dedizierte Teamzuordnung besteht nicht, stattdessen sind die meisten Mitarbeiter in einem Pool organisiert. Aus dem Pool heraus werden je nach Projekt individuelle Teams zusammengestellt. Die Allokation von Mitarbeiterressourcen sowie von Budgets erfolgt zielbezogen. Die flexible Struktur in wechselnden Teams sorgt für eine insgesamt effizientere Arbeitsweise. Der Abbau von Abteilungsgrenzen erleichtert die Integration von Medien und Kanälen sowie die Steuerung von Projekten. Gleichzeitig fördert die dynamische Zusammenarbeit ein offeneres und unternehmerisches „Mindset" aller Mitarbeiter. Eine kleinere ausgelagerte Strategieeinheit bündelt alle strategischen Aufgaben, hierzu zählen z. B. die Anbindung an die Unternehmensstrategie oder die Kommunikationssteuerung. Die Projektorganisation kann schnell auf Veränderungen reagieren und scheint damit geradezu ideal geeignet für die neuen Rahmenbedingungen der Unternehmenskommunikation. Die Organisation nach Themen funktioniert nur mit bestens etablierten Prozessen sowie ausgewiesenem Projektmanagement-Know how. Darüber hinaus setzt eine offene und kollaborative Arbeitsorganisation auch einen internen Kulturwandel voraus, der von der Leitung eng begleitet werden muss und längerfristig anzulegen ist.

4 Prozesse: Vom Silodenken zum agilen Projektmanagement

Je stärker Strukturen aufgelöst werden, umso mehr Augenmerk muss auf die Definition der Prozesse gelegt werden.

Beschreibung übergreifender koordinierender Prozesse: Die steigende Bedeutung und Komplexität der Kommunikationsfunktion hat zur Folge, dass bei ihrer Weiterentwicklung ein starker Akzent auf die Einführung von integrierenden und koordinierenden Prozessen gelegt werden muss. Dabei ist zuallererst sicherzustellen, dass alle Mitarbeiter der Kommunikationsfunktion auf einheitliche Ziele eingestimmt sind und laufend über aktuelle strategische Fragen orientiert werden. Die Gestaltung der wesentlichen Prozesse muss die Homogenität von Themen und Botschaften gewährleisten und auf eine zeitliche Synchronisierung aller Kommunikationsaktivitäten achten. Budgets und Ressourcen sind auf Grundlage einer gemeinsam erstellten Kommunikationsstrategie zielorientiert zu vergeben und entsprechend zu steuern. Das umfasst die Einführung eines durchgängigen Kommunikations-Controllings zur Bewertung der Zielerreichung. Einheitliche Qualitätsstandards für die Unternehmenskommunikation sind zu entwickeln und dauerhaft zu sichern. Veränderte Arbeitsweisen und neue Anforderungen erfordern darüber hinaus eine laufende Weiterqualifizierung aller Mitarbeiter der Kommunikation. Die Entwicklung und Beibehaltung von Zusammengehörigkeitsgefühl und Kooperationsbereitschaft innerhalb der Kommunikationsfunktion ist als eine dauerhafte Führungsaufgabe zu verstehen.

Gremien zur Gestaltung der laufenden Zusammenarbeit: Für die Koordination der Zusammenarbeit finden sich innerhalb der Kommunikationsfunktion wiederkehrende Gremien der horizontalen Abstimmung (Klewes & Zerfaß 2011). Die wöchentlich oder werktäglich morgens stattfindende *Lage-Runde* ist eine etablierte Kurzkonferenz, bei der die Leitung Unternehmenskommunikation oder die Leitung der Presse- und Medienarbeit mit den Kommunikationsverantwortlichen die aktuelle Nachrichtenlage bewertet und die tagesbezogenen Aktivitäten bespricht. Ein ähnlich zusammengesetzter *Steuerungskreis* trifft sich alle zwei bis vier Wochen zur Diskussion weniger kurzfristiger Themen und entscheidet bei grundlegenden, strategisch relevanten Fragen, z. B. der Festlegung von Kommunikationsstrategie und Kernbotschaften, der Planung von Kampagnen oder der Bewertung von Großereignissen. *Redaktionskonferenzen* werden genutzt, um Nachrichten, Themen und Botschaften zu managen. Diese Konferenzen beschränken sich nicht auf die Redaktionen einzelner Medien oder Kanäle wie Mitarbeiterzeitschrift oder Intranet, sondern dienen einer ressortübergreifenden Abstimmung. Angesichts der zunehmenden Flut von Informationen ist eine häufige und zeitnahe Ad hoc-Abstimmung der einzelnen Teilfunktionen immer notwendiger. In größeren Kommunikationsfunktionen bilden sich eigene Gruppen oder *Communities* heraus, die die Koordinierungsgremien auf Leitungsebene ergänzen. Sie vernetzen interne Kommunikatoren unabhängig von ihrer Hierarchiestufe und dienen dem eher informellen Austausch zu fachlichen Themen und arbeitsplatzbezogenen Fragen. In der Regel nutzen sie dafür webbasierte Kollaborationsplattformen. Für ein regelmäßiges Informations-Update und den Austausch dienen darüber hinaus unterschiedliche *Begegnungsrunden* bzw. Meetings. Sie reichen von monatlichen bis halbjährlichen Vollversammlungen der Kommunikationsfunktion bis zu mehrtägigen Konferenzen der weltweiten Kommunikationsverantwortlichen. Die Themen werden dabei zentral vorgegeben. Um neu entstehende Aufgaben kurzfristig lösen zu können, werden situationsbedingt und für einen begrenzten Zeitraum aufgabenspezifisch zusammengestellte *Projektgruppen* bzw. *Spezialteams* aus verschiedenen Teilfunktionen gebildet. In solchen Spezialteams werden Projektmanagement-Kompetenz und Kommunikations-Know-how gebündelt, um die schnell wechselnden und immer wieder neuen Anforderungen an Kommunikation erfüllen zu können.

Governance im Einklang mit den organisatorischen Grundprinzipien des Unternehmens: Organisatorische Grundprinzipien sind in aller Regel für alle Unternehmensfunktionen präzisiert, die Kompetenzen unterschiedlicher Organisationseinheiten abgegrenzt und auch verbindliche Regeln für die Zusammenarbeit geschaffen. Diesen muss auch die Festlegung der „Communication Governance" folgen: *Inhaltlich* sind fachliche Standards zu beschreiben sowie die Zuständigkeit für Strategieentwicklung und Kommunikationsplanung, Themen und Botschaften, Maßnahmenentwicklung und ihre Umsetzung festzulegen; *disziplinarisch* sind die Zuständigkeit für die Aufstellung einzelner Untereinheiten, Budgetverantwortung, Personalzuweisung, Zielvereinbarungen etc. zu formulieren. In der Praxis der Unternehmenskommunikation bietet häufig die unklare Aufgabenverteilung zwischen Stabsabteilungen und operativen Geschäftseinheiten sowie auch Tochtergesellschaften Anlass zu Konflikten. Daher ist eine klare Orientierung im Alltag wichtig. Allerdings kann eine Governance nur die wesentlichen Grundlagen fixieren; ihre Durchsetzung ist wiederum eine Frage von Führungsstärke und Managementkultur.

Anpassung der Mandatierung: Die grundlegenden Aufgaben einer Unternehmenskommunikation sind zumeist in einem Mandat oder Auftrag des Vorstands formuliert und oft auch in Organisationshandbüchern kodifiziert. Sie sind für die Ausgestaltung der Unternehmenskommunikation wichtig, weil sie ihren Handlungsspielraum festlegen und damit auch der Ausgangspunkt für ihre organisatorische Aufstellung sind. Allerdings werden diese Fixierungen den derzeitigen Anforderungen oft nicht gerecht. Je mehr sich die Rolle und die Aufgaben angesichts der grundlegend neuen Rahmenbedingungen verändert haben (Stichwort Medienwandel), umso mehr muss die Unternehmenskommunikation beim Top-Management das Bewusstsein für ein verändertes Mandat vermitteln und eine entsprechende Verankerung durchsetzen.

Notwendigkeit für ein neues Rollenverständnis: Während in der Vergangenheit die Unternehmenskommunikation eher als Umsetzer gesehen wurde, der Beziehungen zu Journalisten pflegt, Themen in Medien platziert, Publikationen erstellt und Veranstaltungen organisiert, hat sich ihre Rolle gewandelt. Mehr und mehr wird die Unternehmenskommunikation zu einem Berater, der die Positionierung des Unternehmens mitentwickelt, zu einem Impulsgeber, der einen unverstellten Blick auf das Unternehmen hat und Trends von außen nach innen trägt, zu einem Moderator, der interne Veränderungsprozesse begleitet und Orientierung gibt oder zu einem Manager, der die Reputation in kritischen Unternehmenssituationen kommunikativ sicherstellt. Häufig herrschen unklare Vorstellungen darüber, welche Rolle die Unternehmenskommunikation heute einnimmt und zukünftig spielen wird. Sowohl im Unternehmen als auch innerhalb der Kommunikationsfunktion besteht oftmals kein geteiltes Verständnis über die Aufgaben. Eine Unternehmenskommunikation, die den Anspruch hat, die eigene Zukunft gestalten und verbessern zu wollen, muss sowohl für sich selbst darüber Klarheit zu schaffen als auch im Unternehmen dafür ein Verständnis erzeugen. Erst wenn Aufgaben und Rolle der Unternehmenskommunikation definiert sind, lassen sich die richtigen Ableitungen für die organisatorische Aufstellung treffen.

Neue Kompetenzanforderungen: Mit den veränderten Anforderungen an Kommunikatoren und einem neuen Rollenverständnis entwickelt sich ein neues Anforderungsprofil: der digital versierte Kommunikator, der Themen rasch strategisch einordnen und sie auf unterschiedlichen Kanälen von innen nach außen und von außen nach innen meinungsstark vermitteln kann. Neben den grundsätzlichen Fachkenntnissen, die jeder Mitarbeiter mitbringen muss, bedeutet das Anforderungsprofil für diese neuen Kommunikatoren auch, dass spezifische kommunikative und technische Kenntnisse und Fähigkeiten gezielt gesucht oder ausgebildet werden müssen. Die

Entwicklung von „Leadership" sowie von Beratungs-Know-how gehört ebenso auf die Agenda der Unternehmenskommunikation. Weiterentwicklungsbedarf besteht viel stärker bei betriebswirtschaftlichem Wissen und Managementkompetenzen als bei kommunikationsfachlichen Qualifikationen (Tench et al. 2013, Röttger et al. 2013, Klewes & Van der Pütten 2014).

Agiles Projektmanagement: In Zeiten der Unsicherheit und des dynamischen Wandels muss ein Unternehmen agil sein. „Agilität" ist die Fähigkeit, sich für Veränderungen und unvorhersehbare Ereignisse zu rüsten. Dabei ist es besonders wichtig, Änderungen frühzeitig wahrzunehmen und auf diese schnell reagieren zu können. Was für Unternehmen insgesamt zutrifft, gilt in besonderem Maße für die Unternehmenskommunikation: Sie muss flexibel genug sein, um mit der Komplexität und Geschwindigkeit des Wandels Schritt zu halten. Genau dafür muss die Unternehmenskommunikation passende Strukturen und geeignete Arbeitsweisen entwickeln. Eine offene Projektorganisation ist besser für agiles Arbeiten geeignet als ein starres Liniensystem. Nur muss die Organisation auch mit Leben gefüllt werden. Die Arbeitsweisen sind darauf anzupassen. Ganz wichtig dabei: Die Selbstverantwortung eines jeden Einzelnen und von Teams muss zunehmen, damit Entscheidungen schnell getroffen und ebenso schnell umgesetzt werden können. Agil bedeutet also: Die Mitarbeiter übernehmen mehr Verantwortung, statt bei jedem Thema Entscheidungen von Führungskräften abzuwarten. Statt enge Vorgaben zu bekommen, kann die Lösung von Aufgaben frei gestaltet werden. Aber auch für mehr eigenverantwortliches Arbeiten benötigen Unternehmen klare Spielregeln und eine Feedbackkultur, in der der regelmäßige offene Austausch ritualisiert wird. Wenn übergreifende Zusammenarbeit gewünscht ist, muss sie entsprechend geregelt werden, um Handlungssicherheit zu schaffen und vorgelebt werden, um Orientierung zu bieten. Noch experimentieren die meisten Unternehmen mit den neuen Formen des agilen Arbeitens (Leitl 2016).

5 Spezialfall Newsroom: Themenorientierte Aufstellung nach redaktionellem Vorbild

So wie seit vielen Jahren Medienhäuser und Verlage ihre Redaktionen in „Newsrooms" organisieren (Meier 2006), gehen inzwischen immer mehr Unternehmen dazu über, ihre redaktionellen Abläufe nach journalistischem Vorbild zu gestalten (Moss 2016). Die Ziele, die mit der Einführung eines Newsrooms verbunden sind, sind zumeist eine konsistente, medienübergreifende Themensetzung und letztlich eine stärkere Integration der Kommunikationsaktivitäten.

Wesentliche Merkmale, die das Newsroom-Konzept auszeichnen (Sadrowski 2015), sind dabei eine starke Orientierung an Themen, eine matrixartige Struktur, die Themen- und Kanalverantwortliche unterscheidet und Zuständigkeiten transparent macht, eine verbindlich geregelte Zusammenarbeit sowie ein laufender Austausch über aktuelle Themen, die meist über eine tägliche Besprechung der Nachrichtenlage erfolgt. Ein zentrales Merkmal eines Newsrooms ist die räumliche Zusammenführung unterschiedlicher redaktionell arbeitender Teams bzw. Untereinheiten. Der konzeptionelle Ansatz sieht damit die Ablösung von einer medien- und kanalzentrierten Arbeitsweise hin zu einer themenorientierten Entwicklung und Umsetzung von Inhalten und Botschaften vor.

Im besten Fall erhöhen sich mit der Einführung eines Newsrooms die Konsistenz, die Effizienz und auch die Taktung der Kommunikation. Ein Newsroom ist dabei als eine Organisationsform innerhalb der Unternehmenskommunikation zu verstehen, die eine themenorientierte Zusammenarbeit unterstützt. Ein Newsroom bezieht sich in der Regel nicht auf die gesamte Aufstellung der Kommunikationsfunktion und kann in unterschiedlichen Organisationsmodellen realisiert werden.

Nahezu alle großen deutschen Unternehmen haben in den vergangenen Jahren eigene Newsroom-Modelle eingeführt, darunter Daimler, Deutsche Post DHL, Munich Re oder Siemens. Der Implementierungsgrad des Newsrooms-Konzepts ist unterschiedlich; bei der Umsetzung zeigt sich in den Unternehmen eine erhebliche Bandbreite: Von regelmäßigen Jour fixes des Newsroom-Teams über die Nutzung eines Redaktionssystems als gemeinsamer Arbeitsoberfläche bis hin zur tatsächlichen Bündelung der gesamten Kommunikationsarbeit in einem Raum, von einem Austausch zu aktuellen Themen unter den Pressesprechern über die gemeinsame längerfristige Themenplanung innerhalb der Kommunikationsfunktion bis hin zur Integration von Vertretern anderer kommunikationsnaher Unternehmensbereiche wie Personal oder Marketing. Alle Themen werden im Newsroom – häufig unter Leitung eines CvDs – ressort- und kanalübergreifend diskutiert und mit Verantwortlichkeiten hinterlegt. Im Anschluss an Themen- bzw. Redaktionskonferenzen bereiten die zuständigen Kommunikatoren die Inhalte für verschiedene Stakeholdergruppen auf, die von Kanalverantwortlichen in den Medien und Kanälen ausgespielt werden.

In einigen Unternehmen geht der Anspruch der Kommunikationsfunktionen weiter: Anders als bei dem von Verlagen übernommenen Newsroom-Konzept sehen sie sich als eine „agile Content-Zentrale". Die abweichende Benennung soll das weiterreichende Grundverständnis dokumentieren. Während der Begriff „News" auf das kurzfristige Nachrichtenmachen von Agenturen und Redaktionen fokussiert, beansprucht „Content" die Zuständigkeit für die übergreifende Setzung und Entwicklung von Unternehmensthemen. Wenn es richtig ist, dass Medien-/Pressearbeit zunehmend weniger wichtig wird, weil klassische Medien immer weniger gelesen werden, dann muss eine Kommunikationsfunktion schon zur Absicherung der eigenen zukünftigen Rolle den Begriff „Content" (bzw. Inhalte/Themen) stärker besetzen und für sich vereinnahmen. Einen ähnlich weitreichenden Ansatz verfolgt die Deutsche Telekom mit ihrer so genannten „Content Factory", mit der die Unternehmenskommunikation COM den Herausforderungen, die durch die Digitalisierung und den damit verbundenen Medienwandel entstehen, begegnen will (vgl. dazu den Beitrag von Schlechtriem in diesem Band). Ob Newsroom oder Content Factory – eine Grundvoraussetzung für die erfolgreiche Implementierung ist eine echte Veränderungsbereitschaft. Die Zusammenarbeit erfordert mehr als nur das räumliche Zusammenrücken der involvierten Akteure, sondern geht meist mit einer tiefgreifenden Änderung der gewohnten Arbeitsabläufe und Verantwortlichkeiten einher.

6 Schlussbemerkung: Herausforderungen bei der organisatorischen Weiterentwicklung

Wenn die Rahmenbedingungen einem fundamentalen Wandel unterliegen, muss sich die Kommunikationsfunktion organisatorisch daran anpassen. Klare Strukturen und exzellente Prozesse sind Erfolgsfaktoren für den strategischen Beitrag der Unternehmenskommunikation. Die Kommunikationsfunktion kann sich immer weiter zu einer strategischen Funktion entwickeln, wenn sie sich von einer eher operativ-taktischen Rolle zu einer beratungsstarken Einheit wandelt, die wichtige Kommunikationsaufgaben im gesamten Unternehmen bearbeitet, in enger Abstimmung mit anderen Organisationseinheiten löst und ihren eigenen Erfolgsbeitrag dokumentiert.

Sechs Thesen zur Weiterentwicklung der Unternehmenskommunikation:
1. Eine enge Zusammenarbeit aller kundennahen Funktionen (z. B. Marketing, Personal und Kundenservice) ist heute unumgänglich, damit das Unternehmen konsistent kommuniziert und die Organisationsbereiche voneinander lernen.
2. Die Unternehmenskommunikation hat als geschäftsnah agierende Querschnittsfunktion die Möglichkeit, Kernprozesse des Unternehmens aktiv mitzugestalten, durch Einbindung in die Entwicklung der Unternehmensstrategie, Impulse für die Produktentwicklung oder Steuerung von großen Veränderungsprojekten.
3. Die Mitgestaltung von Kernprozessen im Unternehmen ist keine selbstverständliche Aufgabe. Die Unternehmenskommunikation muss sich die Gestaltungsmöglichkeiten erarbeiten und die dafür notwendigen Kompetenzen entwickeln, um zu einer anerkannten Autorität im Unternehmen zu werden.
4. Die Unternehmenskommunikation kann ein Vorreiter und Treiber für das Unternehmen sein, etwa indem sie selbst ein „Best Case" für die Zusammenarbeit in globalen Netzwerken wird, andere Unternehmenseinheiten bei der organisatorischen Weiterentwicklung coacht oder anderen Bereichen erprobte Modelle und Tools für das Change Management zur Verfügung stellt.
5. Eine Reorganisation der Unternehmenskommunikation, verbunden mit der Implementierung eines gemeinsamen Zielbilds und Selbstverständnisses, geschieht nicht von heute auf morgen – dahinter steht ein langfristiger Prozess, der den Ein-

bezug aller Kommunikationsmitarbeiter erfordert und regelmäßige Kurskorrekturen vornimmt.
6. Eine Weiterentwicklung der Kommunikationsfunktion betrifft nicht nur Strukturen und Prozesse, sondern auch Einstellungen und Verhaltensweisen, Wissen und Kompetenzen der Mitarbeiter sowie die Orientierung an einer gemeinsamen Vision und geteilten Werten.

Literatur

Bruhn, M. (2005). *Unternehmens- und Marketingkommunikation. Handbuch für ein integriertes Kommunikationsmanagement.* München: Vahlen.

Bruhn, M., & Ahlers, G. M. (2007). Organisation der Kommunikationsfunktion. Teamarbeit als Erfolgsfaktor. In: M. Piwinger & A. Zerfaß (Hrsg.), *Handbuch Unternehmenskommunikation*, 1. Auflage (S. 661–676). Wiesbaden: Gabler.

Dozier, D. M., & Grunig, L. A. (1992). The Organization of the Public Relations Function. In: J. E. Grunig (Hrsg.), *Excellence in Public Relations and Communication Management.* Hillsdale (NJ): Lawrence Erlbaum Associates (S. 395–417).

FTI Consulting (2013). *Shaken, not stirred. Die neue Realität der Unternehmenskommunikation.* O. O.

Huck, S. (2013). Internationale Unternehmenskommunikation. In: C. Mast (Hrsg.), *Unternehmenskommunikation*, 4. Auflage (S. 365–383). Konstanz, München: UVK.

Klewes, J., & Zerfaß, A. (2011). *Strukturen und Prozesse in der Unternehmenskommunikation. Qualitative Studie zu Status Quo und Trends in der Organisation der Kommunikationsfunktion in deutschen Konzernen.* Unveröff. Studienbericht. Düsseldorf/Leipzig: Heinrich-Heine-Universität, Universität Leipzig.

Klewes, J., & Van der Pütten, S. (2014). Personalmanagement und Kompetenzaufbau in der Unternehmenskommunikation. In: A. Zerfaß & M. Piwinger (Hrsg.), *Handbuch Unternehmenskommunikation*, 2. Auflage (S. 1011–1025). Wiesbaden: Springer Gabler.

Leitl, M. (2016): Lost in Transformation. In: Harvard Business Manager, Mai 2016 (S. 30–37).

Meier, K. (2006). Newsroom, Newsdesk, crossmediales Arbeiten. Neue Modelle der Redaktionsorganisation und ihre Auswirkung auf die journalistische Qualität. In: S. Weischenberg, W. Loosen & M. Beuthner (Hrsg.), *Medien-Qualitäten. Öffentliche Kommunikation zwischen ökonomischem Kalkül und Sozialverantwortung*, 1. Auflage (S. 203–222). Konstanz: UVK Verlagsgesellschaft.

Moss, C. (2016). *Der Newsroom in der Unternehmenskommunikation.* Wie sich Themen effizient steuern lassen. Wiesbaden: Springer.

Reichwald, R. (1996). Neue Arbeitsformen in der vernetzten Unternehmung. Flexibilität und Controlling. In: A. Picot (Hrsg.), *Information als Wettbewerbsfaktor* (S. 233–263). Stuttgart: Schäffer-Poeschel.

Reichwald, R., & Möslein, K. (1999). Organisation: Strukturen und Gestaltung. In: C. Graf Hoyos & D. Frey (Hrsg.), *Arbeits- und Organisationspsychologie* (S. 29–49). Weinheim: Beltz.

Röttger, U., Zerfaß, A., Kiesenbauer, J., & Stahl, J. (2013). *Führung im Kommunikationsmanagement – Herausforderungen im internationalen Vergleich.* Forschungsberichte zur Unternehmenskommunikation Nr. 1. Leipzig: Akademische Gesellschaft für Unternehmensführung und Kommunikation.

Sadrowski, M. (2015). „Das ist kein Newsroom, sondern eine aufgepeppte Pressestelle". Der Newsroom als Organisationsform der Unternehmenskommunikation. Mainz: Magisterarbeit an der Johannes Gutenberg-Universität Mainz.

Tench, R., Zerfass, A., Verhoeven, P., Vercic, D., Moreno, A., & Okay, A. (2013). *Communication Management Competencies for European Practitioners*. Leeds: Leeds Metropolitan University.

Valin, J., & Paluszek, J. (2012). *Who has seen the future? A report on public relations professional competencies and innovative corporate approaches to external relations.* Lugano: Global Alliance for Public Relations and Communication Management.

Van Riel, C. B. M., & Fombrun, C. (2007). *Essentials of corporate communication.* London/New York: Routledge.

Von Werder, A., & Grundei, J. (2009). Organisationale Verankerung der Kommunikation in Unternehmen. In: M. Bruhn, F.-R. Esch & T. Langner (Hrsg.), Handbuch Kommunikation (S. 1179–1197). Wiesbaden: Gabler.

Zerfaß, A.; Ehrhart, C.; Lautenbach, C. (2014). *Organisation der Kommunikationsfunktion: Strukturen, Prozesse und Leistungen für die Unternehmensführung*, in: Zerfaß, A.; Piwinger, M. (Hrsg.): Handbuch Unternehmenskommunikation. Strategie – Management – Wertschöpfung. (S. 987–1010) Wiesbaden: Springer Gabler.

Zerfaß, A., Schwalbach, J., & Sherzada, M. (2013). Unternehmenskommunikation aus der Perspektive des Top-Managements. Eine empirische Studie bei Vorständen und Geschäftsführern in deutschen Großunternehmen. Leipzig: Universität Leipzig.

Jürgen Kornmann
Need for speed – Warum Unternehmenskommunikation kampagnenfähig sein muss

Fallbeispiel „BahnCard"

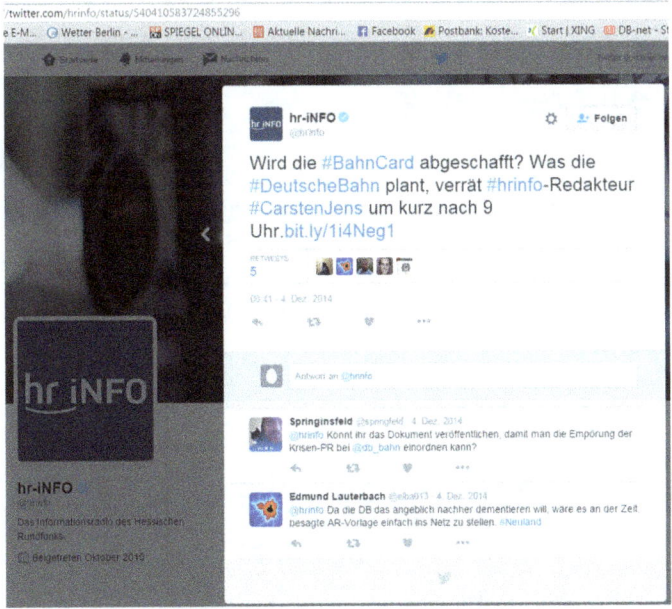

Abb. 1: Wird die BahnCard abgeschafft? Erstmeldung über Twitter von hr-Info (Quelle: twitter.com/hrinfo/status/540410583724855296)

Als dieser Tweet (Abbildung 1) am 4. Dezember 2014 um 8:41 Uhr auf den Weg gebracht wurde, ahnte noch kaum jemand etwas von seiner bahnbrechenden Wirkung. Lediglich ein Team um den Bahnexperten der Infowelle des Hessischen Rundfunks hatte sich offensichtlich einen ausgeklügelten Plan zurechtgelegt, wie ein Scoop zu einer veritablen Enthüllungskampagne ausgebaut werden sollte.

Ein internes DB-Papier zur Weiterentwicklung des Geschäftsmodells im Fernverkehr war dem Radiojournalisten über einen anonymen Mittelsmann zugesteckt worden. Die darin beschriebenen möglichen Veränderungen betrafen auch die BahnCard und damit die fünf Millionen Karteninhaber. Diskutiert wurden Modifikationen der Rabattkarte, wie beispielsweise die Einführung von Kundenkonten mit zusätzlichen Discounts für Vielfahrer.

Da das Papier allem Anschein nach authentisch war und dazu noch den Vermerk „streng vertraulich" trug, wollte der Redakteur offensichtlich auf keinen Fall die Exklusivität seiner persönlichen Interpretation gefährden. Daher verzichtete er auf den Gegencheck seiner „Recherche" durch einen Anruf bei der DB-Konzernkommunikation. Mögliches Kalkül: Eine Wiederholung der äußerst emotionalen Debatte in der gesamten deutschen Öffentlichkeit um das 2002 reformierte Preissystem und die damit verbundene Abschaffung der BahnCard. Damals nahm die Bahn nach heftigen öffentlichen Protesten die Neuregelungen zurück, und mehrere hochrangige Manager mussten gehen.

1 Crossmediale Inszenierung

Um eine Neuauflage dieser Debatte möglichst effektvoll zu inszenieren, bereitete der Hessische Rundfunk mit hoher Professionalität eine crossmediale Kampagne zur Enthüllung des vermeintlichen Skandals vor. Parallel zum oben zitierten Tweet verfasste die hr-Pressestelle eine Pressemitteilung (Abbildung 2) mit den wichtigsten Passagen des DB-Papiers. Weitere Informationen und Auszüge aus dem Dokument wurden auf die Website des Senders gestellt.

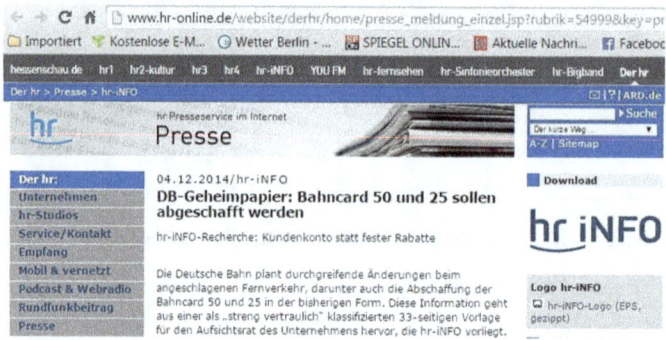

Abb. 2: Auszug Pressemitteilung von hr-Info

Die Rechnung ging auf: Schon kurz nach der Erstausstrahlung des Hörfunk-Beitrags um 9:18 Uhr sprangen nahezu alle tagesaktuellen Medien bundesweit auf das Thema an. Innerhalb der ersten Stunde legten mehr als 100 Presseanfragen die Leitungen der DB-Kommunikation nahezu lahm.

2 Die Bahn ist immer eine Schlagzeile wert

Dass sogenannte „Aufregerthemen" aus dem Nichts auftauchen, ist für DB-Kommunikatoren ein gewohnter Vorgang. Ob es sich um ausgesetzte Kinder, Klimaanlagen-Ausfälle oder den unvorhersehbaren Zusammenbruch des Bahnverkehrs handelt: Jeder Bahnsprecher weiß, dass diese vermeintlichen oder tatsächlichen Fehlleistungen großes Potential zum beliebten öffentlichen „Bahn-Bashing" bieten. Hohe Auflagen, Einschaltquoten und Klickzahlen inklusive.

Denn nicht nur die täglich über sieben Millionen Fahrgäste in Bussen und Bahnen der DB sind für diese Themen ansprechbar. Auch die Tatsache, dass das nach wie vor komplett im Staatsbesitz befindliche Unternehmen mit seinen mehr als 300.000 Mitarbeitern beständig den Spagat zwischen wirtschaftlichem Handeln und gesellschaftlicher Verantwortung übt, rückt die Bahn in den Mittelpunkt des öffentlichen Interesses. Das spiegeln auch Zahlen zur durchschnittlichen Presseresonanz wider: Im Jahr 2014 erfasste das DB-Medienmonitoring rund 107.000 Print- und Online-Artikel sowie rund 4.500 TV-Beiträge mit Bahn-Bezug. Kein anderes Unternehmen in Deutschland steht dauerhaft so stark im medialen Fokus.

Im vorliegenden BahnCard-Fall war also nicht nur davon auszugehen, dass die fünf Millionen Karteninhaber sich angesprochen fühlen. Auch die Annahme, die Bahn lege Axt an nationale Besitzstände an, ließ auf eine emotionale Reaktion größeren Ausmaßes schließen.

3 Interne Kommunikationssteuerung

Dementsprechend war der Autor dieses Beitrags mit seinem Kommunikationsteam des DB-Personenverkehrs intensiv darum bemüht, schnellstmöglich das besagte interne Dokument in die Hand zu bekommen. Nur die eingehende Prüfung der originären Quelle des Medienberichts ließ eine valide Einschätzung zu, ob an dem behaupteten Thema etwas dran sei.

Um die konsistente Kommunikation über alle Kanäle sicherzustellen, wurden parallel alle Mitarbeiter mit Schnittstellen zur Presse, zu den Kunden oder zur Öffentlichkeit informiert. Über die unternehmensinternen Koordinations- und Informationsprozesse (Telefonkonferenzen und Mailverteiler) wurde die Sachlage kurz erläutert und festgelegt, wer sich federführend im Unternehmen um eine inhaltliche Stellungnahme kümmerte. Auch die DD-Vorstände wurden vorgewarnt, dass sie auf ihren öffentlichen Terminen auf entsprechende Fragen stoßen könnten.

Im nächsten Schritt wurden die Nachrichtenagenturen proaktiv kontaktiert, um die bereits entstehende DB-Stellungnahme anzukündigen. Es galt, den Flächenbrand einer breiten Negativberichterstattung auf der Basis falscher Behauptungen unbedingt zu vermeiden. Die Erstmeldungen der Nachrichtenagenturen sind oft entscheidend für den Verlauf eines medialen Diskurses: Sie werden in der Regel automatisiert und ohne weitere redaktionelle Bearbeitung von den Online-Medien übernommen. Auch die Medien, die das Thema selbständig recherchieren, werden häufig vom Tenor der ersten Agenturmeldung beeinflusst. Daher legt die DB-Kommunikation großen Wert darauf, bei bahnkritischen Themen mit „Shitstorm"-Potential bereits von der ersten Agenturmeldung an mit einer eigenen inhaltlichen Aussage vertreten zu sein.

4 Hartes Dementi der Bahn über alle Kanäle

Über Facebook und Twitter diskutierten an diesem Morgen bereits Hunderte Nutzer hoch emotional und kontrovers über die vermeintliche Abschaffung der BahnCard. Eine knappe Viertelstunde nach Ausstrahlung des Radiobeitrags gelang es der DB-Kommunikation nach Prüfung des inzwischen vorliegenden Dokuments und Rücksprache mit den Verfassern, den Sachverhalt so weit zu klären, dass eine erste reaktive Stellungnahme (Abbildung 3) möglich war. Um 9:30 Uhr erklärten die Social Media-Teams der DB die Behauptungen des Hessischen Rundfunks für falsch:

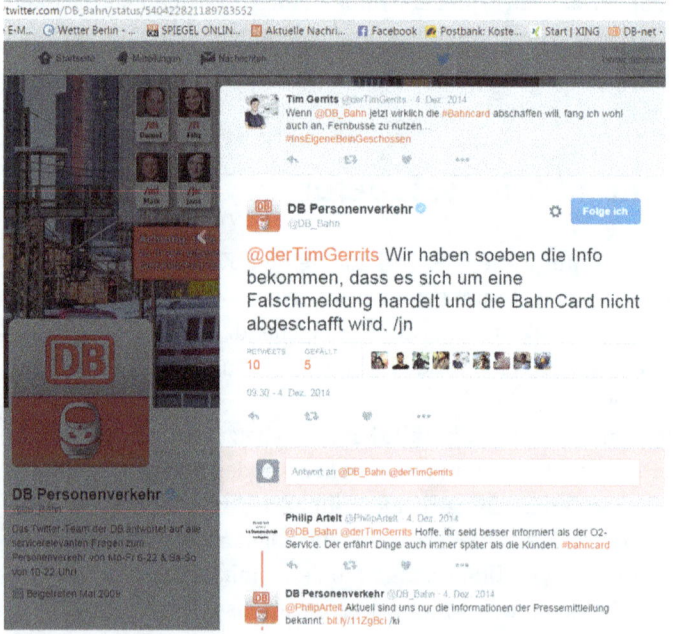

Abb. 3: DB dementiert Erstmeldung über Twitter-Kanal (Quelle: twitter.com/DB_Bahn/status/540422821189783552)

Nur 20 Minuten später legte das Unternehmen mit einer bundesweit verbreiteten Pressemitteilung (Abbildung 4) nach, die vorab den Agenturen zur Verfügung gestellt wurde. Um 10:00 Uhr hatte die DB-Konzernkommunikation über alle DB-Informationskanäle für Presse, Kunden, Öffentlichkeit und Mitarbeiter eine einheitliche und unmissverständliche Botschaft zu den Behauptungen verbreitet.

Presseinformation

Deutsche Bahn: hr info-Meldung zu angeblicher Abschaffung der BahnCard ist falsch

(Berlin, 4. Dezember 2014) Die Deutsche Bahn (DB) weist die Behauptung des Hessischen Rundfunks, wonach die BahnCard abgeschafft werden soll, als dreiste Falschmeldung zurück. Zu den weiteren angeblichen Veränderungen im Fernverkehr äußert sich das Unternehmen in Laufe des heutigen Tages.

Abb. 4: DB dementiert per Pressemitteilung

Die drastische Wortwahl in der Pressemitteilung („dreiste Falschmeldung") war klar darauf ausgerichtet, den bundesweit gerade stattfindenden Redaktionskonferenzen zur Klärung der Tagesagenda ein unmissverständliches Signal zu übermitteln, dass an dieser Geschichte nichts dran sei.

Dies gelang insoweit, als dass die Agenturmeldungen und Onlinemedien das deutliche Dementi in allen Beiträgen berücksichtigten und die hr-These mit entsprechender Vorsicht kolportierten. Gleichwohl nahm der mediale Druck zur eindeutigen Klärung des Sachverhalts weiter zu: Bis zum Mittag des 4. Dezembers hatte die Zahl der Presseanfragen bereits die 200er Marke geknackt.

Gemäß einer konsistenten Kommunikation („One-Voice-Policy") wurden auch die sieben regionalen DB-Pressestellen per Telefonkonferenz, aktueller Sprachregelung und Hintergrundinfos zur BahnCard in die Lage versetzt, den zahlreichen Anfragen der Lokalmedien begegnen zu können.

5 Kampagne eskaliert weiter

Um die Deutungshoheit über das Thema zu behalten, zündete der Hessische Rundfunk um 10:24 Uhr die nächste Stufe der Kampagne: Als Nachweis der Recherche und gerechtfertigten Interpretation des Texts wurde ein Foto des DB-Papiers auf Twitter gestellt (Abbildung 5).

Dennoch stieg die Zahl der zweifelnden Kommentatoren in der inzwischen auf Hochtouren laufenden Twitter-Diskussion. Daher legte der Sender um 11:29 Uhr noch einmal nach (Abbildung 6):

Abb. 5: hr-Info zeigt Foto der Vorlage für den DB-Aufsichtsrat (Quelle: twitter.com/hrinfo/status/540436358213685248)

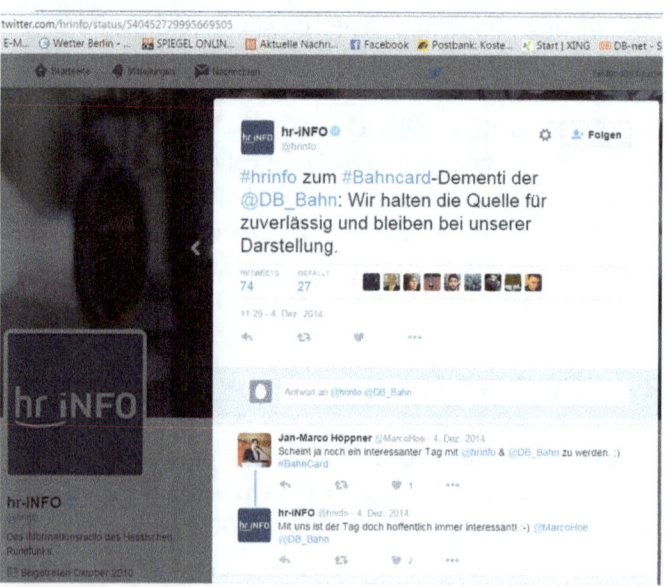

Abb. 6: hr-Info verteidigt sich (Quelle: twitter.com/hrinfo/status/540452729995669505)

Die Beweiskraft der Berichterstattung wurde jetzt auch mit exklusiven Zitaten aus dem DB-Papier versucht zu untermauern. Die weiteren Tweets um 12:23 Uhr, 12:25 Uhr und 12:29 Uhr wurden als Eilmeldungen gekennzeichnet:

++EILMELDUNG++ Exklusive Zitate aus internem Papier der #Bahn: „Weiterentwicklung der Preisstruktur notwendig, 3 Stoßrichtungen". #Bahncard (Quelle: twitter.com/hrinfo/status/540466476596342784?ref_src=twsrc%5Etfw)

++EILMELDUNG++ Exklusives Zitat aus internem Papier der #Bahn: „Von der #Bahncard zum Kundenkonto, Loyalitätsrabatte statt erkaufte Rabatte" (Quelle: twitter.com/hrinfo/status/540466933360242688?ref_src=twsrc%5Etfw)

++EILMELDUNG++ Exklusives Zitat aus internem #Bahn-Papier: „Ansätze reichen [...] bis zu grundsätzlichen Veränderungen der Rabattfunktion". (Quelle: twitter.com/hrinfo/status/540467988915580929?ref_src=twsrc%5Etfw)

Auch die weiteren Radio- und TV-Programme der ARD waren zwischenzeitlich auf die Kampagne aufgesprungen. Mit Meldungen über Twitter wiesen sie auf aktuelle Radiobeiträge zum Thema hin (Abbildung 7):

Abb. 7: WDR 2 steigt in Twitter-Debatte ein (Quelle: twitter.com/WDR2/status/540440873482604544)

Der hr-Journalist erläuterte in zahlreichen Live-Gesprächen auf den regionalen ARD-Radiowellen (Abbildung 8), aber auch in der überregionalen „Mittagsmagazin"-Fernsehsendung, warum seine Interpretation der Unterlage trotz DB-Dementi richtig sei.

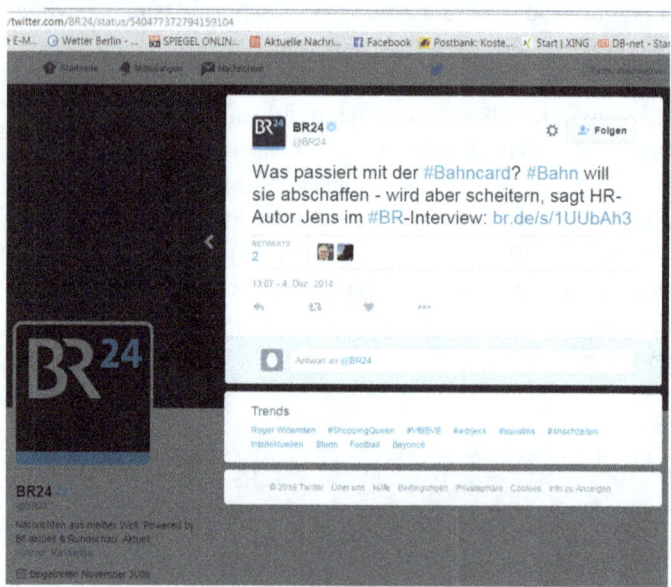

Abb. 8: Bayerischer Rundfunk weist auf Interview mit hr-Autor hin (Quelle: twitter.com/BR24/status/540477372794159104)

Konsequent berichtete auch die „Tagesschau" in ihren Nachmittagsausgaben weiterhin von der angeblich geplanten BahnCard-Abschaffung.

Die intensive Diskussion in den sozialen Netzwerken, welche Seite glaubwürdiger sei, setzte sich nun auch in den Online-Medien fort. Mehrere Dutzend Artikel stellten die kontroversen Positionen gegenüber. Die Berichterstattung machte deutlich: In Sachen Meinungshoheit war die DB inzwischen auf Augenhöhe zum Hessischen Rundfunk gelangt. Der Stern spitzte das Thema in seiner Onlineausgabe vom 4. Dezember um 13:03 Uhr auf die simple Frage zu: „Wer lügt? Bahn und HR-Info zoffen sich um Bahncard-Meldung" (Quelle: www.stern.de/wirtschaft/news/bahncard-vor-dem-aus--hr-veroeffentlicht-geheimes-schreiben-auf-twitter-3234822.html).

Stellvertretend für die zunehmende Skepsis in den anderen Redaktionen äußerte sich Thorsten Knuf, Hauptstadt-Korrespondent der DuMont-Verlagsgruppe (Berliner Zeitung, Frankfurter Rundschau, Kölner Stadtanzeiger u. a.) in seinem Tweet um 14:19 Uhr (Abbildung 9):

Abb. 9: Skepsis macht sich breit (Quelle: twitter.com/thorstenknuf/status/540495502564139008)

6 Turnaround durch personalisierte Kommunikation

Die schnelle und massive Gegenreaktion mittels Pressemitteilung, Informationen über DB-Websites, Posts in den sozialen Netzwerken und unzähliger O-Töne sowie Zitate von Bahnsprechern hatte die Kampagne des Hessischen Rundfunks zumindest zum Stocken gebracht.

Um die Glaubwürdigkeit ihrer Botschaften zu untermauern, bereitete die DB-Kommunikation die nächste Stufe der Gegenkampagne vor: Während Pressesprecher-Aussagen häufig kritisch hinterfragt werden, stellt die Autorität eines Konzernvorstands in der Regel eine härtere Währung dar. Daher musste jetzt mit einem persönlichen Auftritt eines verantwortlichen Topmanagers der finale Beweis erbracht werden, dass niemand im Unternehmen heimlich am Verschwinden der Rabattkarte arbeitete.

Die DB-Kommunikation entschied sich für eine doppelte Strategie: Der Auftritt des Vorstandsvorsitzenden Dr. Rüdiger Grube bei einer öffentlichen Veranstaltung zu einem anderen Thema in Hannover wurde kurzerhand für das aktuelle Thema genutzt. Mit der erhobenen Karte als Fotomotiv und der Botschaft „Die BahnCard bleibt!" setzte Grube ein medientaugliches und unmissverständliches Statement. Das Thema war somit als Chefsache in Szene gesetzt.

Daneben hatte die DB-Kommunikation bereits kurz nach Mittag zu einer telefonischen Pressekonferenz inklusive anschließendem TV-Statement mit dem zuständigen

Personenverkehrsvorstand Ulrich Homburg um 15:00 Uhr in Köln eingeladen – aufgrund der Kurzfristigkeit ebenfalls im Umfeld einer anderen Veranstaltung.

Die Gelegenheit, von höchster Stelle Erläuterungen zu dem brisanten Papier zu erhalten, ließen sich mehr als 100 Journalisten nicht entgehen. Auch der hr-Journalist war dabei, um mittels der persönlichen Konfrontation des DB-Vorstands mit seinen Interpretationen des Papiers möglicherweise weiteren Rückenwind für die Enthüllungskampagne zu bekommen. Es kam jedoch anders: Durch die transparente Erläuterung der angeblichen Beweisstellen durch Ulrich Homburg wurde den meisten Beteiligten schnell klar, dass an der vermeintlichen Skandalgeschichte nichts dran war. Vor allem die ausführliche gemeinsame Text-Exegese mit dem hr-Journalisten während der telefonischen Pressekonferenz machte deutlich, dass an keiner Stelle des Dokuments explizit von einer möglichen Abschaffung der BahnCard die Rede war.

Gerd Aschoff, Pressesprecher des Kundenverbands Pro Bahn, fasste in einem Deutschlandfunk-Interview am selben Tag seine Eindrücke als neutraler Zuhörer der telefonischen Pressekonferenz folgendermaßen zusammen:

> Da waren sehr viele Journalisten dabei, seitens der Bahn der Fernverkehrsvorstand Ulrich Homburg, aber da war auch der Journalist dabei, der heute Morgen im Namen des Hessischen Rundfunks diese ganze Welle in Bewegung gesetzt hat. Der hat durchaus mannhaft seine Sachen verteidigt, aber es war hinterher klar, dass es doch eine Interpretation war, die dann als bare Münze verkauft worden ist, und es keineswegs eine Beschlussvorlage gibt für den Aufsichtsrat. Der Journalist sprach dann davon, aber hier auf Seite 30 steht doch, und da musste er im Grunde genommen eigentlich nicht mehr weiter sprechen, weil wenn das erst auf Seite 30 steht, dann weiß man, das eine sehr umfangreiche Vorlage ist, bei der sehr viel erst mal durchgespielt wird, und das, finde ich, ist durchaus legitim, dass auch mal links und rechts des Weges geguckt wird.
> (Quelle: www.deutschlandfunk.de/angebliches-bahncard-aus-interpretation-fuer-bare-muenze.694.de.html?dram:article_id=305273)

Diese Einschätzung teilten offensichtlich die meisten Journalisten, denn unmittelbar nach der telefonischen Pressekonferenz und den Auftritten von Dr. Rüdiger Grube und Ulrich Homburg vollzog sich ein deutlicher Schwenk in der Berichterstattung. Die weit überwiegende Mehrheit der am 4. Dezember 2014 mit diesem Thema beschäftigten rund 300 Journalisten rückte von der Sichtweise des Hessischen Rundfunks ab. Die Beiträge in den Abendausgaben von TV-, Radio- oder Onlinemedien stellten das klare Bekenntnis der DB zur BahnCard in den Vordergrund. Spiegel Online berichtete am 4. Dezember um 18:38 Uhr:

> Streiks, Verspätungen, Pannen oder Skandale – von den Nachrichten über ihr Unternehmen in Zeitungen, Fernsehen oder Onlineportalen sind die Bahn-Bosse Kummer gewohnt. Doch die morgendliche Meldung des Hessischen Rundfunks sorgte dann doch für Aufruhr im Bahntower am Potsdamer Platz. „Dreiste Falschmeldung" hieß es bereits wenige Minuten nachdem die Nachricht in der Welt war. „Es gibt kein Abschaffen der BahnCard", schob Bahnchef Rüdiger Grube mittags höchst selbst nach. „Das ist völliger Quatsch." So war der Vormittag zumindest für etwas gut: Rund fünf Millionen Kunden wissen jetzt, dass sie sich auf ihre geliebte Rabattkarte

verlassen können. Sie wird bleiben wie sie ist, möglicherweise um die eine oder andere Funktion erweitert, wie es in Bahnkreisen hieß. Aber keinesfalls fällt etwas weg.
(Quelle: www.spiegel.de/wirtschaft/unternehmen/bahn-will-bahncard-angebot-um-miles-more-version-erweitern-a-1006688.html)

Die rund 100 Beiträge am Folgetag beschäftigten sich zwar mit der Frage, wie Veränderungen im Geschäftsmodell des Fernverkehrs aussehen könnten. Zweifel am Erhalt der BahnCard waren jedoch nicht mehr zu lesen. So schnell und intensiv, wie die Kampagne des Hessischen Rundfunks in der Wahrnehmung der Öffentlichkeit empor schoss, verschwand sie auch wieder. Insgesamt verzeichnete die DB-Kommunikation am 4. und 5. Dezember 2014 rund 300 Medienbeiträge und mehrere tausend Posts in den sozialen Netzwerken. Ein nachhaltiger Imageschaden konnte jedoch verhindert werden. In einigen Kommentaren wurde sogar gewürdigt, dass die DB über Modifikationen der BahnCard nachdenkt. Die taz kommentierte am 5. 12. 2014:

> Nun möchte die Bahn das Bahncardsystem weiter entwickeln. Verkehrspolitisch ergäbe eine Infragestellung des bisherigen Rabattsystems sogar Sinn – könnte doch so die Auslastung der Züge erhöht werden. Manche, die gewohnheitsmäßig am Freitagnachmittag fahren, könnten vielleicht auch am Freitagmorgen oder erst am Sonnabend aufbrechen. Das würde auch helfen, Probleme durch Überlastung einzelner Züge zu mindern. Je größer der Preisunterschied zwischen stark und schwach nachgefragten Zügen ist, umso eher werden Passagiere bereit sein, umzusteigen. Fernbuslinien und Fluggesellschaften machen dies übrigens genauso. Rabatte oder günstige Preise gewähren sie nur zu nachfrageschwachen Zeiten, um die Auslastung zu erhöhen.
> (Quelle: www.taz.de/Die-Zukunft-der-Bahncard/!5027000)

7 Wie journalistische Kampagnen funktionieren

Am Beispiel dieser vermeintlichen Enthüllungsgeschichte lässt sich gut nachvollziehen, wie journalistische Kampagnen funktionieren und wie die Unternehmenskommunikation selbst kampagnenfähig werden kann.

Grundsätzlich sind journalistische Kampagnen nicht per se als gut oder schlecht zu bewerten. Das Spektrum reicht von verdienstvollen Beiträgen zur Aufdeckung von Missständen bis zur Verunglimpfung unschuldiger Personen. Während die Aufdeckung der Barschel-Affäre oder der FIFA-Korruptionsskandale für aufklärerische Kampagnen stehen, gehören die Berichterstattungen zu den vermeintlichen oder tatsächlichen Verfehlungen von Ex-Bundespräsident Wulff oder Wetterexperte Kachelmann zu den eher zweifelhaften Leistungen der vierten Gewalt.

Für die immer häufiger zu beobachtende kampagnenmäßige Aufbereitung von Themen gelten bestimmte Rahmenbedingungen. Je besser Unternehmenskommunikatoren diese kennen, umso erfolgreicher können sie mit journalistischen Kampagnen reaktiv umgehen und mit eigenen Kampagnen unternehmensrelevante Themen proaktiv in den öffentlichen Diskurs einbringen. Im Folgenden sind die wichtigsten

Charakteristika und die daraus folgenden Handlungsempfehlungen für die Unternehmenskommunikation kurz beschrieben.

Ökonomisierung des Journalismus
Die Auffassung, Nachrichten als Waren zu verstehen und mit exklusiven Waren eine höhere Nachfrage zu schaffen, ist so alt wie der Journalismus selbst. Durch die aktuelle ökonomische Krise der traditionellen Medienhäuser verschärft sich der Zwang, exklusive Scoops zu produzieren, um höhere Auflagen, Einschaltquoten oder Klickzahlen zu erreichen. Dies wird allerdings durch die gleichzeitige Ausdünnung der Redaktionen schwieriger: Immer weniger Journalisten müssen immer mehr Inhalte generieren. Die Folge: Unter dem erhöhten Produktionsdruck bleibt zunehmend die journalistische Sorgfalt – beispielsweise der Gegencheck einer Story durch eine zweite Quelle – auf der Strecke. Der Anspruch, mit einer Enthüllungsgeschichte als Erster auf dem Markt zu sein, wiegt schwerer als die ausgewogene Recherche. Inzwischen gilt für viele Redaktionen: Schnelligkeit vor Gründlichkeit!

Veränderte Mediennutzung
Es sind allerdings nicht nur die verschärften Produktionsbedingungen, die Kampagnenjournalismus begünstigen. Auch das Rezipientenverhalten hat sich in den letzten 20 Jahren grundlegend geändert. Mit dem Einzug mobiler Informationstechnologie in fast alle Lebensbereiche sind auch Nachrichten jederzeit und überall verfügbar geworden. Neben den klassischen Medien konkurrieren nun zusätzlich Online-Plattformen und die sozialen Medien um die Aufmerksamkeit der Nutzer – besonders bei der jungen Generation mit großem Erfolg. Während die etablierten Leitmedien nach wie vor dem Qualitätsanspruch einer – sich stetig verringernden – Rezipientenzahl Rechnung tragen und mit hohem journalistischen Aufwand Themen aufbereiten, hat sich das Gros der Medien auf die zunehmende Nachfrage nach schnell und einfach konsumierbaren Inhalten eingestellt.

Boulevardisierung
Besonders die erfolgreichen neuen Online-Portale für jugendliche Zielgruppen, wie heftig.co oder Huffington Post, bereiten mit ihren hauptsächlich auf Emotionen und Sensationen ausgerichteten Inhalten den Weg für die weitere Boulevardisierung der Massenmedien. Wurde bislang dem Rezipienten noch durchaus zugetraut bzw. zugemutet, mit nüchternen Hintergrundinformationen auch komplexe Sachverhalte zu erschließen, greifen die meisten Redaktionen heute lieber zur extremen Verdichtung und Emotionalisierung der Inhalte, um das Publikum bei der Stange zu halten. Im Fall der BahnCard hätte also eine Nachricht zur möglichen Einbettung in ein Kundenkonto nicht annähernd die öffentliche Aufmerksamkeit auf sich gezogen wie die Meldung ihrer Abschaffung.

Hochfrequenzjournalismus

Vor dem Internetzeitalter wurden aktuelle Themen bis zum Druckschluss der Zeitung oder der Sendungsausstrahlung im TV bzw. Radio recherchiert und aufbereitet. Heute erfahren journalistische Bearbeitungsprozesse durch die uneingeschränkte digitale Verfügbarkeit von Informationen eine extreme Beschleunigung. Der Nutzer erwartet, jederzeit und überall über neueste Nachrichten und Entwicklungen des für ihn relevanten Geschehens informiert zu werden. Dementsprechend haben Online-Medien inzwischen den Anspruch entwickelt, den Rezipienten mehrmals täglich ein aktualisiertes Informationsangebot zu unterbreiten. Die großen Nachrichtenportale – von Bild.de, Spiegel Online, Focus Online über n-tv.de, Welt.de, Sueddeutsche.de bis zu FAZ.net und Zeit Online – bemühen sich daher, jeweils zu den Hauptnutzungszeiten über den Tag auch neue Inhalte zu generieren. Mit dem Wechsel der Aufmacherthemen im drei- bis vierstündigen Rhythmus verfolgen die meisten Anbieter das Ziel, ihre Rezipienten mehrmals am Tag auf ihre Seite zu locken. Das treibt die Klickzahlen nach oben und beschert höhere Anzeigenerlöse. Dieser Hochfrequenzjournalismus begünstigt die Konzentration auf Kampagnenthemen, die schnell und mit ständig neuen Aspekten erzählt werden können.

Exponentielle Erregungsspirale

Zur DNA jeder erfolgreichen journalistischen Kampagne gehören Emotion und persönliche Betroffenheit. Löst das Thema bei vielen Rezipienten Gefühle aus – Zuneigung funktioniert dabei genauso gut wie Abneigung – oder sind viele von den Auswirkungen des Themas betroffen, ist eine breite Aufmerksamkeit garantiert. Da das auslösende Ereignis oder der Sachverhalt oft keine weiteren inhaltlichen Folgeaspekte bietet, wird der Nachrichtenfluss dadurch gewährleistet, dass ständig neue „Betroffene" in kontinuierlich ansteigenden Erregungszuständen das Geschehen medial kommentieren. Emotionale Themen und Sensationsstorys eignen sich daher perfekt für Kampagnen, da sie aus vielen Betroffenenperspektiven „weitergedreht" werden können und damit wiederum den Anforderungen des Hochfrequenzjournalismus entsprechen.

Selbstreferentielles System

Durch die starke Medienkonzentration der letzten Jahrzehnte hat sich zudem ein „Schwarm-Journalismus" herausgebildet. Hat ein Medium ein erfolgreiches Kampagnenthema generiert, ist die Übernahme durch andere Redaktionen sehr wahrscheinlich. Dies gilt besonders, wenn das Thema durch ein klassisches Leitmedium (Bild, Spiegel, SZ, FAZ, Welt) gesetzt wurde und daher noch häufiger zitiert wird. Die Selbstreferentialität des Mediensystems kommt auch immer häufiger bei der Befragung von Journalisten als Experten zum Tragen. Hier verstärken sich gleichlautende Meinungen oft gegenseitig, um der Berichterstattung eine höhere Relevanz zu verleihen. So wurde auch im BahnCard-Beispiel der hr-Redakteur als Interviewpartner und vermeintlicher Experte für die anderen ARD-Sender eingesetzt.

8 Wie Unternehmenskommunikation kampagnenfähig wird

Welche Konsequenzen ergeben sich durch diese Charakteristika von journalistischen Kampagnen für die Unternehmenskommunikation? Die folgende Übersicht soll einige Methoden und Instrumente erörtern, die Kommunikatoren in die Lage versetzen, auf Augenhöhe mit der vierten Gewalt agieren zu können.

Frühwarnsysteme
Um überhaupt auf journalistische Kampagnen erfolgreich reagieren zu können, muss eine mögliche Bedrohung rechtzeitig erkannt werden. Das Rund-um-die-Uhr-Monitoring der sozialen Medien gehört ebenso dazu wie die Beobachtung sämtlicher Kunden-Kommunikationskanäle oder Informationsplattformen sonstiger Stakeholder. Mit automatisierten Suchalgorithmen oder der Beauftragung spezialisierter Dienstleister können sicherlich nicht alle relevanten Themen rechtzeitig verifiziert werden, aber viele Kampagnen können so schon vor ihrer Entfaltung durch geeignete Gegenmaßnahmen neutralisiert werden. Zur optimalen Vorbereitung auf Negativthemen gehört auch ein Issue Management, das für kritische Themen sofort nutzbare Hintergrundinformationen und Sprachregelungen auf dem jeweils aktuellsten Stand vorhält.

Speed, speed, speed
Ist eine Kampagne bereits gestartet, sind die ersten Stunden oft entscheidend. Viele Redaktionen sind in dieser Phase unentschieden, ob sie das Thema ebenfalls aufgreifen sollen. Die Entscheidung der Unternehmenskommunikation, diese Phase erstmal abzuwarten und sich ruhig zu verhalten, um das Thema nicht selbst zu befeuern, ist in den meisten Fällen die falsche. Gerade die Passivität lässt dem Kampagnentreiber den benötigten Raum, um seine Thesen auszubreiten. Je schneller die eigene Position auf den Meinungsmarkt gebracht wird, desto größer sind die Chancen ihrer Berücksichtigung.

Massive response
Kampagnenfähige Themen zeichnen sich durch einfache und schnell konsumierbare Inhalte aus (wie in den Vorbemerkungen zur veränderten Mediennutzung und Boulevardisierung bereits beschrieben). Auch wenn die Sachlage in der Regel viel zu komplex ist, um sie in einer simplen Gegenbehauptung zusammenfassen zu können, ist

die stringente Verkürzung und Verdichtung der eigenen Argumentation erfolgskritisch. In der ersten Reaktion muss mit deutlicher Sprache – auch ein emotionales Zitat kann hier hilfreich sein – und in wenigen Sätzen der wesentliche Fehler der Kampagne herausgearbeitet werden. Sämtliche Kontextinformationen und Abstufungen der Botschaft können in den weiteren Kommunikationsphasen nachgeschoben werden.

Kurzer Draht zum Top-Management
Um eine schnelle, wirkungsvolle und auch nachhaltige Gegenposition zu falschen Behauptungen aufbauen zu können, ist ein unmittelbarer Zugriff auf die Unternehmensbereichsleitungen und das Top-Management entscheidend. Mit Ersteren muss innerhalb kürzester Zeit zweifelsfrei geklärt werden können, ob die eigene Sicht auf die in Rede stehenden Sachverhalte allen Zweifeln standhält und auch von einer neutralen Öffentlichkeit nachvollzogen wird. Von Letzteren sollte nicht nur das klare Mandat für eine Gegenkampagne erteilt, sondern auch ein Commitment zu persönlichen Kommunikationsaktivitäten im Rahmen einer Eskalationsstrategie zugesagt werden. In einer schwierigen Auseinandersetzung kann das glaubwürdige Auftreten eines Unternehmensführers das entscheidende Momentum zur Erringung der Meinungshoheit sein.

Priorität auf Leitmedien
Aufgrund der bereits beschriebenen Tendenz vieler Redaktionen, dem Tenor der Leitmedien zu folgen, empfiehlt sich eine klare Fokussierung auf diese Meinungsmacher. Besonders Nachrichtenagenturen mit ihrer großen Streuwirkung auf die Online-Medien sollten vorrangig mit wichtigen Botschaften versorgt werden. Im Zweifel empfiehlt sich, diese direkt anzurufen und sie noch vor dem Versand einer Pressemitteilung zu informieren. Das gilt in der weiteren Eskalation einer journalistischen Kampagne besonders für die überregionalen (oder auch lokalen) Leitmedien. Sie sollten proaktiv mit exklusiven Informationen oder Einzelgesprächen mit Verantwortlichen in die Lage versetzt werden, das jeweilige Thema tiefgreifender und umfassender aufarbeiten zu können.

Laufende Generierung neuer Inhalte
Der Verlauf einer Kampagne kann durch das kontinuierliche Angebot neuer Inhalte ebenfalls positiv beeinflusst werden. Gerade die Anforderungen des Hochfrequenzjournalismus schaffen einen ständigen Bedarf, Geschichten „weiterzudrehen". Diesem kann die Unternehmenskommunikation beispielsweise mit Faktenblättern, Chronologien, Infografiken, Bewegtbild-Beiträgen, der Vermittlung von Interviewpartnern, Organisation von Presseterminen vor Ort oder Beauftragung von externen Umfragen bzw. Expertisen begegnen.

Konsistente Botschaften für alle Stakeholder
Unabhängig vom besonderen Augenmerk auf die Meinungsmacher der Agenturen und Leitmedien ist eine konsistente Kommunikation für alle Stakeholder essentiell. So sollten nicht nur die Medien mit den Instrumenten der klassischen Pressearbeit bespielt werden. Auch die Information der breiten Öffentlichkeit mit zielgruppengerechten Botschaften über die Unternehmens-Website und die sozialen Medien oder mittels Informationsveranstaltungen kann ausschlaggebend sein. Nicht zuletzt müssen die Mitarbeiter mit überzeugenden Argumenten selbst als Mitstreiter für die gute Sache gewonnen werden. Viele Abwehrmaßnahmen gegen journalistische Kampagnen scheitern daran, dass die eigenen Mitarbeiter den Botschaften der Gegenseite mehr Glauben schenken als ihrem Unternehmen und sich im schlimmsten Fall noch als Kronzeugen für vermeintliche Enthüllungen zur Verfügung stellen. Dagegen hilft nur eine transparente und glaubwürdige interne Unternehmenskommunikation, die die Rolle der Mitarbeiter als inoffizielle Pressesprecher und authentische Unternehmensrepräsentanten ernst nimmt.

Die Wahrheit kommt (fast) immer heraus
Wie bei einer Medikamenten-Packungsbeilage zu Risiken und Nebenwirkungen sollte auch hier am Ende der Hinweis nicht fehlen, dass die professionellste (Gegen-)Kampagne einer Unternehmenskommunikation nach hinten losgeht, wenn sie auf falschen Tatsachen fußt. Eigentlich eine Binse, dennoch sind häufig Fälle zu besichtigen, in denen eingangs mit großer Geste aufgestellte Dementis hinterher kleinlaut relativiert werden müssen. Diese grandiosen Fehleinschätzungen der eigenen Stärke in einem öffentlichen Diskurs führen immer wieder zu nachhaltigen Imageschäden. Die Gründe sind oft hausgemacht: Entweder ist das Top-Management durch die Unternehmenskommunikation schlecht beraten oder die kommunikativen Strategien werden durch das Top-Management schlichtweg ignoriert. Kommunikative Desaster dieser Art sind allerdings in der einschlägigen Literatur bereits hinlänglich beschrieben und analysiert.

Teil III: **Steuerung der Mitarbeiter- und Führungskräftekommunikation**

Ariana Fischer und Anja Kaup
Interne Kommunikation als Innovationstreiber

1 Unternehmenskultur im Wandel

„Alles fließt und nichts bleibt; es gibt nur ein ewiges Werden und Wandeln." Dieses Zitat von Platon beschreibt das Wesen der Veränderung und damit genau das, was Unternehmen derzeit antreibt: Sich ständig verändernde Rahmenbedingungen, steigender Wettbewerbsdruck und die Notwendigkeit, sich mit einzigartigen Produkten und Dienstleistungen immer wieder neu zu erfinden, sind nur ein paar Beispiele, die aufzeigen, auf welche Herausforderungen Unternehmen heute Antworten benötigen. Ein Schlüssel zum Erfolg ist die Innovationsfähigkeit der Unternehmen. Mit ihr kann sichergestellt werden, dass die Unternehmen wichtige Trends nicht verschlafen und immer wieder neue, attraktive Produkte und Dienstleistungen entwickeln. Deshalb ist es notwendig, dass Unternehmen das richtige Umfeld schaffen, um die Kreativität und das Engagement der Mitarbeiter zu befördern, so dass Innovationen in immer kürzeren Abständen realisiert werden können. Eine attraktive Unternehmenskultur zeichnet sich dadurch aus, dass sie durch eine positive Haltung zum Lernen geprägt ist, Fehlertoleranz zulässt, Feedback und Austausch ermöglicht sowie Gestaltungsfreiräume schafft. Leider lässt sich solch eine Unternehmenskultur nicht per Vorstandsbeschluss verordnen. Der Kulturwandel benötigt vielmehr Änderungen in den Einstellungs- und Verhaltensmustern von Führungskräften und Mitarbeitern. Solch ein Wandel ist ein komplexer Prozess, der nicht von heute auf morgen umzusetzen ist und manche Hürden und Stolpersteine bereithält. Vor diesem Hintergrund kommt der internen Kommunikation eine bedeutende Rolle zu, da sie diesen Prozess inhaltlich steuern und begleiten sollte und darüber hinaus Medien und Maßnahmen bereitstellt, die der Weiterentwicklung des Unternehmens dienen. Die interne Kommunikation ist somit Treiber einer neuen, crossmedialen Unternehmenskultur. Sie ist der Motor für einen glaubwürdigen, nachhaltigen Wandel, für Motivation durch Information, für Begeisterung durch Interaktion, für Werte und Wertschöpfung.

1.1 Interne Kommunikation als Managementaufgabe

Die Zeiten, in denen die Aufgaben der internen Kommunikation hauptsächlich auf die reine Inhaltsaufbereitung und das Verteilen diverser Medien ausgerichtet waren, sind definitiv vorbei. Zum Standardrepertoire der internen Kommunikation zählt heute, die Umsetzung von klassischen Managementaufgaben zu begleiten. Die Grenze zwischen interner Kommunikation und Personalarbeit ist zunehmend fließend, wenn es um das

Schaffen wertschöpfender Rahmenbedingungen geht. Das Finden und Binden von Talenten, das Fördern der Motivation von Mitarbeitern und Führungskräften sowie das Bereitstellen von Schulungen, Materialien, Tools und Informationen sind Herausforderungen, die nur in einem gut aufeinander abgestimmten Zusammenspiel der verschiedenen Unternehmensbereiche funktionieren. Aktives Innovations- und Wissensmanagement bedeutet, alle wichtigen Stakeholder mit einzubeziehen, Vernetzungen zu fördern und zum Dialog anzuregen. So stellen innovative Unternehmen ihre Mitarbeiter und nicht ihre Informationen ins Zentrum ihrer strategischen Überlegungen.

1.2 Bedeutung von Social Collaboration für die Innovationskommunikation

Neben der wichtigen Führungskräftekommunikation bietet gerade die digitale Welt rund um Social Collaboration gute Voraussetzungen, um diese Ziele zu unterstützen. Denn zentrale Erfolgsfaktoren für Innovationen sind kollaborative Ansätze wie Open Innovation und Co-Creation, bei denen firmeninterne sowie externe Ideen von Partnern und immer stärker auch von Kunden in die Entwicklung von Produkten und Dienstleistungen einfließen. Hierzu gibt es eigens entwickelte Software-Tools, die das Generieren von Innovationen fördern. Dabei muss jedoch berücksichtigt werden, dass die Lobeshymnen auf Social Media nicht ohne weiteres auf den Einsatz innerhalb von Unternehmen übertragen werden können. Heilsversprechen wie Offenheit, Transparenz und Wissensaustausch funktionieren im internen Unternehmensumfeld weniger selbstverständlich als im externen. Die Gründe hierfür sind vielfältig und sollten sorgfältig durchdacht werden. Neben vielen technischen und prozessualen Anforderungen spielt die gelebte Unternehmenskultur eine wichtige Rolle, die es bei der Einführung und Implementierung von Social Intranets zu berücksichtigen gilt. Hier wird häufig unterschätzt, dass die technischen Möglichkeiten die Bereitschaft zur aktiven Beteiligung durch die Mitarbeiter übersteigen. In diesem Spannungsfeld für Ausgleich zu sorgen, das richtige Implementierungstempo zu bestimmen, Widerstände zu überwinden und sowohl jüngere als auch ältere Mitarbeiter einzubeziehen, sind nur einige Aufgaben, die mit Hilfe der internen Kommunikation zu bewältigen sind. Wer die Digitalisierung in den Unternehmen mitgestalten und nicht von ihr getrieben werden will, muss verstehen, was sich dahinter verbirgt und wie sie Organisationen sowie deren Strukturen beeinflusst. Eine Studie bei über 1.700 Führungskräften in mehr als 25 Ländern belegt die Probleme bei der Umsetzung in die Praxis. Es fehle eine Innovationskultur, die von den höchsten Führungskräften gelebt werde; fragmentierte Strukturen förderten Silodenken und verhinderten unternehmensweite Innovationen (PWC 2015: 16). Aufgabe der internen Kommunikation muss es sein, offensiv über Kommunikationserfolge zu berichten. Laut dieser Studie lassen sich so die größten Multiplikatoreffekte erzielen.

2 Die Realität – noch nicht alle sind „social"

2.1 Veränderungswirkungen werden unterschätzt

Die Einführung von Social Intranets wirken in den Unternehmen wie eine Reorganisation: Interaktive Kommunikations- und Arbeitsplattformen treffen auf alteingesessene Organisations- und Prozessstrukturen, wodurch das gewohnte Gefüge beeinflusst wird. Diese Verschiebungen in den Organisationsstrukturen werden häufig unterschätzt, so dass die erfolgreiche Implementierung von Social Intranets fast schon beendet ist, bevor sie richtig begonnen hat. Social Intranets ermöglichen mehr Interaktion und Beteiligung, es entsteht mehr Austausch und Transparenz. Durch die Vernetzung der Mitarbeiter brechen vorhandene Strukturen auf, was Auswirkungen auf das Machtgefüge in den Unternehmen hat und zu Unsicherheit bei Führungskräften und Mitarbeitern führt. Die Aussage „Wissen ist Macht" gilt nicht mehr. Genau das Gegenteil ist der Fall: Expertenwissen wird geteilt, durch ein aktives Wissens- und Innovationsmanagement wird das Teilen sogar belohnt. Die Kontrolle über die Kommunikationskanäle fällt, Hierarchien werden aufgehoben. Diese Mechanismen schüren Ängste und provozieren Widerstand insbesondere bei den Führungskräften, die als Promotoren für eine erfolgreiche Implementierung benötigt werden. Wird diese Entwicklung nicht ernst genommen, leiden sowohl Akzeptanz als auch Nutzung der Social Intranets – bis hin zur Ablehnung.

2.2 Ziele und Nutzen sind unklar

Social Intranets bieten vielfältige Funktionen und Anwendungsfelder. Problematisch dabei ist, dass die gewünschten Zielsetzungen, die mit Hilfe des Social Intranets verfolgt werden sollen, zu groß und/oder zu unklar formuliert sind. Die technischen Funktionalitäten treiben die Inhalte und Anwendungen und nicht umgekehrt. Dadurch wird der Nutzen an den funktionalen Möglichkeiten festgemacht anstatt an den Inhalten. Die Möglichkeit, sich mit anderen Mitarbeitern zu vernetzen, liefert an sich noch keinen Nutzen. Erst, wenn dadurch Know-how-Träger identifiziert, Projekte gemeinsam bearbeitet, Abläufe vereinfacht und die eigene Arbeit verbessert werden, entsteht für die Mitarbeiter ein erkennbarer persönlicher Gewinn, der businessorientiert ist und zur Wertschöpfung beiträgt. Business Cases zu identifizieren und umzusetzen, entscheidet darüber, ob ein Social Intranet angenommen wird. Das Bereitstellen der Plattform genügt nicht. Darüber hinaus überfordert ein „alles auf einmal" die Mitarbeiter. Sowohl bei der Einführung als auch bei den Anwendungsmöglichkeiten sollte Schritt für Schritt vorgegangen werden, um die Mitarbeiter langsam heranzuführen. Auch die Gestaltung der gemeinsamen virtuellen Arbeitsplattform, die Einbindung der Vorgesetzten und Anreizsysteme sind wichtige Erfolgsfaktoren für die Einführung.

2.3 Bei Schwierigkeiten werden Rückzieher gemacht

Der Austausch und die Interaktionsmöglichkeiten liefern den Kern von Social Intranets. Das funktioniert nur, wenn Offenheit und Transparenz jederzeit möglich und gewünscht sind. In der Realität stellen Unternehmen nach der Einführung fest, dass so viel Offenheit doch nicht gewollt ist. Die Mitarbeiter kommentieren munter drauf los, was die Unternehmensleitung in dieser Form nicht möchte. Wenn in der Folge die Kommentarfunktion deaktiviert wird, entwickelt sich aus dem sozialen Medium eine reine Datenbank. Die Stärken des Mediums können sich so nicht entfalten und der Prozess hin zum Innovations- und Wissensmanagement wird konterkariert. Um die Vorteile wirklich zu realisieren, sollten sich Meinungen und Stimmungen frei entfalten dürfen und die Organisation diese Offenheit aushalten. Nur wenn hier kein Rückzieher geschieht, erhalten die Führungskräfte und Mitarbeiter die Sicherheit, sich in dem neuen System auszuprobieren.

3 Wie kann interne Kommunikation zur Innovationsfähigkeit beitragen?

Zu den Grundvoraussetzungen gehören also ein sukzessiver Wandel in der Unternehmenskultur, ein gut geplantes Einführungskonzept von Social Collaboration-Werkzeugen und eine entsprechende Content-Strategie. Aufgabe der internen Kommunikation ist, Ziele zu definieren, den Einführungsprozess sorgfältig zu planen und ihn in allen Phasen zu begleiten. Dazu zählen ein entsprechender Ressourceneinsatz, Relevanz durch interessante Inhalte zu schaffen, Anreize zur Beteiligung und zum Teilen von Wissen zu bieten und schließlich ein Mess- und Steuerungssystem einzuführen, das das Justieren und Adaptieren des Vorgehens ermöglicht.

3.1 Ziele für Innovationsmanagement und -kommunikation definieren

Einen Hinweis darauf, dass die Innovationsfähigkeit hoch angesehen wird, liefert ihre Verankerung und Veröffentlichung in den Unternehmenszielen. Wichtig ist, dass die Geschäftsführung selbst Verantwortung für das Thema übernimmt und es entsprechend promotet. Mögliche Ziele für das Innovations- und Wissensmanagement können sein:

- Vernetzung von Teams unterschiedlicher Geschäftsbereiche, um Innovationen zu fördern,
- Verfügbarmachen von implizitem Wissen und verbesserte Speicherung des Fachwissens,
- Steigerung der Innovationsquote, also des Anteils am Gesamtumsatz des Unternehmens, der mit Produkten, die jünger als X Jahre sind, realisiert wird,
- Erhöhung der Erfolgsquote von Innovationsprozessen sowie der Zahl angemeldeter Patente,
- Beschleunigung der Prozesse von der Idee über die Entscheidung bis zur Marktreife,
- stärkere Mitarbeitermotivation und -partizipation im Teilen von Wissen durch Anreize und die Veröffentlichung/Sichtbarmachung ihrer Leistungen und Beiträge,
- Beteiligung der Kunden/Lieferanten/Partner an der Entwicklung, Erprobung und Vermarktung neuer Produkte und Dienstleistungen.

Die Ziele sind gegebenenfalls für einzelne Geschäftsbereiche differenziert zu entwickeln und zu vereinbaren. Die Aufgabe für die interne Kommunikation liegt darin, ihre Kommunikationsstrategie an den definierten Businesszielen auszurichten.

3.2 Prozessplanung und -begleitung

Erfolgreiche Projekte zeichnen sich neben formulierten Zielsetzungen dadurch aus, dass sie sorgfältig geplant sowie meist in Phasen eingeführt werden, die aufeinander aufbauen und nachhaltig kommunikativ begleitet werden. Die Kommunikation nach einer aufwändigen Ankündigungskommunikation mit Informationsständen, Events, Flyern, Newslettern, Plakaten und Schulungen wieder einzustellen – das wäre ein grober Fehler. Es zeigt sich, dass gerade das Forcieren von digitalen Plattformen dialogorientierte Präsenzformate benötigt, bei denen sich die Mitarbeiter auf direktem Weg austauschen und Themen gemeinsam bearbeiten können. Auch der Einsatz von sogenannten „Social Media Agents" vor Ort hilft den Mitarbeitern, sich in dem neuen System zurechtzufinden und neben Online-Hilfen persönliche Unterstützung zu erhalten. So können Schwierigkeiten in der Anwendung frühzeitig erkannt und behoben werden. Das Vorleben durch das Top-Management ist ein weiterer Erfolgsgarant: Online-Kanäle, die durch die Geschäftsführung direkt betrieben werden, wie beispielsweise ein Blog, sind für die Mitarbeiter ein guter Gradmesser für gewünschtes Verhalten und verdeutlichen zudem, dass die Beteiligung ausdrücklich unterstützt und erwartet wird.

Ein gelungenes und gut dokumentiertes Beispiel, das die bisher genannten Punkte berücksichtigt, liefert BASF mit seiner „Enterprise 2.0" Plattform. Die Einführung eines Social Collaboration-Intranets zog sich über vier Jahre hin (Hinchcliff 2012). Nachdem ein Projektteam 2007 ein Konzept erarbeitet und einen Sponsor in der

Geschäftsführung gefunden hatte, startete 2009 ein Pilotprojekt mit ausgewählten Expertenforen und Multiplikatoren. Die unternehmensweite Einführung fand Anfang 2010 statt, begleitet von einem gut ausgearbeiteten Schulungs- und Kommunikationsplan. Die Zahl der Nutzer steigerte sich von einigen Dutzend zu Beginn bis Ende 2010 auf 15.000 Nutzer. Als vorteilhaft bei diesem Vorgehen erwies sich die Langfristigkeit und Ausdauer bei Planung und Umsetzung des Projekts. Nicht zu unterschätzen ist die Bedeutung von ausreichenden personellen Ressourcen, wie z. B. das Community-Management-Personal zur kontinuierlichen Pflege der Aktivitäten. Die Identifikation von Promotoren und Multiplikatoren war zudem ein wichtiger Schachzug, da sie ihre Kollegen durch „Vorleben" im Anwenden überzeugten. BASF ließ außerdem zu, dass Anwender eigene Communities gründeten und sich selbst organisieren konnten – ein Schlüsselelement der Enterprise 2.0 Plattformen. Und erst nachdem das Konzept in Pilotprojekten validiert und optimiert worden war, führte BASF die Social Collaboration-Plattform unternehmensweit ein – und das dann erfolgreich.

Dass Mitarbeiter auch nach der Einführung eines Social Collaboration Netzwerks immer wieder neu motiviert werden sollten, zeigt ein Beispiel von SAP. Mit Hilfe eines transparenten Anreizsystems ermutigt SAP seine Mitarbeiter auf spielerische Art und Weise, sich immer wieder am Wissensmanagement aktiv zu beteiligen: Das öffentlich zugängliche SAP Community Netzwerk belohnt Mitarbeiter mit Punkten und Auszeichnungs-Icons dafür, die Nutzungsregeln zu lesen, ein Expertenprofil zu erstellen, Artikel zu schreiben oder Fragen zu beantworten (siehe Abbildung 1).

3.3 Relevanz schaffen

Wie kann die interne Kommunikation organisatorisch dazu beitragen, dass ein stärkerer Austausch und die Vernetzung gelingen und Innovation so gefördert wird? Der eine Teil besteht darin, klein in Pilotprojekten zu starten, Unterstützung durch die Geschäftsführung, Führungskräfte sowie überzeugte Vorreiter zu organisieren, Schulungen, Kommunikation und Events zur Ankündigung zu veranstalten und über Erfolgsbeispiele zu berichten. Der andere Teil betrifft die Inhalte, die kommuniziert werden. „Nur Informationen, die verständlich aufbereitet sind, können auch bei der Zielgruppe ankommen" (Mann 2015: 9). Das Stichwort an dieser Stelle lautet „*Content-Strategie*". Bei Content-Strategien geht es darum, mit den richtigen Inhalten, auf den richtigen Plattformen zur richtigen Zeit sichtbar zu sein. Es zählen Relevanz und Empfängernutzen. Nur wenn die Leser nachvollziehen können, warum eine Sache wie Wissenstransfer und die Nutzung von Enterprise 2.0 Werkzeugen relevant ist, werden sie sich dafür einsetzen. Bei der Content-Planung geht es nach der Sammlung von Inhalten (durch Audit, Wettbewerbsbeobachtung, Brainstorming und Zielgruppenbeobachtung) in erster Linie um die Content-Filterung und Konsolidierung: Es werden alle Inhalte und Themen gestrichen, die nicht zum strategischen Businessziel beitragen (Löffler 2014: 50).

Interne Kommunikation als Innovationstreiber — 151

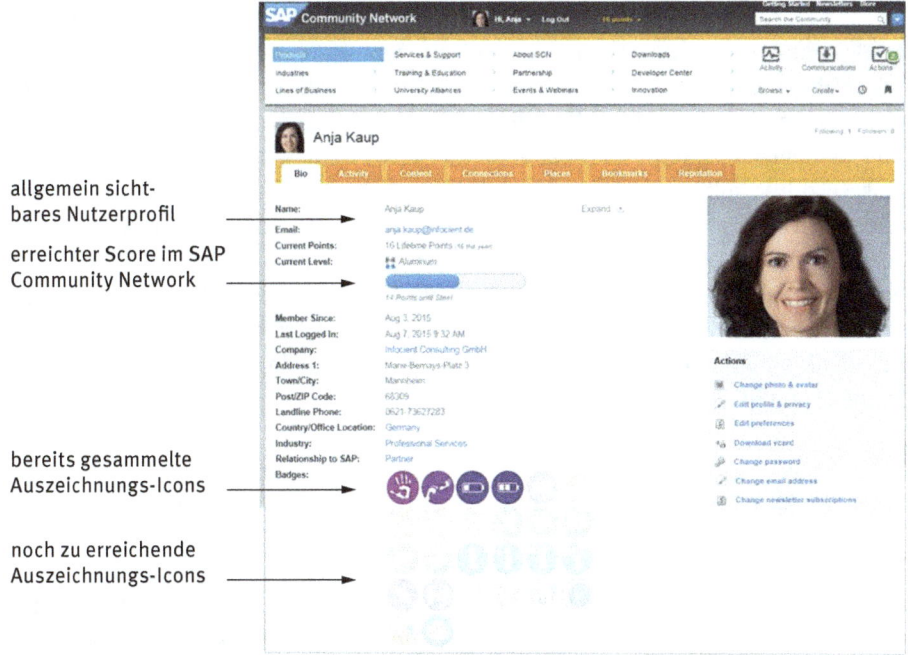

Abb. 1: Auszug Nutzerprofil des SAP Community Netzwerks

In ihrem Arbeitsalltag sind Mitarbeiter von Informationen und Medien quasi übersättigt. Für die interne Kommunikation bedeutet das: Aufrichtigkeit und Auslese! Um die Leser zu erreichen, müssen Beiträge für sie relevant sein, weniger für das Unternehmen. Ziel sollte sein, die Mitarbeiter in ihrer Arbeit zu unterstützen, indem die großen Zusammenhänge der täglichen Arbeit deutlich gemacht werden. Dabei hilft die Ausrichtung auf formulierte Kommunikationsziele.

Ein weiteres Stichwort ist „*Storytelling*". Nach Frenzel bedeutet Storytelling „den internen und externen Bezugsgruppen Fakten über das Unternehmen gezielt, systematisch geplant und langfristig in Form von Geschichten zu erzählen" (Frenzel 2006: 3). Die Macht von Geschichten liegt darin, dass sie leichter aufgenommen werden, in Geschehnisse hineinziehen, dadurch besser erinnert werden und Identität stiften. Die interne Kommunikation kann Innovationsmanagement insbesondere dadurch unterstützen, indem sie lebendig, emotional und mit ansprechenden Geschichten das Interesse für Innovationen weckt und über erfolgreiche Innovationen aber auch den herausfordernden Weg dorthin berichtet. „Die Tatsache, dass jemand das ‚erste Hybridauto der Welt erfunden hat' bietet zwar viel Storypotenzial, ist aber noch keine Story. Zur Story wird sie erst, wenn z. B. ein Forscher eine bahnbrechende Entdeckung macht (erstes Ereignis), sich im zeitlichen Wettstreit gegen ein konkurrierendes Unternehmen durchsetzt (zweites Ereignis), um das erste Hybridauto serienreif zu machen (drittes Ereignis)" (Ettl-Huber 2014: 14). Die Darstellung des Nutzens ist für die Innovationskommunikation also zentraler Bestandteil. Zu den weiteren Erfolgsfaktoren von Innovationskommunikation mit Hilfe von Storytelling zählt, aussagekräftige Bilder zu nutzen sowie Innovationen spannend und unterhaltend zu präsentieren. Ein gelungenes Beispiel dafür bietet Siemens. In „Pictures of the Future", einem Magazin für Mitarbeiter und Kunden, werden neue Erzählperspektiven eingesetzt, um zukünftige Einsatzmöglichkeiten für neue Technologien oder Anwendungen aufzuzeigen. Beispielsweise bekommt ein Forscher im Jahr 2040 Besuch von seinem Bruder in der Antarktis und zeigt ihm, woran er arbeitet (Siemens 2014: 10). In einem Gedankenbericht erzählt ein Patient, wie er 2060 von der behandelnden Ärztin seine Lebensakte aus der Cloud geladen bekommt und erfährt, dass er nach einem Unfall 40 Jahre im Koma lag, bis eine Behandlungsmethode für seinen Fall entdeckt worden war (Siemens 2014: 74).

3.4 Wertbeitrag von Innovationskommunikation aufzeigen

Das Zitat „You can't manage what you can't measure" von Peter Drucker trifft auch auf die Steuerung von Kommunikation im Rahmen des Innovationsmanagements zu. Ohne definierte Metriken können Erfolge zum einen nicht nachgewiesen werden, zum anderen fehlen Indikatoren, um den Prozess zu steuern und eventuelle Fehlentwicklungen zu identifizieren und zu korrigieren. Den Wertbeitrag einer Investition in das Teilen von Wissen und Innovationsmanagement zu ermitteln, ist nicht einfach, da er häufig schwer zu bewerten ist und auch erst mittelfristig wirkt. Es müssen daher Indikatoren definiert werden, mit denen eine Ist-Analyse durchzuführen ist, die den Grad der Zielerreichung aufzeigen und Hinweise für das Schließen der Lücke geben. Für eine effiziente und effektive Steuerung der Kommunikationsmaßnahmen ist es wichtig, dass zunächst die Zieldefinition klar formuliert wird. Beim Beispiel von Innovationskommunikation mit Hilfe von Social Collaboration Tools kommt es daher darauf an, dass die Indikatoren nicht nur auf das Senden von Botschaften ausgerichtet sind, sondern auch die Interaktion durch die Mitarbeiter und der Dialog in den Fokus rücken. Es geht also nicht allein darum, ob die Botschaft verstanden wird, sondern um Fragen der Vernetzung der Mitarbeiter und inwiefern die Innovationsprozesse im Unternehmen befördert werden. So ergeben sich beispielsweise folgende Leitfragen:
- Wer engagiert sich stark und wo gibt es Lücken? Welche Expertise wird nachgefragt?
- Wie stark ist die Vernetzung zwischen den Mitarbeitern und wo findet sie verstärkt statt?
- Welche Wissensinhalte werden nachgefragt und welches Wissen wurde generiert?
- Welche Arbeitsprozesse können wie gut unterstützt werden?

Quantitative Indikatoren wie die Zahl der registrierten Nutzer oder Seitenaufrufe können erste Hinweise zur Akzeptanz des Social Intranets liefern. Hilfreicher sind jedoch qualitative Indikatoren, die Antworten auf die oben gestellten Fragen liefern. Dazu zählt z. B. der Prozentsatz aller beteiligten Abteilungen, die einen gegenseitigen Kontakt miteinander initiierten (Hölzle et al. 2013: 27). Setzt die interne Kommunikation eine Content-Strategie sowie Storytelling im Rahmen der Innovationskommunikation ein, bieten sich diesbezügliche Kennzahlen zum Monitoring und zur Steuerung an. Mit ihrer Hilfe kann überprüft werden, wie die interne Kommunikation das Innovationsmanagement unterstützt, indem sie lebendig, emotional und mit ansprechenden Geschichten das Interesse dafür weckt sowie über erfolgreiche Innovationen, aber auch über den herausfordernden Weg dorthin berichtet. Beispiele sind:

- Anteil der Beiträge, in denen die Sicht und Stimme einer Erzählinstanz sichtbar ist (Forscher machen die Entwicklung, Anwender den Nutzen von Innovationen erlebbar),
- Anteil der Beiträge, in denen handelnde Personen charakterisiert werden,
- Anteil der Beiträge, in denen Handlungsort und Zeit beschrieben werden,
- Anteil der Beiträge mit emotionalisierenden Elementen (Übersetzung abstrakter Daten in überzeugende Bilder).

Grundsätzlich eignen sich für die Systematisierung der Erfolgskontrolle die Wirkungsstufen des Bezugsrahmens für Kommunikations-Controlling (DPRG/ICV) und damit die Einteilung der Kennzahlen in Input, Output, Outcome und Outflow (Rolke & Zerfaß 2010).

Einen guten Überblick zur Evaluation und Steuerung liefert das Praxisbeispiel eines Unternehmens aus der Automatisierungstechnik, das unternehmensweit Social Collaboration Software für Mitarbeiter im In- und Ausland einsetzt. Zielsetzung ist es, sowohl den Austausch der Mitarbeiter zu unterstützen als auch mit Business Cases zur Wertschöpfung des Unternehmens beizutragen. Einer dieser Business Cases umfasst interaktive Maßnahmen, die zur innovativen Produktentwicklung beitragen sollen. Vertriebsmitarbeiter können jederzeit Produktideen in einen virtuellen Projektraum eingeben, die gemeinsam diskutiert und ergänzt werden können. Moderiert werden diese Räume durch das Produktmanagement, so dass direkte Abfragen transparenter, Filterprozesse reduziert sowie Gemeinsamkeiten und Unterschiede in den Märkten sichtbar werden. Im Rahmen eines Pilotprojekts sollte herausgefunden werden, inwieweit die gesetzten Ziele erreicht und welche Verbesserungen für den Innovationsprozess abgeleitet werden können. Zunächst wurden gemeinsam mit den ausgewählten Moderatoren die virtuellen Projekträume entwickelt und mit den Pilotmitarbeitern getestet. Nach einer knapp sechsmonatigen Pilotphase wurden die gesetzten Ziele anhand von quantitativen und qualitativen Erhebungsmethoden überprüft. Dabei standen u. a. folgende Fragestellungen im Vordergrund:

- Wie hoch ist die Beteiligung und wie stark ist die Interaktivität im Projektraum?
- Wie werden Nutzung und Akzeptanz durch die Pilotteilnehmer bewertet?
- Wie wirkt sich die Transparenz auf das Nutzungsverhalten durch die Pilotteilnehmer aus?

- Wie viele (neue) Ideen werden eingebracht und welchen Nutzen haben diese?
- Welche Verbesserungen ergeben sich für den Produktentwicklungsprozess?

Die Ergebnisse konnten in Kennzahlen überführt (siehe Abbildung 2) und zur Steuerung der Plattform herangezogen werden. Zentrale Ergebnisse der Evaluation waren, dass die Begleitkommunikation (E-Mail-Aufruf durch die Geschäftsleitung, persönliche Einladung durch die Moderatoren, technische Unterstützung durch die Plattformverantwortlichen) mit entscheidend für die Akzeptanz gewesen ist – und das, obwohl die Social Collaboration Software schon seit knapp zwei Jahren im Einsatz war. Gleiches traf auf die angebotenen Schulungsmaßnahmen zu, die fast alle Pilotteilnehmer nutzten. Die Anzahl und Qualität der eingebrachten Ideen hat das Produktmanagement positiv bewertet. Zwar können diese – zumindest bis jetzt – den bestehenden Produktfindungsprozess nicht ersetzen, aber sinnvoll und kanalisiert ergänzen. Der erste Schritt in Richtung Open Innovation wurde somit erfolgreich abgeschlossen, so dass der Roll-Out für alle Bereiche beschlossen wurde. Für die Zukunft wird entscheidend sein, wie die mittel- bis langfristigen Erfolge der interaktiven Projekträume innerhalb der Social Collaboration Plattform durch das Unternehmen bewertet werden.

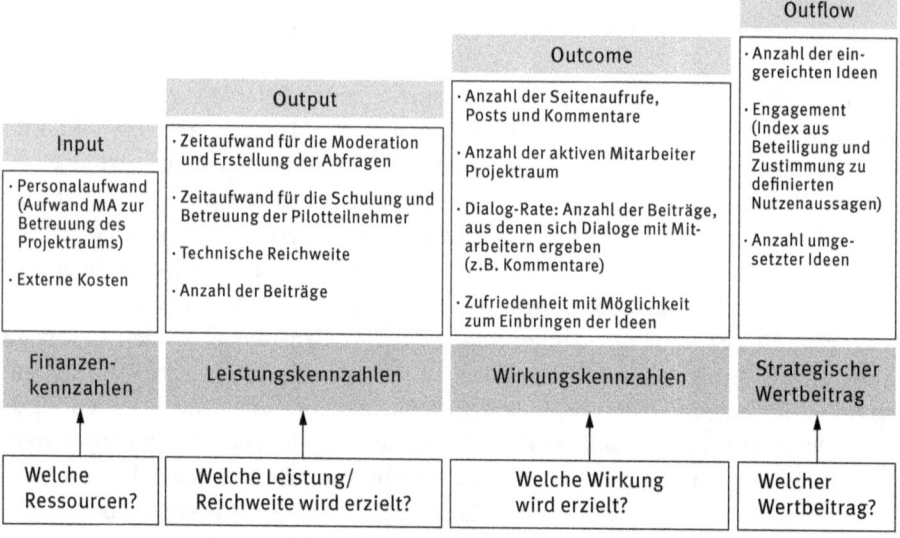

Abb. 2: Auszug von Kennzahlen zur Steuerung der Projekträume „Produktentwicklung" innerhalb der Social Collaboration Plattform

4 Fazit und Erfolgsfaktoren für die Zukunft

Nach Auswertung von Studien und diversen Erfahrungen aus der Praxis gibt es zusammenfassend mehrere Erfolgsfaktoren zu benennen, die dafür sorgen, dass die Einführung von Social Intranets oder Social Collaboration Tools gelingt – trotz der Widerstände, die es in einer Unternehmenskultur zu überwinden gilt. Diese Tools sind die Voraussetzung dafür, dass das Wissen, das sich in den Köpfen der Mitarbeiter angesammelt hat, transparent gemacht werden kann, dass sich Mitarbeiter unternehmensweit finden, vernetzen und so neue Impulse generieren können.

4.1 Erfolgsverhinderer

Wie der Artikel in Beispielen aufgezeigt hat, gilt es insbesondere folgende Faktoren zu vermeiden:
- ein unternehmensweiter Roll-Out von Anfang an,
- die Hoffnung, dass die entsprechend hochwertige Technik von selbst für Akzeptanz sorgt,
- ein Stopp der Kommunikationsmaßnahmen, nachdem die neue Lösung eingeführt worden ist,
- keine Zieldefinition und damit keine Messung und Steuerung („das wird sich schon entwickeln").

4.2 Erfolgsfaktoren

Beachten Kommunikatoren jedoch die folgenden Tipps, kann die Einführung und die Nutzung eines Social Intranets und die Förderung von Innovation gelingen. Erfolgsfaktoren bei der Einführung sind:
- Unterstützung der Geschäftsführung und der Unternehmensleitung sichern und die Führung die Nutzung vorleben lassen,
- personelle Ressourcen langfristig bereitstellen, die den Austausch betreuen und fördern,
- Promotoren und Multiplikatoren finden und einbinden,
- Social Intranets in aufeinander aufbauenden Phasen etappenweise ausrollen,
- Social Intranets wie ein Produkt vermarkten und mit unterschiedlichen Medien bewerben,
- den Nutzen für die Mitarbeiter eindeutig herausstellen mit Hilfe von Erfolgsbeispielen und Storytelling,
- Schulungen und interne Workshops zum Schreiben, Fotografieren und anderen Tools anbieten,

- sicherstellen, dass das Auffinden von Inhalten so intuitiv ist, dass keine Schulung erforderlich ist, um die richtigen Ansprechpartner zu finden. Champions unter den Unternehmen machen laut Hölzle Experten mit verbundenen Dokumenten transparent, bei sogenannten Optimierern finden Mitarbeiter hingegen nur die Profildaten, aber keine Verlinkungen zu den Dokumenten, die diese Mitarbeiter eingestellt haben (Hölzle et al. 2013: 22).
- Dabei hilft es, für die Erfassung der Fachkenntnisse der Mitarbeiter Vorgaben bzw. Vorschläge für relevante Schlagworte bereit zu stellen.

Erfolgsfaktoren für die Beteiligung der Mitarbeiter:
- Transparenz über das Engagement der Mitarbeiter,
- Belohnung der Mitarbeiter mit Gutscheinen oder Punktesystemen für ihre Beiträge, Kommentare etc.,
- intuitive, barrierefreie Gestaltung der Social Collaboration Software und die Integration der Anwendung in vertraute Prozesse,
- Themenkonferenzen (im Idealfall wöchentlich, mindestens monatlich) zur Sammlung von relevantem Content, Vernetzung von Themen durch die Redaktion, Vorschlag von Themen mit genauem Briefing der Mitarbeiter,
- Offline-Anreize, die die Entwicklung einer kollaborativen Unternehmenskultur fördern: zum Beispiel der Wissenstransfer als Bestandteil in Mitarbeitergesprächen und Beförderungsgesprächen, Portraits von Experten in Mitarbeiterzeitschriften oder die jährliche Prämierung von Innovationstreibern.

Erfolgsfaktoren für die Vermittlung von Innovationen:
- plastische Beispiele aufzeigen,
- Anwendungs- und Einsatzmöglichkeiten der Innovation darstellen,
- Aktualität verdeutlichen,
- aussagekräftige Bilder verwenden,
- Nutzen und Wert einer Innovation für einzelne Personen darstellen,
- Innovationen mit Hilfe von Storytelling spannend und unterhaltend präsentieren.

Und schließlich sind Erfolgsfaktoren zu nennen, die sicherstellen, dass das System seinen Beitrag zur Wertschöpfung leistet. Dazu gehört, Ziele, Kennzahlen und Messmethoden zu definieren und regelmäßige Erfolgskontrolle durchzuführen sowie Erkenntnisse zur aktiven Steuerung aller Kommunikationsmaßnahmen abzuleiten. Gelingt es, diese Erfolgsfaktoren zu berücksichtigen und umzusetzen, kann das Social Intranet die Hoffnungen erfüllen, die Quelle für Innovationen im Unternehmen zu werden.

Literatur

Hinchcliff, D. (15. Februar 2012). *Enterprise 2.0 succes: BASF*. Abgerufen von http://www.zdnet.com/blog/hinchcliffe/enterprise-2-0-success-basf/1939

Ettl-Huber, S. (Hrsg.). (2014). *Storytelling in der Organisationskommunikation*. Wiesbaden: Springer Fachverlag.

Frenzel, K., Müller, M., & Sotong, H. (2006). *Storytelling. Das Praxisbuch*. München: Carl Hanser.

Hölzle, K., Yon, B., & Bressel, A. (2013). *Erfolgsfaktoren zur Steuerung impliziten Wissenstransfers in Unternehmen. Eine qualitative Studie zum Reifegrad von persönlichem Wissens- und Erfahrungstransfer im Enterprise 2.0*. Abgerufen von https://www.uni-potsdam.de/ime/images/Studie-Erfahrungsaustausch.pdf.

PricewaterhouseCoopers Aktiengesellschaft Wirtschaftsprüfungsgesellschaft (Hrsg.) (2015). *Innovation – Deutsche Wege zum Erfolg*. Abgerufen von https://www.pwc.de/de/publikationen/paid_pubs/pwc_innovation_-_deutsche_wege_zum_erfolg_2015.pdf.

Löffler, M. (2014). *Think Content*. Bonn: Galileo Computing.

Mann, P. (2015). Die neue Aufrichtigkeit. *Fokus Interne Kommunikation, 4*, (9), 8–9.

Rohling, G. (2014). Erzählen statt informieren – Das Potenzial von Storytelling in der Innovationskommunikation von B2B-Unternehmen. In S. Ettl-Huber (Hrsg.), *Storytelling in der Organisationskommunikation* (S. 41–62). Wiesbaden: Springer Fachverlag.

Rolke, L., & Zerfaß, A. (2010). Wirkungsdimensionen der Kommunikation: Ressourceneinsatz und Wertschöpfung im DPRG/ICV-Bezugsrahmen. In J. Pfannenberg & A. Zerfaß (Hrsg.), *Wertschöpfung durch Kommunikation. Kommunikations-Controlling in der Unternehmenspraxis* (S. 50–61). Frankfurt/Main: Frankfurter Allgemeine Buch.

Siemens AG (Frühjahr 2014). *Pictures of the Future*. Abgerufen von https://www.siemens.com/innovation/de/home/pictures-of-the-future/archiv.html.

Matthias Eberle
Die Rolle der internen Kommunikation bei der Weiterentwicklung einer dialoggesteuerten Unternehmenskultur

1 Management interner Kommunikationsbeziehungen

Die interne Unternehmenskommunikation befindet sich in einem tiefgreifenden Umbruch. Der digitale Wandel verändert das Mediennutzungsverhalten aller Stakeholder in rasantem Tempo und führt zu vielfältigen neuen Anforderungen insbesondere für die Mitarbeiter- und Führungskräftekommunikation. Die Disruptionen der Internet-Ära bringen in immer kürzeren Abständen neue Medien und Technologien hervor, die klassische Printmedien zusehends in den Schatten stellen. Damit einher geht die stärkere Bedeutung von Bildern und Bewegtbildern (Videos, Webcasts, Infografiken etc.), einem Megatrend der Kommunikation. Insbesondere der Boom sozialer Medien hat signifikante Auswirkungen, kulturelle wie ökonomische, auf nahezu alle Bereiche der Kommunikation. Dabei ermöglichen Smartphones und Tablets die Entwicklung mobil zugänglicher Medienkanäle, die vor allem für Mitarbeiter ohne festen PC-Arbeitsplatz von überragender Bedeutung sind. Sie erleichtern zudem die Entwicklung einer stärker dialogorientierten Unternehmenskultur, weil sich jeder Mitarbeiter einfach aktiv einbringen und zu Wort melden kann – unabhängig von Hierarchieebenen.

Printmedien sind dementsprechend auf dem Rückzug: Sie bleiben im Kommunikations-Mix nur dann noch ein wertiges Tool, wenn sie ihre Stärken jenseits der bloßen Informationsvermittlung ausspielen. Dazu zählen spannende Reportagen und Analysen, emotionale Designs und Bilderstrecken sowie Gründlichkeit und Tiefgang. In gedruckter Form liefern vor allem Imposantes und Nachhaltiges noch echten Mehrwert – also all das, was sich in der Adhoc-Geschwindigkeit des Internets und Intranets nicht leisten lässt. Die Disziplin Print erfordert jedoch mehr denn je Storytelling-Expertise und Rechercheaufwand, dessen Ergebnisse – nicht nur aus Effizienzgründen – mehrfach genutzt und auch über digitale Kanäle gespielt werden sollten. Unter dem Strich gilt es, dieses Top-Redaktionsmaterial intelligent mit den rasant wachsenden Kanälen der digitalen Welt zu verzahnen.

1.1 Lufthansa Group: Dezentrale Struktur, Print-dominierte Kommunikation

Über die Unternehmensmedien der Lufthansa Group werden rund 120.000 Mitarbeiter aus 143 Nationen informiert. Eine zentrale Herausforderung bei dieser Aufgabe ist die heterogene Kommunikationslandschaft. Sie spiegelt die stark dezentrale Struktur des Konzerns mit zahlreichen eigenständigen Geschäftsfeldern, Tochterfirmen und insgesamt 540 Gesellschaften wider. Aus dieser Vielfalt resultierten im Laufe der Jahre zahllose verschiedene Mitarbeitermedien, neben der traditionsreichen, konzernweit verbreiteten Mitarbeiterzeitung „Lufthanseat" (seit 1955!) auch die *„Lufthansa Technik News"* und die *„LSG Sky Chefs News"*, das Magazin *„Cargo Lufthanseat"*, ein *„Update"* der IT-Tochter Lufthansa Systems und viele mehr. All diese Geschäftsfelder informierten ihre Mitarbeiter nahezu ausschließlich über geschäftsfeldspezifische Themen – mit jeweils uneinheitlichen Aussagen und Botschaften. Es fehlte damit an einer gemeinsamen und verbindlichen Konzernstimme sowie an einer klaren, gruppenweiten Kommunikationsstrategie. Zudem erwies sich die Dominanz klassischer Printmedien weder als zeitgemäß noch als effizient. Hohe Kosten durch die zahlreichen an der Produktion beteiligten Dienstleister schluckten den Löwenanteil der Kommunikationsbudgets und ließen kaum mehr Luft für Investitionen ins Digitale. Das Intranet war in den wenigsten Geschäftsfeldern als Leitmedium der internen Kommunikation etabliert. Entsprechend unzureichend wurden die digitalen Kanäle bespielt und von Mitarbeitern als Informationsmedium genutzt.

Nach Analyse der Ausgangssituation wurde als Ziel formuliert, das interne Medien-Portfolio der Lufthansa-Gruppe neu auszurichten, eine stärker dialogorientierte Kommunikation aufzubauen sowie eine effektive Steuerung und Erfolgsbeobachtung aller Prozesse zu gewährleisten. Die traditionsreiche Mitarbeiter-Zeitung *Lufthanseat* sowie die Geschäftsfeld-Magazine *Lufthansa Technik News*, *LSG Sky Chefs News* und *Cargo Lufthanseat* wurden Ende 2015 eingestellt und in ein neues, konzernübergreifendes Konzept überführt. Mit einer im Januar 2016 eingeführten, multimedialen Kommunikationsplattform wurde die Vision eines konzernweiten, internationalen Leitmediums für die Mitarbeiterkommunikation der Lufthansa Group realisiert. Mobil zugängliche Formate wie eine Nachrichten-App oder ein Social Intranet versetzen die Unternehmenskommunikation in die Lage, den Informationsfluss innerhalb der Lufthansa Group signifikant zu verbessern – insbesondere mit Blick auf zehntausende Lufthansa-Mitarbeiter ohne festen PC-Arbeitsplatz (u. a. Piloten, Flugbegleiter, Flugzeugtechniker, Fracht-Lademeister etc.).

1.2 Tiefgreifende Veränderungen im Unternehmen

Die Lufthansa Group durchläuft den tiefgreifendsten Veränderungsprozess seit der Privatisierung des Unternehmens in den 90er-Jahren. Im Kern dieses Wandels steht eine konzernweite Reorganisation, deren Umsetzung im Januar 2016 begonnen hat und die bis Ende 2017 abgeschlossen sein soll. Im Zuge dessen weicht die bisher sehr dezentrale Struktur der Lufthansa Group mit ihren mehr als 500 Gesellschaften einer stärker prozessorientierten Steuerung, mit spürbaren Auswirkungen insbesondere für die 13 Airlines der Gruppe (Lufthansa, Swiss, Austrian Airlines, Eurowings, Air Dolomiti, Lufthansa Cargo etc.). Durch eine engere Abstimmung innerhalb der Lufthansa Group sowie eine Bündelung von Kernprozessen sollen konzernübergreifend Synergien gehoben und die Effizienz gesteigert werden.

Die interne Kommunikation übernimmt in dieser Phase rasanter Veränderungen die Rolle als kompetente Anlaufstelle für die Mitarbeiter- und Führungskräftekommunikation. Sie filtert die wichtigsten Informationen aus den Geschäftsfeldern und Konzerngesellschaften, bereitet sie redaktionell auf und spielt die spannendsten Nachrichten und Storys der Lufthansa Group über alle Medienkanäle. In dieser Ausprägung und in ihrem Selbstverständnis ist die interne Kommunikation nicht mehr nur „Schreibwerkstatt", sondern darüber hinaus Kommunikations-Designer, Berater für Führungskräfte und Seismograph für zentrale interne Themensetzungen. Im ersten Schritt zielt sie darauf ab, transparent zu informieren und zu führen. Kommunikation muss aber auch in der Lage sein, zu emotionalisieren und im besten Falle zu faszinieren, um Mitarbeiter an die internen Medienkanäle zu binden und dadurch den Informationsfluss zu verbessern. Das konsequente Visualisieren von Nachrichten und Geschichten („Visual Storytelling") zahlt auf diese Emotionalisierung ein und dient dem Ziel, die Bereitschaft für Veränderungsprozesse bei Mitarbeitern und Führungskräften zu stärken. Ergänzend soll die Einführung eines Social Intranet helfen, Dialog und Austausch konzernübergreifend zu vertiefen.

1.3 Büro über den Wolken: „Kein Anschluss unter dieser Nummer"

Die interne Kommunikation der Lufthansa Group muss bei der Planung und Steuerung ihrer Aktivitäten eine unternehmensspezifische Besonderheit berücksichtigen. Kaum ein anderes Unternehmen hat so viele – im wahrsten Sinne des Wortes – „fliegende Mitarbeiter" ohne festen Büroarbeitsplatz. Der Job über den Wolken bringt es mit sich, dass zehntausende Lufthanseaten Tag für Tag quer über den ganzen Globus verstreut sind. Das fliegende Personal ist damit außerordentlich schwer und allenfalls über digitale Medienkanäle erreichbar. Das Problem der Erreichbarkeit von Unternehmensinformationen ist nur über mobil zugängliche Medienkanäle zu lösen. Deshalb wurde die zu Jahresbeginn 2016 modernisierte Intranet-Startseite (*eBase One*) um eine mobile Nachrichten-App (*News App One*) sowie eine Social Intranet-Plattform (*Connection One*) ergänzt.

Neben der Problematik der Erreichbarkeit gilt es bei der Lufthansa Group eine weitere Besonderheit zu berücksichtigen. Die Zielgruppe der Lufthansa-Mitarbeiter ist schon aufgrund der sehr unterschiedlichen Berufe überaus heterogen – von Flugkapitänen und Flugbegleitern über Ramp-Agenten bei Lufthansa Cargo bis zu den Systemgastronomen des Catering-Weltmarktführers LSG Sky Chefs. Insgesamt bildet die Lufthansa Group in 34 verschiedenen Ausbildungsberufen aus und bietet darüber hinaus neun Studienprogramme an. Das vielfältige Berufsspektrum spiegelt sich auch in der Vielzahl der Bewerber wider. Mit regelmäßig mehr als 100.000 Bewerbungen pro Jahr zählt das Unternehmen nach wie vor zu den attraktivsten Arbeitgebern Deutschlands. Die zahlreichen unterschiedlichen Berufsgruppen tragen zur Heterogenität bei. Die Lufthansa Group versammelt unter ihrem Konzerndach Mitarbeiter mit vielschichtigen gesellschaftlichen Status, qualitativ sehr unterschiedlichen Bildungsgraden sowie berufstypische Ausrichtungen von Interessenlagen, Lebensperspektiven und Freizeitverhalten. Hinzu kommen die in verschiedenen Konzerngesellschaften gewachsenen und gelebten Traditionen sowie die zahlreichen Heimatkulturen einer internationalen Mitarbeiterschaft. Je nach beruflicher Position variieren auch das Selbstverständnis der Mitarbeiter und deren emotionale Bindung an den Konzern. Ein langjähriger Lufthansa-Flugkapitän etwa fühlt sich durch sein Berufsbild, dessen Prestigewert sowie einer an Senioritätsstufen orientierten Gehaltsentwicklung deutlich stärker an den Konzern gebunden als ein Systemgastronom bei LSG Sky Chefs. Unter dem Strich ist die Mitarbeiterschaft der Lufthansa Group ein Verbund aus sehr unterschiedlichen Clustern, Anspruchs- und Berufsgruppen. Diese Ausgangslage ist beim Entwickeln und Gestalten einer dialogorientierten Unternehmenskultur zu berücksichtigen.

2 Herausforderungen für die Steuerung der internen Kommunikation

Führungskräfte und Mitarbeiter – ob am Boden, im Cockpit oder in der Flugzeugkabine – sind längst im Web 2.0 angekommen und dort aktiv tätig. Sie tauschen sich regelmäßig und zu Tausenden in Social Media-Gruppen aus, etwa bei Facebook oder WhatsApp, auch und insbesondere zu Lufthansa-Themen. Eine wesentliche Aufgabe muss es also sein, diese Gewohnheiten der Mitarbeiter kommunikativ zu nutzen. Das Angebot eines unternehmensinternen Social Media-Dialogs soll die Kommunikation untereinander intensivieren, Zusammenarbeit sowie vielfältige Meinungen und neue Ideen fördern. In einem gesteuerten Prozess gilt es, die Umsetzung der Unternehmensstrategie auch in schwierigen Zeiten der Veränderung gezielt zu unterstützen und Widerstände zu reduzieren. Dabei ist ein transparenter und offener Dialog anzustreben, um ein vielfältiges Meinungsbild innerhalb des Unternehmens widerzuspiegeln. Diese Ausrichtung ist alles andere als kritikfrei, aber der Königsweg für eine dialogorientierte Weiterentwicklung der Unternehmenskultur. Mitarbeiter und insbesondere Führungskräfte müssen auf diesem Weg gezielt beteiligt werden.

2.1 Kulturentwicklung im Rahmen gesteuerter Dialogkommunikation

Die unternehmensintern kreierte und Jahrzehnte alte Wortschöpfung „Lufthanseat" als Qualitätsbegriff und kultureller Wertetreiber steht sinnbildlich für den Stolz und die Kultur des Unternehmens. Hohe fachliche Qualifikation und eine konsequente Serviceorientierung, gepaart mit Tugenden wie Zuverlässigkeit und Disziplin, sind maßgebliche Werte der Lufthansa-Kultur. Sie haben wesentlich dazu beigetragen, dass aus der Lufthansa Group mit ihren Fluglinien und großen Servicegesellschaften wie Technik, Cargo und Catering ein weltweit führender Aviation-Konzern mit mehr als 30 Milliarden Euro Umsatz wurde. Dramatische Veränderungen im weltweiten Luftverkehr – etwa das aggressive Vordringen von Billigfliegern und die staatlich mit Milliarden unterstützten Golf-Airlines – fordern jedoch entsprechende Veränderungen auch bei der Lufthansa Group ein. Gefragt sind in diesem schwierigen Umfeld Führungskräfte, die ihre Rolle als Vertrauenspersonen und wichtigste „direkte" Kommunikatoren wahrnehmen sowie eine interne Kommunikation, die das Management bei dieser Aufgabe professionell unterstützen kann. Um den nötigen Wandel zu initiieren und zu treiben, müssen Führungskräfte und interne Kommunikation gezielt Themen vorgeben und Akzente setzen. Die Beteiligung an der Meinungsbildung der Mitarbeiter und Führungskräfte ist in diesem Prozess von zentraler Bedeutung. Hier setzt der gesteuerte Dialog an, der Mitarbeitern die Chance bieten muss, Meinungsbildung aktiv mitzugestalten – ob in Social Media-Foren, in Betriebsversammlungen, Change-Projekten oder Workshops. So kann eine auf Dialog und Fairness beruhende Führung Widerstände reduzieren, aber auch Verständnis dafür erzielen, bis zu welchem Grad die Beteiligung jeweils gehen kann. Zielbild ist ein Austausch auf Augenhöhe, eine gemeinsame Basis, die den regelmäßigen Dialog zur Weiterentwicklung der Unternehmenskultur fördert – und damit den Wandel hin zu einer offenen Kommunikationskultur. Auch entsprechende Modernisierungsschritte im Bereich Führung tragen zu dieser Entwicklung bei. Der Lufthansa-Vorstand hat in seinem Zukunftsprogramm „7to1" insgesamt sieben Handlungsfelder definiert. Eines davon adressiert gezielt Veränderungen im Bereich „Kultur und Führung". An der Schnittstelle zwischen Personal (HR) und Kommunikation arbeiten Mitarbeiter aus beiden Bereichen gemeinsam an internen Change- und Kommunikationsprojekten. Dazu gehören insbesondere dialogorientierte Formen der Kommunikation, die nach und nach eine Kultur des Miteinanders fördern sollen. Ein Sprint wie in der Leichtathletik ist diese Aufgabe nicht, eher ein Langstreckenlauf: Denn Kultur ist weder aus Leitbildern rasch abrufbar noch kann sie ad-hoc durch Anweisung verändert werden. Sie entwickelt sich aus vorgegebenen Orientierungen und Erfahrungen und muss stetig mit Kommunikation begleitet und gesteuert werden.

2.2 Vielfalt an Kulturen und Berufen im Dialogprozess vereinigen

Kulturelle Vielfalt, weltweit verstreute Mitarbeiter, zahlreiche verschiedene Berufsgruppen: Darin liegen große Herausforderungen für die interne Kommunikation, aber ebenfalls Chancen. Als weltweit operierendes Unternehmen muss sich die Lufthansa Group auch in der internen Kommunikation global aufstellen und definieren. Dabei ist ein einheitlicher, verbindender Werte- und Markenkern wichtig. Dieser besteht aus einer Faszination für die Luftfahrt, der Liebe zum Reisen und Erkunden sowie Mitarbeitern, die Europa mit der Welt und die Welt mit Europa verbinden. Um diesen Kern herum finden auch die unterschiedlichen Kulturen der Tochtergesellschaften sowie die verschiedenen Berufsfelder mit ihren Werten Raum. Der persönliche Dialog, vor allem der zwischen Management und Belegschaft, ist und bleibt auch im digitalen Zeitalter die wichtigste Kommunikationsform. Direkte Kommunikation stößt jedoch bei einem internationalen Großunternehmen unweigerlich an Grenzen. Deshalb sind die konsequente Digitalisierung der internen Kommunikation und der gezielte Einsatz von Social Media zugleich Herausforderung und Maxime für die Steuerung der Maßnahmen. Nur so kann sich die Führungskräfte- und Mitarbeiterkommunikation die Meinungshoheit sichern und einem potenziell drohenden Kontrollverlust entgegenwirken.

3 Auswirkungen auf die interne Kommunikation: Konsequente Digitalisierung

Die multimediale Kommunikationsplattform *One* ist zum Jahresbeginn 2016 gestartet. Im Tagesgeschäft bietet *One* vielfältige Vorteile für den Informationsfluss und die Geschwindigkeit der Mitarbeiterkommunikation. Alle Konzerngesellschaften, die mit dem Lufthansa-Intranet verbunden sind, können darüber Nachrichten, Bilder, Videos etc. in alle verfügbaren Medienkanäle und auf alle Endgeräte einspielen – über eine integrierte Nachrichten-App auch auf dienstliche sowie private Smartphones und Tablets. Unter dem Dach der Marke *One* sind ein modernisiertes Intranet (*eBase One*), eine interne Nachrichten-App (*News App One*), eine Social Media-Plattform (*Connection One*) sowie ein neues, konzernübergreifendes Monatsmagazin (*One*) miteinander vernetzt. Damit trägt der Konzern den Kommunikationsbedürfnissen seiner weltweiten Mitarbeiter Rechnung. Diese grundlegende Neuaufstellung der internen Medienkanäle erleichtert die Erreichbarkeit von Unternehmensinformationen und zieht mehr Aufmerksamkeit auf sich – ein Erfolg, der sich an deutlich steigenden Reichweiten in den digitalen Kanälen ablesen lässt.

Für das Unternehmen ist dies aus kommunikativer Perspektive eine ganz entscheidende Entwicklung. Aus dem jahrelang verfolgten Prinzip „Print Only" wird „Digital First" und – mit Blick auf die erschwerte Erreichbarkeit insbesondere des fliegenden Personals – ein daraus abgeleitetes „Mobile First". Diese Devise bestimmt fortan das Management der internen Kommunikation in ihrer Rolle als Mittler, Moderator und Dialogmanager. Die neue Kommunikationsplattform *One* folgt dabei dem strategischen Dreiklang „Informieren – Führen – Motivieren". Sie liefert Mitarbeitern nicht nur schnelle News, faszinierende Bilder und relevante Storys aus dem Konzern. Über Dialogangebote erhalten sie darüber hinaus die Gelegenheit, sich aktiv am Kommunikationsgeschehen zu beteiligen, Anstöße zu geben und kritische Unternehmensthemen aufzudecken. So wird aus dem klassisch gedruckten Mitarbeitermagazin ein multimediales Mitmach-Magazin. Gemeinsam mit den Mitarbeitern macht sich die Redaktion auf die Suche nach Themen, die intern besonders interessieren und relevant sind. Insgesamt entsteht damit auf allen internen Medienkanälen Mehrwert: mehr Geschichten und mehr Gesichter, mehr Dialog und mehr Transparenz.

3.1 eBase One – das Intranet im Zentrum der Mitarbeiterkommunikation

Im Zentrum der Plattform steht eine modernisierte Startseite im Lufthansa-Intranet (*eBase One*), die zu einem bildstarken und mobil erreichbaren News-Portal weiterentwickelt wurde. Bilder- und Videogalerien sowie interaktive Grafiken machen den Mitarbeitern rund um die Uhr zahlreiche, optisch gut aufbereitete Informationsangebote. Vor allem erfüllt das Konzern-Intranet der Lufthansa Group ein zentrales Kommunikationsbedürfnis der Mitarbeiter und Führungskräfte. Sie erwarten kurz getaktete, möglichst ad-hoc überbrachte Nachrichten und Informationen, noch bevor sie in den öffentlichen Medien stehen. Täglich gehen deshalb mehrere News in deutscher wie in englischer Sprache digital „on air". Darüber hinaus wird die Startseite regelmäßig mit Analysen und Hintergründen aus dem neuen Printmagazin *One* angereichert und vernetzt.

Alle beteiligten Lufthansa-Geschäftsfelder verfügen auf *eBase One* über eine jeweils eigene Startseite. Ein Kommunikations-Mix aus relevanten, übergreifenden Konzern-News und geschäftsfeldspezifischen Informationen wird täglich morgens im Lufthansa-Newsroom zwischen Konzernkommunikation und den Kommunikatoren der Geschäftsfelder abgestimmt. Auf diese Weise werden Mitarbeiter und Führungskräfte der verschiedenen Geschäftsfelder nicht nur über die konzernweit wichtigsten Themen der Lufthansa Group informiert, sondern auf derselben Website auch unternehmensspezifisch mit relevanten Nachrichten angesprochen. Bei den Airlines steht beispielsweise das Passagier-Erlebnis stärker im Vordergrund, bei Lufthansa Cargo Nachrichten aus der Logistikindustrie, bei Lufthansa Technik der weltweite Instandhaltungsbetrieb.

3.2 News App One – Mobilisierung von Konzernnachrichten

Die Mitarbeiter der Lufthansa Group haben weltweit und rund um die Uhr mobilen Zugriff auf die Kommunikationsplattform *One*. Das Prinzip „Mobile First" begünstigt die Verfügbarkeit von Informationen über Laptops, Tablets und Smartphones und soll ihre Reichweiten signifikant steigern, insbesondere mit Blick auf das fliegende Personal. Alle Nachrichten, die Konzernkommunikation oder dezentrale Kommunikatoren im Intranet produzieren, werden zeitgleich auch in der *News App One* veröffentlicht. Damit können Mitarbeiter der Lufthansa Group Unternehmensinformationen auf allen digitalen Endgeräten empfangen – schnell, vollumfänglich und komfortabel im so genannten „Responsive Design". Die wichtigsten Lufthansa-Nachrichten („Breaking News") werden als Push-Mitteilungen gesendet und erscheinen entsprechend auffällig auf den Displays der Geräte. Damit reagiert die interne Kommunikation auf die sich rasant verändernden wirtschaftlichen und sozialen Rahmenbedingungen der Lufthansa Group sowie auf die entsprechend gestiegenen Ansprüche und Erwartungen an die interne Kommunikation. Als digitales Informationsinstrument erfüllt die *News App One* gleich mehrere Funktionen. Zum einen werden Mitarbeiter und Führungskräfte weltweit mit mobilen News in einem kurzen, prägnanten Format mit hohem Nachrichtenwert versorgt. Zum anderen werden über dieses Medium faszinierende Storys und Multimedia-Features mit einem breit gefächerten Informationsgehalt transportiert. Die Visualisierung durch zahlreiche Bilderstrecken, Info-Grafiken und Videos führt zu wachsenden Nutzerzahlen, längeren Verweilzeiten und einer nachhaltigen Bindung der Mitarbeiter an das Medium.

3.3 Connection One: Lufthansa goes social

Mithilfe des Social-Intranet-Tools IBM Connections (*Connection One*) werden entsprechende Dialog- und Collaborations-Anwendungen vollständig auf den Endgeräten wie Tablets, Smartphones und Notebooks integriert und genutzt. Als Social-Media-Service wird dieser Kanal in erster Linie für den digitalen Austausch in Dialog- und Diskussionsforen eingesetzt. Über diese Plattform können sich alle Mitarbeiter der Lufthansa Group unabhängig von Hierarchie-Ebenen vernetzen, Ideen austauschen und miteinander diskutieren. Die Diskussions-Foren werden von der internen Kommunikation zwar begleitet und auf das Einhalten einer konzernweit gültigen Social Media-Netiquette überprüft, aber nicht moderiert. Schließlich ist der freie Dialog eine wichtige Voraussetzung auf dem Weg zu einer modernen Unternehmenskultur.

Der Einstieg ins Social Web ist für Unternehmen stets mit Risiken verbunden. Stimmungen und Stimmen der Mitarbeiter und Führungskräfte sind frei für alle sozialen Kanäle, sodass theoretisch jeder Lufthanseat zum Kommunikator werden kann. Dem Risiko, auf diese Weise die Themen- und Meinungshoheit preiszugeben, muss die interne Kommunikation proaktiv entgegensteuern. Das schafft sie am besten über ein ehrliches und auf die kommunikativen Bedürfnisse der Mitarbeiter abgestimmtes Themenmanagement. Die interne Kommunikation muss sich emanzipieren von ihrem Ruf als „Sprachrohr" des Vorstands und stattdessen dahin gehen, wo es bisweilen wehtut. Wo es – insbesondere in Phasen der Veränderung – nörgelt und kriselt und Kritik hagelt: an den Puls der Mitarbeiterschaft.

3.4 Magazin One – Allianz von Online und Print

Die interne Kommunikation der Lufthansa Group produziert unter der Marke *One* gemeinsam mit Unternehmensredakteuren von Lufthansa Technik, Lufthansa Cargo und LSG Sky Chefs ein Mitarbeitermagazin mit hohem qualitativem Anspruch, das im Design und in der Darstellung der Marke für alle Geschäftsfelder einheitlich ist. Neben einem „Best Of" an geschäftsfeldübergreifenden Themen und Storys aus der Lufthansa Group gewährleisten flexibel austauschbare Cover- und Wechselseiten, dass die einzelnen Konzerngesellschaften ausreichend Schwerpunkte setzen können, die nur für ihren eigenen Bereich relevant sind. Mit dieser Individualisierung trägt *One* dem eigenständigen Leistungsprofil der Konzerngesellschaften und den spezifischen Informationsbedürfnissen ihrer Mitarbeiter Rechnung. Denn jede Konzerngesellschaft beschäftigt sich auch mit eigenen Themen, über die sie ihre Mitarbeiter informieren muss. Die Ausrichtung des Magazins ist übersichtlich, klar und international. Ein modernes, innovatives Design soll die Leser emotional ansprechen. Visualisierungen in Form von großformatigen Info-Grafiken erklären komplexe Sachverhalte und machen sie verständlich. *One* bildet ein breites Spektrum der Mitarbeiterkommunikation ab, das im Magazin in vier unterschiedlichen, klar abgegrenzten Rubriken thematisiert wird. Die erste Rubrik *One Mission* beinhaltet regelmäßig das Titelthema und damit einen intensiv recherchierten Schwerpunkt, an dem sich redaktionell alle Konzerngesellschaften beteiligen und dabei unterschiedliche Facetten einbringen. In dieser ersten Rubrik ist Platz für strategische Schwerpunkte sowie für Branchentrends und Konzernperspektiven. Die zweite Rubrik *One Future* widmet sich Innovationsgeschichten, hier wird vor allem die Zukunft der Luftfahrt beschrieben. One Future soll auf die Veränderungsbereitschaft der Lufthansa-Mitarbeiter einzahlen – mit zahlreichen Geschichten über frische Ideen, mutige Pläne und innovative Köpfe. Die beiden anderen Rubriken konzentrieren sich ganz auf die Belegschaft: *One People* für spannende Mitarbeiter-Profile, Interviews sowie relevante Themen aus dem Personal-Bereich – und last but not least *One Life* mit weltweiten Reisetipps von Insidern, Kochrezepten aus der Küche der LSG Sky Chefs sowie vielen anderen Themen aus dem Bereich Lifestyle. All diese Themen und Storys werden nicht nur im Magazin gespielt, sondern auszugsweise auch im Intranet sowie in der Lufthansa News App veröffentlicht – und damit bestmöglich mit der digitalen Welt von *One* verlinkt.

3.5 Das Markendach One – Weltkarte der Mitarbeiterkommunikation

Um die Kommunikationsplattform *One* mit ihren verschiedenen Kanälen inhaltlich zu präsentieren, wurde ein eigenes Logo entwickelt. Als moderne Wort-Bild-Marke visualisiert dieses Logo die Kernbotschaften einer crossmedialen Mitarbeiter- und Führungskräftekommunikation. Hinter dem Schriftzug „One" ist ein startendes Flugzeug zu sehen, das als Bildzeichen die Mobilität betont und für alle, unter dem Dach der Lufthansa Group verbundenen Airlines und Servicegesellschaften steht. Das Logo soll auch die Steuerungsfunktion der internen Kommunikation ins Bild setzen. *One* ist Leitmedium und Kommunikationsplattform zugleich. Die neu justierten Medienkanäle fördern den Austausch der Mitarbeiter untereinander und sollen trotz ihrer räumlichen Distanz emotionale Nähe zwischen ihnen erzeugen.

Dafür wurden einige geschlossene Kommunikations-Silos, etwa die jahrelang von der Unternehmenskommunikation abgetrennten Diskussionsforen im Lufthansa-Flugbetrieb, unter dem Dach von *One* zusammengeführt. Ziel dieser Maßnahmen ist es, Barrieren zwischen Berufsgruppen abzubauen, die bei Lufthansa allein in Deutschland von drei unterschiedlichen Spartengewerkschaften vertreten werden. Insbesondere der Social Media-Push soll dazu beitragen, dass Mitarbeiter der Lufthansa Group in isolierten Foren nicht länger übereinander reden, sondern miteinander diskutieren. So steht das neue Markendach *One* auch für eine klare Positionierung und für die Einheit der Lufthansa Group.

3.6 Dialogkommunikation als Faktor für Wertschöpfung

Dialog und Steuerung erfordern ein neues Rollenverständnis von interner Kommunikation. Die Aufgaben einer klassischen Unternehmensredaktion bleiben wichtig, um Mitarbeiter bestmöglich zu informieren – mit faszinierenden Reportagen, spannenden Porträts und kritischen Analysen. Mehr und mehr wandelt sich die Rolle des Betriebsjournalisten jedoch zum Themen- und Dialogmanager, der im regelmäßigen Austausch mit Mitarbeitern filtert, was für die Unternehmensberichterstattung relevant ist und was nicht. Aus der Schreibwerkstatt von gestern wird ein Kompetenzcenter der internen Kommunikation, ein unternehmensweiter Seismograph und Impulsgeber, vor allem für die Führungskräfte. Perspektivisch zahlt es sich aus, die (scheinbare) Komfortzone der kontrollierten und weitgehend kritikfreien Unternehmensberichterstattung zu verlassen. Der Weg hin zu einer dialogorientierten Mitarbeiterkommunikation ist bisweilen zwar steinig, führt aber zu einer signifikanten Erhöhung der Reichweiten. Mitarbeiter sind über alle Medienkanäle hinweg einfacher erreichbar, sie fühlen sich stärker eingebunden und werden aktiver in der Kommunikation. Das trägt dazu bei, den Informationsfluss unternehmensweit zu verbessern. Studien zufolge wirkt sich ein verbesserter Informationsfluss positiv auf die Zufriedenheit und die Motivation der Mitarbeiter aus – und führt damit direkt zu Kernzielen der internen Kommunikation. Insbesondere die verschiedenen Dialogangebote wirken positiv auf die Beziehung zwischen Mitarbeitern, ihren Führungskräften und dem gesamten Unternehmen: Sie erhöhen das Bewusstsein für Konzernziele und die Bereitschaft zur Veränderung. All diese Werttreiber sind zugleich Indikatoren für eine gelebte Unternehmenskultur.

4 Ausblick: Wann ist One erfolgreich? – Dialog als messbares Wirkungsziel

„Was man nicht messen kann, kann man nicht kontrollieren." Dieser viel zitierte Satz aus dem Controlling gilt auch umgekehrt: Was man messen kann, lässt sich entsprechend nicht nur kontrollieren, sondern auch zum Erfolg führen. Der Erfolg der Umstellung auf eine stärker dialogorientierte Kommunikation ist an Zahlen aus dem Kommunikations-Controlling leicht abzulesen: Die Besuche allein auf der Startseite des modernisierten Lufthansa-Intranetportals liegen bei mehr als 600.000 pro Monat – und damit rund 30 Prozent höher als zuvor. Auch die Wachstumsraten der *„News App One"* ziehen an. Mit mehr als 10.000 aktiven Usern (Stand Januar 2016) gehört die Nachrichten-App der Lufthansa zu den am meisten genutzten Mobilapplikationen in der deutschsprachigen Mitarbeiterkommunikation. Das Social Intranet ist mit zeitweise 4.000 Besuchern pro Tag ebenfalls erfolgreich gestartet und hat vom Start weg wichtige Diskussionen eröffnet, etwa zu relevanten Themen wie Fehlerkultur.

Kontrolle und Steuerung nehmen bei der neuen Kommunikationsplattform *One* eine zentrale Rolle ein. Zahlen über Visits im Intranet, Zugriffe auf die Lufthansa News App oder Klickraten in den Social Media-Diskussionsforen werden konsequent beobachtet, gemessen und im Wochenrhythmus dem gesamten Kommunikations-Team zugänglich gemacht. Die Daten werden mit dem Ziel analysiert, die Bedürfnisse der Leser zu verstehen, Verhaltensmuster zu erkennen und das Informationsangebot auf dieser Basis kontinuierlich zu verbessern. Dabei werden im Rahmen der Web-Analyse anonymisierte, aggregierte Daten statistisch ausgewertet. Auf diese Weise kann die interne Kommunikation nachvollziehen, welche Themen auf verstärktes Interesse bei Mitarbeitern und Führungskräften stoßen, worüber in Foren intensiv diskutiert wird und welche Formate besonders gut bei den Zielgruppen ankommen. Entsprechend kann das Kommunikations-Team bei erkennbar erhöhter Nachfrage nach einem bestimmten Thema weitere Informationen anbieten – entweder als Follow Up-News für die digitalen Kanäle, als Hintergrundinformation für Teammeetings oder als Basis für einen neuen Diskussions-Thread in einem sozialen Forum. Weitere Kennzahlen wie Awareness und Verweildauer messen explizit die Steigerung der Wahrnehmung bei Mitarbeitern und Führungskräften. Reaktionen auf gesendete Unternehmensinformationen, also das Mitarbeiter-Feedback, sind eine weitere Beobachtungsgröße. All diese Kennzahlen ermöglichen es, Informationen und Konzernnachrichten zu justieren und Kommunikation effektiv zu steuern.

Als weiteres Steuerungs- und Kontrollinstrument führt die Lufthansa Group einmal pro Jahr eine Umfrage unter allen Mitarbeitern durch. Überprüft werden damit der Stand der Arbeitgebermarke, die Bereitschaft zur Veränderung sowie das Commitment der Mitarbeiter und Führungskräfte. Letztlich erwächst und verfestigt sich auf der Basis dieses Commitments die interne Bereitschaft, den Wandel der Lufthansa Group mitzutragen und zu unterstützen, sich für das Unternehmen einzusetzen und aktiv an dessen Zukunft mitzuwirken. Das ist der Kern einer von allen Mitarbeitern gelebten und als Wert empfundenen Unternehmenskultur.

Stefan Kantzenbach und Andreas Cezanne
Interne Kommunikation in der Kaskade – Regeln und Formate

Wer sich heutzutage mit interner Kommunikation beschäftigt, dem stellt sich beim Begriff „Kaskade" oftmals die Frage: Wozu braucht es so etwas überhaupt noch? In Zeiten des Social Intranets, offener Kollaborationsplattformen und flacher Hierarchien erscheint die Kaskade wie ein Relikt aus guten, alten Zeiten. Kein Wunder, denn die Kaskade steht vielerorts sinnbildlich für eine klassische, top-down getriebene Unternehmenskultur, in der die Chefetage entscheidet und anschließend nach unten, eben über die Kaskade, verkündet, welche Aufgaben bis wann umzusetzen sind – Rückfragen, Kommentare und Vorschläge unerwünscht. Mitarbeiter der jeweils unteren Ebene sind in einer solchen Unternehmenskultur in erster Linie Weisungsempfänger, die nichts hinterfragen und keine eigenen Initiativen entwickeln sollen. In dieser Welt hatte interne Kommunikation eine Funktion: die Botschaft des Managements in die Organisation zu tragen. Sie war Sprachrohr und Verkündigungsorgan.

Dieses Modell einer ausschließlich von oben nach unten gerichteten Unternehmenskultur ist seit Jahren schon auf dem Rückzug. Das Prinzip „Befehl – Gehorsam" funktioniert, zum Glück, nicht mehr. In den meisten Unternehmen hat mittlerweile eine Kultur Einzug gehalten, die Mitarbeitern auch die Möglichkeit zur fachlichen Diskussion und zur Entwicklung eigener Initiativen eröffnet. Vorangetrieben wird dieser Wandel von grundlegend veränderten Marktbedingungen. Wie wir nachstehend zeigen werden, ist das Thema Führung vor diesem Hintergrund von entscheidender Bedeutung. Interne Kommunikation muss Führungskräfte daher in die Lage versetzen, ihrem Auftrag angesichts volatiler Märkte, zunehmender Digitalisierung und knapper werdenden personellen Ressourcen gerecht zu werden. Entscheidend für den Erfolg von interner Führungskräfte-Kommunikation sind exklusive Inhalte mit hoher fachlicher Relevanz. Bei Union Investment wurde dafür eine gesonderte Kommunikationsarchitektur geschaffen. Unsere Erfahrung zeigt: Die Kaskade hat keinesfalls ausgedient. Verstanden als flexibel auf die Bedürfnisse von unterschiedlichen Hierarchieebenen hin konfigurierbare Struktur, kann sie Führungskräfte in die Lage versetzen, den permanenten Wandel im Unternehmen zu gestalten und zu managen.

1 Neue Rahmenbedingungen unternehmerischen Handelns

Globalisierung und Digitalisierung haben die Spielregeln vieler Märkte neu definiert. Unternehmen aller Branchen müssen heute mehr denn je in der Lage sein, auf Marktveränderungen schnell und flexibel zu reagieren. Neue, online-basierte Geschäftsmodelle lassen sich oftmals binnen kürzester Zeit von lokale auf globale Ebene skalieren. Der Eintritt in bisher unerschlossene Märkte ist leichter zu realisieren; einige Unternehmen haben gar das Ziel, neue Märkte zu schaffen. Von welch grundlegender Bedeutung diese Entwicklung ist, zeigt die lange Liste der Firmen, die die Signifikanz neuer technischer Möglichkeiten unterschätzt haben und auf der Strecke geblieben sind. Agilität ist daher zu einem entscheidenden Wettbewerbsfaktor geworden.

Unternehmen, gerade im Finanzbereich, müssen darüber hinaus heute in der Lage sein, mit volatilen Märkten, hoher Unsicherheit und gestiegener Komplexität umzugehen. Denn die Kapitalmarktzyklen werden kürzer, die Unternehmensfinanzierung mit Eigen- und Fremdkapital daher anspruchsvoller. Faktoren wie geopolitische Krisen erhöhen zudem die Unsicherheit unternehmerischer Entscheidungen. Und eine zunehmende Dichte an regulatorischen Initiativen steigert die Komplexität vieler Geschäftsfelder immens. In einem solchen Umfeld wird es für zahlreiche Unternehmen anspruchsvoller, wenn nicht gar unmöglich, gegenüber ihren internen und externen Stakeholdern verlässliche Zukunftsprognosen abzugeben und die damit verbundene Sicherheit unternehmerischer Entscheidungen zu vermitteln. Stattdessen gewinnt das kurzfristige Management drängender Herausforderungen, vielfach mit der Metapher des „auf Sicht Fahrens" beschrieben, an Bedeutung.

2 Interne Kommunikation muss gewandelten Marktbedingungen Rechnung tragen

Mit dem Wandel der Rahmenbedingungen unternehmerischen Handelns gehen neue Aufgaben sowie ein weiterentwickeltes Verständnis von interner Kommunikation einher. Statt ausschließlich die Botschaften der Geschäftsleitung zu verkünden, gilt es heute, Mitarbeiter aller Hierarchieebenen, von der Unternehmensstrategie und den daraus abgeleiteten Maßnahmen zu überzeugen. Mitarbeiter wollen nicht mehr bestimmt, sondern mit guten Argumenten gewonnen und begeistert werden. Arbeitsaufträge, deren Sinn sich nicht ohne weiteres erschließt, bedürfen einer schlüssigen Begründung. Daher müssen Management-Entscheidungen nicht mehr nur verkündet, sondern auch legitimiert werden. Dafür ist es wichtig, die Unternehmensstrategie und ihre maßgeblichen Beeinflussungsgrößen, also beispielsweise Marktentwicklung, Kundenverhalten, Regulatorik oder technische Innovationen, für alle internen

Anspruchsgruppen verständlich zu erklären. Deshalb sind Themen mit strategischer Relevanz für das Unternehmen im Zusammenspiel mit der externen Kommunikation gezielt zu entwickeln und an die Mitarbeiter zu vermitteln. Interne Kommunikation muss zudem den unternehmensinternen Dialog ermöglichen und anregen – und zwar zwischen Geschäftsleitung, Führungskräften und Mitarbeitern sowie innerhalb der verschiedenen Hierarchieebenen. Sie steht darüber hinaus vor der Aufgabe, die zentralen Unternehmenswerte und das Leitbild im täglichen Geschäft für alle Mitarbeiter erfahrbar zu machen und mit Leben zu füllen.

Die Aufgaben der internen Kommunikation sind vielfältiger und die Disziplin damit insgesamt anspruchsvoller geworden. Um den eben beschriebenen Aufgaben gerecht werden zu können, braucht sie mehr denn je eine tragfähige Struktur, die es ermöglicht, die unterschiedlichen hierarchischen Positionen im Unternehmen zielgerichtet anzusprechen. Kurzum: Sie benötigt die Kaskade – aber eine Kaskade, die angesichts der unternehmerischen Herausforderungen und den gestiegenen Ansprüchen der Mitarbeiter an interne Kommunikation einen Mehrwert schaffen kann.

3 Führung spielt eine entscheidende Rolle

Wo früher Stabilität war, ist heute vermehrt Wandel die einzig verlässliche Konstante. Angesichts der oben skizzierten Rahmenbedingungen unternehmerischen Handelns kommt Führungskräften eine Schlüsselrolle in der internen Kommunikation zu. Denn sie sind es, die ihren Mitarbeitern gegenüber die Entscheidungen des Unternehmens erläutern, seine Werte vorleben und von der Geschäftsstrategie überzeugen müssen. Auch empirische Studien zeigen: Der Austausch mit dem direkten Vorgesetzten ist für die meisten Mitarbeiter die wichtigste Informationsquelle und rangiert deutlich vor anderen Medien wie beispielsweise Newslettern oder der Mitarbeiterzeitschrift (Holzer & Kenner, 2009, 37; Kilian, 2013, 117). Die gerade skizzierten Umweltbedingungen machen die Arbeit von Führungskräften heutzutage jedoch sehr viel anspruchsvoller als bisher. Hinzu kommt, dass sich auch die Arbeitswelt im Zuge der Digitalisierung selbst verändert. Neue, agile Methoden des Projektmanagements stärken die Position von Fachexperten. Folglich wird Kompetenz statt Hierarchie immer mehr zur entscheidenden Größe. Überdies ändert sich in der neuen Arbeitswelt die Zusammensetzung von Projektteams in einem schnellen Turnus. Oftmals sitzen sie nicht mehr gemeinsam in einem Gebäude, sondern arbeiten standortübergreifend „virtuell", vielfach auch über Kontinente hinweg. Gleichzeitig wird qualifiziertes Personal zur knappen Ressource für viele Unternehmen (McKinsey 2011: 13). Der demografische Wandel wird für immer mehr Unternehmen spürbar. Führungskräfte stehen daher in zunehmendem Maße vor der Aufgabe, Mitarbeiter für ihr Unternehmen zu begeistern und sie dadurch auch dauerhaft zu binden. Führung bedeutet in einem solchen Umfeld mehr Begleitung als Leitung durch Ansage. Keine Frage: Es geht immer noch darum,

Aufgaben und Ziele zu formulieren, Arbeitsergebnisse zu kontrollieren und Ressourcen im Team zu managen. Das alles reicht heute jedoch nicht mehr. Führungskräfte haben ihren Mitarbeitern zunehmend auch Sinn zu vermitteln und Orientierung zu geben. Sie müssen überzeugen und begeistern.

Weil sie eine Schlüsselrolle für den Erfolg des Unternehmens innehaben, stellen Führungskräfte eine wichtige Zielgruppe der internen Kommunikation dar. Ihnen kommt unter zwei Gesichtspunkten eine herausragende Bedeutung zu. Zum einen sind sie eine eigene Zielgruppe mit spezifischen Informationsbedürfnissen. Zum anderen haben sie einen tieferen Einblick in geschäftspolitische Diskussionen und Erwägungen als der durchschnittliche Mitarbeiter. Die interne Kommunikation muss diesen Umstand berücksichtigen und Führungskräften daher dichtere Informationen auf einem fachlich anspruchsvollen Niveau zur Verfügung stellen. Darüber hinaus sind Führungskräfte eigenständige Kommunikatoren mit einer potenziell hohen Glaubwürdigkeit für ihre Mitarbeiter. Damit sie diese Rolle möglichst effektiv wahrnehmen können, brauchen sie Informationen, die sie „sprechfähig" machen. Denn nur wenn sie die Geschäftsstrategie verstanden haben, können sie diese auch ihren Mitarbeitern erklären. Nur wenn sie von den Werten eines Unternehmens überzeugt sind und diese selbst erfahren, können sie die Werte auch mit ihren Mitarbeitern diskutieren und ihnen vermitteln. Führungskräfte brauchen also ein eigenes, auf ihre spezifischen Anforderungen hin abgestimmtes Kommunikationsangebot. Und genau hier kommt die traditionelle Kaskade ins Spiel.

Aufgabe der internen Kommunikation ist es daher, Führungskräfte als eine eigene Zielgruppe zu adressieren und sie in ihrer Funktion zu unterstützen. Dafür sind zwei Erfordernisse zu erfüllen: Führungskräfte müssen die Informationen, die diese an ihre Mitarbeiter kommunizieren sollen, zunächst einmal in geeigneter Form erhalten. Und im nächsten Schritt brauchen Führungskräfte die richtigen Instrumente, um ihre Mitarbeiter zu informieren. Schöne Worte und ansprechend gestaltete Medien genügen dafür nicht. Interne Kommunikation sollte vielmehr als ein Partner auf Augenhöhe agieren, der das Geschäft und die Rahmenbedingungen des Marktes versteht. An diesem Anspruch orientiert sich die Führungskräfte-Kommunikation bei Union Investment.

4 Notwendigkeit für Führungskräfte-Kommunikation bei Union Investment

Union Investment ist der zentrale Asset Manager der Genossenschaftlichen Finanz-Gruppe. Die fast 2.600 Mitarbeiter des Unternehmens verwalten ein Anlagevermögen von mehr als 250 Milliarden Euro für rund 1.600 institutionelle Investoren und mehr als vier Millionen private Anleger. Das Unternehmen ist untergliedert in verschiede-

Abb. 1: Unternehmensstruktur von Union Investment (Quelle: Union Investment)

ne Segmente und Bereiche, die sich anhand der Kundengruppen und der im Asset Management erforderlichen Querschnittsaufgaben gruppieren.

Wie alle Unternehmen der Finanzbranche unterliegt Union Investment sehr anspruchsvollen Rahmenbedingungen. Die äußerst intensive Regulierung im Kapitalmarktgeschäft schlägt sich seit Jahren an vielen Stellen in den internen Prozessen und Systemen nieder. Das extrem niedrige Zinsniveau stimuliert zwar einerseits die Nachfrage seitens privater und institutioneller Investoren nach Kapitalmarktprodukten. Andererseits erschwert sie das Portfoliomanagement gerade im Rentenbereich, wo auskömmliche Renditen nur noch sehr schwierig zu erwirtschaften sind. Darüber hinaus bringt die zunehmende Digitalisierung neue Kundenanforderungen im Hinblick auf das Leistungsangebot, Transparenz und Service mit sich.

Eine Herausforderung für die unternehmensweite interne Kommunikation ist die Holdingstruktur des Unternehmens aus unterschiedlichen Gesellschaften (Abbildung 1). Diese agieren mit einem hohen Grad an Autonomie in ihren jeweiligen Märkten bzw. Verantwortungsbereichen – ein Ansatz, der von großem Vorteil für das Gesamtunternehmen ist, ermöglicht er doch die Entwicklung schneller und effektiver Lösungen im Sinne der jeweiligen Kunden. Aus Sicht der internen Kommunikation erschwert er jedoch die einheitliche Setzung zentraler Botschaften bei den Mitarbeitern des Unternehmens. Das ist auf die unterschiedlichen Kommunikationsstrukturen und -medien in den einzelnen Einheiten zurückzuführen. Diese verfügen oftmals über eigene Formate für die Kommunikation mit Mitarbeitern und Führungskräften. Auf der anderen Seite fördert die Untergliederung des Unternehmens in verschiedene Einheiten zumindest ein Stück weit auch die Herausbildung eigener Kulturen und Identitäten in den unterschiedlichen Gesellschaften.

Bei Union Investment hat ein Change-Prozess 2010 die hohe Bedeutung einer effektiven Führungskräfte-Kommunikation offenbart. Im Zuge des Veränderungsprozesses kam es zu einer Lücke zwischen den Botschaften der Unternehmensführung an alle Mitarbeiter und dem Informationsstand der unteren Führungsebene. Gerade solche Führungskräfte, die eine Verantwortung für die operative Führung der Mitarbeiter hatten, bemängelten nicht hinreichende Kenntnisse, um ihnen die Gründe, die Umsetzung und die möglichen Auswirkungen des Change-Prozesses zu erläutern. Für die operative Umsetzung des Veränderungsprozesses erwies sich dies als ein handfestes Defizit. Vor dem Hintergrund des nicht volleffizient verlaufenen Change-Prozesses hat der Vorstand die Unternehmenskommunikation mit dem Aufbau einer gesonderten Kommunikationsarchitektur für sämtliche Führungskräfte des Unternehmens beauftragt.

5 Ziele der Führungskräfte-Kommunikation bei Union Investment

Die auf der Basis von Erkenntnissen aus dem letzten Change-Prozess aufgebaute Führungskräfte-Kommunikation bei Union Investment ist weder vollständig zentralisiert noch liegt sie vollumfänglich in der Verantwortung der einzelnen Gesellschaften. Vielmehr ist sie dual angelegt: Die verschiedenen Unternehmenseinheiten haben nach wie vor Spielräume, um ihre spezifischen operativen Geschäftsthemen und Geschäftsziele bei ihren Führungskräften zu adressieren. Die entsprechenden Inhalte, Prozesse und Formate werden dezentral gesteuert. Diese, in der Gesamtbetrachtung sehr unterschiedlichen Angebote, wurden durch zentrale Formate ergänzt, die alle Mitarbeiter mit Personalverantwortung erreichen und die ihnen die übergeordneten Unternehmensstrategien und -ziele vermitteln.

Für die zentralseitig gesteuerte Führungskräfte-Kommunikation bei Union Investment hat die Unternehmenskommunikation klare Ziele definiert:
- Es ist ein lückenloser Informations- und Botschaftenfluss bis auf Ebene der Gruppenleiter, denen die Führung der operativ tätigen Mitarbeiter obliegt, zu gewährleisten.
- Die Kommunikationsinfrastruktur muss kurzfristig zur Verfügung stehen und es der Unternehmensleitung erlauben, alle Führungskräfte innerhalb eines kurzen Zeitraums zu erreichen.
- Führungskräfte aller Hierarchiestufen sollen befähigt werden, ihren Mitarbeitern die Unternehmensstrategie zu erklären und zu vermitteln.
- Führungskräfte sollen im Sinne der Unternehmenskultur und -werte agieren und diese ihren Mitarbeitern in ihrem täglichen Handeln vermitteln.
- Der horizontale Austausch der Führungskräfte untereinander soll forciert werden.

6 Die Inhalte der Führungskräfte-Kommunikation bei Union Investment

Für den Erfolg der Führungskräfte-Kommunikation sind die Inhalte von entscheidender Bedeutung. Sie müssen vor allem exklusiv sein und damit eine hohe Relevanz für ihre Empfänger aufweisen. Zum einen hängt die interne Akzeptanz von Führungskräfte-Kommunikation zu einem hohen Grade davon ab, dass die entsprechenden Inhalte von der Zielgruppe als wertvolle Informationen angenommen werden. Zum anderen ermöglicht gerade die Exklusivität der Inhalte es Führungskräften, ihre Rolle als Kommunikatoren gegenüber ihren Mitarbeitern wahrzunehmen.

Im Rahmen der Führungskräfte-Kommunikation von Union Investment wird Exklusivität in zweierlei Hinsicht definiert: Einerseits durch einen breiteren Umfang an Inhalten im Vergleich zur allgemeinen internen Kommunikation und andererseits durch einen zeitlichen Vorsprung gegenüber der allgemeinen Kommunikation im Unternehmen. Die Führungskräfte erhalten dementsprechend tiefergehende Informationen oder die entsprechenden Informationen mit einem zeitlichen Vorsprung.

Gerade mit Blick auf die Akzeptanz in der Zielgruppe verfolgt die Führungskräfte-Kommunikation bei Union Investment den Ansatz des „Weniger ist mehr". Konkret fokussiert sie sich auf zwei Gebiete: Themen der strategischen Unternehmensentwicklung geben allen Führungskräften einen tiefen Einblick in die geschäftliche Lage des Unternehmens sowie in ausgewählte Projekte mit Relevanz für das Gesamtunternehmen. Führungsthemen greifen aktuelle Management-Trends auf, die für den Arbeitsalltag der Führungskräfte bedeutsam sind. Ziel ist es, die Führungskräfte in der Wahrnehmung ihrer Führungsrolle zu unterstützen und ihnen Gedankenanstöße zu geben.

7 Formate der Führungskräfte-Kommunikation

Im Rahmen der Führungskräfte-Kommunikation bei Union Investment wird ein breites Spektrum an Medien und Formaten eingesetzt (Abbildung 2). Veranstaltungen ermöglichen einen direkten Austausch der Führungskräfte mit der Unternehmensleitung und finden mehrmals pro Jahr statt. Die verschiedenen Formate variieren von großen Konferenzen mit mehreren Hundert Teilnehmern bis hin zu kleineren Runden mit einem guten Dutzend Teilnehmern. Die Intensität des Austauschs steigt mit der hierarchischen Ebene. Mitglieder der ersten drei Führungsebenen treffen mehrmals pro Jahr mit dem CEO zusammen und erhalten dabei die Gelegenheit, ihre Themen zu adressieren. Die vierte Führungsebene hat in der Regel einmal pro Jahr die Möglichkeit zum Dialog mit dem Vorstand. Neben der Information und dem Austausch mit der Unternehmensleitung bieten die unterschiedlichen Veranstaltungen auch die Gelegenheit zum Gespräch der Führungskräfte untereinander. Als emotionale Formate eignen sie sich zudem zur Diskussion und Vermittlung von Werten bzw. von spezifischen Aspekten der Unternehmenskultur.

Neben Veranstaltungen stehen Führungskräften bei Union Investment eigene Online-Medien zur Verfügung. Ein Newsletter informiert quartalsweise oder ad hoc über die geschäftliche Lage sowie über Themen und Projekte mit Relevanz für das gesamte Unternehmen. Ad-hoc-Informationen werden nur in seltenen Fällen, wie beispielsweise bei der Übernahme eines anderen Unternehmens, versandt.

Der Führungskräfte-Newsletter leitet die Empfänger auf einen eigenen Intranetbereich, wo die jeweiligen Themen detailliert aufbereitet sind. Neben Textbeiträgen werden den Führungskräften auf diese Weise auch Filme, Infografiken oder Präsentationen zur Verfügung gestellt. Sämtliche Inhalte sind so aufbereitet, dass die Führungskräfte sie zur Information ihrer Mitarbeiter optimal nutzen können.

8 Evaluation ist Pflicht

Führungskräfte-Kommunikation bindet Ressourcen der Unternehmenskommunikation und hat einen signifikanten Effekt auf den generellen Erfolg der internen Kommunikation. Aufgrund dieser hohen Bedeutung muss sie sich bei Union Investment der Evaluation stellen.

Die Erfolgskontrolle erfolgt auf unterschiedlichen Wegen: Bei elektronischen Medien wird das Nutzerverhalten quantitativ ausgewertet, selbstverständlich auf anonymisierter Basis. Zum Beispiel ermöglicht das Tracking der Öffnungs- und Klickraten Rückschlüsse auf die Akzeptanz des Newsletters bzw. die Relevanz seiner Inhalte. So

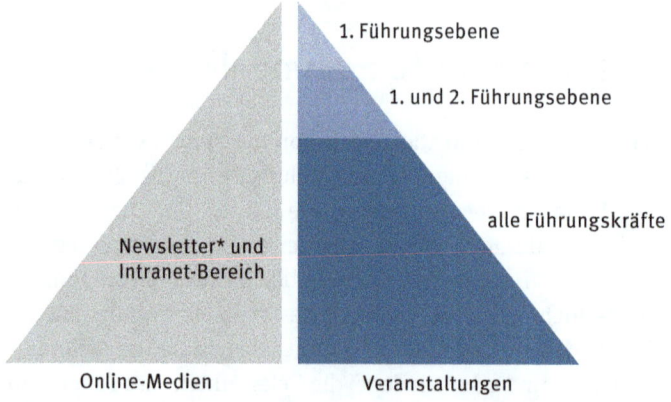

Abb. 2: Struktur der Führungskräfte-Kommunikation bei Union Investment (Quelle: Union Investment).

lassen sich auf Basis der Analyse der zurückliegenden Themen der Erfolg und damit die Bedeutung von geplanten Themen abschätzen.

Bei Veranstaltungen wird neben der quantitativen Analyse des Teilnehmerverhaltens ebenfalls eine qualitative Befragung der Teilnehmer durchgeführt. Auch hier lassen die Ergebnisse Rückschlüsse auf die Akzeptanz der verschiedenen Inhalte für die Führungskräfte zu. Ein offenes Feedback erlaubt den Teilnehmern zudem, ihre Anregungen und Kritikpunkte mit eigenen Worten zu formulieren.

Insgesamt betrachtet, zeigt die Evaluation der Führungskräfte-Kommunikation bei Union Investment, dass diese eine hohe Relevanz für die Zielgruppe aufweist. So bewegen sich beispielsweise die Nutzungszahlen des Newsletters und des eigenen Intranet-Bereichs auf einem sehr hohen Niveau. Auch die unterschiedlichen Veranstaltungsformate werden von den jeweiligen Zielgruppen in erfreulicher Weise angenommen. 90 Prozent der Teilnehmer einer Führungskräfte-Konferenz bestätigen etwa, dass die Inhalte der Veranstaltung sie sehr gut in ihrer täglichen Führungsarbeit unterstützten.

9 Fazit: Die Kaskade ist notwendig

Alles in allem zeigen die Erfahrungen bei Union Investment, dass die Kaskade als eine Kommunikationsarchitektur für Führungskräfte eine ungebrochene Bedeutung hat. Denn in einem zunehmend dynamischen Marktumfeld kommt gerade den Führungskräften eine wichtige Rolle zu. Sie müssen ihre Mitarbeiter nicht nur anleiten, sondern auch Sinn vermitteln, Orientierung geben und überzeugen.

Um diese Aufgaben effektiv erfüllen zu können, benötigen sie Informationen und Kompetenzen. Führungskräfte-Kommunikation gibt ihnen diese Informationen und versetzt sie in die Lage, den permanenten Wandel zu gestalten und zu managen. Die Kaskade, verstanden als Infrastruktur, die eine nach Zielgruppen und Hierarchieebenen differenzierte Ansprache ermöglicht, ist daher keineswegs obsolet geworden. Vielmehr ist sie es, die den kulturellen Wandel erst ermöglicht. Denn die beste technische Lösung verfehlt ihre Wirkung, wenn die Unternehmenskultur ihren Einsatz nicht erlaubt. Was nutzt beispielsweise ein Social Intranet, wenn die Mitarbeiter sich nicht trauen, Inhalte einzustellen und mit anderen zu teilen, weil der Chef ihnen vorhält, ihre wertvolle Arbeitszeit damit zu verschwenden?

Die Erfahrungen bei Union Investment zeigen jedoch: Es ist von grundlegender Bedeutung, dass die Kaskade flexibel gehalten und nicht als starres Gebilde verstanden wird. Denn wie das gesamte Unternehmen unterliegt auch sie einer ständigen Entwicklung. Statt eines festen Rahmens bedarf es weniger, klar definierter Regeln. Im Fall von Union Investment wurden diese formuliert als:

- *Oben vor unten*: Themen mit hoher Relevanz für das gesamte Unternehmen werden zunächst den Führungskräften kommuniziert. Bei Bedarf wird die Führungskräfte-Kommunikation noch einmal in weitere Gruppen untergliedert.
- *Betroffene zuerst*: Ob Führungskraft oder Mitarbeiter – niemand sollte von Veränderungen über den „Flurfunk" erfahren.
- *Intern ist gleich extern*: Spätestens zeitgleich mit der Veröffentlichung einer externen Meldung sollte diese auch intern breit kommuniziert werden. Mit Blick auf die Führungskräfte-Kommunikation bedeutet dies, dass diese Zielgruppe, sofern möglich, vorab zu informieren ist.

Zusammengefasst leistet die Kaskade, verstanden als Kommunikationsarchitektur, die eine gezielte Ansprache von unterschiedlichen internen Zielgruppen ermöglicht, einen wichtigen Beitrag zum Kommunikationserfolg.

Literatur

Holzer, D., & Keller, F (2009). *Interne Kommunikation in der Wahrnehmung von Mitarbeitern. Ergebnisse einer Befragung.* Stuttgart: Universität Hohenheim. Abgerufen von http://opus.uni-hohenheim.de/volltexte/2009/389/pdf/Kommunikation_und_Analyse_Band_7.pdf

Kilian, K. (2012). Interne Markenverankerung bei den Mitarbeitern. *Transfer – Werbeforschung & Praxis. 27.* 35–40. Abgerufen von https://www.marketinginstitut.biz/blog/wp-content/uploads/2013/11/JBM-Kapitel-Interne-Markenverankerung-bei-Mitarbeitern.pdf

McKinsey (2011). *Wettbewerbsfaktor Fachkräfte – Strategien für Deutschlands Unternehmen.* Abgerufen von http://www.mckinsey.de/sites/mck_files/files/fachkraefte.pdf

Katharina Simon
Die Rolle der Unternehmenskommunikation als Business Partner

Angesichts des internationalen Wettbewerbs, wachsender Erwartungen wichtiger Bezugs- und Einflussgruppen sowie des technologischen Fortschritts nimmt die Kommunikationsfunktion in Unternehmen eine neue Rolle ein. Als Business Partner orientiert sie das Management in allen Fragen zu den kommunikativen Konsequenzen unternehmerischer Entscheidungen und berät an den Schnittstellen zu den Fachabteilungen als Experte für die Planung und Umsetzung von Kommunikationsaktivitäten. Diese Rolle geht über traditionelle Rollenprofile wie Sprachrohr oder Krisenmanager hinaus und erfordert ein entsprechendes Selbstverständnis bei Kommunikationsmanagern, das sich mit den Erwartungen des Managements deckt und an strukturelle wie inhaltliche Rahmenbedingungen im Unternehmen geknüpft ist.

1 Einführung: Neue Anforderungen an die Unternehmenskommunikation

Der Aufgabenbereich von Unternehmenskommunikation geht längst über klassische Tätigkeiten wie Mitarbeiterkommunikation und Pressearbeit hinaus. Kommunikatoren sind daran beteiligt, Unternehmensstrategien anzupassen, etwa indem sie das Markt- und Meinungsumfeld beobachten, Stakeholder-Interessen in Entscheidungsprozesse einbringen, Beziehungen pflegen und Reputationsrisiken und -chancen analysieren und bewerten (Zerfass et al. 2015: 44). Nicht nur Kommunikationsverantwortliche selbst, sondern auch Vorstände und Geschäftsführer schreiben der Kommunikationsfunktion in Unternehmen deshalb eine hohe Relevanz für den Unternehmenserfolg zu (Zerfaß et al. 2013a: 15). „Weil Unternehmenskommunikation immer stärker als ein wesentlicher Erfolgsfaktor für die Unternehmensstrategie gesehen wird, rückt die Kommunikationsfunktion in den Fokus des Top-Managements. Kommunikative Expertise wird bei unternehmensstrategischen Entscheidungen bedeutsamer; die Kommunikationsfunktion erhält eine wichtigere Rolle für den Unternehmenserfolg" (Zerfaß et al. 2014: 989).

Vor diesem Hintergrund stellt sich die Frage, welche Position die Kommunikationsfunktion im Unternehmen einnimmt. Das Top-Management erwartet inzwischen einen Business Partner, der es in allen Fragen rund um Kommunikation zuverlässig und auf Augenhöhe berät (ebd. 30 ff.). Neue Medien machen Kommunikation transparenter und führen zu Unsicherheit, auch im Management: Jede Art von Verhalten geht innerhalb von Sekunden durch das Netz und kann sich verheerend auf Image und Reputation auswirken – positiv wie negativ. Gleichzeitig steigen durch die täglich zunehmende Menge an Informationen die Komplexität und die Schwierigkeit, Wichtiges von Unwichtigem zu unterscheiden, Daten zu interpretieren und Handlungsfolgen abzuschätzen. „Daraus ergibt sich für die Kommunikationsabteilung zum einen die Herausforderung, die Organisation zur Kommunikation zu befähigen und zum anderen die Aufgabe des beratenden Experten einzunehmen" (Franke 2013: 1). Gerade Top-Manager brauchen deshalb dringender denn je kompetente Ansprech- und Sparringspartner in der Kommunikationsabteilung, die für sie Daten und Sachverhalte einordnen, kommunikative Konsequenzen aufzeigen und fundierte Einschätzungen und Empfehlungen geben.

Welche Rolle die Kommunikationsfunktion in der Praxis einnimmt, ist abhängig von zahlreichen Rahmenbedingungen, etwa der organisatorischen Anbindung, dem internen Standing sowie dem Selbstverständnis der Kommunikatoren. Sie muss dabei nicht als gegeben betrachtet werden, sondern lässt sich auch aktiv gestalten. In der Konsequenz stellen sich folgende Fragen: Wie ist die Rolle als Business Partner des Managements zu verstehen? Welche Funktionen und Aufgaben sind damit verbunden? Und wie kann es Kommunikatoren gelingen, ein guter Partner des Managements zu sein?

2 Profil und Begriffsklärung: Business Partner als interner Berater des Managements

In der Praxis der Unternehmenskommunikation sind unterschiedliche Rollenverständnisse verbreitet. Je nach Unternehmenskontext, situativen Gegebenheiten und dem eigenen Anspruch können unterschiedliche Rollen ausgeübt werden. Das Spektrum reicht von eher operativ-reaktiv geprägten bis hin zu strategisch-aktiven Rollen (vgl. Abbildung 1). Von traditionellen Rollenprofilen wie Nachrichtenlieferant, Krisenmanager oder Sprachrohr grenzt der Business Partner sich ab, indem er in seiner Funktion als Partner und Berater des Managements und der Fachabteilungen Themen und Kommunikationsaktivitäten aktiv steuert. Der Business Partner handelt weniger fremdbestimmt und reaktiv als ein Nachrichtenlieferant oder Krisenmanager, der in erster Linie auf interne und externe Einflüsse reagieren muss und die Kommunikation danach ausrichtet. Der Business Partner ist demnach weniger ein Getriebener des Tagesgeschäfts, sondern vielmehr ein aktiver Themensetzer. Er richtet die Kommunikationsaktivitäten nicht ausschließlich an aktuellen Ereignissen und Erkenntnissen aus, sondern bindet sie eng an die Unternehmensstrategie an. Seine Tätigkeit geht damit über operative Aufgaben wie das Schreiben von Pressemitteilungen oder die Organisation von Events hinaus und fokussiert auf strategische Aufgaben wie die Verknüpfung von Unternehmens- und Kommunikationsstrategie, die Koordination

Abb. 1: Rollenprofile von Kommunikationsverantwortlichen in der Praxis (eigene Darstellung)

und Steuerung von Kommunikationsaktivitäten oder die Positionierung des Unternehmens und des CEOs.

Die Rolle als Business Partner des Managements bedeutet für Kommunikationsverantwortliche, „ein geschäftsrelevanter interner Berater auf Augenhöhe zu sein, der die Sprache des Managements spricht" (Bues & Sass 2014: 74) und die Geschäftsführung zu Wirkungen und Konsequenzen unternehmerischen Handelns berät. Franke (2013: 3) unterscheidet dabei zwei Beratungsformen: *Expertenberatung* beinhaltet das Beraten auf inhaltlicher Ebene. Dies begründet sich auf Kommunikationsexpertise und Informationen und umfasst beispielsweise Ratschläge zu Kanal, Botschaft, Zielgruppe und Zeitpunkt der Kommunikation. *Prozessberatung* hat hingegen die kommunikative Befähigung des Unternehmen oder auch einzelner Mitarbeiter bzw. gesamter Funktionen zum Ziel. Dazu gehört es, Kommunikationskompetenzen, Strukturen und Prozesse aufzubauen sowie das Reflektionsvermögen zu unterstützen (ebd.). Während andere Unternehmensbereiche in der Beratungsrolle meist ihren fachlichen Fokus beibehalten, ist die interne Beratungsrolle der Kommunikationsfunktion erweitert: „Nicht mehr nur konkrete kommunikationsspezifische Problemstellungen müssen korrekt und adäquat behandelt werden, sondern auch Handlungen und Entscheidungen, die zunächst fach- oder funktionsspezifischer Natur sind, müssen die kommunikative Perspektive einbeziehen" (ebd.). So werden Empfehlungen dazu ausgesprochen, welche Themen ein Risiko für das Unternehmen darstellen und welche Wirkungen und Konsequenzen unternehmerische Entscheidungen für die öffentliche Wahrnehmung haben können.

Die Funktion der Unternehmenskommunikation ist in diesem Zusammenhang, die Erwartungen interner und externer Stakeholder in interne Entscheidungsprozesse einzubringen und dafür zu sorgen, „dass die Geschäftsführung über die Positionierung im Wettbewerbsumfeld informiert ist, den Status der Strategieumsetzung einschätzen kann und das interne Meinungsklima kennt" (Bues & Sass 2014: 74.). Als Business Partner wertet die Unternehmenskommunikation Interessen und Erwartungen der Stakeholder aus und leitet daraus Schlussfolgerungen und Handlungsempfehlungen ab. Darüber hinaus schützt sie die Reputation des Unternehmens und sichert es gegen kommunikative Risiken ab. Die Unternehmenskommunikation ist ein Business Partner, wenn die Geschäftsführung des Unternehmens „den Wertschöpfungsbeitrag der Kommunikation (an)erkennt, die Topkommunikatoren als Berater und Sparringspartner in Planungsprozesse miteinbezieht und sie bei wichtigen Entscheidungen konsultiert" (ebd. 75). Welche Rolle die Kommunikationsfunktion in Unternehmen ausübt, beeinflusst in hohem Maße das interne Standing der Abteilung: „In der Unternehmenskommunikation als Business Partner erkennt das Management eine wichtige Ressource für das Erreichen von Unternehmenszielen, die zur Entwicklung materieller und immaterieller Werte beiträgt und deren Know-how unverzichtbar ist" (ebd. 74).

3 Selbstverständnis der Kommunikationsmanager und Erwartungen des Top-Managements: ein Spannungsfeld?

Mehr als jeder zweite deutsche Kommunikationsmanager (55%) betrachtet sich selbst als Berater für das Top-Management (Bentele et al. 2012: 75). Damit ist diese Funktion hinter der als Mittler zwischen Unternehmen und Öffentlichkeit (82%) die zweitdominanteste in Deutschland und liegt vor traditionellen Rollenverständnissen wie Unternehmenssprecher (57%) und Interessenvertreter/Repräsentant (45%). Dieses berufliche Selbstverständnis ist Bentele et al. (ebd. 77) zufolge seit einigen Jahren stabil.

Ein Abgleich des Selbstverständnisses mit den Erwartungen von Top-Managern (n=602 Vorstände und Geschäftsführer in deutschen Großunternehmen) zeigt: Die Mehrheit deutscher CEOs nehmen Kommunikationsverantwortliche ebenfalls am ehesten als Mittler wahr (65%). Immerhin 49 Prozent attestieren ihnen eine Beraterrolle, die damit auch aus Sicht des Top-Managements die zweitstärkste Zuschreibung darstellt, noch vor der des Sprechers (43%) (Zerfaß et al. 2013b: 32). Schon 2011 zeigten Will und die Personalberatung Egon Zehnder International in einer qualitativen Befragung deutscher CEOs, dass die Mehrheit der befragten Top-Manager Kommunikation als ein zentrales Kernelement der Unternehmensführung sowie als einen erfolgskritischen Teil der Unternehmensstrategie sieht (Will et al. 2011: 22).

Der „European Communication Monitor (ECM)", die größte europaweite Befragung von Kommunikationsexperten, belegt, dass das Top-Management Empfehlungen der Kommunikationsabteilung in der Mehrzahl der Unternehmen (79%) ernst nimmt (Zerfass et al. 2015: 109). Der beratende Einfluss (advisory influence) ist folglich recht hoch. Der strategische Einfluss (executive influence) beschreibt indes, ob Kommunikationsverantwortliche an Strategiesitzungen der Unternehmensführung teilnehmen. Er wird etwas geringer eingestuft, ist mit 75 Prozent aber ebenfalls hoch. Den von Zerfaß et al. (ebd. 44) befragten Kommunikatoren zufolge hat ihr Beitrag zur Anpassung von Unternehmensstrategien in den vergangenen fünf Jahren sogar bedeutend zugenommen (+10 Prozentpunkte). Gleichzeitig ist aus ihrer Sicht schon seit Jahren die Verknüpfung von Kommunikation und Unternehmensstrategie die größte strategische Herausforderung (ebd. 40).

Die CEO-Befragung von Zerfaß et al. (2013b: 28) spiegelt die Sicht der Top Manager auf advisory und executive influence der Unternehmenskommunikation: Etwa die Hälfte der befragten Vorstände und Geschäftsführer (49%) nimmt die Ratschläge der Kommunikationsverantwortlichen tendenziell an und setzt sie in der Unternehmenspolitik um (49 Prozent). Etwa jeder Dritte (37%) bestätigt, dass Kommunikationsverantwortliche mit gewichtiger Stimme an Strategiesitzungen der Unternehmensleitung teilnehmen. Wichtigste Sparringspartner rund um Fragen zu Kommunikationsstrategien sind für 87 Prozent des Top-Managements zwar die Kollegen in der Geschäftsleitung oder in den Fachbereichen (ebd. 37). An zweiter Stelle folgt jedoch mit 64 Prozent die Kommunikation. Die empirischen Ergebnisse belegen, dass die Kommunikationsfunktion als Business Partner mit beratendem und strategischem Einfluss auf das Top-Management sowohl im Selbstverständnis von Kommunikationsmanagern verankert ist als auch von CEOs durchaus gefordert wird. 35 Prozent der Vorstände und Geschäftsführer wünschen sich sogar eine stärkere strategische Mitwirkung der Kommunikationsfunktion im Unternehmen (ebd. 29).

4 Rahmenbedingungen und Erfolgsfaktoren für die Rolle als Business Partner

Neben dem Selbstverständnis der Kommunikationsverantwortlichen sowie den Erwartungen des Top-Managements ist die Funktion als Business Partner an mehrere Umstände geknüpft, die eine erfolgreiche Rollenumsetzung ermöglichen. Dazu gehört eine enge Zusammenarbeit mit dem CEO, idealerweise auch darüber hinaus eine organisatorische Anbindung an das Top-Management. Die organisatorische Nähe zur Unternehmensspitze ist eine wesentliche Voraussetzung dafür, dass Kommunikationsverantwortliche als Business Partner mit Gestaltungsverantwortung für den Unternehmenserfolg agieren können (vgl. Zerfaß et al. 2014: 1004).

Denn die Befragung von Vorständen und Geschäftsführern in deutschen Großunternehmen von Zerfaß et al. zeigt, dass die Rollenzuschreibung von der Intensität der Zusammenarbeit geprägt wird: Von den Vorständen und Geschäftsführern, die angeben, selbst mit der Kommunikationsabteilung oder mit Agenturen zusammenzuarbeiten, nimmt etwa jeder Zweite den Kommunikationsmanager als persönlichen Berater wahr. Findet hingegen keine oder nur selten Zusammenarbeit zwischen Top-Management und Kommunikation statt, wird der Kommunikationsfunktion auch kaum die Beraterrolle zugeschrieben (Zerfaß et al. 2013a: 18). Zu den Anforderungen des Managements gehören in diesem Zusammenhang die Ausrichtung der Kommunikationsziele auf das Zielsystem des Unternehmens und ein regelmäßiges Reporting zu Kommunikationsstatus und Zielerreichungsgrad. Um diese Aufgabe erfüllen zu können, muss die Geschäftsführung die Unternehmenskommunikation rechtzeitig in Planungen involvieren und ihr Zugang zu erforderlichen Strategieunterlagen gewähren (Bues & Sass 2014: 74).

Den Ergebnissen des European Communication Monitors 2015 zufolge arbeitet eine große Mehrheit der befragten Praktiker in Europa eng mit dem Top-Management zusammen: Mit 85 Prozent ist der CEO sogar die Instanz in Unternehmen, mit der am häufigsten kooperiert wird – noch vor der Marketing-Abteilung (72%) oder anderen Bereichen wie Unternehmensentwicklung (59%) oder der Personalabteilung (54%). Die Intensität der Zusammenarbeit hat sich seit 2011 kaum verändert (Zerfass et al. 2015: 30). Die Position als Business Partner wird zusätzlich unterstützt, wenn die Kommunikationsfunktion auch formal eng an den Vorstand angebunden ist. Diese strukturelle Verankerung ist in europäischen Unternehmen ebenfalls stark ausgeprägt: 18 Prozent der Kommunikationsverantwortlichen sind Mitglied des Vorstands, 60 Prozent berichten direkt an den CEO, weitere 18 Prozent an ein anderes Mitglied der Geschäftsführung (Zerfass et al. 2011: 49). Demnach haben lediglich vier Prozent keinen strukturell verankerten Zugang zum Top-Management.

Ein weiterer Erfolgsfaktor mit Blick auf die Wahrnehmung als Business Partner ist, dass die Gesamtverantwortung für die Unternehmenskommunikation in einer Hand liegt. Wenn die Governance, d. h. Verantwortlichkeiten und Aufgaben, nicht klar verteilt sind, ringen unterschiedliche Teilfunktionen um den Führungsanspruch bei bestimmten Themen. Das führt nicht nur zu Wildwuchs der Kommunikationsaktivitäten, Reibungsverlusten und Doppelarbeit im Alltag. Der Umfang des Zuständigkeitsbereichs ist neben der organisatorischen Verankerung auch ein Ausdruck formaler Macht der Kommunikationsfunktion. Dementsprechend schwächt eine zu geringe Verantwortung das Standing der Kommunikation im Unternehmen. Die Fremdbestimmung ist höher, Entscheidungen können schwieriger durchgesetzt werden und Empfehlungen werden weniger ernst genommen. Eine zu geringe formale Macht ist folglich wenig hilfreich für die Akzeptanz als Business Partner des Managements und kann sich negativ auf den Erfolg von Kommunikationsaktivitäten auswirken. „Daher sollte die zentrale Kommunikationsfunktion über die Richtlinienkompetenz für alle kommunikationsbezogenen Fragen im Unternehmen und auch in Geschäftseinheiten und Ländergesellschaften verfügen" (Zerfaß et al. 2014: 1005).

Die im European Communication Monitor befragten Kommunikationsexperten geben an, dass in weniger als der Hälfte ihrer Organisationen (42%) der Kommunikationschef für sämtliche Kommunikationsdisziplinen verantwortlich ist (Zerfass et al. 2011: 48). Weitere 42 Prozent sind für mindestens drei Bereiche bzw. Stakeholdergruppen zuständig. In 12 Prozent der Unternehmen verantworten die Top-Kommunikatoren Pressearbeit und interne Kommunikation; weniger als fünf Prozent ausschließlich Presse- und Medienarbeit.

5 Gestaltungsmöglichkeiten und Meilensteine in der Umsetzung

Die Umsetzung der Rolle als Business Partner des Managements vollzieht sich für die Kommunikationsfunktion nicht von heute auf morgen, sondern ist ein langfristiger Prozess. Auf dem Weg dorthin können die Klärung der Governance und die Reorganisation von Abläufen und Kompetenzen Meilensteine sein. Der erste Schritt ist zunächst jedoch, das Selbstverständnis der Unternehmenskommunikation zu überprüfen: „Nur wer sich selbst als strategischer Berater der Geschäftsführung versteht, kann diese Rolle auch glaubwürdig vertreten und ausüben" (Bues & Sass 2014: 77).

Leitbild
Das Selbstverständnis lässt sich beispielsweise in einem Leitbildprozess gestalten und schärfen. Es ist das Fundament für die Rollengestaltung der Kommunikationsmanager als interne Berater. Dabei ist entscheidend, dass möglichst viele Mitarbeiter eingebunden werden. Denn oftmals kursieren diffuse oder sogar widersprüchliche Wahrnehmungen der eigenen Funktion in der Abteilung. Idealerweise wird das Auftreten als Business Partner nicht nur dem Top-Kommunikator zugesprochen, sondern ist auch im Selbstverständnis der übrigen Mitarbeiter und Führungskräfte verankert. Denn sie müssen diesen Anspruch in der täglichen Zusammenarbeit mit internen Kunden ebenfalls glaubhaft verkörpern. Ein Leitbild enthält in der Regel Aussagen zu Vision, Mission, Zielen und Werten. Es gibt den Mitarbeitern intern Handlungsorientierung und kann Unsicherheit reduzieren, etwa indem es in Konfliktfällen Entscheidungen stützt. Leitbilder stärken somit das Profil der Kommunikationsfunktion und tragen zu einer höheren Identifikation der Kommunikations-Mitarbeiter und -Führungskräfte mit der angestrebten Verhaltensrolle bei. Bei der Festlegung und Formulierung des Leitbilds können unterschiedliche kreative Methoden zum Einsatz kommen. Beispielsweise hilft die Beschäftigung mit Archetypen dabei, Ist- und Sollprofile der eigenen Rolle zu identifizieren und zu schärfen.

In einem Leitbildprozess für die Unternehmenskommunikation beim Flughafen München galt es beispielsweise vor allem, den Mitarbeitern der Abteilung zu vermitteln, dass die Gesamtinteressen des Konzerns Vorrang vor den Partikularinteressen einzelner Geschäftsbereiche haben. „Als Business Partner hat die Unternehmenskommunikation bei ihren internen Kunden eine doppelte Vermittlungsaufgabe: Sie ist Anwalt der Stakeholderinteressen gegenüber dem Top-Management, und sie hat die übergreifende Strategie im Alltagshandeln immer wieder mit den Binnenstrategien der Unternehmensbereiche abzugleichen" (ebd. 77). Ein gutes Verständnis der heterogenen Geschäftsfelder und eine regelmäßige Abstimmung mit den internen Kunden sind dafür ausschlaggebende Erfolgsfaktoren. Die gemeinsame Festlegung und Formulierung eines Leitbilds kann ergänzt werden durch Schulungen und das Anpassen von Stellenprofilen.

Beratungsprozess
Um die eigene Position als Business Partner zu festigen, Kommunikation integrierter zu steuern und gleichzeitig die Zusammenarbeit mit den internen Kunden zu verbessern, kann darüber hinaus ein Prozess zum Beratungsmanagement implementiert werden (ebd.). Idealerweise werden dazu vor Beginn eines neuen Geschäftsjahrs Gespräche mit dem Vorstand und weiteren zentralen internen Kunden geführt, in dem Ziele, wesentliche Themen und geplante Aktivitäten identifiziert werden. Diese sind anschließend mit Blick auf den erforderlichen Beratungs- und Unterstützungsbedarf zu
bewerten. Die Unternehmenskommunikation kann auf diese Weise proaktiv als Berater auftreten und ihre Expertise und Empfehlungen mit Blick auf Botschaften, Medien und Kanäle in die Planung einfließen lassen. Das stärkt einerseits den Steuerungseinfluss der Kommunikationsfunktion, die Integration von Themen und Botschaften und gleichzeitig auch die Wahrnehmung der Unternehmenskommunikation als geschäftsrelevanter Partner im Konzern.

Governance
Ein weiterer Meilenstein auf dem Weg der Rollenumsetzung ist die Festlegung einer Governance. Dies ist der Ordnungsrahmen, der für die Unternehmenskommunikation handlungsleitende Regeln formuliert, die Gestaltung von Prozessen und Strukturen beschreibt und spezifische Zuständigkeiten und Kompetenzen festlegt. Die Governance kann nach verschiedenen Handlungsfeldern geclustert werden, etwa nach Kommunikationsdisziplinen, Kanälen, Themen und spezifischen Kommunikationsaufgaben. Sie lässt sich anhand von Leitfragen erarbeiten: Was ist zu regeln? Wer ist verantwortlich (Führungsrolle, Freigabe, Information)? Wer ist noch beteiligt bzw. welche Schnittstellen gibt es? Welche Vorlagen und Instrumente werden eingesetzt? Ansatzpunkt für die Governance der Unternehmenskommunikation ist die Unternehmensverfassung bzw. der Konzernauftrag. Die Governance lässt sich anschließend in

einem Statut schriftlich fixieren, das von der Geschäftsführung legitimiert und unterschrieben wird.

Strukturen und Prozesse
Unternehmen wie die Deutsche Telekom oder der Flughafen München haben die Struktur ihrer Kommunikationsabteilungen umgestellt, um die Funktion als Business Partner des Managements besser ausüben zu können. Der Flughafen München hat zum Beispiel ein integriertes Themenmanagement implementiert. Da die unterschiedlichen Unternehmens- und Fachbereiche sehr differenzierte Wünsche und Anforderungen an die Kommunikatoren richten, hat die Unternehmenskommunikation die neuen Funktionen der Kanal- und Themenmanager eingeführt, die Themen und Inhalte crossmedial planen und umsetzen. Eine der wichtigsten Kompetenzen der Themenmanager ist eine vertiefte Expertise zum jeweiligen Themenfeld, das sie verantworten. Sie werden damit von ihren internen Kunden in den Fachabteilungen stärker als Business Partner wahrgenommen, „weil diese in ihnen kompetente Ansprechpartner sehen, die nicht nur kommunikative Expertise haben, sondern sich auch inhaltlich im Thema auskennen" (Bues & Sass 2014: 76). Die Themen- und Kanalmanager orientieren sich als interne Berater an einem Zielsystem, das die Kommunikationsziele und die strategischen Themen aus den Unternehmenszielen ableitet und auf strategische Leitthemen und -maßnahmen kaskadiert.

Bei der Deutschen Telekom gehörte zur Rollengestaltung der Unternehmenskommunikation auch die Reorganisation der Abteilungsstruktur. Die Abteilung hat sich inzwischen zu einer Pool-Organisation entwickelt, in der die Mitarbeiter nicht mehr klassischen Hierarchieebenen zugeordnet sind. Sie ist in vier Themenclustern organisiert und ermöglicht eine flexible Zusammenarbeit auf Projektbasis. Dadurch arbeitet die Kommunikationsfunktion innovativer, flexibler und professioneller und hat sich die strukturellen Rahmenbedingungen geschaffen, um dem Management gegenüber als kompetenter Business Partner aufzutreten. Strukturen und Prozesse sind das Fundament für die Akzeptanz der Kommunikation als Business Partner, vor allem auch mit Blick auf den digitalen Wandel und die große Bedeutung, die die Kommunikation dabei einnimmt: „Für die Unternehmenskommunikation reicht es [...] längst nicht aus, den Wandel bloß zu erkennen und nur mit neuen Kommunikationsinstrumenten und -maßnahmen darauf zu reagieren. Sie muss den Veränderungen auch organisatorisch gerecht werden. Daher sollten gerade auch die Strukturen und Prozesse der Unternehmenskommunikation an die sich verändernden Rahmenbedingungen angepasst werden" (Zerfaß et al. 2014: 989).

6 Schlussbemerkung: Weiterentwicklung von Leadership- und Managementkompetenzen

Wenn die Rahmenbedingungen für Unternehmen komplexer werden, muss die Unternehmenskommunikation nach Wegen suchen, um weiterhin die Ansprüche der internen Kunden zu erfüllen und gleichzeitig ihre Steuerungshoheit bei kommunikativen Fragen im Unternehmen aufrecht zu erhalten. Operative Exzellenz ist dazu eine notwendige, aber nicht hinreichende Voraussetzung. In Zeiten, in denen die Kommunikation auch aus Sicht der Unternehmensführung einen entscheidenden Wertschöpfungsbeitrag leistet und sogar an Bedeutung für den Unternehmenserfolg gewinnt, muss die Kommunikation intern ein Ansprechpartner auf Augenhöhe sein, der das Top-Management oder auch Führungskräfte in Fachabteilungen in allen Fragen zu kommunikativen Konsequenzen unternehmerischer Entscheidungen kompetent berät. Dazu gehört einerseits die Expertenberatung auf inhaltlicher Ebene, andererseits die Prozessberatung im Sinne einer kommunikativen Befähigung.

Die Business Partner-Rolle ist in einem längerfristigen Prozess aktiv zu gestalten. Das Fundament dafür bildet das Selbstverständnis der Kommunikationsmanager: Nur wer sich selbst als relevanten Geschäftspartner und internen Berater wahrnimmt, kann diesen Anspruch auch glaubwürdig vertreten. Dabei reicht es nicht, wenn lediglich der Kommunikationschef diese Rolle für sich beansprucht. Ein entsprechendes Selbstverständnis sollte in der gesamten Kommunikationsabteilung verankert sein, von ihren Mitarbeitern getragen und in der Zusammenarbeit mit internen Kunden gelebt werden. Nur dann erreicht die Kommunikationsfunktion unternehmensintern das Standing, das für die Wahrnehmung als Business Partner notwendig ist. Das Selbstverständnis kann mit Hilfe eines Leitbildprozesses definiert und geschärft werden. Der Steuerungseinfluss wird mit einer Governance geregelt, die den nötigen Rückhalt der Geschäftsführung gewährleistet. Weitere unterstützende Rahmenbedingungen sind eine enge Zusammenarbeit mit dem Vorstand und eine dementsprechende organisatorische Verankerung im Unternehmen. Zusätzlich stellen moderne Prozesse und Abteilungsstrukturen die nötige Flexibilität und Professionalität sicher.

Die Unternehmenskommunikation kann sich auf diese Weise immer mehr zu einer strategischen Funktion entwickeln, die das Top-Management in Kommunikationsfragen berät und unterstützt. Dafür muss sie ihr Leistungsangebot für ihre internen Kunden definieren und sich „von einer operativ-taktischen Rolle zu einer beratungsstarken Einheit wandeln, die wichtige Kommunikationsaufgaben im gesamten Unternehmen bearbeitet, in enger Abstimmung mit anderen Organisationseinheiten löst und ihren eigenen Erfolgsbeitrag dokumentiert" (Zerfaß et al. 2014: 1009). Kommunikationsmanager sind dabei insbesondere gefordert, ihren Rollenanspruch auch im Unternehmen deutlich zu machen. Weiterentwicklungsbedarf besteht in diesem Kontext vor allem bei betriebswirtschaftlichem Know-how und Management Skills, weniger bei kommunikativem Fachwissen und Kompetenzen (Tench et al. 2013: 12). Auf die Agenda von Kommunikationsverantwortlichen gehört demnach in erster Linie die Entwicklung von Leadership- und Beratungs-Kompetenzen.

Literatur

Bentele, G., Dolderer, U., Fechner, R., & Seidenglanz, R. (2012). *Profession Pressesprecher 2012. Vermessung eines Berufsstandes*. Berlin: Helios Media.

Bues, H.-J., & Sass, J. (2014). Businesspartner des Managements. Restrukturierung der Unternehmenskommunikation des Flughafens München. In: *Kommunikationsmanager – Das Magazin für Kommunikationsmanager, 03/ 2014*, 74–77.

Franke, N. (2013). *Befähigen, Beraten, Umsetzen – Neue Aufgabenprofile für Kommunikationsmanager in ganzheitlich kommunizierenden Organisationen*. Abgerufen von http://www.bdp-net.de/sites/default/files/Abstract_Franke.pdf

Tench, R., Zerfass, A., Verhoeven, P., Verčič, D., Moreno, A., & Okay, A. (2013). *Communication Management Competencies for European Practitioners*. Leeds: Leeds Metropolitan University. Abgerufen von http://www.ecopsi.org.uk/ecopsi/files/Ecopsi_CMC_Booklet.pdf

Will, M., Fleischmann, P., & Fritton, M. (2011). *Kommunikation aus Sicht von Vorstandsvorsitzenden: eine unterschätzte Herausforderung?* Düsseldorf: Egon Zehnder International. Abgerufen von http://www.egonzehnder.com/files/kommunikation_vorstandsvorsitzende.pdf

Zerfaß, A., Bentele, G., Schwalbach, J., & Sherzada, M. (2013a). *Unternehmenskommunikation aus der Sicht von Vorständen und Kommunikationsmanagern – Ein empirischer Vergleich*. Forschungsberichte zur Unternehmenskommunikation Nr. 2. Leipzig. Akademische Gesellschaft für Unternehmensführung und Kommunikation. Abgerufen von http://www.akademische-gesellschaft.com/fileadmin/webcontent/Research_report/Forschungsbericht_2_Akademische_Gesellschaft.pdf

Zerfaß, A., Schwalbach, J., & Sherzada, M. (2013b). *Unternehmenskommunikation aus der Perspektive des Top-Managements: Eine empirische Studie bei Vorständen und Geschäftsführern in deutschen Großunternehmen*. Leipzig: Universität Leipzig.

Zerfaß, A., Ehrhart, C., & Lautenbach, C. (2014). Organisation der Kommunikationsfunktion: Strukturen, Prozesse und Leistungen für die Unternehmensführung. In A. Zerfaß & M. Piwinger (Hrsg.), *Handbuch Unternehmenskommunikation. Strategie – Management – Wertschöpfung* (S. 987–1010). Wiesbaden: Springer Gabler.

Zerfass, A., Verhoeven, P., Tench, R., Moreno, A., & Verčič, D. (2011). *European Communication Monitor 2011. Empirical Insights into Strategic Communication in Europe. Results of an Empirical Survey in 43 Countries*. Brussels: EACD/EUPRERA, Helios Media. Abgerufen von http://communicationmonitor.eu/

Zerfass, A., Verčič, D., Verhoeven, P., Moreno, A., & Tench, R. (2015). *European Communication Monitor 2015. Creating communication value through listening, messaging and measurement. Results of a Survey in 41 Countries*. Brussels: EACD/EUPRERA, HeliosMedia. Abgerufen von http://communicationmonitor.eu/

Gerhard Rickes
Kapitäne steuern – Lenkungsstrukturen in der Vorstandskommunikation

Die Authentizität, Emotionalität und auch die Effektivität von Kommunikation lassen sich bekanntermaßen mit Bildern und Geschichten rund um herausragende Köpfe erheblich steigern. Die Rolle von Vorständen bzw. Mitgliedern der Geschäftsführung ist daher von besonderer Bedeutung in der Unternehmenskommunikation. Das gilt letztlich gleichermaßen für gestandene „Wirtschaftskapitäne" wie für Neulinge auf der Vorstandsetage, die unter „Erstbeobachtung" durch Medien, Finanzmärkte und Mitarbeiter stehen. Innerhalb der Kommunikationssteuerung stellt die Vorstandskommunikation als spezielle Ausprägung der Unternehmenskommunikation daher ein wichtiges Kapitel dar, das gesonderte Betrachtung verdient.

1 Executive Communications als Organisationseinheit

Um der Bedeutung der Kommunikation auf Geschäftsführungsebene für die Gesamtwahrnehmung des Unternehmens Rechnung zu tragen, wird die Vorstandskommunikation der SAP (dort Executive Communications genannt) von einem gezielt auf eben diese Kommunikationsdisziplin ausgerichteten Team aus sogenannten Communications Business Partnern verantwortet, das innerhalb der Unternehmenskommunikation (bei SAP: Global Corporate Affairs) angesiedelt ist. Im Prinzip ist jedem Mitglied des Vorstands der SAP SE ein solcher Communications Business Partner zugeordnet. Im Sinne der Übertragbarkeit auf andere Unternehmenskontexte ist im Folgenden abwechselnd und austauschbar von Vorstandsmitgliedern, Unternehmensführung oder Geschäftsführung die Rede.

Der Aufgabenbereich der Communications Business Partner umfasst die strategische Planung und Koordinierung aller internen und externen Kommunikationsaktivitäten des jeweiligen Vorstandsmitglieds. Dies geschieht in Zusammenarbeit mit virtuellen Teams, die sich aus Mitarbeitern verschiedener Kommunikationsbereiche zusammensetzen. Dazu gehören Media Relations, Government Relations, Analyst Relations – hier sind die Branchenanalysten gemeint, die als Berater insbesondere bei Investitionsgütern direkten Einfluss auf einzelne Kaufentscheidungen haben – die Interne Kommunikation, Corporate Social Responsibility ebenso wie der Bereich Investor Relations und der Vorstandsstab. Außerdem obliegt den einzelnen Communications Business Partnern die redaktionelle Versorgung des jeweiligen Vorstandsmitglieds mit Redemanuskripten für interne und externe Veranstaltungsauftritte, Namensartikel und Blogs bis hin zu Briefen an andere Meinungsführer.

2 Fokussierung als Steuerungsfaktor

Die Lenkung der Vorstandskommunikation im Sinne einer aktiven Reputationssteigerung und das Erreichen von Meinungsführerschaft wird im Folgenden im Rahmen von zwei großen Handlungsfeldern aufgezeigt – Fokussierung und Integration – sowie anhand von Praxisbeispielen und -erfahrungen erläutert. Diese Handlungsfelder sind letztlich unabhängig davon, wie deutlich und konsequent die Vorstandskommunikation in der Organisationstruktur aufgenommen ist.

Die jeweilige Zielsetzung der Communications Business Partner ist in hohem Maße an die Notwendigkeit einer klaren und kontinuierlichen Priorisierung geknüpft. Dies ist letztlich der Knappheit von zwei Ressourcen geschuldet: Zum einen der begrenzten Aufmerksamkeit interner und externer Anspruchsgruppen, mit der letztlich alle Kommunikationsdisziplinen konfrontiert sind, zum anderen den geringen Aufmerksamkeits- und Zeit-Budgets des Top-Managements.

Ungeachtet einer reaktiven oder proaktiven Ausrichtung sind bei der Vorstandskommunikation stets Filter erforderlich. Sie helfen, die zeitliche Dimension zu beherrschen und den thematischen Fokus sowohl im Hinblick auf Unternehmensziele als auch auf die Relevanz für die direkten und indirekten Zielgruppen zu optimieren. Entsprechend ist der Communications Business Partner in vielfacher Hinsicht gefordert, die Kommunikation zusammen mit den Spezialisten in den verschiedenen Kommunikationsdisziplinen und den Kollegen in den Vorstandsbüros fortlaufend zu evaluieren und zu priorisieren. Grundvoraussetzung dafür sind eine strategische Zielsetzung sowie ein klares Modell der Zusammenarbeit auf operativer Ebene. Die Ziele der Vorstandskommunikation sollten mit den Unternehmenszielen nicht nur in Einklang stehen, sondern diese idealerweise effektiv unterstützen und außerdem innerhalb des virtuellen internen Teams möglichst einfach zu vermitteln sein.

Im Wesentlichen bieten sich für die Formulierung der Zielsetzung die folgenden großen Dimensionen an:
- Die Positionierung des Vorstandsmitglieds als Meinungsführer
    - durch Sichtbarkeit (Share of voice) bei den relevanten Zielgruppen innerhalb und außerhalb des Unternehmens,
    - durch Standpunkte und Visionen zu unternehmensspezifischen Themen sowie darüber hinaus auch zu Themen der Branche, der Wirtschaft und der Gesellschaft,
    - durch den Ausbau persönlicher Netzwerke zu relevanten Meinungsführern in Wirtschaft, Politik und Wissenschaft.

– Die Positionierung des Unternehmens durch konkrete Vermittlung der Unternehmensstrategien seitens des Vorstands (beispielsweise hinsichtlich des Wachstums, der Produktinnovation, der Märkte, des Personals) – auch dies extern wie intern.

Je greifbarer und konkreter sich diese Zielsetzung manifestiert, umso einfacher lassen sich die Mitwirkenden von ihr überzeugen und für deren Umsetzung gewinnen. Als besonders einfach und trotzdem äußerst effektiv bei dieser Zielorientierung empfiehlt sich das Formulieren eines fiktiven Profils: Die Ziele und ihre unterschiedlichen Aspekte werden dabei nicht in PowerPoint-Folien oder einer komplexen Thema/Zielgruppe/Kanal-Matrix festgeschrieben, sondern durch das Verfassen eines wünschenswerten redaktionellen Profils des betreffenden Vorstands in einem relevanten Medium. Das Profil wird einem gedachten Redakteur einer Zeitung zugeschrieben – das könnte zum Beispiel das „Wall Street Journal" oder das „Handelsblatt" sein oder aber auch eine andere Publikation mit Breitenwirkung, die sich angesichts des Verantwortungsbereichs des Vorstandsmitglieds anbietet. Das fiktive Erscheinungsdatum sollte in der mittleren Zukunft liegen – zum Beispiel in zwei oder drei Jahren.

Diese konkrete Zielfiktion wird idealerweise unter Einbeziehung folgender Aspekte erstellt:
– Mit wem in Wirtschaft, Politik, Wissenschaft und Kultur wird das Vorstandsmitglied im Austausch stehen?
– Wozu wird er/sie eine klare Meinung vertreten?
– Was wird ihn/sie auszeichnen?
– Wer wird ihn/sie ausgezeichnet haben?
– Was wird er/sie (für das Unternehmen) erreicht haben?
– Was macht ihn/sie als Mensch aus? (Interessen, Engagements).

Wichtig beim Erstellen einer solchen Zielfiktion ist es, den sprachlichen Duktus eines redaktionellen Managerprofils einzuhalten und sich bei allem Ehrgeiz an realistischen Vorstellungen zu orientieren. Dieses Vorgehen ermöglicht es, einen schnellen Konsens darüber herzustellen – auch mit dem betreffenden Geschäftsführungsmitglied – wohin die gemeinsame kommunikative Reise gehen soll.

Die weitere Priorisierung kann dann stets basierend auf der Frage erfolgen, welche Aktivitäten eine Wahrnehmung begünstigen können, wie sie in dem fiktiven Profil ausgedrückt wird, kurz: wie aus der Fiktion Realität werden kann. Zusammen mit einer auf das Vorstandsmitglied bezogenen Stärken/Schwächen-Analyse sowie einer Risiken/Chancen-Analyse in Bezug auf seine Wahrnehmung ergibt sich eine solide Grundlage für die anstehende Priorisierungsarbeit.

Eine weitere Voraussetzung für effektive Priorisierung ist die effiziente Zusammenarbeit zwischen dem Communications Business Partner, den Kollegen der einzelnen Kommunikationsdisziplinen sowie den Mitgliedern des Vorstandsstabs. Neben einem klaren Verständnis der Aufgaben und der Abläufe untereinander ist eine größtmögliche gegenseitige Transparenz bei den jeweiligen Planungen geboten. Dies fördert insbesondere die bestmögliche Integration der Kommunikations-Aktivitäten mit solchen Aktivitäten, die auf den ersten Blick als nicht kommunikationsrelevant angesehen werden. In diesem Zusammenhang ist es sehr nützlich, wenn der verantwortliche Communications Business Partner an Management-Meetings des jeweiligen Vorstandsbereichs teilnehmen kann.

Sind Ziele und das Modell der Zusammenarbeit einmal hinreichend geklärt, steht die kontinuierliche Priorisierung grundsätzlich auf einem festen Fundament. Diese Priorisierung betrifft die wesentlichen Dimensionen der Kommunikation, nämlich Inhalte und Themen, Zielgruppen und Kanäle bzw. Formate.

2.1 Inhalte und Themen

Bei der Planung der Vorstandskommunikation empfiehlt es sich, ein Themen-Universum für das jeweilige Vorstandsmitglied zu entwerfen, das man in der Regel in die folgenden grundsätzlichen „Galaxien" untergliedern kann:
- Themen der politischen Willensbildung (zum Beispiel staatliche Innovationsförderung, Bildung, Datenschutz),
- länderspezifische Themen, insbesondere bei Vorständen mit Vertriebsverantwortung für eine Weltregion oder bestimmte Länder,
- Themen der Unternehmensstrategie (zum Beispiel Produkte und Märkte, Akquisitionsstrategie, Führungs- bzw. Managementphilosophie),
- Themen der Corporate Social Responsibility (zum Beispiel die Schwerpunkte der eigenen Investitionen in soziale Projekte),
- Themen des regionalen Umfelds (zum Beispiel Regional- und Verkehrsentwicklung am Standort),
- unternehmensinterne Themen (zum Beispiel Mitarbeiterzufriedenheit, Personalentwicklung, Frauen in Führungspositionen, Unternehmenswerte).

Die Vielfältigkeit der Dimensionen sollte nicht darüber hinwegtäuschen, dass hierbei Schwerpunkte notwendig sind. Sind alle möglichen Themen erkannt, sollte man über einen operationalisierbaren Filter nicht wenige davon streichen. Eine einfache Leitfrage kann helfen, Scheinfokussierungen zu vermeiden: „Woran merken meine Zielgruppen, dass es einen klaren Fokus gibt?"

2.2 Zielgruppen

Der erste Schritt bei der Priorisierung der Zielgruppen sollte sein, eine Übersicht der direkten Stakeholder zu erstellen, auf deren Wahrnehmungen und letztlich Entschei-

dungen die Unternehmenskommunikation abzielt. Hier sind die klassischen Stakeholder-Märkte zugrunde zu legen:
- Absatzmarkt (Kunden, Interessenten, Partner),
- Finanzmarkt (Investoren),
- Arbeitsmarkt (potenzielle Mitarbeiter),
- Akzeptanzmarkt (politische Entscheider, aber auch die Bürger).

Im zweiten Schritt gilt es, die Meinungsbildner bzw. Multiplikatoren zu ermitteln. Diese sind in der Regel
- Medien (Online, Print, Rundfunk),
- Finanzanalysten,
- Branchenanalysten,
- Online-Publizisten wie beispielsweise Blogger (oft in Personalunion mit einer der oben aufgelisteten Rollen).

Gerade die Vorstandskommunikation sollte sich davor hüten, die Liste der Meinungsmacher nach Identifikation der üblichen Multiplikatoren vorschnell zu schließen. Anderenfalls werden wichtige Influencer-Gruppen vergessen, die bei der Integration der Kommunikationsaktivitäten nicht außer Acht bleiben sollten. Je nach Branche und Geschäftstätigkeit lassen sich oft weitere Persönlichkeiten bzw. Organe identifizieren, die es zu berücksichtigen gilt. Beispielsweise können Verbände oder Vertreter von Wissenschaft und Lehre relevante Dialogpartner sein.

Hinzu kommen die internen Stakeholder: Mitarbeiter, Führungskräfte und auch die Sozialpartner. Sie sind Zielgruppe der Vorstandskommunikation, da ihnen die Unternehmensstrategie zu vermitteln ist, um Motivation und Stolz auf das Unternehmen zu steigern und den Menschen im Unternehmen zu helfen, die Unternehmenswerte zu verstehen und zu leben. Besonders wichtig ist Vorstandskommunikation dann, wenn Mitarbeiter von der Notwendigkeit von Veränderungen zu überzeugen und zur aktiven Mitgestaltung des Veränderungsprozesses zu bewegen sind. Zum unerlässlichen „Tone from the Top" gehört es hier, den Zielzustand und die Gründe für die Transformation konkret und anschaulich darzulegen sowie Dialogbereitschaft in Fragen der Umsetzung zu signalisieren.

Bei der Priorisierung der externen Stakeholder und Multiplikatoren hat es sich als hilfreich erwiesen, für das jeweilige Vorstandsmitglied eine Liste von relevanten Vertretern der Zielgruppen im In- und Ausland zu vereinbaren. Zumindest sollten aber Kriterien für die Priorisierung der Multiplikatoren entwickelt werden. So werden sowohl die strategische Arbeit von vornherein priorisiert als auch ein Filter für die Reaktion auf Anfragen geschaffen, was im laufenden Geschäft die Abstimmungsarbeit verkürzt. Herausragendes Kriterium für diese Filter sind die zu erwartende Wirkung im Hinblick auf die übergeordneten Kommunikationsziele und die Positionierung des Vorstandsmitglieds auf Peer-Ebene.

2.3 Kanäle und Formate

Schon bei der Erstellung des fiktiven Profils ist es von großer Bedeutung, die persönliche Dimension eines Vorstandsmitglieds einzubeziehen. Ziel ist es dabei, menschliche Nähe zu vermitteln und das Vertrauen in die Person zu stärken. Die Palette reicht hier von der bloßen Erwähnung von persönlichen Interessensgebieten im Kurzlebenslauf des Vorstandsmitglieds auf der Unternehmens-Webseite über die mediale Begleitung bei Geschäfts- und Freizeitaktivitäten bis hin zu einer Home-Story. Das effektivste Mittel zur Vermittlung von Nähe ist und bleibt der persönliche Auftritt – das muss aber nicht immer das große Plenum der Mitarbeiterversammlungen sein. Ebenso können kleinere Gesprächsrunden, beispielsweise in Pausenräumen oder Kaffee-Ecken, Großes bewirken, was die Wahrnehmung als „Vorstand zum Anfassen" betrifft. Gerade in Veränderungsprozessen ist dies von großem Wert, sofern klar kommuniziert wird, was aus welchen Gründen entschieden ist und was wirklich ergebnisoffen diskutiert werden kann.

Der Aspekt der Nähe verdient auch aus einer weiteren Perspektive Aufmerksamkeit: Interne Live-Auftritte bieten eine gute Gelegenheit, mehrere Vorstandsmitglieder oder die gesamte Geschäftsführung im Schulterschluss darzustellen. Das Sichtbarmachen der Vorstände bei ihrer Zusammenarbeit vermittelt ein Bild der gemeinschaftlichen Umsetzung von Strategien, wodurch das Vertrauen der Mitarbeiter in die Unternehmensführung gestärkt werden kann. Das „gestellte" Einzelmanagerfoto erzeugt beim Betrachter dagegen eher ein Gefühl der Distanz als eines der Nähe und setzt letztlich ein unbeabsichtigtes Zeichen der Austauschbarkeit.

Authentizität und Nähe versprechen insbesondere die sogenannten sozialen Medien – sie sollten eigentlich „interaktive Medien" heißen, denn sozial ist jegliche Kommunikation schon immer gewesen. Für ihren Einsatz sind bei der Vorstandskommunikation zumindest theoretisch keine Grenzen gesetzt. Wirklich authentisch und effektiv ist ein solches Engagement, wenn es nicht an Ghostwriter, Ghostchatter und Ghostblogger delegiert wird, sondern als „Chefsache" angenommen und kontinuierlich betrieben wird. Vorstände scheuen vor diesem Engagement aufgrund der zeitlichen Belastung gern und verständlicherweise zurück. Zwei Beispiele sollen aufzeigen, wie ein Unternehmenslenker, ganz ohne Geisterhand, in den sozialen Medien zumindest erste Spuren hinterlassen kann.

Der Einstieg in eine Präsenz im interaktiven elektronischen Kommunikationsraum der Social Media kann die Erstellung eines persönlichen Profils auf den gängigen Plattformen wie Facebook, LinkedIn oder Xing sein. Die beiden zuletzt genannten sind aufgrund ihrer Ausrichtung auf die Geschäftswelt am ehesten geeignet, ein Vorstandsmitglied vom Nutzen einer Präsenz in sozialen Netzwerken zu überzeugen. Die Bandbreite des potenziellen Engagements ist hier groß: Sie beginnt mit dem Erstellen eines „Visitenkarten-Profils". Hier können neben der üblichen Chronik des Werdegangs auch die wichtigsten persönlichen Ziele, Interessen, und Standpunkte verdeutlicht werden.

In einer zweiten Stufe kann die jeweilige Plattform im Einvernehmen mit dem Vorstandsmitglied für die Interaktion mit den Profilbesuchern geöffnet werden. Dies reicht von der einfachen Verlinkung bis hin zu Gesprächssträngen auf dem Profil. Insbesondere die Verlinkung ist ein wirkungsvolles Instrument, um Netzwerke entstehen zu lassen. Dies zu managen, bedarf – gerade mit zunehmender Prominenz eines Vorstands – ausreichender Ressourcen und geeigneter Abläufe, die eine kontinuierliche Pflege der Inhalte und Interaktionen gewährleisten.

Als zweites, prominentes soziales Medium sei Twitter erwähnt: Ein Vorstandsmitglied, das nicht ohnehin schon twittert, davon zu überzeugen, es nun im Dienste des Unternehmens oder der eigenen Sichtbarwerdung zu tun, kann ein langer Weg sein. Eine Alternative dazu ist die Wiederverwendung von aktuellen Vorstandszitaten, zum Beispiel aus Pressemeldungen oder Pressekonferenzen, oder aber die Verlinkung von Videos und anderen Formaten, in denen die Geschäftsleitung bereits zu Wort gekommen ist. Das kann beispielsweise über persönliche oder betriebliche Twitter-Handles der Kommunikationsabteilung erfolgen und eignet sich dazu, den Footprint einer schon veröffentlichten Äußerung „viral" zu vergrößern, ohne dass der betreffende Vorstand selbst aktiv werden muss.

Executives im Rampenlicht haben nicht nur eine große Bedeutung in der Kommunikation des eigenen Unternehmens. Sie besitzen auch einen hohen Wert für externe Anbieter von Veranstaltungen jeglicher Art, insbesondere von Kongressen und Konferenzen. Folglich ist die Zahl der Anfragen für die Teilnahme an solchen Veranstaltungen oft hoch, und es ist häufig nicht leicht, die Spreu vom Weizen zu trennen. Aber wie erkennt man den Weizen?

Der beste Ansatz besteht darin, Gelegenheiten für öffentliche Auftritte, in erster Linie Keynotes und Panel-Diskussionen, aktiv anzugehen, also schon in der frühen Planung solche Veranstaltungen ins Visier zu nehmen, die höchste Wirksamkeit für die Profilierungsziele versprechen. Trotzdem bleibt die zuweilen hohe Zahl der spontanen Einladungen und die Notwendigkeit diese zu evaluieren. Als Auswahlkriterien sowohl für das reaktive als auch für das aktive Szenario haben sich folgende Kategorien im Abgleich mit den Kommunikationszielen als hilfreich gezeigt:

- Zielgruppe/Reichweite/Renommee der Veranstaltung,
- thematischer Fokus der Veranstaltung,
- die bestätigten Redner auf der Veranstaltung (auch die der zurückliegenden Jahre),
- Integration mit anderen Kommunikationsformaten (zum Beispiel zu erwartende Medienberichterstattung, Übertragung im Web),
- Möglichkeit des Networkings mit relevanten Gesprächspartnern,
- Aufwand (Zeitaufwand, ggf. Teilnahmekosten) und Nutzen (z. B. Wiederverwendung von Redeskripts, -videos).

Zu den potenziellen Aufgaben der Vorstandskommunikation zählt auch die Unterstützung des Vorstandsmitglieds beim Ausbau des persönlichen und zielorientierten Netzwerks. Mögliche Ziele des Netzwerkaufbaus auf Vorstandsebene sind:
- Multiplikatoren für die eigenen Standpunkte und Botschaften gewinnen,
- Einfluss auf Meinungsbildungsprozesse in relevanten Kreisen,
- Partner für die Umsetzung neuer Ideen finden,
- Kontakte aufbauen, die später zu spezifischen Themen aktiviert werden können,
- gegenseitige Inspiration,
- und nicht zuletzt: mit den richtigen Leuten gesehen werden.

Netzwerkbildung kann verschiedenste Formen annehmen, beispielsweise die
- Korrespondenz mit relevanten Personen/Persönlichkeiten,
- Teilnahme an Konferenzen,
- Mitgliedschaft/-arbeit in Interessengruppen und Verbänden.

Die Liste der Kategorien potenzieller Netzwerkkandidaten ist schwer einzugrenzen; an dieser Stelle seien die offensichtlichsten genannt:
- andere Unternehmenslenker,
- Politiker,
- führende Köpfe in Forschung und Lehre,
- Personen des öffentlichen Lebens,
- Chefredakteure und Herausgeber.

Weniger offensichtlich, aber im Auge zu behalten, sind die Meinungsführer und Multiplikatoren im eigenen Unternehmen. Das sind oft auch Mitarbeiter ohne Personalführungsrolle.

Sowohl bei persönlichen Mitgliedschaften als auch bei Unternehmensmitgliedschaften empfiehlt es sich, die Zielsetzung klar zu definieren und zu prüfen, ob der Aufwand den Ertrag rechtfertigt:
- Ziele der Organisation, in der die Mitgliedschaft besteht oder erwogen wird,
- Aufwand seitens des Vorstandsmitglieds bzw. des Unternehmens (offizielle Rollen/Aufgaben, Arbeitsaufwand, Pflicht-Meetings, finanzielle Beiträge),
- Ziel der Mitgliedschaft im Kontext der Unternehmensziele und der Kommunikationsziele des Vorstandsmitglieds,
- Themen und Fragestellungen, die im Mittelpunkt des Engagements stehen sollen,
- Anknüpfungspunkte für Government Relations, Media Relations und Mitarbeiterkommunikation.

Ein wichtiger, oft unterschätzter Aspekt der Priorisierung hängt mit Veranstaltungen und Mitgliedschaften zusammen, die den Filter nicht erfolgreich passieren. Diese Aktivitäten sollten nicht sofort abgesagt werden; vielmehr ist sorgfältig zu prüfen, inwiefern Sprecher unterhalb der Vorstandsebene für sie in Frage kommen. Dies trägt dazu bei, dass kommunikationsbezogene Aktivitäten realisiert werden, die zwar beim Vorstand zu hoch aufgehängt wären, aber dennoch mit Blick auf die Ziele der Unternehmenskommunikation wesentliche Wirkung erzeugen können. Zudem hilft dies, weitere Köpfe im Unternehmen für die Kommunikation zu entwickeln und sichtbar zu machen, was auch im Sinne der unternehmensinternen Management-Nachwuchsförderung sinnvoll ist. Kurz gesagt: Des einen Spreu kann durchaus des anderen Weizen sein.

Durch klare Fokussierung, wie sie hier an Beispielen aufgezeigt wurde, ist die Vorstandskommunikation auf die wesentlichen Aktivitäten mit hohem Wirkungspotenzial zu konzentrieren. Durch Integration der Aktivitäten kann man diese Wirkung weiter steigern.

3 Integration

Idealerweise ist ein Kommunikationsplan und letztlich jede konkrete Kommunikationsaktivität auf drei Ebenen integriert, und zwar hinsichtlich der Kommunikationsdisziplinen, der Vorstandsbereiche untereinander sowie der zentralen und lokalen Aktivitäten.

Als Kommunikationsdisziplin soll hier jede Untereinheit der Außenkommunikation, so auch das Marketing, verstanden werden, die sich auf eine Zielgruppe, einen Kommunikationskanal, ein Themengebiet oder einen sonstigen Schwerpunkt ausrichtet. Ist eine Aktivität in Bezug auf eine Gruppe oder einen Kanal als wirkungsvoll erkannt, so stellt sich die Frage, wie diese Wirkung noch zu verstärken ist. So kann man beispielsweise anstatt mit einem bestimmten Thema nur politische Entscheider anzusprechen auch ausgewählte Medien einbeziehen. Oder es können zusätzlich zu Medieninterviews weitere Formate und Kanäle eingebunden werden, etwa das Intranet, der Presseraum auf der Homepage, ein Brief an Kunden und Partner oder ein Video auf der Mitarbeiterversammlung.

Auch die bereits skizzierte Landschaft der Stakeholder und Multiplikatoren mit ihren Querverbindungen und Überlappungen legt nahe, jegliche Kommunikationsaktivität immer auch auf Relevanz für jede einzelne der anderen direkten und indirekten Zielgruppen zu analysieren, um so sicherzustellen, dass eine Aktivität ihre volle Wirkung entfalten kann. Insbesondere in der Vorstandskommunikation mit ihren wertvollen Zeitinvestitionen ist das auch ökonomisch betrachtet besonders wichtig: Oft können Inhalte, die für eine Zielgruppe oder ein Kommunikationsformat erstellt wurden, nach leichter Anpassung in anderen Kontexten wiederverwendet werden. Beispielsweise hat fast jede interne Kommunikationsaktivität ihr sinnvolles Pendant in externen Kommunikationsaktivitäten und umgekehrt. Das gilt insbesondere dann, wenn Neues mitgeteilt wird. Externe Auftritte eines Vorstands sind häufig zugleich für interne News-Plattformen geeignet. Aber es gilt auch, den umgekehrten Fall zu prüfen: Ist eine interne Nachricht wirklich nur intern interessant?

Eine besondere Herausforderung entsteht, wenn die interne Botschaft brisant ist. Insbesondere bei der Mitarbeiter- und Führungskräfte-Kommunikation auf Vorstandsebene ergibt sich immer wieder die Frage, ob es möglich ist, interne, insbesondere kritische Botschaften so zu vermitteln, ohne dass es zu einer externen Rezeption kommt. Die Einsicht aus der Praxis lehrt, dass es sich hierbei um eine theoretische Vorstellung handelt und dass man besser beraten ist, eine Durchlässigkeit zwischen innen und außen grundsätzlich als gegeben anzunehmen. Daher ist der Geschäftsführung strategisch eine Kommunikation zu empfehlen, die inhaltlich im Wesentlichen nicht zwischen innen und außen unterscheidet, sondern lediglich verschiedene Aspekte akzentuiert, andere Sprecher positioniert oder einen unterschiedlichen Detaillierungsgrad aufweist. Die Vermittlung dieser Einsichten in Richtung Vorstandsetage gehört zu den wichtigen beratenden Aufgaben der Vorstandskommunikation im Sinne der integrierten Kommunikation.

Neben der Integration der Kommunikationsaktivitäten des einzelnen Vorstands steckt großes Potenzial auch in der Integration der Aktivitäten der Mitglieder der Führungsetage untereinander. Die eingangs erwähnte übergreifende Transparenz der Planung und ein effektives, persönliches Netzwerk der Verantwortlichen sind hier ebenso nützlich wie Abläufe, in denen Integration standardmäßig vorgedacht wird. Auch die vorstandsübergreifende Themenplanung und Priorisierung eröffnet neben dem notwendigen Differenzierungs- auch ein wertvolles Integrationspotenzial. Eine formelle Verabschiedung solcher Priorisierungen auf Geschäftsführungsebene hilft dabei, eine Erosion der Fokussierung über die Zeit zu vermeiden.

Auf der dritten Integrationsebene gilt es, Kommunikationsaktivitäten so zu gestalten, dass diese nicht nur von den zentralen Akteuren umgesetzt werden, sondern sich zugleich an den Standorten außerhalb des Stammlandes als konsistent erweisen. Ganz besonders wichtig ist hierbei die persönliche Vernetzung der Kommunikatoren untereinander. Auch in Organisationstrukturen, in denen die PR-Kollegen in den Tochtergesellschaften Zielvorgaben erhalten, die auf den zentralen Vorgaben aufbauen, ist letztlich der ständige persönliche Dialog entscheidend. Oft genug werden die Kommunikationsakteure in der Zentrale von der Illusion geleitet, zentral geplante Aktivitäten könne man in den Ländern einfach per E-Mail „ausrollen". Diese Annahme verkennt die oft sehr unterschiedliche Ressourcenlage in einzelnen Ländern – sowohl hinsichtlich der Zahl der verfügbaren Mitarbeiterstunden als auch der Fähigkeiten von Mitarbeitern. Umso wichtiger ist es, insbesondere bei der Vorstandskommunikation außerhalb des Stammlandes auf frühe Planung, klare Priorisierung und klare Zuständigkeiten zu setzen.

Insbesondere bei Vorstandsmitgliedern mit hoher Reisetätigkeit, beispielsweise durch häufige Kundenkontakte im Ausland, empfiehlt es sich, für die geplanten Reiseziele eine Vorab-Vereinbarung zu treffen, welche Stakeholder und Multiplikatoren in einem Land bzw. einer Stadt in die Reiseagenda miteinbezogen werden sollten. Ziel ist es, eine fokussierte Wunschliste der Kommunikationsaktivitäten einschließlich definierter Journalisten und sonstiger Multiplikatoren zu erstellen, inklusive einer prägnanten Zielsetzung für die jeweiligen Aktivitäten. Grundlage sollten auch hier die Unternehmensziele, die übergeordneten Kommunikationsziele sowie die besonderen Kommunikationsziele des betreffenden Mitglieds der Geschäftsleitung sein. Das hat zum einen den Vorteil, dass die Kommunikationsaktivitäten bei der Reiseplanung im Voraus konkret mitgedacht werden können, und zum zweiten die Diskussion um Ziele und Fokussierung in Ruhe erfolgen kann, anstatt in den vor allem für die Mitarbeiter der betreffenden Tochtergesellschaft hektischen Wochen unmittelbar vor dem „hohen Besuch" aus dem Stammhaus.

Auf keinen Fall sind bei Vorstandsbesuchen dezentraler Standorte die Mitarbeiter zu vergessen. Viele von ihnen kennen die zentrale Unternehmensführung nur von (schlimmstenfalls veralteten) Fotos oder vom Hörensagen. Die Unternehmensstrategie *live* durch einen Vorstand vor Ort erläutert zu bekommen und sein offenes Ohr zu haben – und sei es nur beim Q&A am Ende einer lokalen Mitarbeiterversammlung – kann die Identifikation der Mitarbeiter gerade in der Peripherie mit ihrem Unternehmen ungemein befördern. Aber auch umgekehrt wissen Top-Manager es zu schätzen, die Lage vor Ort unmittelbar und ungefiltert zu erfahren. Dieser *Rückfluss-Effekt* der Vorstandskommunikation ist auch bei allen anderen Kommunikationsformaten und Zielgruppen ein wichtiger Mehrwert der Kommunikation, der schon in der Zielsetzung- und Priorisierung explizit platziert werden sollte.

4 Messung

Ein letzter Aspekt, der im Kontext der Vorstandskommunikation Beachtung verdient, ist die Messung der Medienberichterstattung. Medienanalysen ermöglichen es, die Sichtbarkeit von Top-Managern in den Print-, Online-, und Broadcast-Medien regelmäßig zu beobachten. Dabei ist es kaum sinnvoll, das Augenmerk auf den internen Wettbewerb der Geschäftsführungsmitglieder untereinander zu legen, denn dieses Ranking ist oft schon wesentlich vorkalibriert – beispielsweise durch Vorstandszuständigkeiten und ähnliche Faktoren. Zu den wichtigen Indikatoren zählt vielmehr die Sichtbarkeit des Gesamtvorstands im Vergleich zu den relevanten Wettbewerbern. Aber auch die Entwicklung einzelner Vorstände über die Zeit ist hilfreich für die Anpassung der Planung.

Bei der Messung der medialen Vorstandssichtbarkeit ist idealerweise nach Themen zu differenzieren, zum Beispiel nach Produkt-, Finanz- und anderen Nicht-Produkt-Themen. Oft gilt es, vor allem die letztere Kategorie zu stärken. Das Ziel ist hierbei, eine breite Themenabdeckung und entsprechende Meinungsführerschaft zu demonstrieren und die Sichtbarkeit des Vorstands in gesellschafts- und wirtschaftspolitischen Debatten zu steigern. Dieses kommunikative Engagement dient wiederum dem Ausbau des eigenen Netzwerks. Zudem kann die regionale Verteilung der Medienpräsenz ein wichtiges Kriterium sein insofern es um das Erreichen einer globalen Präsenz und entsprechend um das Füllen regionaler Lücken geht.

Wichtig bei der Messung ist auch hier natürlich der Grundsatz: „Messen sollte zu Lernen führen". Das beste Codebuch bringt die Unternehmenskommunikation nur dann weiter, wenn die gewonnenen Erkenntnisse den Beteiligten zugänglich gemacht und daraus für die weitere Arbeit richtungsgebende Rückschlüsse gezogen werden. Zum Beispiel lassen sich die Priorisierungen von Themen, Medien und Formaten neu ausrichten, die geographischen Schwerpunkte nachjustieren oder die grundsätzliche Verfügbarkeit eines Vorstands für Medienaktivitäten regeln und gegebenenfalls Kommunikationstrainings planen.

Abschließend betrachtet wird deutlich, dass die meisten Prinzipien der effektiven Kommunikation sinnvollerweise auch auf die Sonderform der Vorstandskommunikation anwendbar sind, wenn es um Zielgruppen, Kanäle und Formate sowie um Themen geht. Anders als bei vielen anderen Kommunikationsformen steht bei der Vorstandskommunikation jedoch in besonderem Maße die Person des Absenders im Vordergrund. Hiervon leitet sich wiederum die Kernaufgabe ab: das Verstehen und kommunikationsplanerische Lenken eines letztlich einzigartigen „Wirtschaftskapitäns". Diese Individualität entzieht sich (glücklicherweise) der Standardisierung und markiert somit das gedankliche Ende dieses um Verallgemeinerung bemühten Beitrags und gleichzeitig den Beginn des spannenden Kernauftrags.

Teil IV: **Steuerung der Kommunikationsfunktion**

Themen, Kanäle, Ressourcen

Jan Dietrich Müller
Drehmoment entfalten – Strategie als Instrument der Selbsttransformation einer Zentralfunktion

1 Integrierte Steuerung von Kommunikation und Marketing am Beispiel der „Strategie-Reise" bei MAN Diesel & Turbo

Der Anspruch auf „Steuerung" von Kommunikation ist ambivalent. Zunächst einmal ist er gegen vielfältige externe Einflüsse durchzusetzen: die Kurzfristigkeit des Tagesgeschäfts, Ad-hoc-Erfordernisse und allfällige Krisen. Und je weiter die sorgfältig gesteuerte Produktion von Kommunikationsgehalten aus den Grenzen des Unternehmens hinaus in die Unternehmensumwelt dringt und dort hoffentlich Wirkung entfaltet, desto geringer wird der Steuerungseinfluss des Kommunikationsmanagements. Denn die Leser, User, Zuhörer und -schauer „bemächtigen" sich des Kommunikationsgehalts; der Dialog beginnt, ein multifaktorielles Geschehen ist in Gang gesetzt. Unnötig zu erwähnen, dass dies in der „digitalen Gesellschaft" mehr denn je gilt. Diese Dialektik von Einfluss und Machtlosigkeit des Kommunikationsmanagements entlang des Weges von der Produktion zur Rezeption von Kommunikation ist übrigens ebenfalls im DPRG/ICV-Wirkungsstufenmodell reflektiert, wenn auch nur im Kleingedruckten unterhalb der schematischen Darstellung.

Das bedeutet freilich keineswegs, dass der Anspruch auf Steuerung von vornherein hinfällig wäre. Würde der Finanzbereich auf die Operative Planung verzichten, nur weil die konjunkturelle Weltlage ihm einen Strich durch die Rechnung machen könnte? Gewiss nicht! Denn Planung ist Ambition, ist Ausdruck der eigenen Agenda und des eigenen Anspruchs. Und eine Strategie, die nicht auch mit dem Anspruch auf Steuerung verbunden wäre, bräuchte wohl gar nicht erst formuliert zu werden.

Anspruch auf Steuerung also ja – aber wie? Denn Steuerung von Kommunikation bedeutet weitaus mehr als Kommunikationscontrolling. Angesichts des Spannungsfelds von eigenem Steuerungsanspruch und multifaktorieller Realität gilt es also, sich der Fragilität von „Steuerung" bewusst zu sein und zu bleiben – gerade mit Blick auf die vielfältigen Verführungen durch Dashboards und Scorecards. Sonst findet man sich im Handumdrehen in einer falschen Diskussion wieder – nämlich in der Diskussion um eine lineare Messbarkeit des Beitrags von Kommunikation und Marketing zum Unternehmenserfolg.

Dieser Diskurs führt unweigerlich in die Defensive. Ganz gleich ob Medienanalysedaten oder Stakeholder-Befragungen – jedes dieser Instrumente liefert zwar ein wertvolles Abbild der kommunikativen Realität, aus dem Schlüsse zu ziehen und Maßnahmen abzuleiten sind; jedes dieser Instrumente liefert aber auch eine von vielen anderen Faktoren bestimmte Momentaufnahme. Eine Momentaufnahme, die im Zweifel dominiert wird von Kräften, die gar nicht explizit in die Messung eingehen und gegen die mit Kommunikationsarbeit allein auch nicht anzukommen wäre. Denn natürlich überschatten Produktrückrufe oder Compliance-Fälle jede gemessene Tonalität; natürlich verleiht eine überraschend starke Branchen-Nachfrage Rückenwind auch in der eigenen Berichterstattung. Weder das eine noch das andere aber stand in der Kommunikationsstrategie. Und gegen das gerade virulente gesellschaftlich-politische oder ökonomische Framing (Dekarbonisierung, Globalisierung, etc.) kann keine noch so gut ausgestattete Kommunikations- und Marketingfunktion anagieren, wenn sie nicht bereits dafür gerüstet war, das Momentum für sich zu nutzen.

Die grundlegende These dieses Beitrags ist, dass der Anspruch auf Steuerung also sehr wohl erhoben werden kann und soll; doch kann er sich nicht aus einer quantitativen „Dashboard-Denke" heraus behaupten. Vielmehr speist er sich aus dem Rollenverständnis des Kommunikationsmanagers, aus einer möglichst holistischen, gleichwohl stakeholderspezifischen Sicht auf das Unternehmen. Professionelle Tools helfen, Handlungserfordernisse zu erkennen, zu benennen und umzusetzen. Steuerung funktioniert also nicht über Dashboards, die nur retrospektiv abbilden, was passiert ist, sondern folgt einem strategischen Kompass, der der Deutung der Unternehmensrealität mit Blick auf das geschäftliche und interpretatorische Potenzial des Unternehmens verpflichtet ist. Erst aus Deutung erwächst die Chance auf Wirkung.

Zur dieser gesamthaften Perspektive gehört auch, dass die weitgehend künstliche Grenze zwischen Unternehmens- und Markt- bzw. Kundenkommunikation eingerissen wird. Dass diese Einsicht sich auszubreiten scheint, folgt der Stakeholder-Logik ebenso wie dem Transparenzgebot: Gerade in einer digitalen Gesellschaft sind alle Stakeholder doch auch wieder auf der gleichen Agora unterwegs. Der Kunde eines Maschinenbau-Unternehmens nimmt seine Citizenship-Aktivitäten mit Interesse wahr, genauso wie NGOs Innovationstrends verfolgen.

Dass die Integration von Unternehmens- und Marketingkommunikation bei MAN Diesel & Turbo bereits seit einigen Jahren Realität ist, kommt diesem querschnittlichen Stakeholderansatz entgegen. Es besteht kein Ressortkampf zwischen Unternehmenskommunikation und Marketing um Budgets, Anspruchsgruppen und Aufmerksamkeit des Vorstandes, sondern eine integrierte Steuerung der Kommunikationsmaßnahmen über alle Stakeholdergruppen hinweg. Womit zugleich schon angedeutet sein soll, dass unter „Marketing" hier „Marketingkommunikation" zu verstehen ist. Funktionen wie Market Intelligence, Produktmanagement etc. sind auch bei MAN Diesel & Turbo weiterhin in den Geschäftsbereichen des Unternehmens, den Strategischen Business Units (SBUs) angesiedelt.

Diese SBUs sind, um einen knappen Überblick über das Unternehmen zu geben, drei an der Zahl: Engine and Marine Systems (Schiffsantriebe mit 2- und 4-Takt-Großdiesel-, Gas- und Dual Fuel-Motoren), Power Plants (stationäre Motoren und Kraftwerke) sowie Turbomachinery (Turbinen und Kompressoren, z. B. für Anwendungen in der Öl- und Gasindustrie). MAN Diesel & Turbo ist also klassischer, hochpräziser Maschinenbau für den Weltmarkt: Die Leistung der Produkte misst sich in Megawatt, ihre Lebensdauer in Jahrzehnten, ihr Gewicht in Hunderten Tonnen pro Stück.

Doch auch wenn Unternehmens- und Marketingkommunikation aus einer Zentralfunktion heraus gesteuert werden, ist integriertes Kommunikationsmanagement damit noch keine Selbstverständlichkeit. Denn: Ohne Deutung keine Wirkung, ohne Fähigkeit zur Strategie keine Etablierung der Funktion als Gesprächspartner des Vorstands und der SBU-Heads auf Augenhöhe. Dies bedeutet mit anderen Worten: Die Offensive nach außen kann nachhaltig nur gelingen, wenn zunächst die innere Verfassung, die Kultur des Bereichs, stimmt.

2 Ertüchtigung und Ermächtigung

Die „Heritage" des Unternehmens ist im Falle von MAN Diesel & Turbo – dem Unternehmen, das noch heute in den Hallen produziert, in denen Rudolf Diesel Ende des 19. Jahrhunderts den Diesel-Motor erfand – zum einen eine wichtige Ressource und Quelle von „Uniqueness"; zum anderen aber kann eine stark historisch geerdete Unternehmensidentität auch Konventionen schaffen, die es aufzubrechen gilt. So ist das Unternehmen in seiner heutigen Gestalt Resultat einer viele Jahre währenden Historie von Zu- und Verkäufen von Geschäftsbereichen und Standorten – jeder einzelne mit einer starken eigenen Identität.

Diese Historie reflektierte sich auch in der Aufstellung und der Arbeitsweise des Kommunikations- und Marketingbereichs – als Stärke durch die Präsenz des Bereichs an allen wichtigen industriellen Standorten des Unternehmens; doch auch als Problemlage in Form von ausgeprägter Standort- und BU-Ausrichtung und unzureichender übergreifender Zielorientierung. Zunächst schien eine strategisch getriebene, integrierte Arbeitsweise in weiter Ferne zu liegen, sowohl von der Aufbauorganisation her, als auch mit Blick auf das tägliche „Doing". Ein hohes Maß an Fachexpertise in den einzelnen Teilbereichen war gepaart mit ausgeprägter Dienstleistungsmentalität – beides kritische Erfolgsbedingungen, die ohne integrierende Steuerung und ohne eigene Strategie jedoch stets Gefahr laufen, von Geschäftsbereichen und einzelnen Vorstandsmitgliedern lediglich als „Wunscherfüllungsmaschine" ohne eigenen Beitrag zur Management-Agenda wahrgenommen zu werden.

Um Group Communications and Marketing auf Augenhöhe mit anderen Corporate Functions wie Finance, Legal oder den Strategie- und M&A-Bereich zu bringen, war also eine Veränderung auf zwei Ebenen gefordert: zum einen auf der Ebene der strategischen Steuerung des Bereichs; zum anderen auf organisatorischer Ebene. Damit sollte aus einer stark an den Bedürfnissen einzelner Standorte und Business Units orientierten Aufgabenbeschreibung und Selbstauffassung einzelner Teams eine Zentralfunktion entstehen, die querschnittlich aufgestellt und agierend auf eine gesamthafte Unternehmensagenda einzahlt.

Dieser Beitrag will einen knappen Überblick über die wesentlichen Elemente und Schritte dieses Wandels geben, wobei die Gegebenheiten eine inkrementelle Vorgehensweise erforderten – keinen Neustart vom Reißbrett. Die Arbeitsfähigkeit musste dabei gewahrt bleiben, zugleich galt es, die Selbstauffassung des Bereichs fortzuentwickeln, konkrete Verbesserungsinitiativen und etappenweise neue Arbeitsweisen zu etablieren, die Organisation des Bereichs dementsprechend anzupassen, neue Instrumente einzuführen – kurz: im Laufen das Trikot zu wechseln.

3 Erster Schritt: ein Strategieprojekt als Katalysator für neues Denken

Vieles war im Unternehmen „historisch gewachsen", es gab aber keinen Grund, es in Zukunft nicht ganz anders zu machen. Auf die ersten einhundert Tage des intensiven Zuhörens, Kennenlernens, Beobachtens und langsamen Verstehens folgte eine erste Zwischenbilanz des Verfassers. Beobachtungen und Handlungserfordernisse wurden dem Vorstand präsentiert und von diesem akzeptiert. Damit war die Handlungsfreiheit da, die „License to operate" abgesichert, um die konkrete Veränderungsarbeit zu beginnen.

Ein Strategieprojekt wurde ins Leben gerufen mit dem Ziel, gemeinsam mit dem gesamten Team und ohne externe Agenturunterstützung die zukünftige Richtung der Kommunikations- und Marketingarbeit zu bestimmen. Zwei Kernthemen standen dabei im Vordergrund:

Erstens ging es um Reputation als Hauptbeitrag der Kommunikationsfunktion zum Unternehmenserfolg. Gewiss lässt sich über den Begriff trefflich diskutieren, da sich die Reputation des Unternehmens bei verschiedenen Stakeholdergruppen auf ganz unterschiedliche Faktoren gründen kann und es somit „die Reputation" gar nicht gibt. Dennoch erscheint Reputation als Sammelbegriff für den Stakeholder-Support und damit für den Leistungsbeitrag der Funktion nach wie vor als zutreffend.

Zweitens stand das „Alignment" im Vordergrund, also das Ziel, eine untereinander und mit den wichtigsten Management-Akteuren abgestimmte, planvolle Arbeitsweise zu entwickeln.

Entsprechend der beiden Hauptachsen des Projekts wurde der Projektname gewählt, nämlich „CAMERA 4C". Das Akronym steht für „Communications and Marketing Evolution for Reputation and Alignment". Die 4C umreißen die Betrachtungswinkel, unter denen die verschiedenen Workstreams im Projekt arbeiten sollten:

Contribution: Hierbei ging es um das Selbstverständnis der Kommunikationsfunktion. Welchen Leistungsbeitrag erbringen wir für das Unternehmen, und wie sehen wir unsere Rolle als Group Function? Was erwarten interne und externe Stakeholder von uns? Welchen „Servicelevel" erbringen wir für Vorstand und SBUs – und ist er angemessen?

Content: Über welche Inhalte verfügen wir, welche Kernnarrative wollen wir nutzen? Wie ordnen sich diese Narrative ein in die gesellschaftliche Diskurslage?

Channels: Welche Kanäle für welche Stakeholder-Gruppen haben und bedienen wir? Welche wollen wir in Zukunft bedienen? Welche sollten wir neu schaffen, welche ausbauen, welche stoppen?

Collaboration: Wie wollen wir zusammenarbeiten, wie unsere Schnittstellen organisieren? Wie sollen Verantwortlichkeiten strukturiert und verteilt sein? Wie stellen wir einen strukturierten Newsflow sicher?

Der konkrete Nutzen dieses Projektes war vielfältig. Ganz zentral war dabei, die Sicht der Funktion auf die Funktion selbst, also die Sicht des gesamten Teams auf die gemeinsame Aufgabenstellung, neu zu fassen. Dies geschah unter dem „Contribution"-Aspekt beispielsweise durch strukturierte Interviews mit den wichtigsten internen Stakeholdern, deren Wünsche und Bedürfnisse aufgenommen wurden. Zugleich war ein Anlass für einen intensiven Dialog mit den Top-Entscheidern des Unternehmens geschaffen, aus dem sich Bedarfe und damit auch Chancen für gemeinsame Anstrengungen und Projekte ergaben. So ließ sich im Anschluss an die Bedarfsanalyse schnell Konsens darüber herstellen, dass MAN Diesel & Turbo ein neues Kundenmagazin entwickeln sollte, das inzwischen regelmäßig erscheint. Neben solch ganz greifbaren Resultaten wurde aber vor allem die Grundlage für eine neue, ganzheitliche „Strategie-Kultur" in der Group Function gelegt.

Zentral für eine integrierte Betrachtung von Kommunikation und Marketing war insbesondere eine querschnittliche Herangehensweise – denn die mit den vier C umrissenen Fragestellungen haben Relevanz für alle Disziplinen der Group Function. Die in einem sogenannten „Strategie-Diamanten" formulierten Zieldimensionen der Unternehmensstrategie – sie sind ihrerseits in den Erwartungen der Stakeholder-Gruppen Mitarbeiter, Kunden und Shareholder verankert – lieferten beim Nachdenken über die Kommunikationsstrategie stets die Rückbindung an das übergeordnete Unternehmenshandeln.

Aus CAMERA 4C hatte das Team insgesamt 15 strategische Initiativen abgeleitet, die im Verlauf der folgenden 12 Monate bearbeitet wurden. Diese Initiativen waren teils darauf ausgerichtet, die Arbeitsweise des Bereichs selbst zu verbessern. Eine integrierte Bilderdatenbank sollte zum Beispiel mehrere alte Datenbanken ersetzen, allen Kommunikatoren zur Verfügung stehen und nur qualitativ hochwertige Bilder enthalten. Teils ging es um neue Kanäle (das Kundenmagazin wurde schon genannt) mit dem Ziel, die Sichtbarkeit bei den Stakeholdern zu verbessern; teils um inhaltlich getriebene Projekte wie den Launch eines neuen, besonders kompakten und leistungsfähigen Marinemotors durch eine cross-funktionale Kampagne mit Online-, Offline-

und Live-Elementen. Zudem bestand die Aufgabe, ein Kommunikationskonzept für die Klimastrategie des Unternehmens zu entwickeln und umzusetzen.

Aus dieser gemeinsamen Diskussion um die inhaltlich-strategischen Grundlagen von CAMERA 4C ließen sich die erforderlichen organisatorischen Schritte stringent ableiten. Auch hier standen die Verankerung einer kontinuierlichen Strategie- und Steuerungskompetenz und eine querschnittliche, primär an Aufgaben und Kompetenzen, nicht an Standorten oder Geschäftsfeldern orientierte Strukturierung des Bereichs im Vordergrund. Die „Großwetterlage" des Unternehmens verzögerte zunächst die Umsetzung der Planung, eröffnete dann aber unerwartete Chancen.

4 Zweiter Schritt: Anpassung der Organisation

Noch während das Strategieprojekt lief, kündigte sich an, dass in naher Zukunft als Folge von Um- und Neubesetzungen im Vorstand organisatorische Veränderungen im Unternehmen Raum greifen würden. Jedoch war nicht sofort klar, wie diese Veränderungen aussehen und wann sie Realität werden würden. Zwar eröffnete dies die Aussicht auf die Gelegenheit, die Reorganisation des eigenen Bereichs in einen größeren Kontext stellen und noch wirkungsvoller gestalten zu können. Zugleich verzögerte jedoch die angestrebte Einbettung die eigene Neuaufstellung. Angespanntes Warten auf das neue Organisations-Chart und entsprechend angespannte Nerven waren die Folge.

Aber die Chance, die Governance des Bereichs über möglichst alle Kolleginnen und Kollegen im Unternehmen, die inner- und außerhalb des Perimeters des Zentralbereichs Kommunikations- und Marketingaufgaben wahrnehmen, zu stärken, war es allemal wert, sich in Geduld zu üben. Boten die organisatorischen Änderungen im Unternehmen doch die Aussicht, den Zuständigkeitsbereich der Funktion zu arrondieren und unklare Zuständigkeiten zu beenden. Das war wahrlich ein guter Grund, die Langmut der Kolleginnen und Kollegen im Bereich zu strapazieren. Schließlich sind derartige Gelegenheiten rar, und man muss sie ergreifen. Zudem gab es genug Zeit, um über die spannende Frage nach der angemessenen Organisation einer Kommunikations- und Marketingabteilung „heute" nachzudenken. Das Design der Organisation muss zweierlei leisten: Zum einen muss es den Erfordernissen einer strategisch gesteuerten Kommunikation Rechnung tragen, also das Arbeiten „aus einem Guss" fördern. Zum anderen gilt es, den jeweiligen Eigenarten der kommunikativen Disziplinen und dem zumindest in einem klassisch-konservativen Unternehmen wie MAN doch spürbaren Bedürfnis der Kolleginnen und Kollegen nach einer möglichst eindeutigen funktionalen Zuordnung und einem klaren Rollenverständnis entgegenzukommen. Also ein „Ja" zum integrierten, cross-funktionalen und standortübergreifende Arbeiten – zugleich aber schien es nicht ratsam, Rollen und Disziplinen ganz in multifunktionale Teams aufzulösen.

Das Organigramm des Kommunikations- und Marketingbereichs von MAN Diesel & Turbo versucht, beide Erfordernisse durch eine an der Wertschöpfungskette orientierte Aufstellung zu berücksichtigen. Die Zentralfunktion „Group Communications and Marketing" – knapp 50 Kolleginnen und Kollegen sind hier tätig – umfasst heute sieben Teilbereiche: Neben dem Public Affairs-Büro in Berlin sind dies Communications Strategy and Group Topics, eine kleine Strategie- und Inhalte-Gruppe, die auch das Budget der Gesamtabteilung steuert; zwei Media-Relations-Teams (eines für das Marine-, eines für das Power- und Turbomaschinen-Geschäft); hier wird sehr stark inhaltlich gearbeitet und – auch das Ausweis einer integrierten Arbeitsweise – ebenfalls das Kundenmagazin gesteuert. Eine Abteilung für Digital- und Mitarbeiterkommunikation managt das Intranet und die Mitarbeiterzeitung, kümmert sich aber auch die Web-Auftritte des Unternehmens und die Kommunikation in den Social Media. Darüber hinaus besteht eine Event- und Heritage-Abteilung, die nicht nur die im Unternehmen sehr wichtigen Management- und Kundenevents betreut, sondern auch das MAN Museum und das Firmenarchiv steuert; außerdem nicht zuletzt der Bereich Marketingkommunikation, der neben SBU-orientierten Spezialistenteams eine kleine, feine Inhouse-Agentur für Brandmanagement und Graphikdesign umfasst.

In diesem Set-up bleiben die Einheiten im Organigramm an einer spezifischen Rolle und ihrem spezifischen Know-how orientiert und bieten jedem einen Heimathafen für die eigene Expertise, von dem man aus – das wird im Gegenzug selbstverständlich erwartet und geleistet – an cross-funktionalen Initiativen und Projekten mitwirkt.

5 Dritter Schritt: Themensteuerung im Newsdesk – ein langer Kalibrierungsprozess

Ein wichtiges Instrument der operativen Kommunikationssteuerung im Alltag ist das zweiwöchentliche „Newsdesk"-Meeting. Hier sitzen die inhaltlich arbeitenden Kolleginnen und Kollegen auf Team- und Teamleiter-Ebene zusammen, sondieren die Themenlage, definieren neu zu erarbeitende Themen und auch die Kanäle, ob owned oder earned, auf die die Inhalte zugeschnitten werden sollen, einschließlich der angemessenen Bild-, Video- oder Graphikelemente. Der Newsdesk soll die Drehscheibe zwischen stärker inhaltlich und stärker kanalorientierten Disziplinen sein. Hier soll ein stetiger Abgleich stattfinden und eine gemeinsame Themenagenda definiert werden.

Das Ziel ist nicht nur, dass alle Kommunikationskanäle ein abgestimmtes, wenn auch auf die jeweiligen Stakeholderbedürfnisse zugeschnittenes Inhaltespektrum aufweisen – es geht überdies darum, dass alle Kolleginnen und Kollegen die Themenagenda der anderen Kanäle kennen und dass Inhalte möglichst nie nur einmal genutzt werden. Vor allem aber soll die Gefahr einer isolierten, formatorientierten Arbeitsweise abgewehrt werden.

Deshalb war ein Newsdesk Teil des Konzepts, seit die Reorganisation des Kommunikations- und Marketingbereichs von MAN Diesel & Turbo begann. Nach rund einjähriger Experimentierphase lässt sich festhalten, dass dieser Mechanismus nicht leicht zu justieren ist.

Gefahr Nummer eins: Der Newsdesk degeneriert zu einem Meeting, bei dem sich die Mitarbeiter gegenseitig ihre Themenlisten vorlesen, woraufhin jeder weiter „seins" macht. Kreativer Austausch im Sinne einer Redaktionskonferenz fände so erst gar nicht statt.

Gefahr Nummer zwei: Alle üben sich in Zurückhaltung. Schließlich muss alles, was vorgeschlagen wird und auf Zustimmung trifft, aufgegriffen und abgearbeitet werden. Nun möchte sich aber auch niemand Arbeit von anderen aufladen lassen. Dieses Dilemma zwischen Ideenfluss und Arbeitszuweisung ließe sich zwar durch unterschiedliche Rollenverteilungen auflösen: eine Gruppe von Kolleginnen und Kollegen plant und steuert die „Bespielung" der Kanäle, eine andere erstellt als Content Center Inhalte und liefert zu. Eine solche Trennung zwischen „Inhaltesteuerern" und „Inhalteerarbeitern" ist jedoch – bei MAN jedenfalls – kein gangbarer Weg, denn hierzu wäre eine bedeutend größere Mannschaft vonnöten.

Nein, nur Diskussion und Priorisierung können hier weiterhelfen. Hierbei hat es sich als hilfreich erwiesen, dass die Diskussion in der Newsdesk-Sitzung aus dem Strategieteam heraus geleitet wird, so dass die Themenagenda – im Einklang mit der Kommunikationsstrategie – stets im Blick gehalten wird. Und dass der im Newsdesk erarbeitete Themenfahrplan mit den jeweils zugeordneten Variationen pro Kanal im wöchentlichen Direct Reports-Meeting noch einmal diskutiert und freigegeben wird.

So ist der Newsdesk ein zentrales Instrument, um Kommunikations- und Marketingkommunikationsarbeit integriert zu steuern. Er bringt die richtigen Leute an einen Tisch, um beispielsweise die Lancierung eines neuen Motors anlässlich einer Industrie-Leitmesse gegenüber allen Stakeholdern und unter Nutzung aller Kanäle zu orchestrieren: vom Messestand mit seinen Exponaten über Bewegtbild, Formaten der Kundenkommunikation via Magazin, Web und Social Media bis hin zur Mitarbeiterkommunikation und Media Relations. Jedoch erfordert es einiges an Lernschleifen, um den Nutzen, den ein Newsdesk verspricht, verwirklichen zu können.

Aber diese „Lernarbeit" hat dazu beigetragen, nach dem Strategieprojekt und der Reorganisation eine ebenso reflektierte wie interdisziplinär arbeitsfähige Kommunikations- und Marketingstruktur zu schaffen. Alles in allem wurde so die Grundlage gelegt für die nächste Phase auf dem Weg zum strategischen Kommunikationsmanagement: den Einsatz von Instrumenten der Markt- und Meinungsforschung.

6 Vierter Schritt: hin zu datenbasiertem Kommunikationsmanagement

Strategisches Kommunikationsmanagement ist ohne Studien und Befragungen nicht denkbar. Meinungsforschung gehört zu den lohnendsten Investments, die ein Kommunikator tätigen kann. Wer sich das DPRG/ICV-Wirkungsstufenmodell vor Augen führt, sieht zudem: Wenn es um den tatsächlichen Stakeholder-Support geht – sei es in Form von Kauf- und Zahlungsbereitschaft oder in Form anderer Beziehungen (als Mitarbeiter, Investor, etc.), dann sind es die Einstellungen und Haltungen zum Unternehmen, die zählen. Sie zu kennen ist also grundlegend, wollen Kommunikation und Marketing ihren Erfolgsbeitrag für das Unternehmen leisten und dokumentieren.

Gewiss, Meinungsforschung ist nicht ganz günstig. Aber die Einsichten, die aus Stakeholderbefragungen hervorgehen, sind für die strategische Steuerung von Kommunikation weit fruchtbarer als andere Instrumente. Hinzu kommt, dass die Ergebnisse aufgrund ihrer höheren Stabilität – die Reputation eines Unternehmens wandelt sich ja weitaus langsamer als z. B. sein Medienimage – nur eine seltenere Wiederholung der Befragung erfordern. Zumeist ist ein Zwei-Jahres-Turnus völlig ausreichend.

Wirkungsvoll gelang der Einstieg in das datenbasierte Kommunikationsmanagement in dem hier vorliegenden Fall allerdings nicht über eine Reputationsstudie, sondern über eine Befragung von Messebesuchern anlässlich der maritimen Leitmesse SMM in Hamburg. Ein erheblicher Teil der Marketingbudgets von MAN Diesel & Turbo fließt in Messeauftritte, so dass die SMM 2014 einen hervorragenden Anlass bot, die Wahrnehmung der Präsenz von MAN im Vergleich zum Wettbewerb durch die Messebesucher einmal detailliert bewerten zu lassen.

Der Effekt war ein dreifacher: erstens ließ sich durch die Daten erhärten, was die Selbstwahrnehmung ohnehin vorweggenommen hatte – nämlich dass der Stand von MAN Diesel & Turbo „best of show" war. Zweitens wurde deutlich, wo Verbesserungspotenzial besteht, beispielsweise wenn es um die Verfügbarkeit von Ansprechpartnern auf dem Stand und um die Konzentration auf die wichtigsten Zielgruppen innerhalb der Besucherschaft geht. Zum dritten aber zeigte die detaillierte Aufarbeitung der Messepräsenz anhand von Zahlen und Daten im Rahmen einer Vorstandssitzung auf, dass nur ein Ausschnitt – nämlich die Messe selbst – in dieser Granularität betrachtet werden konnte, das Vorher und Nachher aber nicht. Die Entscheidungsempfehlung auf der letzten Seite der Präsentation lautete daher, bestehende IT-Systeme durch ein dediziertes Customer Relationship Management zu ergänzen, um Marketingkampagnen effizienter zu steuern und auszuwerten und damit die ganze „customer journey" abzubilden.

Der Vorstand folgte dieser Empfehlung – und so hat eine Maßnahme des Kommunikationscontrollings, die einen moderaten fünfstelligen Betrag gekostet hat, eine Diskussion ausgelöst, die weitreichende Folgen dafür haben wird, wie bei MAN Diesel & Turbo Marketing und Vertrieb arbeiten. Dieses Beispiel illustriert sehr schön, wie datenbasierte Einsichten an und für sich, aber auch ihre plakativ vor Augen gestellte Abwesenheit, Managemententscheidungen zu befruchten vermögen.

Meinungsforschungsdaten sind nicht nur von eminenter Bedeutung für das Management von Kommunikation – sie sind es nicht minder für die Kommunikation mit dem Management. Aus demselben Grund liegt nun die schon in der Vergangenheit zweijährlich durchgeführte Kundenzufriedenheitsbefragung in der Verantwortung von Group Communications and Marketing. Die Kundenzufriedenheitsstudie bietet detaillierte Daten zur Wahrnehmung der Leistung des Unternehmens insgesamt und entlang der einzelnen Phasen der Zusammenarbeit – von der Beratung und Ausschreibung über die Anlagenerrichtung bis zum Service.

Was aber bislang fehlte, waren Daten zur Reputation von MAN Diesel & Turbo bei Kunden, Mitarbeitern und Industrieexperten. Da sich das Unternehmen in einem reinen B2B-Umfeld befindet, sind dies die Kernzielgruppen. Die breite Öffentlichkeit hingegen bleibt außen vor, zumal hier die Verwechslungsgefahr mit dem MAN Nutzfahrzeuggeschäft zu groß ist. So wurden zeitgleich zur Kundenzufriedenheitsstudie im Jahr 2015 erstmals auch Reputationsdaten erhoben. Die Kundenstudie bot eine hervorragende Gelegenheit, um ein Segment der Reputationsstudie anzuschließen und so nicht mehrmals mit Survey-Anfragen auf eine sensible Stakeholder-Gruppe zuzugehen. Da die beiden Studien im gleichen Zeitraum ins Feld gingen, lassen sich die Ergebnisse valide vergleichen und konsolidieren. Die dadurch gewonnenen Insights bieten den Treibstoff für einen fruchtbaren Strategieprozess innerhalb der Group Function.

7 Fünfter Schritt: die Etablierung eines jährlichen Strategieprozesses

Eine Strategie beschreibt ganz generell den Weg vom Ist zum Soll unter den Bedingungen von Ambiguität (unvollständiges Wissen und Zielkonflikte), Knappheit (es stehen weniger Mittel als eigentlich nötig zu Verfügung) und Wettbewerb (nicht nur die eigene Organisation möchte etwas erreichen, sondern auch konkurrierende Organisationen). Mit Blick auf die Kommunikation, ist zu ergänzen: unter der Maßgabe von Akzeptanz der wichtigsten (und das sind hier zunächst meist interne) Stakeholder. In verschiedenen Kontexten hat es sich daher bewährt, nicht allein auf Grundlage demoskopisch verbriefter Einsichten und Erfordernisse das Programm für die nächsten 12 bis 24 Monate zu definieren, sondern ein möglichst breites Spektrum an Einflüssen einzubeziehen.

Dazu zählen die Unternehmensstrategie bzw. Schwerpunkte auf der Agenda des Vorstands und die Anforderungen in den Strategischen Business Units; dazu zählen ebenso Umfeldthemen, etwa sich neu profilierende Stakeholdererwartungen und Technologie-Trends, dazu zählen aus interner Perspektive Produkt-Launches und die zentralen Termine im Unternehmenskalender – von Managementkonferenzen bis zu den wichtigsten Messeauftritten; dazu gehören außerdem neue oder veränderte Kommunikationstechnologien und -kanäle und wesentliche Stellhebel zur Verbesserung der Performanz des eigenen Bereichs. Kurzum, eine ganze Reihe von externen und internen Faktoren, an denen „man vorbeikommen muss", um eine nicht bloß akzeptable, sondern nach Möglichkeit von allen als relevant empfundene Strategie zu formulieren und daraus Themen und Initiativen für die nächsten 12 bis 24 Monate herauszudestillieren. Zwar ist es gut möglich, dass wesentliche Kernthemen länger Bestand haben – doch wie sie intoniert und in den Unternehmens-, Branchen- und in den gesellschaftlichen Kontext eingebettet werden, sollte jährlich neu betrachtet werden.

Die Sammlung und Evaluierung eines breiten Sets von Einflüssen stellt nicht nur sicher, dass es gelingt, eine relevante Kommunikations- und Marketingstrategie zu formulieren. Dieses Vorgehen trägt vielmehr dazu bei, sich eine holistische Sicht auf die Situation des Unternehmens anzueignen. Diese kommt immer dann zum Tragen, wenn – beispielsweise im Vorfeld von Management-Konferenzen – gefordert ist, dem Vorstand Vorschläge für die „Storyline" von derlei Veranstaltungen oder für Interviews mit internen und externen Medien zu unterbreiten. Zudem ist die Kommunikation meist eine der ganz wenigen Funktionen im Unternehmen, die sich für eine gesamthafte Betrachtung der Organisation in ihrem wirtschaftlich-gesellschaftlichen Kontext zuständig fühlt und als Anwalt externer Stakeholder agieren muss und darf. Die daraus sich ergebende „Deutungskompetenz", verbunden mit Stärken bei Inhalten und Kreation, ist ein ganz wesentlicher Beitrag, den diese Funktion zum Gesamterfolg des Unternehmens beizusteuern vermag.

Der Versuch, im Rahmen eines jährlichen Strategieprozesses die wesentlichen Entwicklungsvektoren der Group Function zu formulieren, schärft das Bewusstsein für zukünftige Aufgaben und stärkt die Grundlage der Kooperation, denn diese strategische Definitionsarbeit erfolgt in einer gemeinsamen Anstrengung aller Direct Reports durch Austausch und Diskussion.

Vor dem Hintergrund von Ambiguität, Knappheit und Wettbewerb ist es wichtig, aber schwierig, die Fülle von Möglichkeiten und Anforderungen auf einige wenige Leitthemen zu kondensieren. Am Beitrag zu diesen Leitthemen müssen sich anschließend alle Kommunikationsinitiativen prüfen und erhärten lassen, aus denen das strategische Arbeitsprogramm für die kommenden zwölf bis 24 Monate besteht. Nachdem die Leitungsebene des Bereichs das strategische Programm definiert und Projektteams nominiert hat, kommt die Teamebene ins Spiel. Ihre Rolle ist es, für die einzelnen Initiativen abteilungsübergreifende Projekte samt Budget, Zeitplan und Erfolgskriterien zu definieren und die Kommunikations- und Marketing-Agenda so zu füllen, dass die Leitmotive der Strategie mit überzeugenden Maßnahmen umgesetzt werden.

8 Sechster Schritt: Kommunikationssteuerung heißt auch Ressourcensteuerung

Nach der Validierung des finalen Strategieplans durch das Leitungsteam und den Vorstand beginnt die Umsetzung. Die Finalisierung des Plans geschieht rechtzeitig, um die Verantwortlichkeiten für einzelne Initiativen im Target Setting für das neue Jahr zu verankern. Im zweiwöchentlichen Rhythmus wird der Fortschritt der Projekte im Rahmen des Direct Report-Meetings vorgetragen und überprüft. Nach dem ersten Halbjahr und vor der Sommerpause treffen sich alle Kolleginnen und Kollegen des Bereichs zu einer „Communications and Marketing Conference".

Das Arbeiten entlang eines strategischen Masterplans hat vielerlei Vorteile. Zugleich kommt aber immer wieder die Diskussion auf, ob die Strategieprojekte, die aufgrund ihres transformatorischen Charakters oftmals besonders arbeits- und kollaborationsintensiv sind, nicht den Druck auf die ohnehin schon ausgelastete Kolleginnen und Kollegen unnötig erhöhen und ob das sogenannte Tagesgeschäft dadurch zu kurz kommt. Die radikale Antwort lautet: „Was nicht in der Jahresstrategie steht, wird nicht gemacht". Das ist idealtypisch und insofern realitätsfern. Immer gibt es Ad hoc-Maßnahmen und Veränderungen, die aufgegriffen und berücksichtigt werden müssen. Ebenso müssen viele Aufgaben mit einem relativ hohen Routineanteil erledigt werden. Und nicht zuletzt ist unbestreitbar, dass das Arbeitsvolumen durch die strategischen Initiativen steigt, wenn man nicht an anderer Stelle gegenlenkt.

Bei MAN Diesel & Turbo sind alle Kolleginnen und Kollegen, die häufig mit Wünschen auf Standortebene konfrontiert werden, gebeten, auf ihre jeweiligen Teamleiter und im Zweifelsfall auch auf den Leiter der Group Function zuzugehen, wenn es darum geht, Dringlichkeit und Relevanz des vorgebrachten Bedarfs im Gespräch mit den Kollegen aus den SBUs zu hinterfragen. Natürlich ist es nicht unbedingt klug für eine Zentralfunktion, einfach nein zu sagen. Denn je komplexer das Unternehmen ist, desto eher wird es zu „Alternativlösungen" kommen – im Zweifelsfall mit der Graphiksoftware, die man zuhause auf dem Rechner hat. Aber es ist legitim, das Bewusstsein dafür zu schärfen, dass jede Posterkampagne zu lokalen Themen Kosten und Arbeit verursacht und im Zweifelsfall gar nicht in die Landschaft passt. Ziel muss es schließlich sein, die knappen Ressourcen der Funktion für die unternehmensweit relevanten, „großen" Themen zu nutzen und ihnen Durchschlagskraft zu verleihen.

Neben dem kollegialen Gespräch gibt es zwei weitere Gegenmittel gegen die Belastung der Kolleginnen und Kollegen mit tausenderlei Sonderwünschen. Zum einen wäre da die Etablierung eines Netzwerks von lokalen Agenturen, mit denen die Group Function vertrauensvoll zusammenarbeitet. Wer also seine Posterkampagne am Standort haben will, kann sie bekommen – wenn er zahlt. Der Bereich übernimmt dann nur noch die Koordination und Qualitätssicherung, das „Doing" wird aber ausgelagert. Das andere Gegenmittel heißt Standardisierung, vor allem in der Marketingkommunikation, die bei MAN derzeit noch in der Experimentierphase ist.

Hierbei gilt als Zielvorgabe: weg von „Einzelanfertigungen" für Anzeigenmotive und Produktbroschüren, hin zu standardisierten Formaten, die sich an den technologischen Lösungen (nicht mehr den einzelnen Produkten) für die wesentlichsten Kundenanwendungen orientieren. Wenn diese Umorientierung gelingt und die Partner in den Geschäftsbereichen mitziehen, dann wird sich dies sicher als sehr wirksames Antidot erweisen und eine bessere Balance zwischen „Strategieprojekten" und „Tagesgeschäft" ermöglichen.

9 Deutung und Wirkung

Der Anspruch auf Steuerung ist also hoch. Nicht immer ist er einzulösen. Und dennoch bleibt er essenziell für die Selbstdefinition der Rolle von Kommunikation und Marketing. Zugleich wäre es ein Widerspruch in sich, den Anspruch auf Steuerung zu erheben, ohne die spezifischen Kompetenzen der Kommunikation, insbesondere ihr Talent und ihre Lizenz zum Gesamtbild, für das Unternehmen insgesamt fruchtbar machen zu wollen. Nur die Einbettung der Kommunikationsfunktion und ihres Tuns in den unternehmerischen Gesamtkontext – ökonomische Gesamtlage, Markt und Produkt einerseits, gesellschaftspolitisches Framing und Stakeholder-Perspektive andererseits – führt zu der erforderlichen Ertüchtigung und Ermächtigung, zum „Empowerment", das erforderlich ist, um die Funktion zum integralen Bestandteil der Unternehmensführung zu machen. Nur aus Deutung erwächst nachhaltige Wirkung. Dazu muss der Kommunikator einerseits so tief wie möglich in die Denk- und Entscheidungsprozesse des Managements verwoben sein und sich andererseits immer als Außenstehender empfinden, der sich auch in den besten und erfolgreichsten Zeiten nie von „Group Think" und Selbstgewissheit vereinnahmen lässt. Stattdessen muss er dauerhaft auf der Outside-in-Perspektive beharren. Denn nur aus der Außenperspektive des Kunden, des Regulierers, Investors oder Nachwuchstalents wird über die Akzeptabilität des Unternehmenshandelns entschieden.

Philip Müller
Veränderte Anforderungen und Qualifikationsprofile für Kommunikatoren in der digitalen Gesellschaft

Die Frau im Forschungslabor ist ein Roboter. Der junge Mann weiß das. Er verfällt ihr trotzdem. Sie ist einfach zu schön, zu intelligent – und dabei so *menschlich*. Am Ende tut er alles, was sie von ihm verlangt. Soweit die Rahmenhandlung des sehenswerten Hollywood-Films *Ex Machina* aus dem Jahr 2015. Was anmuten mag wie Science Fiction, ist in vielerlei Hinsicht schon jetzt mehr Fakt als Fiktion. Wohl niemals zuvor war Hollywood der Realität so wenig voraus wie heutzutage. Während die rasanten Fortschritte bei Vernetzung und Rechenkapazität für jedermann erlebbar sind, treiben Wissenschaft und Unternehmen Entwicklungen voran, die unsere Gesellschaft noch viel stärker verändern werden als soziale Netzwerke oder Suchmaschinen. Für diesen Wandel gibt es viele Namen: zum Beispiel digitale Transformation, Computerisierung, Automatisierung, Industrie 4.0. Doch das Etikett ist nachrangig. Fakt ist, dass diese Entwicklungen die Gesellschaft tiefgreifend und unumkehrbar transformieren. Und mit ihr auch jene Profession, die wie kaum eine andere als Schnittstelle zur Gesellschaft fungiert und sich dabei moderner Technologie bedient: das Kommunikationsmanagement.

Die technologischen Entwicklungen schlagen sich auch in veränderten Anforderungs- und Qualifikationsprofilen der Kommunikatoren nieder. „Ein klassischer Pressesprecher bringt 30 Prozent dessen mit, was man morgen braucht, um in der sich abzeichnenden Kommunikationslandschaft sichtbar zu sein" – davon ist beispielsweise Christian Lawrence, Leiter Group Communications beim Rückversicherer Munich Re, überzeugt (Bröder 2016). Worauf es heute und in Zukunft ankommt, um in der Kommunikationsbranche erfolgreich und beschäftigungsfähig zu sein bzw. zu bleiben, wird im Folgenden beleuchtet. Dem vorangestellt sei die grundlegende Frage, ob menschliche Kommunikatoren zukünftig überhaupt noch gebraucht werden oder ob nicht ein Algorithmus den Job viel besser erledigen könnte.

1 Kommunikatoren sind nicht bedroht – wenn sie den digitalen Weg mitgehen

Man muss den eingangs zitierten Film nicht gesehen haben, um zu der Überzeugung zu kommen, dass Technologie dem einzelnen Menschen nicht nur Gutes tut. Die Gesellschafts- und Wirtschaftsgeschichte ist voll von Beispielen, wie durch bahnbrechende Erfindungen ganze Berufsgruppen abgeschafft wurden. Vom Buchdruck über die Erdölförderung bis hin zur E-Mail – so segensreich diese Errungenschaften für weite Teile der Menschheit waren, so nachteilig haben sie sich für Kopisten, Köhler und Rohrpostbeamte erwiesen.

Da der digitale Wandel vor keiner Branche Halt macht und oftmals disruptiv vonstattengeht, sind die dadurch hervorgerufenen Veränderungen besonders umfassend und tiefgreifend. Wie stark welcher Beruf betroffen ist, haben die Forscher Carl Benedikt Frey und Michael A. Osborne von der Oxford University im Jahr 2013 für den US-Arbeitsmarkt untersucht. Mit der Fragestellung „The future of employment: How susceptible are jobs to computerisation?" (Frey & Osborne 2013) haben sie 702 Berufe auf den Prüfstand gestellt und in eine Rangfolge gebracht. Oben auf der Liste finden sich jene Jobs, die nur wenig gefährdet sind, von einer Maschine oder einem Algorithmus ersetzt zu werden. Die Top-10 besteht fast ausschließlich aus Ärzten und Therapeuten verschiedener Fachrichtungen. Ganz unten sammeln sich jene Tätigkeiten die in den nächsten Jahren und Jahrzehnten mit hoher Wahrscheinlichkeit nicht mehr von Menschen ausgeübt werden – etwa Telemarketing, Buchhaltung und einfache Näharbeiten.

Kommunikationsberufe finden sich auf den oberen Plätzen wieder, so zum Beispiel der Marketing-Manager auf Platz 61 und der PR-Manager auf Platz 67. Die Wahrscheinlichkeit, von einer Maschine oder einem Algorithmus ersetzt zu werden, haben die Forscher mit 0,014 bzw. 0,015 beziffert. Bei einem Call-Center-Mitarbeiter liegt der Wert bei 0,99. Bedroht sind demnach vor allem jene Berufe, die einen hohen Grad an sich wiederholenden und leicht zu automatisierenden Tätigkeiten aufweisen. Mit Empathie, Intuition und Kreativität hingegen tun sich Algorithmen (noch) schwer – weshalb Berufe, die diese Fähigkeiten und Eigenschaften erfordern, als verhältnismäßig sicher gelten. Kommunikatoren müssen sich also prinzipiell keine großen Sorgen machen. Das tun sie auch nicht, wie eine nicht-repräsentative Online-Umfrage zum Thema „Karriere mit 40plus" nahelegt, die die PRCC Personal- und Unternehmensberatung im Februar 2016 unter rund hundert PR- und Marketing-Experten aus Agenturen, Unternehmen und Institutionen mit einem Durchschnittsalter von 44 Jahren durchgeführt hat (PRCC 2016). Demnach sehen neun von zehn Befragten die Digitalisierung als Chance und nicht als Bedrohung. Können Kommunikatoren der digitalen Revolution also entspannt als Zaungäste beiwohnen?

Der recht komfortable Platz von Kommunikatoren in der Oxford-Rangliste sollte nicht als Garantie missverstanden werden. Eine Daseinsberechtigung werden auf lange Sicht nur jene Kommunikatoren haben, die bereit sind, den digitalen Weg engagiert und kompetent mitzugehen. Wer wissen will, was man als Kommunikator zukünftig können sollte, muss erkennen, wie der eingangs skizzierte Wandel die Profession verändert.

Zunächst ist ein Grundverständnis für Social Media unerlässlich. Das heißt nicht, dass man als Kommunikationsverantwortlicher jede Plattform, jeden Kanal und jeden Akteur souverän bespielen können muss. Es heißt auch nicht, dass man per se zu jedem Kommunikationsanlass in den sozialen Medien aktiv sein sollte. Vielmehr bedeutet es, dass die Wirkungsweise und Möglichkeiten der sozialen Medien bekannt und verstanden sein sollten. Nur dann lässt sich fundiert entscheiden, ob ihr Einsatz für die jeweilige Kommunikationsaufgabe und die entsprechende Anspruchsgruppe sinnvoll ist. Nur so lassen sich soziale Medien vernünftig in das Kommunikationsportfolio eingliedern und mit der Kommunikationsstrategie verzahnen. Die Umsetzung einzelner Maßnahmen kann dabei durchaus delegiert werden, so wie Kommunikationsverantwortliche ab einem gewissen Punkt in ihrer Karriere auch nicht mehr jede Pressemeldung selbst schreiben.

Social Media ist ein zentraler Teilbereich des Zusammenspiels aus Paid-Earned-Shared-Owned-Media *(PESO)*, das man als Kommunikator im Blick haben und möglichst gut beherrschen sollte. Die Zeiten, in denen digitale Kommunikation vor allem darin bestand, die eigene Website zu befüllen, Newsletter zu versenden („Owned") und Banner zu buchen („Paid"), sind vorbei. Das größte Vertrauen und die stärkste emotionale Bindung werden durch Mund-zu-Mund-Propaganda, am besten aus berufenem Mund („Earned" und „Shared") erzeugt – was nichts Neues ist, im Web aber virale Ausmaße annehmen und damit sehr schnell erheblichen Nutzen erzeugen oder Schaden (Stichwort Shitstorm) anrichten kann. Kommunikatoren sind dabei mit ganz unterschiedlichen und teilweise neuen Akteuren konfrontiert – von altbekannten Journalisten über Blogger und Community-Members bis hin zu NGOs. Diese Akteure verschaffen sich über Online-Plattformen und -Kanäle rasch und wirksam Gehör und Unterstützung. Es gibt für sie so gut wie keine zeitlichen, räumlichen und monetären Hürden für die Kommunikation. Die über mediale Gatekeeper gesteuerte One-to-Many-Kommunikation verliert an Relevanz, die Many-to-Many-Kommunikation wird zur Regel. Statt mit einem passiven Publikum hat es der Kommunikator heutzutage mit Akteuren zu tun, die immer Empfänger und potenzielle Sender zugleich sind. Das erfordert neue Denk- und Handlungsweisen bei der Strategieentwicklung, in der Umsetzung und beim Controlling: Moderne Kommunikatoren agieren multilateral und kollaborativ. Sie reagieren schnell und individuell. Sie können auch mit „nichtprofessionellen" Zielgruppen professionell umgehen und sind im Zweifel lieber authentisch als perfekt. Sie messen – sind aber nicht so vermessen, „Controlling" mit einem allumfassenden Kontrollanspruch gleichzusetzen. Sie behalten den Überblick in den digitalen Datenmassen, identifizieren kommunikative Anknüpfungspunkte und nutzen diese glaubwürdig.

Das *Messen und Regeln* von Kommunikation gewinnt einen größeren Stellenwert. In der digitalen Gesellschaft lassen sich Wirkungszusammenhänge so eindeutig aufzeigen und nachjustieren wie nie zuvor. Das verlangt Kommunikatoren einiges ab: Know-how im Kommunikations-Controlling, ein Verständnis für die passende Technologie, eine ganzheitliche Sichtweise auf die PESO-Aktivitäten und ein Bekenntnis zur Transparenz. Modern aufgestellten Kommunikatoren in betriebswirtschaftlich orientierten (also fast allen) Organisationen dürften die meisten dieser Anforderungen bekannt sein. Für viele neu ist dagegen der technologische Aspekt, zumindest in der zunehmend geforderten Intensität. Mit der Digitalisierung hat das Gebot des Messens und Nachjustierens endgültig Einzug in die Kommunikation gehalten, wonach ein gewünschter Soll-Wert erreicht und gehalten wird, indem kontinuierlich und minutiös der Ist-Wert gemessen und nachgeregelt wird, quasi wie bei einem Thermostat. Die Kommunikationsabteilung der Zukunft arbeitet nach diesem Prinzip – sie ist nicht nur Heizung oder Messfühler, sondern eine Kombination aus beiden, ein ständig alertes und agierendes System. Die dafür benötigten Informationen stehen in Zeiten von Big Data mannigfaltig zur Verfügung. Moderne Kommunikatoren kombinieren die Daten aus digitalen Monitoring- und Analyse-Tools von Google und Twitter oder Lösungen von Drittanbietern mit Erkenntnissen aus der klassischen Medienbeobachtung. Wer dabei einen messbaren Nutzen für seinen Auftrag-/Arbeitgeber erzielen möchte, sollte die Wirkungszusammenhänge auf den Wertschöpfungsebenen Output, Outcome und Outflow kennen und darstellen können. Ein Grundverständnis von Kommunikations-Controlling ist also elementar. Betriebswirtschaftliches Know-how hilft dabei, kommunikativ an die Wertschöpfungsprozesse der Organisation anzudocken, dazu unten mehr.

Nicht zuletzt braucht es *technologisches Know-how*. Auch, weil Suchmaschinenergebnisse immer mehr an Glaubwürdigkeit gewinnen, während das Vertrauen in traditionelle Medien als Informationsquelle stetig sinkt, wie das Edelman Trust Barometer 2016 zeigt (Edelman 2016). Angehörige der Altersgruppe der zwischen 1980 und 1999 Geborenen, gemeinhin mit den Sammelbegriffen „Generation Y" oder „Digital Natives" etikettiert, vertrauen der Studie zufolge schon heute dem, was eine Suchmaschine findet, mehr als dem, was in der Zeitung steht. Kommunikatoren kommen deshalb nicht umhin, sich mit den Grundgegebenheiten von Search Engine Marketing (SEM) einschließlich der Unterdisziplinen Search Engine Optimization (SEO) und Search Engine Advertising (SEA) auseinanderzusetzen. Wie sollen sie sonst wissen, wie sie es mit ihren Themen in der Trefferliste einer Suchmaschine ganz nach oben schaffen? Das sollte im Web das erklärte Ziel sein. Hier gilt das Prinzip „The winner takes it all. There is no second" in Reinkultur, weil der erste Suchmaschinentreffer durchschnittlich 30 Prozent aller Klicks erhält (Budde 2014). Es lässt sich also ohne Übertreibung sagen: Wer im Web nicht gefunden wird, findet nicht statt. Das sollten Kommunikatoren bei ihrer Arbeit berücksichtigen. Auch hier gilt, dass man nicht alles selbst können und tun muss. On-Site-Optimierung oder Linkbuilding sind durchaus Expertensache. Aber wer die grundsätzlichen Mechanismen einer Websuche versteht und sich beispielsweise der Relevanz von Keywords bewusst ist, kann das in seine Kommunikationsarbeit einfließen lassen – etwa beim Schreiben von Texten, sodass sie nicht nur schön zu lesen sind, sondern auch gefunden werden. Textkompetenz wird übrigens zukünftig weiterhin einen hohen Stellenwert haben. Denn gutes Storytelling erfolgt zwar zunehmend auf der Basis von Daten, erfordert aber auch weiterhin Kreativität, Empathie und Intuition. Es wird damit wohl noch auf viele Jahre eine Domäne des Menschen bleiben. Texte mit einem hohen Standardisierungsgrad hingegen, wie sie etwa in der Finanzkommunikation verbreitet sind, werden schon heute häufig durch Computer verfasst.

Der moderne Kommunikator agiert an der Schnittstelle zur Maschine und wird immer mehr zum *Schnittstellenmanager*. Die Kommunikationsbranche differenziert sich weiter aus; es gibt schon jetzt Experten für beinahe alle Branchen und Disziplinen, vom Strategic Consultant für IPO-Communication mit Schwerpunkt Healthcare bis zum Social Media Officer mit Telekommunikations-Expertise. Gleichzeitig wird die Branche interdisziplinärer. Marketing, Werbung und PR nähern sich einander (wieder) an, im Content Marketing fühlen sich irgendwie alle zuhause. In modernen Unternehmen und Agenturen werden die Trennwände zwischen unterschiedlichen Abteilungen eingerissen, ergänzende Expertise ins Haus geholt und ein ganzheitlicher Kommunikationsansatz verfolgt. Entsprechend sollen die ehemals weitgehend isoliert voneinander agierenden Kommunikationsfunktionen auf Basis einer Gesamtstrategie in die übergeordneten unternehmerischen Ziele einzahlen. Was heißt das für den Kommunikator von heute und von morgen? Noch einmal: Er (oder sie) muss nicht alles können – aber vieles kennen und verstehen. Wichtige Kompetenzen sind vor allem interdisziplinäres Denken und Handeln. Nur dann ist es möglich, die Kunden richtig anzusprechen, den Vorstand gut zu beraten und mit den Stakeholdern insgesamt erfolgreich zu interagieren. Nur dann lassen sich Ressourcen sinnvoll verteilen, Arbeitsergebnisse realistisch bewerten und Aufgaben kompetent delegieren. Der moderne Kommunikator ist Manager an den Schnittstellen zwischen PR, Marketing und Werbung, zwischen analoger und digitaler Welt. Die Schnittstelle zum Journalismus wird auch zukünftig wichtig sein, jedoch nicht mehr mit der Bedeutung, die sie einmal hatte. Media Relations wandeln sich zu Content Marketing. Die Multiplikatoren haben sich vervielfacht, und die Medienvertreter sind nur ein Teil davon. Quereinsteiger aus dem Journalismus in die PR wird es nach wie vor geben, doch der Quereinstieg wird, auch bedingt durch den Bedeutungsverlust der klassischen Medien und die Professionalisierung der Kommunikationsbranche, nicht leichter werden. Früher war es eine Grundvoraussetzung, das journalistische Handwerk zu beherrschen und die Medienbranche zu kennen. Mit der Professionalisierung stieg der Bedarf an fundierten Kommunikationsmanagement-Skills. Durch die Digitalisierung werden heute zudem Denkweisen und Fertigkeiten erwartet, die zumindest im Arbeitsalltag von klassischen Print-Journalisten nicht allzu sehr verbreitet sind – etwa der Umgang mit PESO-Media oder das Know-how im Bereich des digitalen Kommunikations-Controllings.

Das bereits thematisierte betriebswirtschaftliche Verständnis hilft dabei, die zu betreuende Organisation und ihre Märkte zu verstehen, die Kommunikation auf die unternehmerischen Ziele auszurichten sowie deren Wirksamkeit zu messen und zu justieren. Das sind zentrale Voraussetzungen, um als Kommunikator das Top-Management optimal beraten zu können. Und auch, um dessen Akzeptanz zu gewinnen. Wer als Kommunikator die Sprache des Managements spricht, hat es im Unternehmensalltag leichter. Ein „Gütesiegel" wie ein MBA erhöht die Anerkennung, und zwar nicht nur seitens des Managements, sondern auch bei Ingenieuren, Chemikern oder Betriebswirten im Unternehmen, die Geisteswissenschaftlern häufig eher mit Skepsis begegnen.

Die enge Anbindung des Kommunikators an den Vorstand ist in Zeiten der digitalen Transformation sinnvoller denn je, wenn Menschen, Maschinen und Prozesse reibungslos ineinandergreifen sollen. Der Berater und ehemalige Sprecher der HSH Nordbank, Bernhard Blohm, plädiert deshalb dafür, dass die Unternehmenskommunikation konsequent Vorstandsressort werden sollte, auf Augenhöhe mit der IT und dem Vertrieb (Blohm 2016).

Soweit ein kompakter Überblick über jene Kompetenzen, die für Kommunikatoren in Zukunft zentral sein werden. Schon heute schlagen sie sich in Stellenprofilen nieder. „Klassische" PR-Jobs beinhalten zumindest Facetten der oben angeführten Fertigkeiten, vor allem im Bereich Social Media. Daneben entstehen neue Jobs, auch auf Führungslevel – vom Chief Technology Officer über den Social Media Officer bis hin zum Chief Content Officer. Content Marketer, Online Marketer und Experten für einzelne Tools und Plattformen wie Google AdWords werden zum Teil händeringend gesucht. Immer häufiger werden gerade diese Stellen mit Menschen besetzt, die nach traditionellen Maßstäben zu jung für eine derartige Verantwortung erscheinen. Doch solche Maßstäbe verlieren dort ihre Gültigkeit, wo die Jungen den Erfahreneren oftmals voraus sind – im digitalen Bereich. So kommt es auch in traditionsreichen Großkonzernen zu Konstellationen, in denen ein Mittzwanziger den Mittvierzigern die digitale Welt erklärt. Doch ist es wirklich so, dass die „Alten" vom Digitalen keine Ahnung haben und fürchten müssen, dass ihnen die nativ-digitale Jugend den Rang abläuft?

2 Digitalität ist nicht alles – und jung nicht immer besser

Die Befürchtung, mit zunehmendem Alter schlechtere Chancen auf dem Arbeitsmarkt zu haben, ist in der Kommunikationsbranche verbreitet. Darauf deuten die Ergebnisse der PRCC-Onlineumfrage (PRCC 2016) hin. Dort gaben drei von vier Befragten an, dass „Arbeitnehmer ab einem gewissen Alter für Arbeitgeber weniger interessant sind". Als „kritische Schwelle" wurde im Schnitt 47 Jahre genannt. Die Hauptsorge der Befragten ist, dass sie irgendwann schlicht zu teuer für die meisten Arbeitgeber sind.

Diese Sorge ist dann berechtigt, wenn erfahrene Kommunikatoren den Fehler machen, mit dem Nachwuchs konkurrieren zu wollen. So natürlich digital wie ein Digital Native kann ein erfahrener Kommunikator in aller Regel nicht mehr werden. Dabei wissen die meisten Befragten durchaus, worauf es in Zeiten der digitalen Transformation ankommt, wie die PRCC-Onlineumfrage zeigt. Als Top-3-Kompetenzen wurden angeführt: Mit neuen Zielgruppen auf Augenhöhe zu kommunizieren, die digitalen Kanäle zu kennen und zu beherrschen sowie Kommunikationsaktivitäten online zu messen und zu justieren. Das entspricht den oben genannten Zukunftskompetenzen. Nur: Zumindest was die ersten beiden Punkte angeht, ist der Nachwuchs den älteren Professionals häufig einen Schritt voraus. Heutige Berufseinsteiger sind mit Earned- und Shared-Media aufgewachsen, sie haben die oben skizzierten Spielregeln der Many-to-Many-Kommunikation früh verinnerlicht. Ihre Affinität zu Social Media und ihre technologische Kompetenz sind tendenziell ausgeprägter als bei der älteren Generation.

Dafür können erfahrene Kommunikatoren so manches in die Waagschale werfen, womit der Nachwuchs (noch) nicht aufwarten kann. Etwa Managementkompetenz. Damit ist nicht das Steuern von Themen und Inhalten gemeint, sondern das Management von Strukturen und Prozessen, von Budget und Personal. Dafür braucht es neben einem soliden Verständnis der Wertschöpfungsketten nicht zuletzt Führungsstärke, Entscheidungskompetenz und Gelassenheit. Dieses „Erfahrungswissen" ist das natürliche Alleinstellungsmerkmal altgedienter Kommunikatoren gegenüber Young Professionals. Arbeitgeber wissen diese Kompetenzen zu schätzen – das zeigt ein Blick in die Kommunikationsabteilungen der DAX-30-Unternehmen: Dort sind die Kommunikationschefs im Schnitt 50 Jahre alt, wie das PRCC berechnet hat. Wer als erfahrener Kommunikator dann noch weiß, wie er mögliche Lücken im digitalen Bereich schließt oder kompensiert – etwa durch den intensiven Austausch mit Digital Natives, durch gezielte Weiterbildung und durch kluges Delegieren – muss sich keine Sorgen machen. Oder doch?

Zumindest fast keine. Was in der Auflistung noch fehlt, ist Flexibilität. Und zwar weniger die „arbeitgeberfreundliche" Flexibilität, die man lange mit Berufseinsteigern verbunden hat: immer und überall einsetzbar, charakterlich formbar, körperlich belastbar und monetär nicht all zu anspruchsvoll. Gemeint ist vielmehr ein flexibles Karriereverständnis. Wer nach jedem Aufstieg schon nach der nächsten Sprosse auf der Karriereleiter greift, wird gerade in Zeiten des demografischen Wandels früher oder später wohl enttäuscht werden. Es gibt nun mal nur 30 DAX-30-Top-Positionen in der Unternehmenskommunikation. Aber so stark, wie man vielleicht meinen möchte, scheint das Credo des „Höher, schneller, weiter" unter erfahrenen Kommunikationsmanagern in Deutschland gar nicht (mehr) verbreitet zu sein. Das legen Ergebnisse der PRCC-Onlineumfrage nahe. Danach gefragt, womit sie beruflichen Erfolg verbinden, nannten neun von zehn Teilnehmern den Aspekt „Selbstbestimmung". Zwei Drittel setzen Karriere mit einem „sinnerfüllten Arbeitsalltag" gleich, gut die Hälfte mit „persönlicher Weiterentwicklung." Das Gehalt folgt mit 46 Prozent der Nennungen erst an vierter Stelle, „Macht/Einfluss" mit knapp 30 Prozent an fünfter Position. Schon heute gehen auch erfahrenere Kommunikatoren Karriereschritte, die ehemals als unorthodox eingestuft wurden – etwa indem sie eine Quer- statt einer Aufwärtsbewegung vornehmen oder ein (Weiterbildungs-)Sabbatical einlegen. Arbeitgeber und Unternehmenskulturen, die das tolerieren oder gar schätzen, gibt es durchaus.

3 Wer sollte was lernen? Wo und wie?

Ein modernes und zukunftsfähiges Anforderungsprofil in der Kommunikationsbranche umfasst also Kenntnis und Verständnis der digitalen Kanäle und der technischen Möglichkeiten, ein betriebswirtschaftliches Grundverständnis und durch Erfahrungswissen gespeistes Management-Know-how. Allgemeingültige Empfehlungen, wo man sich diese Fähigkeiten und Fertigkeiten aneignet, gibt es nicht. Für eine grobe Unterteilung lässt sich das Erfahrungslevel heranziehen: *Erfahrene Kommunikatoren* haben die größten Kompetenzdefizite tendenziell im digitalen Bereich, insbesondere bei Social Media. Schließen können sie diese Lücken durch berufsbegleitende Formate, etwa eine Weiterbildung zum Social Media-Manager. Auf der Agenda stehen dann Punkte wie Social-Media-Strategie (Integration in die Unternehmenskommunikation, Vernetzung von Kanälen innerhalb eines Social Media Newsrooms etc.), Community Management, Guidelines für die Regel- und Krisenkommunikation, Kalkulation und Social-Media-Monitoring (DAPR 2016). Sinnvoll kann auch die Mitarbeit in Arbeitsgruppen, etwa der Deutschen Public Relations Gesellschaft (DPRG), und ein enger Austausch on the Job mit digital versierten Kollegen, zum Beispiel in Projekt-Teams oder in Best-Practice-Formaten sein.

Berufseinsteiger bringen häufig ein grundlegendes digitales Verständnis mit. Dies gilt es in ein strategisches Mind- und Tool-Set einzubetten und um professionelle digitale Spezialkompetenzen (etwa im Bereich Controlling) sowie um grundlegende Kompetenzen des Kommunikationsmanagements zu ergänzen. Dafür eignen sich berufsbegleitende Studiengänge mit hohem Praxisbezug sowie punktuelle Aus- und Weiterbildungsformate, Praktika und freie Mitarbeit, auf die Kommunikationsbranche ausgerichtete Ratgeber, Branchenmagazine und Websites/Portale, ein Austausch mit der informierten Peer-Group und mit erfahrenen Kommunikatoren, etwa auf einschlägigen Branchenveranstaltungen.

Ein Studienabschluss ist für den Nachwuchs in aller Regel eine Voraussetzung für den Berufseinstieg. Noch findet der überwiegende Teil der Studiengänge „klassisch" statt, also als Präsenzstudium in Vollzeit. Doch das wird nicht so bleiben: Studienabschlüsse werden mehr und mehr neben dem Beruf erworben. Duale Angebote auf Masterlevel sind in Deutschland ein noch recht neues Phänomen. In anderen Ländern ist man hier deutlich weiter, etwa in den USA. Dort absolvieren drei von vier Studenten ihr Studium in Teilzeit oder belegen ein Fernstudium (Dräger & Müller-Eiselt 2015: 36). Doch langsam kommt Bewegung in den deutschen Markt, auch was kommunikationsbezogene Studiengänge betrifft. Privatwirtschaftliche Institutionen wie die Deutsche Akademie für Public Relations (www.dapr.de) sind hier Vorreiter, die neue Formate auf den Weg bringen. Aber auch staatliche Hochschulen bewegen sich und initiieren duale Angebote. Das ist zu begrüßen, denn berufsbegleitendes Studieren ist gerade auf Masterlevel eine ernstzunehmende Alternative zum Vollzeitstudium. Die Mitarbeiter eignen sich zusätzliches Wissen und Können während der ersten Berufsjahre an. Das aus Arbeitgebersicht bestehende Risiko der Rückkehr an die Hochschule wird durch ein berufsbegleitendes Masterstudium ebenfalls verringert. Das Modell dient somit als wirksames Instrument, um Mitarbeiter über das Studium hinaus an das Unternehmen zu binden.

Deutlich radikaler als der Schritt vom Voll- zum Teilzeitstudium ist der vom Präsenz- zum reinen Online-Studium. Diese Entwicklung steckt vor allem in Deutschland noch in den Kinderschuhen. Es gibt aber bereits Anbieter, die ernstzunehmende Programme im Portfolio oder zumindest in der Planung haben. Die Umbrüche, auf die sich Bildungsanbieter und Bildungskonsumenten einstellen sollten, sind massiv und betreffen beispielsweise maßgeschneiderte Lernangebote und Gamification-Konzepte.

4 Der Arbeitsmarkt der Zukunft

Die Digitalisierung beeinflusst nicht zuletzt die Art und Weise, wie Arbeitnehmer und Arbeitgeber zusammenfinden und zusammenarbeiten. Alle Akteure im Arbeitsmarkt müssen sich auf starke Veränderungen einstellen:

Matching und Testing: So wie Algorithmen Studierenden schon heute dabei helfen, den richtigen Studiengang zu finden, erleichtern sie Jobsuchenden auch die Stellensuche. Arbeitgebern eröffnen sie neue Zugänge zu potentiell passenden Mitarbeitern. Die Anzahl darauf spezialisierter Plattformen nimmt kontinuierlich zu. Erklärtes Ziel von Digitalunternehmen wie „Degreed" und „Smarterer" ist es, das Wissen und Können jedes Einzelnen jenseits klassischer Abschlüsse in seiner Gesamtheit zu überprüfen, zu zertifizieren und damit für mögliche Arbeitgeber vertrauenswürdig und transparent zu machen. Dabei wird ehrenamtliches Engagement ebenso erfasst wie ein gelesener Fachartikel oder ein Universitätsabschluss; jedoch anders gewichtet. Sind Headhunter damit bald arbeitslos, können Arbeitgeber ihre HR-Abteilungen verkleinern? Eher nicht. So wie bei Portalen für die Partnersuche ist das Matching in der Arbeitswelt nur der erste Schritt. Danach folgen das Sich-Beschnuppern, das Sich-Herausfordern, das Herausfinden, ob die Chemie stimmt, das Verhandeln. Um die Wahrscheinlichkeit zu erhöhen, dass man am Ende zusammenpasst, sind Algorithmen aber eine gute Basis – in der Liebe wie bei der Suche nach dem richtigen Arbeitgeber bzw. Arbeitnehmer. Letztere müssen sich darauf einstellen, zunehmend von Computerprogrammen hinsichtlich ihrer Eignung überprüft zu werden. Die Technik wird immer besser, sie kristallisiert mittels durch die Crowd gespeister und während der Befragung lernender Algorithmen die für den Arbeitgeber entscheidenden Stärken und Schwächen des Getesteten heraus. Und auch darüber hinaus leisten Algorithmen Personalverantwortlichen gute Dienste – schon heute weit verbreitete Beispiele dafür sind Active Sourcing oder sich selbst aktualisierende Datenbanken und Jobportale.

Videointerview statt CV, Persönlichkeit statt Papier: Noch ist der Lebenslauf für die meisten Personalentscheider die zentrale Entscheidungsgrundlage, ob ein Kandidat ein Vorstellungsgespräch bekommt oder nicht. Vor allem Unternehmen in der Digitalökonomie stellen das jedoch in Frage, etwa der Inkubator „hub:raum", eine Tochter der Deutschen Telekom. Auf dessen Website (hub:raum 2016) ist zu lesen: „Dear candidate, at hub:raum, we know that there is no or little correlation between a fancy university degree or prestigious internships and success in a startup context. We also believe that a CV is a very bad choice to decide upon someone else's career." Um mehr über die Persönlichkeit und das Know-how der Kandidaten herauszufinden, setzt das Unternehmen auf Motivationsschreiben und Videointerviews mit anschließender „indepth conversation" vor Ort. Konsequenterweise verzichtet man bei der Telekom-Tochter auch auf klassische Stellenprofile „with generic titles and endless requirements. They only limit us to those candidates we think would be a great fit but we know there are so many more out there who would be a great addition to our team."

Neue Arbeitsverhältnisse: Sekundenlöhner, Clickworker, Gig-Economy – allein die Vielfalt an Bezeichnungen für oftmals über das Internet vermittelte Kurzzeit-Jobs auf Zuruf legt nahe, dass wir es mit einer ernstzunehmenden Entwicklung hin zu mehr Flexibilität zu tun haben. Schon heute bieten viele Menschen ihre Dienste auf freier Basis an, oft auf Plattformen, die eher an eBay erinnern als an klassische Stellenbörsen. In der Kommunikationsbranche finden sich derartige Arbeitsverhältnisse bisher vor allem im Bereich kreativer Dienstleistungen wie Grafik-Jobs und weniger in Disziplinen wie der Beratung oder Konzeption. Doch das muss nicht so bleiben. „Was Internet-Plattformen heute vor allem für freie Mitarbeiter, digitale Dienstleistungen und einfache Wertschöpfungsketten anbieten, könnte schon bald ganze Fabriken und Konzerne erfassen", schreibt Christoph Keese, Executive Vice President bei Axel Springer in seinem Buch „Silicon Valley" (Keese 2014: 229). Es wird jedoch immer einen Kern von festangestellten Mitarbeitern geben – nicht zuletzt, weil vertrauensvolle Kommunikation vertraute Gesichter erfordert. Aber es werden wohl auch in der Kommunikationsbranche zukünftig deutlich mehr freie Mitarbeiter tätig sein als heute; Kommunikationsmanager werden zunehmend als Interims-Manager arbeiten, auch auf höherem und strategischerem Level. In stark digitalen Kommunikationsjobs, etwa dem Content Management, gibt es schon heute Arbeitsverhältnisse, die noch vor einigen Jahren kaum denkbar waren. Etwa die Konstellation, dass ein Content Manager als fester freier Mitarbeiter mit einem begrenzten Stundenkontingent bei einer Agentur angestellt ist, dabei einen Großteil dieser Zeit ein Kundenunternehmen vor Ort betreut und nach außen hin als Mitglied des Unternehmenskommunikationsteams auftritt.

Was die Digitalisierung – und sie begleitend die demografische Entwicklung sowie der Wandel von Werten, etwa die Distanzierung von „unethischen" Arbeitsverhältnissen – allen Akteuren des Arbeitsmarkts ganz besonders abverlangen, ist folglich eine gesteigerte Flexibilität. Für Arbeitgeber ist sie die zentrale Voraussetzung dafür, um auch zukünftig Mitarbeiter zu finden und zu binden. Nur wer als Personalentscheider über den Tellerrand schaut und dabei nicht nur CVs, sondern die Menschen selbst im Blick hat, wird dem sich verschärfenden Fachkräftemangel erfolgreich begegnen können. Wer sich hingegen sklavisch an jedem Detail einer Stellenbeschreibung abarbeitet und sich vorrangig an Noten und den Namen vorheriger Arbeitgeber orientiert, könnte Probleme bekommen, die Menschen für sich zu begeistern, die das Unternehmen tatsächlich braucht. Für Arbeitnehmer ist Flexibilität dagegen eine elementare Voraussetzung für Jobsicherheit – und zwar nicht im traditionellen Sinne von „Mein Job beim Daimler ist mir sicher". Sondern in einem modernen Verständnis von „Ich kann mir sicher sein, dass ich immer einen Job finden werde."

Literatur

Blohm, B. (2016). PR in den Vorstand! *PR Magazin* (4/2016), 58.
Bröder, J. (2016). Reine Pressestellen werden schrumpfen. *PR Report* (1/2016), 32.
Budde, L. (2014). *Google: 30 Prozent aller Nutzer klicken auf das erste Ergebnis.* Abgerufen von http://t3n.de/news/seo-klickrate-suchergebnisse-569777
Deutsche Akademie für Public Relations (2016). *Ausbildungsinhalte des Social Media Managers der DAPR* (2016). Abgerufen von http://www.dapr.de/seminare-und-studiengaenge/social-media-manager/aufbau-inhalte
Dräger, J., & Müller-Eiselt, R. (2015). *Die digitale Bildungsrevolution. Der radikale Wandel des Lernens und wie wir ihn gestalten können.* München: Deutsche Verlagsanstalt.
Edelman.ergo (2016). *Edelman Trust Barometer. Decreasing Trust in German Government First Time in Years – Tarnished Reputation of Quality Label ‚Made in Germany'.* Abgerufen von http://www.edelman.de/de/studien/articles/trust-barometer-2016
Hub:raum. (2016). *Jobs.* Abgerufen von https://www.hubraum.com/jobs
Keese, J. (2014). *Silicon Valley. Was aus dem mächtigsten Tal der Welt auf uns zukommt.* München: Albrecht Knaus Verlag.
Osborne, M. A., & Frey, C. B. (2013). *The future of employment. How suspectible are jobs to computerisation?* Abgerufen von http://www.oxfordmartin.ox.ac.uk/downloads/academic/The_Future_of_Employment.pdf
PRCC Personal- und Unternehmensberatung (2016). *Kommunikations-Karriere 40+. Ergebnisse einer Blitzumfrage der PRCC Personalberatung.* Abgerufen vonhttp://www.prcc-personal.de/kommunikations-karriere-40

Ulrich Ott
Agenda Setting oder Agenda Sharing?

Neue Möglichkeiten für übergreifendes Themenmanagement, digitales Netzwerken und interne strategische Beratung

1 Wer sitzt am Steuer?

Die ING-DiBa ist, gemessen an Kunden- und Assetwachstum, die mit Abstand erfolgreichste Bank der letzten 10 Jahre in Deutschland. Sie verdankt diesen Erfolg nicht zuletzt einem Geschäftsmodell, das offenbar perfekt in die postmoderne Gesellschaft des 21. Jahrhunderts passt. Dieses Geschäftsmodell (Abbildung 1) basiert unter anderem auf zwei wesentlichen Prämissen: 1. Kunden sind keine Gebühren- und Honorarlieferanten, sondern Partner in einer fairen und so weit wie möglich transparenten Geschäftsbeziehung. 2. Bankprodukte und -leistungen sind keine fixen Größen, sondern entwickeln sich im Dialog mit dem Kunden und anderen Stakeholdern. Diese scheinbar simplen Prämissen prägen den Geschäftsalltag, den Kundendialog der Bank, sie prägen vor allem aber auch die Unternehmenskultur. Und da Mitarbeiter und Führungskräfte der ING-DiBa sehr zufrieden sind mit dieser Unternehmenskultur und die Bank zudem geschäftlich erfolgreich ist, kann man diese Prämissen guten Gewissens auch auf die Kommunikation des Unternehmens übertragen. Wenn es also um faire Beziehungen und dynamische Dialoge geht – was heißt dann eigentlich „Steuerung"?

Kommunikationsmanager wollen, wie alle Manager, planen, steuern und kontrollieren. Das heroische Modell des Managements sieht einen „Steuermann" am Ruder, den Blick nach vorne gerichtet, ein klares Ziel vor Augen und das Schiff fest „im Griff". Wie viele Manager identifizieren sich heute noch mit dieser Rolle? Viele? Immer weniger? Dazu gibt es keine verlässlichen Untersuchungen. Es gibt allerdings sehr viele Untersuchungen zur Beschleunigung von Entscheidungsprozessen in der digitalen Gesellschaft. Wenn Apple etwa Patente anmeldet, dann kommt Bewegung in die Managerwelt. Ein Beispiel: Apple hat jüngst einen optischen Sensor schützen lassen, der in einem definierten 3D-Raum Gesten des Nutzers erkennen soll. Dieser kann damit zum Beispiel den iMac steuern. Details sind noch unklar. Aber die Diskussionen in den Vorstandsetagen laufen bereits auf Hochtouren. Welche Implikationen kann ein solches Patent haben? Sind konkrete Produkte oder Dienstleistungen vorstellbar? Lassen sich bestehende Prozesse modifizieren? Und vor allem: Was bedeutet das für die Planungen des Unternehmens?

Entscheidungen, selbst strategische Grundsatzentscheidungen, müssen sich einem permanenten Prozess der Veränderung von Parametern, Rahmenbedingungen

Abb. 1: Passt auf einen Bierdeckel: Die Strategie der ING-DiBa (Quelle: ING-DiBa)

und Wissensgrundlagen stellen. Viele traditionsreiche Unternehmen haben das Ignorieren dieses Diktums der digitalen Welt mit einem massiven Bedeutungsverlust gebüßt. Banken, die auf vielfältige Weise mit dieser digitalen Welt verbunden sind, müssen deswegen nicht nur die Spielregeln und Gesetzmäßigkeiten, das Vokabular des Digitalen erlernen, sie müssen auch, wollen sie weiter erfolgreich sein, ihre Wahrnehmungs- und Beurteilungsroutinen anpassen oder weiterentwickeln, ihre Innovationsfähigkeiten verbessern und sich – nicht zuletzt – eine neue Philosophie der Kontrolle und Steuerung erarbeiten. „If you don't manage issues, issues will manage you", hat vor 30 Jahren der US-amerikanische Kommunikationsforscher Robert L. Heath (Heath & Nelson 1986, 9) gesagt. Heute wird man dieses vielzitierte Statement vielleicht als optimistisch einstufen, da die meisten Issues inzwischen weitaus komplexer formatiert, von einer extrem heterogenen Dynamik gekennzeichnet und im heroischen Sinne schlicht nicht zu managen sind. Was aber wäre die Alternative? In der ING-DiBa lässt sich eine pragmatische Unternehmenskultur beobachten, die sich dezidiert den Herausforderungen stellt, die Experimente nicht scheut, die aber ebenso gelassen an Bewährtem festhält.

2 Eine kognitive Technologie

In Organisationen ist das Thema Steuerung komplex, quasi eine evolutionäre Entwicklung. Die beiden idealtypischen Pole dieser Entwicklung, die sich natürlich immer individuell ausprägen, sind Selbststeuerung und Kontextsteuerung. Und es ließe sich trefflich darüber philosophieren, ob der Grad des Erfolges einer Organisation vom Grad ihrer Fähigkeit, sich selbst zu steuern, determiniert wird. Jedenfalls dürfte es eine weit verbreitete Wunschvorstellung von Unternehmertum und Unternehmensführung sein, so weit wie möglich die Organisation selbst zu steuern. Wenn man dem folgt, ergeben sich zwei wesentliche Fragen oder Dilemmata, je nachdem: 1. Wer oder was steuert? Und 2. Welches übergeordnete Ziel oder welches Bündel an Zielen verifiziert oder falsifiziert den Erfolg der Steuerung in der Zukunft? Auf die Kommunikation übertragen heißen die Fragen: Wer oder was kommuniziert? Und welche Themen müssen wie und wo kommuniziert werden, um von einem Erfolg sprechen zu können? Ist in einer Organisation bereits alles vorhanden, um erfolgreich zu kommunizieren? Oder ist das Innere der Organisation immer schon von kontextuellen Steuerungsimpulsen durchwebt, seien es die von Beratern, Partnern oder sogar Kunden? Mit diesen Fragen bewusst und konstruktiv umzugehen, gehört auch zur modernen Unternehmenskommunikation.

Unter Themenmanagement versteht man im Allgemeinen die geplante und systematische Recherche, Bewertung, Aufbereitung und Verwertung von Themen im Rahmen der Kommunikationsarbeit. Im Mittelpunkt steht dabei stets die Frage, welche Inhalte eines Unternehmens so interessant sein könnten, dass sie von gewünschten Zielgruppen bemerkt und aufgenommen werden. Das ist kein Selbstzweck, sondern dient höherer Bekanntheit, positiver Reputation, höherer Transparenz oder einer stärkeren Nachfrage nach den Organisationsleistungen. Im Kern dieser Bemühungen stehen „Texte" vielfältigster Art. Man kann diese Texte als Werkzeuge betrachten, als „soziale Werkzeuge", die jederzeit für einen bestimmten Anlass passend neu hergestellt werden: für Presseinformationen, Vorstandsreden, Werbung oder Webportale. Diese Texte werden nicht aus dem Nichts neu erfunden, sie haben Vorbilder oder sie werden nach Mustern gemacht. Der Slogan „form follows function", der ursprünglich auf Hochhäuser und Stühle angewendet wurde, gilt in besonderer Weise auch für Texte.

Der Sprachphilosoph Marcelo Dascal (2002) bezeichnete die Sprache einmal als eine „kognitive Technologie". Dies könnte man a fortiori von Texten sagen: Sie sind Werkzeuge zur Wissensgenerierung, Wissensorganisation, Wissensakkumulation und Wissensvermittlung. Und so wie Menschen heute lernen müssen, mit den Technologien der digitalen Gesellschaft zu leben, deren sinn- und verantwortungsvolle Nutzung zu üben und idealerweise zu verstehen, so müssen Unternehmen lernen, mit der Sprache dieser digitalen Gesellschaft umzugehen, ihre „kognitive Technologie" zu verstehen und für sich nutzbar zu machen.

Dies vorausgesetzt, besteht eine der wesentlichen Aufgaben der Unternehmenskommunikation darin, das Unternehmen von einer abwehrenden zu einer aufgeschlossenen Haltung gegenüber der Gesellschaft zu bewegen, Stakeholder etwa nicht als Risiken, sondern als Potentialträger zu sehen. Dazu sollten drei Bedingungen erfüllt sein: (1) eine offene, wissbegierige und von Feedbackprozessen geprägte Beziehung zum Umfeld, (2) gut ausgestattete und effektive Mechanismen, um wahrzunehmen, zu analysieren und zu interpretieren, was vor sich geht, und (3) eine Unternehmenskultur, die empfänglich ist für frühe Anzeichen von Bedrohungen und Chancen. In der ING-DiBa ist eine solche Kultur entstanden, auch wenn sie immer wieder und immer weiter entwickelt werden muss. Zweifellos hat sich diese Kultur von Anfang der 2000er Jahre bis heute deutlich verändert, aber im Kern folgt die Bank einem eindeutigen Wertekanon und einer stringenten Geschäftsphilosophie. Was sich verändert hat, ist die Komplexität der kommunikativen Inhalte und Kanäle, der Verflechtungen und Synergien, der Interaktivität und des Dialogs.

3 Tradition und Innovation

In diesem Zusammenhang fällt einem strategischen Kommunikations-Controlling die anspruchsvolle Aufgabe zu, einerseits Instrumente zur Förderung der Transparenz und Planung beziehungsweise der integrierten Kommunikation zur Verfügung zu stellen, andererseits, den Beitrag der Kommunikation nachweisbar zu machen und aufzuzeigen, wo intern und extern strategisches Optimierungspotenzial bei der Positionierung und Verankerung z. B. der Werte oder strategischen Kernbotschaften besteht. Zu diesem Zweck gibt es ein auf die Bank zugeschnittenes Kennzahlensystem, das bei Justierungen und Interventionen nützlich ist (in Anlehnung an das Wirkungsstufenmodell von Ansgar Zerfaß (2009)). Die Kommunikationskultur der Bank ist allerdings so beschaffen, dass sie in erster Linie pragmatisch, extemporär und auf Individualität ausgelegt ist und deswegen Kennzahlensysteme nachrangig nutzt. Deswegen fokussieren die folgenden Beispiele für das Themenmanagement der ING-DiBa auch die neueren Themen und Tools der Bank.

Gleichzeitig sei aber deutlich gemacht, dass die Kommunikation, die in den letzten 10 Jahren zum großen Erfolg der ING-DiBa beigetragen hat, immer noch eine zentrale Rolle spielt. Nach wie vor stehen Verbraucherthemen im Mittelpunkt des Themenspektrums, denn sie korrespondieren mit den Grundsätzen des Geschäftsmodells. Prominentestes Beispiel ist der Helmut Schmidt Journalistenpreis, der seit 20 Jahren auf hohem Niveau den Verbraucher- bzw. Wirtschaftsjournalismus fördert. Über dieses Instrument werden prägnante Themen platziert, was in Zukunft – auch motiviert durch den Tod des großen Namensgebers – zum Teil auf neuen Wegen unternommen werden muss. Der Preis vereint kommunikative Aufgaben auf ideale Weise: er steigert nachhaltig die Reputation und Bekanntheit, ist eine hervorragende Basis für Networking, generiert Themen und Wissen im Allgemeinen. In Zukunft wird sich zeigen, wie solch ein klassisches Instrument effektiv mit den Möglichkeiten digitaler Kommunikation optimiert werden kann.

Ähnliches gilt im Übrigen für das Thema Evaluation. Seit vielen Jahren bedient sich die Bank intern des Instruments *Great Place to Work*, einer umfassenden Befragung aller Mitarbeiter. Sie ist fester Bestandteil der Unternehmenskultur und nicht zuletzt ein wichtiger Themengenerator. Ähnliches gilt für die jährliche Führungskräftekonferenz, die u. a. genutzt wird, um Themen abzufragen, zu testen, zu diskutieren, durch externes Feedback kommentieren zu lassen und generell das Feedback der Führungskräfte einzuholen. Solche Evaluationsmöglichkeiten haben sich bewährt, andere kommen hinzu. Beispielsweise der *RepTrak*, ein Reputationscontrolling für die gesamte ING Group, das auch für die ING-DiBa genutzt wird. Quartalsweise stellt hier das Reputation Institute Ergebnisse zur Verfügung, die den Horizont der „lokalen" Kommunikation zu erweitern helfen: Reputationsthemen im internationalen Vergleich, Trends, Wissenstransfer und Learnings. Die Ergebnisse, auch die für den deutschen Markt, werden in eine „Reputation Journey" eingeordnet und so Bestandteil eines nachhaltigen Issues Managements.

Zugleich erlaubt dies eine fundierte und effiziente Synergie mit den etablierten internen Kommunikationsroutinen: Ein Communication Board vernetzt die Bereiche der Bank, eine interne Strategieberatung bietet übergreifenden Service für alle Abteilungen, stellt Kanäle und Kontakte zur Verfügung, ein Redaktionsteam recherchiert und realisiert Themen. Diese Tools der Unternehmenskommunikation profitieren von den klassischen ebenso wie von den neuen Evaluations- und Controllingmöglichkeiten – andere werden in Zukunft zu integrieren sein.

4 Themen und Tools

Vor gut zwei Jahren packte die Bank ein heißes Eisen an, ein Tabuthema. In der „Welt" vom 14. 2. 2014 hieß es: „Die ING-DiBa streicht als erste Großbank in Deutschland den Überziehungszins für Girokonten. Wer den vereinbarten Rahmen für die Überziehung seines Kontos überschreite, zahle ab sofort nicht mehr als den normalen Dispozins, kündigte ING-DiBa-Chef Roland Boekhout am Freitag in Frankfurt an". Die Nachricht, im Rahmen der Bilanzpressekonferenz kommentiert, brachte der Bank eine enorme Resonanz in den Medien. Das Thema war intern lange diskutiert und vorbereitet worden, Meinungen aus Politik und Umfeld wurden eingeholt. Ausschlaggebend war, dass das Thema perfekt zur Geschäftspolitik und -kultur passte, zumal die Bank bereits in der Vergangenheit gute Erfahrungen mit einer solchen Themensetzung gemacht hatte (z. B. der „Beipackzettel"). Und nicht nur Kunden und Medien waren erfreut: „Die Direktbank ING-DiBa erfüllt eine Forderung von Politik und Verbraucherschützern und verschickt künftig „Warnbriefe" an Kunden, die einen teuren

Dispokredit in Anspruch nehmen. Statt des teuren Dispos sollen den Kunden Alternativen angeboten werden (FOCUS, 22. 8. 2014)." Dass solche Themen, die eine starke positive Resonanz praktisch aller Stakeholder bewirken, nicht häufig zu generieren sind, liegt auf der Hand.

Ein anderes Beispiel: Die Kontoführungsgebühr ist die unbeliebteste Bankgebühr der Deutschen. Auf die Frage „Welche Bankgebühren ärgern Sie am meisten?", nennen 38 Prozent die Kontoführungsgebühren. Für jeden vierten Deutschen sind Geldautomatengebühren das größte Ärgernis. Diese fallen für Abhebungen an Automaten an, die nicht zur eigenen Bank beziehungsweise zum Geldautomatenverbund gehören. Den dritten Platz belegen die Überziehungszinsen für das Girokonto, die 22 Prozent der Befragten am meisten verärgern. Das war das Ergebnis einer repräsentativen Studie im Jahr 2014, die das Marktforschungsunternehmen GfK im Auftrag der ING-DiBa durchgeführt hatte. Auf die Frage „Was genau empfinden Sie, wenn Sie Gebühren am Automaten bezahlen müssen" antwortete zwei Drittel aller Befragten (66 Prozent), dass sie sich sehr darüber ärgern. Nichtdestotrotz nutzt jeder zweite Deutsche mindestens einmal im Monat einen fremden Automaten, um mit seiner girocard, ehemals ec-Karte, Geld abzuheben. Über die Hälfte der Befragten schätzt die durchschnittliche Höhe der Geldautomatengebühr auf 2 bis 5 Euro, jeder Sechste sogar zwischen 5 und 10 Euro. Eine Auswertung der ING-DiBa zeigte, dass diese Schätzung keinesfalls zu hoch ist. Tatsächlich kann je nach Bank oder Sparkasse die Gebühr für das Geldabheben am Automaten bis zu 10 Euro betragen (Download der Studie unter www.ing-diba.de/studien). Das Format „Studie" nutzt die Bank gern und erfolgreich (siehe Studien zu Themen wie Zukunft oder ehrenamtliches Engagement). Die Studienergebnisse haben einen hohen Neutralitätswert und werden in der öffentlichen Diskussion umfangreich aufgenommen. Die Aufgabe der Bank besteht darin, relevante Themen zu finden und mit den entsprechenden Partnern zu klugen Studiendesigns zu „konfektionieren".

Eine ähnliche Funktion übernimmt das Medium „Buch". Es bietet substantielle und zielgerichtete Diskussionsbeiträge zumeist für ein Fachpublikum und schafft einen nachhaltigen Beitrag zu den Kernthemen eines Unternehmens. Einige Beispiele: Das Buch *Risikofaktor Social Web* (Kinter & Ott 2014) befasst sich mit den neuen Kommunikationsherausforderungen der digitalen Medien. „Wie ist der Status quo in Sachen Social Media bei deutschen Finanzdienstleistern? Wie haben sie sich organisiert, welche Instrumente und Prozesse kommen zum Einsatz, welche Philosophien liegen der Beschäftigung mit dem Social Web zugrunde und schließlich – welche Erfahrungen wurden gemacht?" Rund 30 Banken wurden gebeten zu berichten, was sich durch das Social Web verändert hat: der Blick auf das Thema Reputation, die Zielgruppen, die Methoden, die Strategie? Das Ergebnis: „Wer lernt, die (Bild-)Sprache des Social Web zu sprechen, kann positive Change-Prozesse, nicht zuletzt in der eigenen Organisation, initiieren. Transparenz muss man sich leisten können: Schein hat angesichts fluider Kommunikationsprozesse schwindende Chancen. Das sind positive Botschaften! Das Social Web verändert das Reputationsmanagement insofern, weil sich die

Kommunikation mit den Stakeholdern intensiviert, vervielfältigt. Es verändert aber auch die, die es betreiben" (ebd. 14). Auf einer Konferenz im Jahr 2014, zusammen mit der Issues Management Gesellschaft (IMAGE) Deutschland e. V. veranstaltet, wurden dann diese Themen u. a. mit den Autoren des Buches weiter vertieft.

Risikofaktor Social Web war nicht das erste erfolgreiche Buchprojekt. Bereits mit *Führungskräftekommunikation* (Kinter et al. 2009) konnte ein für die Bank wichtiges Kommunikationsthema besetzt und gestaltet werden. Das Instrument „Buch" hat dabei u. a. die Vorteile, dass es seriös und anerkannt ist, eine breite und zugleich fundierte Behandlung des Themas erlaubt, vor allem in Kombination mit einer korrespondierenden Konferenz eine ausgezeichnete Networking-Plattform darstellt und Wissen nachhaltig verfügbar macht.

Eine ganz andere Form der Themensetzung findet durch Carsten Brzeski, Chefvolkswirt der ING-DiBa, statt. Er äußert sich kurz und prägnant zu aktuellen volkswirtschaftlichen Entwicklungen und Ereignissen, den konjunkturellen Entwicklungen in Deutschland und Europa, Entscheidungen der Zentralbanken sowie Trends an den internationalen Finanzmärkten. Die Form, die für seine Arbeit gewählt wurde, ist die eines Blogs, der auf der Homepage der Bank zu finden ist (www.ing-diba.de/ueber-uns/presse/carsten-brzeskis-blog/). So können Aktualität, seriöser Auftritt und kommunikative Synergien gleichzeitig erreicht werden. Nicht untypisch für Volkswirte finden sich unter den Beiträgen Carsten Brzeskis auch Textformen, die das Zeug haben, einen Leserstamm zu etablieren. Zur Adventszeit konnte man den Artikel *Zu wahr, um lustig zu sein?* finden, der mit der Warnung versehen war: „Vorsicht, dieser Beitrag enthält Satire."

Das Format des Blogs nutzt die Bank noch an anderer Stelle. Seit drei Jahren bietet die ING-DiBa allen Interessierten den Wissenswert-Blog. Dabei handelt es sich um eine Informationsplattform rund um das Thema Finanzen. Die dort publizierten Artikel werden monatlich rund 400.000-mal aufgerufen. Rund 25.000 Nutzer interagieren mit der Bank, auf Facebook sehen etwa 550.000 Personen die Beiträge der ING-DiBa. 1. Platz des Interesses 2015 war das Thema Sicherheit – ein Jahr zuvor waren es noch die Steuern. Grundidee des Blogs ist es, Unternehmensbotschaften und redaktionelle Inhalte dort zu platzieren, wo Menschen Zeit und Lust haben, etwas zu lesen oder sich ein Thema genauer anzusehen. Auch als Gesprächseinstieg bei den Vertriebspartnern der Bank, etwa in der Immobilienfinanzierung, funktioniert das Instrument gut. Die Inhalte der Blogs können über die Facebook-Wall der ING-DiBa abonniert oder via Social Share-Buttons auf Facebook, Twitter & Co. geteilt werden. Das Redaktionsteam, das den Blog realisiert, setzt sich aus Mitarbeitern der Unternehmenskommunikation und des Marketing zusammen. Die Themen werden gemeinsam bestimmt.

Neue geeignete Social Media-Kanäle werden darüber hinaus beständig überprüft, momentan wird ein Engagement auf Instagram getestet. Der Nutzen? Reputation und Markenwahrnehmung werden erhöht, Sympathiepunkte erworben, die unter Umständen in einer Krise das Zünglein an der Waage sein können. Übrigens: Mitarbeiter und Führungskräfte der Bank werden explizit ermuntert, mitzumachen. Das Social

Web ist ein Bestandteil der Unternehmenskultur. Einzige Einschränkung: Wie auch im öffentlichen Leben werden bestimmte Benimmregeln erwartet, die Social Media-Guidelines der Bank werden deswegen an alle kommuniziert.

Natürlich gehören auch „klassische" Medien zum Repertoire der Bank. Die jüngst ausgezeichnete Mitarbeiterzeitschrift *Du* etwa, ist nach wie vor als Printausgabe erhältlich, ist aber auch online für alle zugänglich. Der DPRG-Wettbewerb für Medien der Internen Kommunikation, der inkom. Grand Prix 2015, lobte explizit dieses Detail:

Die *Du* ist als frei zugängliche Online-Ausgabe ein Beweis, dass die Erweiterung der klassischen Zielgruppe funktioniert, wenn man auch bei digitalen Medien auf redaktionelle Qualität und ein attraktives Layout setzt. Mit der *Du* erreicht die ING-DiBa Leser, die sich weder für volkswirtschaftliche Thesen noch Branchennachrichten interessieren, die aber über den „menschlichen Faktor" angesprochen werden können. Zugleich bietet sich der Bank, die als Tochtergesellschaft der holländischen ING Group ein Interesse daran hat, von der Muttergesellschaft positiv wahrgenommen zu werden, die Gelegenheit, gute Stories auch bei dieser zu platzieren. Beispiel: In der Zeitschrift *ING-World* findet sich 2015 eine Geschichte zum Jubiläum der Bank, „The ING-DiBa miracle!". Dort heißt es: „The growth of ING-DiBa has been one of the financial industry's great success stories. Starting as *Bank für Sparanlagen und Vermögensbildung* (BSV) in Frankfurt in 1965, the small union bank for employees has grown to Germany's third largest and most popular bank."

5 Neue Wege

Die Zusammenarbeit mit dem Marketingbereich eröffnet der Unternehmenskommunikation häufig interessante Möglichkeiten, ihre Routinen auf neue Wege zu bringen. Ein Beispiel ist das Layer-Management. Die Komponente, die aus Kommunikationssicht besticht, ist das sozusagen „doppelte" Ansprechen real time. Wenn etwa ein Kunde das Onlinebanking nutzt, erlaubt das Layer-Management eine Real time-Intervention. So entsteht ein „doppelter" Dialog mit dem Kunden, der einerseits durch eine Kommunikationsplattform bereits mit der Bank verbunden ist, andererseits parallel zu diesem Dialog aus einem weiteren „Fenster" heraus angesprochen wird. Ist so etwas in anderer Form auch z. B. in der Pressearbeit möglich oder im CSR-Bereich?

Die direkte Kommunikation, die Interaktion mit Kunden, ist in einer digitalen Welt einem fundamentalen Wandel unterworfen. Denn klassische Kontaktkanäle von Banken – seien es Filialen, Telefon oder der schriftliche, papierhafte Dialog – werden zunehmend durch digitale Kanäle ergänzt oder gar abgelöst. Dabei sind längst nicht nur die Transaktionsabwicklung, sondern auch Service, CRM-Programme und Kundenbindung Teil der digitalen Transformation geworden. Zweifellos betrifft das nicht nur die Kundenkommunikation. Die ING-DiBa steht also vor der Herausforderung, Kommunikation mit ihren Kunden (und letztlich mit allen Stakeholdern) dort stattfinden zu lassen, wo sie die Bank erleben – in der digitalen Welt. Der digitale Wandel ist somit Voraussetzung für modern interpretierte Kunden- respektive Stakeholdernähe. Möglich ist das bereits: In technologischer Hinsicht bietet die Nutzung modernster Big Data-Technologien Möglichkeiten, mit Millionen von Menschen in Echtzeit präzise und effizient digital kommunizieren zu können. Und wenn man bedenkt, dass die Bedeutung gedruckter Mailings seit Jahren schwindet, bleibt nur der Schluss, dass die „digitalen" Kontakte stark zunehmen müssen. Die wachsende Nutzung mobiler Geräte beschleunigt diesen Effekt zusätzlich. Digitale Kontakte finden jederzeit und überall statt, unzählige Menschen initiieren sie permanent. Also muss die Unternehmenskommunikation ebenfalls initiativ werden. Und die Frage ist: Wie verändert dieses Szenario das Themenmanagement?

6 Social Media und Gamification

Mit der Aktion *DiBaDu und Dein Verein* nutzt die Bank sehr erfolgreich die Social Media. Das interne Corporate Volunteering-Programm *We Care* wurde dabei auf die Öffentlichkeit übertragen. Mit *We Care* inspiriert die Bank seit sieben Jahren ihre Mitarbeiter, sich sozial zu engagieren. Die Aktion kombiniert Sponsoring – es wurde eine Million Euro Spendengeld bereitgestellt, das an 1.000 Vereine verteilt wird – mit Social Media-Aktivität, externer mit interner Kommunikation. Der „User Generated Process" läuft ausschließlich im Internet ab, die Bank stellt lediglich die Rahmenbedingungen und die Anmeldeplattform. Der Auswahlprozess, welche Vereine eine Spende von 1.000 Euro erhalten sollen, wird der Eigendynamik und dem Engagement der Teilnehmer überlassen. Ein entscheidender Erfolgsfaktor ist der völlige Verzicht auf akquisebasierte Aktivitäten, klassische Werbung oder Produktkommunikation. Neben starker Medienaufmerksamkeit und einem Reputationsgewinn sprechen die Zahlen eine deutliche Sprache: Bei der ersten Aktion meldeten sich 19.329 Vereine, 17,5 Millionen Stimmen wurden abgegeben. Allein der enorme „Traffic" auf der Bank-Homepage, der zeitweise um 40 Prozent zulegte, war die Investition wert. Auf Facebook klickten 55.000 Menschen den Button „Gefällt mir" an, bei den Google-Suchergebnissen zeigte sich ein ähnlich gutes Ergebnis. 97 Prozent der Teilnehmer bewerteten die Aktion positiv oder neutral. Insgesamt gehört diese Aktion in die Palette an Experimenten mit digitalen Kommunikationsformen, kommunikationsstrategisch sind damit aber noch diverse andere Intentionen verknüpft: Vereine als Reputationsmultiplikatoren, Erschließung neuer Zielgruppen oder Verknüpfung interner und externer CSR.

Dem Spagat von interner und externer Themensetzung ist auch die folgende Initiative gewidmet. In 2014 hat sich die ING eine neue Strategie verordnet, die helfen soll, den Herausforderungen der Zukunft erfolgreich zu begegnen. CEO Roland Boekhout ist der Überzeugung, dass „ein Geldinstitut, das auf Filialen verzichtet, nur funktioniert, wenn es informations- und kommunikationstechnologisch stets ‚state of the art' ist". Digitalisierung wird nicht als Bedrohung, sondern als Chance verstanden. Die Kommunikation dieser neuen Strategie erfolgt nach innen und außen, unmittelbar und permanent betrifft sie die Mitarbeiter und Führungskräfte der Bank. Ihre Motivation ist gefragt, ihr Wille zur Weiterentwicklung, zu größerer Selbstständigkeit, zu mehr Verantwortung. Wie kann man diesen Prozess am besten begleiten und steuern? Welche Möglichkeiten haben Personal- und Kommunikationsabteilungen, die Herausforderungen als Chance, ja vielleicht sogar als eine spannende Reise zu vermitteln? Mitarbeiterzufriedenheit, so die Überzeugung der ING-DiBa, ist die Basis von Kundenzufriedenheit. Ein gutes Arbeitsklima ist mitentscheidend für den Geschäftserfolg. Wer Digital Leadership will, muss zuvor führend sein als Arbeitgeber. Denn alles Digitale basiert auf Analogem, auf Menschen.

Mit den Möglichkeiten der Gamification zielt die Bank ganz bewusst auf eine emotionale Vermittlung eigentlich staubtrockener Inhalte: „Happy Banking" (der Slogan zum 50. Geburtstag 2015). Durch einen Gemeinschaftsprozess soll strategische Gemeinsamkeit entstehen. Die ING-DiBa nutzt die Möglichkeiten der Gamification nicht zufällig. Seit vielen Jahren hat die Bank Erfahrungen mit dem Einsatz von spielerischen Elementen in der Unternehmenskommunikation gesammelt, insbesondere auf der jährlichen Führungskräftekonferenz, aber auch in den Geschäftsbereichen. Eine Affinität bei den Beschäftigten konnte deswegen durchaus vorausgesetzt werden. Das Spiel hat einen ernsten Hintergrund: die Vermittlung der neuen Strategie. Es besteht nur eine kurze Distanz zwischen dem, was man spielt und dem, was man täglich tut. Drei Figuren begleiten die Spieler auf ihrer „Orange Mission": Inga, die Pionierin, Ingo der Macher sowie Leo, seines Zeichens nicht nur wichtiger Bestandteil des ING-Logos, sondern auch versierter Teamplayer.

Sie spiegeln nicht nur strategische Ziele, sondern vor allem neue Werte und Verhaltensweisen. Allen Teams werden „Mission Guides" zur Verfügung gestellt, ausgewachsene Handbücher, die über Funktion, Inhalte, Aufgaben und Ziele der „Orange Mission" informieren. Aus dem Vorwort: „Liebes Crew-Mitglied, unser Wettbewerb wird stärker, die Digitalisierung nimmt zu und die Kundenbedürfnisse verändern sich. Wir wollen unsere Kunden zukünftig noch besser verstehen und ihnen einfache Lösungen anbieten. Banking soll Spaß machen! Und natürlich haben wir bei der ING-DiBa einen genauen Plan, wie wir das erreichen. Let's get ready for take off!" Alle Führungsebenen inklusive Vorstand spielen sichtbar mit, posten ihre Ergebnisse im Intranet-Blog (siehe Abbildung 2). Keine Top-down-Kaskade, sondern hierarchiefreies Spielen, gleichzeitiges Agieren und Austauschen, kurz: moderne Führungspraxis. Vieles in unserer heutigen Gesellschaft hat den Charakter des Spiels, mit dessen Format sind wir vertraut. Es ist deswegen ein erfolgversprechender Ansatz, dieses Format für das Themenmanagement einzusetzen.

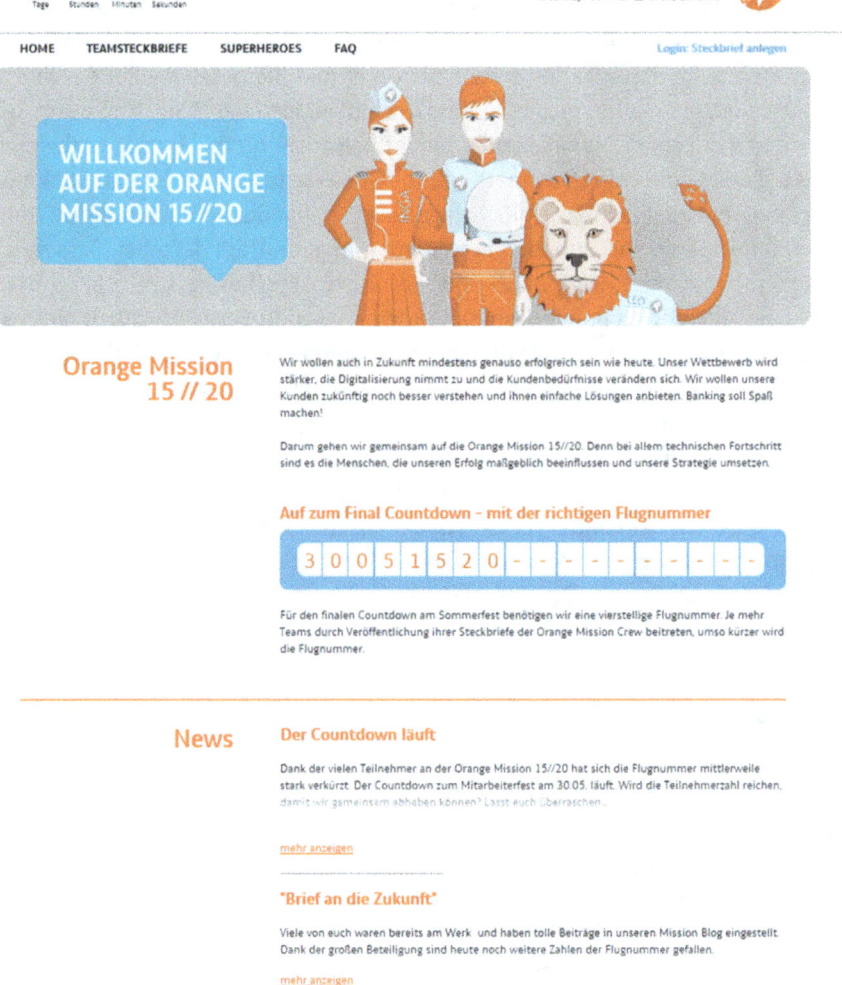

Abb. 2: Im Orange Mission Blog finden die Mitarbeiter News und dokumentieren ihre Team-Ergebnisse (Quelle: ING-DiBa)

7 Ausblick: Unternehmen als Leitmedien?

Können Unternehmen die Funktion von Leitmedien übernehmen? Wohl eher nicht, vermutlich ist das auch nicht wünschenswert. Auch wenn man partiell, für spezielle Themen und eine gewisse Zeit den Eindruck gewinnen könnte, man denke an das Thema Mobilität und die Autoindustrie. Realistisch ist, dass Unternehmen sinnvoll, treibend und durchaus auch innovativ in die Diskussionen eingreifen. Das liegt auch in ihrem eigenen Interesse, denn ihre Interessen sind ein Teil der Interessen der Gesellschaft. Wenn der CEO der ING-DiBa seine Keynote auf der jährlichen Bilanzpressekonferenz hält, dann spielen Themen wie der Breitbandausbau in Deutschland oder die elektronische Kommunikation zwischen Bürger und Behörde eine Rolle – weil diese Themen auch eine Rolle spielen für das Geschäftsmodell der Bank. Und wenn Roland Boekhout das Thema Digitalisierung forciert („Es geht nicht darum, wer die meisten Apps auf den Markt bringt, sondern wer die Prozesse insgesamt für den Bankkunden so schnell und angenehm wie möglich gestaltet."), hat das eine Wirkung auf Branche und Öffentlichkeit. Die Unternehmenskommunikation trägt dazu bei, dass dies zielgerichtet, substantiell, zeitgemäß und attraktiv geschehen kann. Ihr muss bewusst sein, dass in einer digitalen Gesellschaft jedes Agenda Setting letztlich ein Agenda Sharing ist. Und dass der Erfolg der Kommunikation ganz wesentlich davon abhängt, wie gut diese „polyphone" und postheroische Kommunikation mit begrenztem Steuerungsanspruch funktioniert. Diesen Erkenntnissen muss intern noch mehr Präsenz zugewiesen werden und extern mehr Varianz. Im Kern bleiben die Ziele allerdings unverändert: „Wenn man die Aufgabe ernst nimmt, für den Kunden ein möglichst transparenter, berechenbarer und verständlicher Geschäftspartner zu sein, muss man alles tun, um den Kunden zu informieren und in die Lage zu versetzen, sein eigenes fundiertes Urteil zu bilden." (Ott 2009: 168 f.)

Literatur

Dascal, M. (2002). Language as a cognitive technology. *International Journal of Cognition and Technology 1*, 35–61.
Heath, R. L., & Nelson, R. A. (1986). *Issues management: Corporate policy making in an information society*. Beverly Hills, CA: Sage.
ING-Diba schafft als erste Bank Überziehungszins ab. (14. 02. 2014). Die Welt.
ING-Diba führt „Dispo-Warnbrief" ein. (22. 08. 2014). FOCUS.
Kinter, A., & Ott, U. (Hrsg.). (2014). *Risikofaktor Social Web: Reputationsrisiken und -chancen managen*. Köln: Bank-Verlag.
Kinter, A. et al. (2009). *Führungskräftekommunikation: Grundlagen, Instrumente, Erfolgsfaktoren: Das Umsetzungsbuch*. Frankfurt a. M.: Frankfurter Allgemeine Buch.
Ott, U. (2009). Ist der Kunde ein Issue? In M. Kuhn, A. Kinter & G. Kalt (Hrsg.), *Strategisches Issues Management: Vom erfolgreichen Umgang mit Krisen und Profilierungsthemen. Konzepte – Implikationen – Best Practices* (S. 165–172). Frankfurt a.M.: Frankfurter Allgemeine Buch.
The ING-DiBa Miracle (2015). *ING-World*. Abgerufen von https://ingworld.ing.com/en/2015-2Q/3-diba-celebrates-anniversary
Zerfaß, A. (2007). Unternehmenskommunikation und Kommunikationsmanagement: Grundlagen, Wertschöpfung, Reputation. In: M. Piwinger & A. Zerfaß (Hrsg.), *Handbuch Unternehmenskommunikation* (S. 21–70). Wiesbaden: Gabler.
Zerfaß, A. (2013). *Unternehmensführung und Öffentlichkeitsarbeit: Grundlegung einerTheorie der Unternehmenskommunikation und Public Relations*. Wiesbaden: Springer.

Michael Schlechtriem
Unternehmenskommunikation als Treiber der Digitalisierung

1 Einführung: Digitalisierung als Megatrend und Einflussfaktor

Die digitale Transformation ist für die Unternehmenskommunikation Herausforderung und Chance zugleich. In einem gewandelten Mediensystem muss sie sich neu finden – oder selbstbewusster formuliert: sich neu erfinden. Zwar gab es Veränderungen auch schon vorher, schließlich haben sich die Massenmedien seit jeher kontinuierlich entwickelt. Das Besondere an der Digitalisierung sind jedoch sowohl das Tempo als auch die Radikalität der Veränderung – Endpunkt ungewiss. Doch was sind die Konsequenzen von diesem Megatrend – vor allem für ein Unternehmen aus der Telekommunikationsbranche, das nicht nur darauf reagieren, sondern eine aktive, gestaltende Rolle einnehmen möchte? Und inwiefern kann die Unternehmenskommunikation diesen Anspruch in ihre Funktion übersetzen und so selbst zu einem Treiber des digitalen Wandels werden? Hierauf will der vorliegende Beitrag am Beispiel der Deutschen Telekom AG Antworten geben.

Durch die Digitalisierung ist Veränderung zum neuen Normalzustand geworden. Denn alles, was sich potenziell digitalisieren lässt, wird auch digitalisiert werden. Die Digitalisierung ist allumfassend, gleiches gilt für die Vernetzung, die sie mit sich bringt. Kleidungsstücke werden mit Chips versehen und so zu intelligenten Begleitern im Alltag; eine Uhr zu einem Fitnessarmband, das die Gesundheit seines Trägers optimieren hilft; Stromnetze, ausgestattet mit Smart Meter, ermöglichen eine noch nie dagewesene Effizienz. An diesen Beispielen zeigen sich die beiden wesentlichen Technologietrends, die die digitale Transformation auszeichnen. Sie lauten: Konvergenz und Virtualisierung. Die damit verbundenen wirtschaftlichen Begleiterscheinungen sind weitreichend: Die Umwelt, in der Unternehmen agieren, wird zusehends „VUKA" (volatil, unsicher, komplex und ambivalent) und insofern immer schwerer einzuschätzen. Früher an einen festen Ort gebunden, lässt sich Arbeit nun ortsungebunden organisieren. Gleichzeitig werden starre Hierarchiemodelle in Frage gestellt, Mensch und Maschine rücken näher zusammen.

2 Die „Leading Telco"-Strategie der Telekom als Antwort auf die Digitalisierung

Die Digitalisierung betrifft alle Branchen, in erster Linie aber die der Telekommunikation – und das gleich in doppelter Hinsicht: Wie Unternehmen in anderen Wirtschaftsbereichen müssen Telekommunikationsanbieter darauf reagieren, weil auch ihre Geschäftsmodelle herausgefordert sind. Darüber hinaus fällt die Digitalisierung quasi in ihr Geschäft, insofern sie die Infrastruktur für die Digitalisierung zur Verfügung stellen: Ob nun Investitionen in schnelle Netze, der Ausbau von Cloud Computing oder das gesellschaftlich höchst sensible Thema Datensicherheit – es stellt sich mit Nachdruck die Frage, ob Telekommunikationsunternehmen Teil der Probleme sind, welche die Digitalisierung mit sich bringt, oder aber ob und welche Lösungen sie anzubieten haben. Die Telekom hat sich die zweite Option zur Maßgabe gemacht.

Die branchenspezifische Ausgangslage ist dabei alles andere als ideal. So geht von den Regulierungsvorhaben auf europäischer Ebene ein großer Druck auf die Erlösmodelle der Telekommunikationsbranche aus. Investitionen werden schwieriger, nicht zuletzt deshalb, weil die Wettbewerbssituation sich verschärft und der Markt sich konsolidiert. Zugleich verschieben sich die Profit-Pools angesichts des wirtschaftlichen Erfolgs von so genannten Over-The-Top-Playern (OTT). Unternehmen wie Google, Apple, Facebook und Microsoft fordern zwar schnelle Netze und profitieren von ihnen, zu ihrer Finanzierung tragen sie jedoch wenig bei. Im Zuge dessen wandeln sich die Rahmenbedingungen der Telekommunikationsbranche, während Innovationen vornehmlich aus den USA oder aus dem asiatischen Raum kommen. „Europe is falling behind" – so beurteilte Timotheus Höttges, Vorstandsvorsitzender der Telekom, des Öfteren die aktuelle Situation: kritisch, mahnend und doch mit der Aufforderung verbunden, die Digitalisierung als Chance und weniger als Risiko zu begreifen.

Ausgehend von dieser Perspektive wurde die neue strategische Ausrichtung der Telekom entwickelt. Ihr Titel verweist bereits auf die Zielvorgabe: „Leading European Telco". Damit gekoppelt ist der selbst gesetzte Anspruch der Telekom, zum führenden integrierten Anbieter von Telekommunikationsdiensten in Europa aufzusteigen. Daher werden in der Unternehmensstrategie vier strategische, marktbezogene Schwerpunktthemen identifiziert:

- der Ausbau integrierter Netze,
- die Begeisterung der Kunden durch exzellenten Service,
- die Erweiterung des Leistungsspektrums durch innovative Dienste über neue Partnerschaften und
- die Stärkung des Angebots für Geschäftskunden.

Nach ihnen richtet sich das unternehmerische Handeln der Telekom maßgeblich aus und in einem zweiten Schritt auch die Wahrnehmung bei ihren Kunden. Zudem beschreibt die Strategie unternehmensbezogene, sogenannte „funktionale Themen", also Herausforderungen, denen sich die Telekom stellen muss, um die angestrebte Führungsrolle in ihrer Branche zu erreichen. Diese umfassen die Transformation des Portfolios, die Verbesserung der Effizienz sowie den Ausbau von Führungskompetenz und Leistungsorientierung im Unternehmen.

Diese strategischen Zielvorgaben sind nicht allein wirtschaftlich zu denken. Für die Telekom ist damit vor allem auch ihre Verantwortung gegenüber einer digitalen Gesellschaft verbunden. Denn bei der digitalen Transformation geht es für einen Telekommunikationsanbieter um weit mehr als um die Erträge aus der Nutzung seiner Netze. Vielmehr stehen Vertrauen und Verlässlichkeit im Vordergrund. Aus diesem Grund will die Telekom bei der digitalen Transformation für die Kunden ein innovativer, vertrauenswürdiger Begleiter in allen Lebenslagen sein und sich als Unternehmen aktiv in die gesellschaftliche Debatten einbringen bzw. den Diskurs anstoßen.

3 Die digitale Transformation strategisch, taktisch und operativ gestalten

Dieses Selbstverständnis der Telekom gibt den Rahmen für die Unternehmenskommunikation vor. Erstens leiten sich aus der Konzernstrategie übergeordnete Themen für die Kommunikation sowie die entsprechenden Zielsetzungen ab. Zweitens speist sich daraus der Anspruch der Abteilung Corporate Communication (COM), Unternehmenskommunikation neu zu denken und die Kraft der Digitalisierung für die eigene Weiterentwicklung zu nutzen. Und drittens schlägt sich dieser Anspruch in der organisatorischen Aufstellung von COM nieder. Somit findet die strategische Basis der Telekom sowohl eine strategische als auch eine taktische wie operative Entsprechung in der Unternehmenskommunikation. Zusammengenommen bilden diese drei Aspekte die Grundlage dafür, dass COM als *Treiber der digitalen Transformation* auftritt.

Bei der inhaltlichen Ausrichtung der Kommunikationsziele auf die Unternehmensstrategie, die Telekom als führendes europäisches Telekommunikationsunternehmen zu positionieren, lassen sich drei Zielebenen unterscheiden (vgl. Abbildung 1). Auf der ersten Themenebene verfolgt COM kommunikativ das Ziel, den gesellschaftlichen Beitrag der Telekom zu verankern. Hierbei steht das „Warum" im Vordergrund. Denn die Telekom ist weit mehr als nur ein beliebiges Unternehmen, das die Gesellschaft mit Infrastruktur versorgt. Sie will ihren Beitrag zu einem starken Europa leisten, damit Europa global wettbewerbsfähig bleibt. Voraussetzung dafür ist jedoch, dass die Rahmenbedingungen stimmen. COM kann hier auf kommunikativer Ebene wichtige Impulse in der öffentlichen Diskussion um die politischen wie auch wirtschaftlichen Rahmenbedingungen setzen. Dazu zählen beispielsweise Maßnahmen wie die zum Jahresbeginn 2016 initiierte Kommunikationskampagne zum Thema „Digitale Verantwortung". Im Zuge eines Perspektivenwechsels will die Telekom da-

Abb. 1: Herleitung der Kommunikationsstrategie aus der Unternehmensstrategie der Deutschen Telekom AG

bei Fragen zur Digitalisierung mit Vordenkern und Experten aus Wirtschaft, Politik und Medien diskutieren.

Bei Kunden- und Marktthemen auf der zweiten Ebene beabsichtigt COM, die Telekom weiterhin als starken Partner zu positionieren. Hierbei richtet sich der Fokus auf das „Was", das heißt auf die direkten, geschäftsbezogenen Inhalte. Dies gilt für alle Ebenen der Produkt- und Innovationskommunikation sowie für das Partnering (Produkte für Privat- und Geschäftskunden, Partnerschaften von Startups bis hin zu Großkonzernen).

Mit den funktionalen Themen der Unternehmensstrategie verfolgt COM das Ziel, die strategische Notwendigkeit zur Transformation des Unternehmens zu vermitteln. Dabei rückt das „Wie" ins Zentrum. Themen wie Effizienz oder Leistungsorientierung haben einen grundsätzlichen Charakter und ziehen sich daher wie ein roter Faden durch die Kommunikation zu den Kunden- und Marktthemen. Das ist vor allem auch für das Strategieverständnis der Mitarbeiter wichtig und setzt sich fort in der Kommunikation zu strategischen Entscheidungen des Unternehmens gegenüber Medien, Analysten sowie sonstigen Multiplikatoren und Entscheidern.

Gemäß dieser inhaltlichen Dreiteilung will COM das Leitthema Digitalisierung der Telekom kommunikativ ausgestalten und umsetzen. Ziel ist die Positionierung des Unternehmens bei den relevanten Stakeholdern mit unterschiedlicher inhaltlicher Ausprägung. So kann COM zum einen in einer Inside-Out-Perspektive auf Basis der Unternehmensstrategie „Leading European Telco" effektiv nach außen kommunizieren. Zum anderen hat COM das Unternehmensumfeld im Blick und informiert mit einer Outside-In-Perspektive über mögliche Einflussfaktoren, Stakeholder-Erwartungen und nicht zuletzt über Megatrends wie die Digitalisierung. Angesichts der dynamischen Rahmenbedingungen rücken die Außenperspektive und die dadurch möglichen Ableitungen für die Kommunikation stärker in den Fokus. Für COM haben die beiden Perspektiven strategisch gleichermaßen Bedeutung. Dadurch kann es gelingen, die Chancen und Risiken der Digitalisierung kommunikativ in ein vernünftiges Verhältnis zu bringen und der Telekom eine aktive Rolle in dem zugehörigen gesellschaftlichen Diskurs zu geben.

Neben dieser strategischen Ausrichtung leitet COM die taktische Zielvorgabe, die passenden kommunikativen Instrumente und Maßnahmen für die digitale Transformation zu finden. Die externen Rahmenbedingungen hierzu sind offenkundig und hinlänglich bekannt: Der Aufstieg der sozialen Medien bedeutet eine Vervielfältigung der Kanäle zu Lasten der etablierten Massenmedien, die an Relevanz hinsichtlich ihrer klassischen Gatekeeper- und Agenda Setting-Funktion eingebüßt haben. Im Zuge dessen haben sich ein neues, individualisiertes Mediennutzungs- und Informationsverhalten sowie eine Zergliederung der Stakeholder-Gruppen herausgebildet. Die verschiedenen Anspruchsgruppen vereint aber die Erwartung einer anderen Form der Ansprache: direkt und dialogisch anstatt vermittelt und unidirektional.

Wie die Telekom um Marktanteile und Kunden kämpfen muss, steht auch COM in einem sich verschärfenden Wettbewerb – um Aufmerksamkeit, Reichweite und Reputation. Wie auf der inhaltlichen Ebene ist die Digitalisierung hier ebenfalls der wichtigste Treiber. Entsprechend hat COM für sich als taktische Zielvorgabe die Entwicklung eines innovativen Medienportfolios definiert. Daraus leiten sich als Handlungsfelder die Stärkung der digitalen Kanäle und Formate, insbesondere von Social Media, sowie deren Verbindung mit etablierten Massenmedien ab. Damit verbunden ist zudem die Richtungsentscheidung, verstärkt auf visuelle Kommunikation zu setzen – sei es in Form von Bildern, Grafiken oder AV-Material. Als weiteres Ziel strebt COM eine intelligente Kanalsteuerung an, die es ermöglicht, durch eine Content- und Context-basierte Medienauswahl die Kommunikationswirkung zu steigern. Nicht zuletzt beabsichtigt COM, Kommunikation verstärkt als Dialog zu begreifen, auf Interaktion zu setzen und Vernetzung zu fördern (Abbildung 2).

Diese taktischen Ziele generieren ein neues Anforderungsprofil: den digital denkenden Kommunikator, der die Klaviatur der vielfältigen Plattformen und Formate beherrscht, um Öffentlichkeiten selbst zu schaffen und zu managen. Dazu gehört ebenso die Expertise, die Potenziale klassischer Pressearbeit mit denen des Community-Managements in sozialen Netzwerken zu verbinden. Zudem ist er dazu aufgefordert, verstärkt als Berater aufzutreten und in dieser Rolle für andere Ideengeber, Inspirator und Sparringspartner zu sein. Starre Hierarchien laufen diesem Anforderungsprofil nicht nur zuwider, sie verhindern vielmehr seine Umsetzung. Bewegliche Teams erfordern hingegen eine bewegliche – also eine agile – Organisation. In dieser organisatorischen Aufstellung von COM realisiert sich wiederum die dritte, operative Entsprechung zwischen dem Selbstverständnis der Telekom und ihrer Kommunikationsfunktion.

In einerseits dynamischen, andererseits unsicheren Zeiten sind agile Organisationsformen klar im Vorteil. Sie können sich schneller auf stetig ändernde Marktbedingungen einstellen, Entwicklungen frühzeitig wahrnehmen und in disruptiven Zeiten des Wandels aktiv Impulse setzen. Für COM war die Umstellung auf eine projektba-

HANDLUNGSFELDER UND ZIELE
2016/17

STRATEGISCH: INHALTE

STRATEGISCHER TREIBER
COM konzentriert seine Aktivitäten auf die Unterstützung der Unternehmensstrategie und die Positionierung der Telekom als Leading European Telco.

DEN DIALOG FÜHREN
COM besetzt dauerhaft übergeordnete Leitthemen mit gesellschaftlicher Relevanz und ergreift die Initiative für den Dialog.

LEBENDIGES STORYTELLING
COM verknüpft Themen zu spannenden Geschichten, die für die Stakeholder spürbar und relevant sind.

TAKTISCH: INSTRUMENTE

INNOVATIVES MEDIENPORTFOLIO
COM stärkt digitale Kanäle und Formate und entwickelt das innovative Medienportfolio mit modernen und traditionellen Medien weiter.

INTELLIGENTE KANALSTEUERUNG
COM wählt Medien sowie Kanäle nach passendem Content/Context aus und erhöht mit dem intelligenten Mix den Kommunikationseffekt.

DIGITALE LEITMEDIEN
COM entwickelt interaktive, digitale Leitmedien als Plattformen für Dialog und Vernetzung.

OPERATIV: AUFSTELLUNG

AGILE ORGANISATION
COM erkennt relevante Veränderungen im Unternehmensumfeld frühzeitig. Auf Basis definierter Rollen kann COM schnell, flexibel und adäquat reagieren.

EFFIZIENTE STEUERUNG
COM setzt Skills und Ressourcen gezielt ein und entwickelt eine dynamische Ressourcensteuerung als Grundlage für die agile Organisation.

VERTRAUENSKULTUR
COM steht für eine Kultur mit Freiraum zum eigenverantwortlichen Arbeiten. Mut zur Innovation und Risikobereitschaft werden gefördert.

Abb. 2: Handlungsfelder und Ziele der Kommunikationsstrategie von COM

sierte Organisation daher nur konsequent. Als Vorbild diente dabei das Agenturmodell, das die Flexibilität und Gestaltungsfreiheit ermöglicht, die eine zukunftsorientierte Unternehmenskommunikation benötigt. Seine Vorzüge sind offenkundig: Eine projektbezogene Organisation erhöht die Transparenz und Effizienz bei der Zusammenarbeit, der Arbeitsalltag wird somit offener, die Zusammenarbeit gefördert, flachere Strukturen verkürzen Entscheidungswege, kurz: aus Ideen können schneller neue Projekte entstehen und Ressourcen können flexibel allokiert werden.

Natürlich ist eine agile Arbeitsweise kein Selbstläufer. Im Gegenteil: Sie erfordert ein fortlaufendes Monitoring und die Steuerung der Projekte. Nur so kann ein zielgerichteter Einsatz von Ressourcen gewährleistet werden. Ebenfalls ist Transparenz nicht nur Merkmal, sondern auch Voraussetzung für Agilität. Ohne klare Vereinbarungen und eine Feedbackkultur kann diese Arbeitsform nicht funktionieren. Dahinter steht wiederum nichts Geringeres als die Entwicklung einer entsprechenden Haltung in den Teams – eine starke kulturelle Komponente. Weiterbildung und -qualifizierung sind dafür eine zwingende Voraussetzung. Zusätzlich helfen neue Medienformate bei der Strategievermittlung. Als eine gemeinsame Grundlage hat COM die Kommunikationsstrategie in einem Workbook formuliert. In diesem Workbook wird die grundsätzliche Ausrichtung der Kommunikation definiert. Es dient als Informations-, Arbeits- und Orientierungsgrundlage für die Mitarbeiter der Unternehmenskommunikation sowie für andere Anspruchsgruppen.

4 Vernetzung statt Hierarchien: Die Einführung des interaktiven Intranets „you and me" (YAM)

Wie sich in einem taktischen Instrument sowohl die strategische als auch die operative Umsetzung der Unternehmensstrategie verbinden lassen, verdeutlicht die Einführung der Social Collaboration-Plattform „you and me" (YAM). Dabei handelt es sich um ein interaktives Intranet, durch das die Telekom neue Wege in der Mitarbeiterkommunikation geht. Anders als ein statisches Intranet verzichtet es in weiten Teilen auf eine zentrale Steuerung der Inhalte durch eine Redaktion. Vielmehr setzt es in hohem Maße auf die Aktivität seiner Nutzer und damit auf die Vernetzung aller Mitarbeiter weltweit sowie auf einen Dialog über Hierarchien und Bereichsgrenzen hinweg. Insofern verfolgt YAM das Ziel, eine effektive Zusammenarbeit zu ermöglichen und darüber hinaus auf einen Kulturwandel hinzuwirken, der die Telekom als agiles Unternehmen zum Gestalter der Digitalisierung macht.

Der Einsatz von sozialen Medien stellt bei der Telekom keineswegs ein Novum dar. So setzt der Konzern bereits seit 2006 soziale Netzwerke in der externen Kommunikation ein. 2012 startete in der internen Kommunikation mit dem Telekom Social Network (TSN) der unmittelbare Vorläufer von YAM, zunächst als Beta-Version, die unter Einbezug der Ideen der Mitarbeiter stetig wuchs und dabei auf mehr und mehr Länder ausgeweitet wurde. Ihr Relaunch 2013 brachte neue Funktionen, zugleich wurde der Look angepasst. 2015 kam es zum nächsten Entwicklungssprung. Rückblickend auf die ersten vier Jahre des Bestehens von TSN konnte als Ergebnis festgehalten werden: Das soziale Netzwerk hat die Kommunikation der Mitarbeiter miteinander nachhaltig verändert. Ein wichtiger Grund dafür, mit der Einführung des neuen interaktiven Intranets YAM noch mehr auf die Förderung des direkten Austauschs und auf Kollaboration zu setzen. Im Zuge der Einführung von YAM im Frühjahr 2016 wurde eine neue Startseite eingerichtet, die eine Dynamisierung der Inhalte mit einem höheren Grad an Individualisierung verbindet: Sie berücksichtigt nun die Interessen, Bedürfnisse und Präferenzen des jeweiligen Mitarbeiters und macht ihm ein personalisiertes Informationsangebot. So hat jeder eine individuelle, auf das Nutzungsverhalten abgestimmte Startseite. Bereits diese Startseite bietet unmittelbar die Möglichkeit zum Dialog. Konsequenterweise wurde mit der Einführung von YAM das klassische, statische Intranet abgeschaltet. YAM vereint nun beide Welten intelligent miteinander.

Die Gestaltung von YAM orientiert sich an gelernten Strukturen aus dem Intranet. Die Devise lautet ab jetzt: Im interaktiven Intranet ist jeder ein Autor, der sich durch Blog-Beiträge kommunikativ in das Unternehmen einbringen kann. Eine Redaktion gibt es zwar nach wie vor, doch ist sie nicht mehr zentrales Organ, das bestimmt, was für die Mitarbeiter insgesamt von Relevanz ist. Jeder ist in YAM sichtbar, jeder kann über die Themen veröffentlichen, die für ihn oder für sie wichtig sind, jeder kann sich mit jedem vernetzen.

Die zentrale Leistung von YAM ist dementsprechend, die unterschiedlichen Kommunikationsinhalte, im Wesentlichen die Wikis, redaktionelle Beiträge, Diskussionen unter den Mitarbeitern sowie ihre Blogs, in einer Plattform zu integrieren. YAM ermöglicht den Nutzern auch das Abonnieren von Schlagworten. Eine zeitaufwändige Suche, wie sie im klassischen Intranet notwendig war, entfällt dadurch. Ein Mitarbeiter, der sich beispielsweise für das Thema „Digitalisierung" interessiert, erfährt so auf eine ebenso bequeme wie effiziente Art und Weise von den relevanten Präsentationen, Diskussionen und Blogbeiträgen aus dem gesamten Unternehmen. Außerdem ist es in YAM möglich, Kollegen zu folgen und so alte Kontakte zu reaktivieren sowie neue zu schließen. Dadurch entstehen Netzwerke über Länder- und Abteilungsgrenzen hinweg, der Austausch wird gefördert, Wissenssilos eingerissen. Das funktioniert, weil YAM das Teilen von Inhalten extrem vereinfacht. In Gruppen können sowohl kleinere Projektteams als auch größere Abteilungen zusammenarbeiten, manche von ihnen sind offen, andere exklusiv für einen festgelegten Nutzerkreis bestimmt. So verschieden die mittlerweile über 11.000 Gruppen auch sind, haben sie doch alle ein und denselben Zweck: Menschen vernetzen, Wissen teilen, den Austausch fördern und auf diese Weise Kollaboration zu ermöglichen.

Die Einführung von YAM hat zu verschiedenen Effekten geführt: Bei einer Kommunikationstechnologie geht es ja nicht nur um die Technologie an sich, sondern um ihre Wirkung. Ein erfolgskritischer Faktor wird immer mehr die Akzeptanz durch die Mehrheit. Denn da, wo die meisten sind, gehen auch die anderen hin. Wichtig für den Erfolg sind klar definierte Regeln als Orientierungsrahmen für die Mitarbeiter. Für COM entstehen dadurch völlig neue Aufgaben wie beispielsweise interne Communities zu managen und den Dialog zu moderieren. Das wird zwangsläufig zu einem veränderten Rollenbild für COM innerhalb des Unternehmens führen. Diese Weiterentwicklung der Rolle des Kommunikators lässt sich ebenfalls für die externe Kommunikation konstatieren.

5 Die COM Content Factory – ein zeitgemäßes Prinzip für redaktionelle Planung und Produktion von Medieninhalten

Für eine moderne Unternehmenskommunikation ist die Trennung von Inhalten (neudeutsch: Content) und Produktion oder auch eine getrennte Betrachtungsweise interner und externer Kommunikation längst nicht mehr zeitgemäß. Die Digitalisierung hat zu einem Aufbrechen der traditionellen Medien- und Kanallogik geführt. Zugleich setzt eine effiziente Medienproduktion einen hohen Grad an Vernetzung der Kommunikation insgesamt, deren Inhalte und der Akteure voraus. Mit dem Konzept der COM Content Factory beschäftigt sich die Unternehmenskommunikation der Telekom mit

der zeitgemäßen Organisation von Content-Planung und -Produktion und den Herausforderungen, die sich durch die Digitalisierung ergeben:
- Orchestrierung einer wachsenden Anzahl von Medien, Formaten und Kanälen,
- höhere Geschwindigkeit in einem durch Echtzeit geprägten Kommunikationsumfeld,
- immer mehr Stakeholder in bis dato nicht dagewesenen Konstellationen,
- immer mehr Absender aus dem eigenen Unternehmen, die potenziell eine sehr große Reichweite erzielen können,
- eine Vielzahl von Öffentlichkeiten, die dynamisch entstehen und schnell wieder verschwinden können,
- der potenzielle Zugang zu vielen Themen außerhalb des Unternehmens, die für die eigene Kommunikation verwertet oder mit eigenen Themen verbunden werden können.

Das Konzept der COM Content Factory basiert auf den Stärken einer flexiblen und transparenten Organisationsform, die vermehrt für die Produktion von Medieninhalten genutzt werden soll. Im Rahmen eines Multi-Channel- bzw. Multi-Media-Ansatzes werden Themen crossmedial koordiniert. Alle Themen werden an einem Tisch zentral kanal- und ressortübergreifend organisiert. Die Inhalte werden dabei über alle Zielgruppen hinweg mit einer intelligenten Verknüpfung von Content und Kontext integriert geplant und ausgespielt. Dabei wird die konkrete Ausgestaltung gemeinsam im gesamten Team diskutiert und festgelegt. Räumlich wird für die COM Content Factory eine Lösung angestrebt, die diese engere Verzahnung auch in der täglichen Arbeit erleichtert.

Im Ergebnis soll die Kommunikation besser abgestimmt und dialogorientierter funktionieren. Gerade in einem digitalen Medienumfeld ist es wichtig, mit den relevanten Themen zum richtigen Zeitpunkt im richtigen Kanal oder am richtigen Ort präsent zu sein. Dies setzt auch an dieser Stelle jene agile Arbeitsweise voraus, die in der Unternehmenskommunikation insgesamt immer mehr zum wichtigen Erfolgsfaktor werden wird.

Die COM Content Factory liefert also ein Organisationsmodell für die Integration der gesamten Wertschöpfungskette der Kommunikation. Im Vordergrund steht die gezielte und differenzierte Ansprache der verschiedenen Zielgruppen über die wachsende Zahl von Kanälen und Formaten. Die Zusammenarbeit in dieser Organisation wird sich zunehmend kollaborativ gestalten: es wird hochgradig vernetzt gemeinsam für den Erfolg der Themen gearbeitet werden, auch projekt- und abteilungsübergreifend. Klare Prozesse und Standards für die Aufbereitung von Themen und das Bespielen der Kanäle werden insgesamt zu einer höheren Effizienz der Unternehmenskommunikation führen.

6 Die Schlussbemerkung: Ein verändertes Selbstverständnis der Unternehmenskommunikation als Grundlage für die weitere Transformation

Die Digitalisierung wird auch weiterhin bestimmender, da transformierender Faktor für die Unternehmenskommunikation sein: Der Wandel in der Kommunikationslogik ist nicht mehr rückgängig zu machen, die Zahl der Kanäle sowie der Kommunikatoren wird tendenziell weiter steigen, der Wettbewerb um die bereits knappe Ressource Aufmerksamkeit sich abermals intensivieren. Diese Entwicklungen können nicht ohne Auswirkungen für die Rolle der Unternehmenskommunikation bleiben. Dabei muss der Anspruch von COM auch künftig lauten, nicht Getriebener, sondern gestaltender Treiber der digitalen Transformation zu sein – und zwar gleichermaßen in strategischer, taktischer wie auch operativer Hinsicht.

In Zeiten der Volatilität und Disruption braucht es nicht nur eine Unternehmenskommunikation, die als Storyteller Orientierung gibt und als Krisenmanager Konflikte kommunikativ entschärft. Vielmehr erweitern sich Funktion, Rolle und Selbstverständnis. Wie ein Seismograph kann sie die Umwelt eines Unternehmens beobachten, gesellschaftliche und technologische Trends durchdringen und die relevanten Strömungen im Markt der Meinungen identifizieren. Dadurch entstehen Analysen, die für das Unternehmen eine wichtige Informationsquelle sind. Zudem kann die Kommunikationsfunktion auf einen Innovationstransfer von der Umwelt in das Unternehmen hinwirken. Deswegen werden ihre Kompetenzen im „Organisational Listening" an Bedeutung gewinnen.

Der Ausbau der digitalen Kanäle zieht für die Unternehmenskommunikation überdies konkrete Veränderungen im taktischen Anforderungsprofil nach sich, nämlich verstärkt als Moderator von Diskussionen, Projektsteuerer oder Themenmanager aufzutreten. Neu zu kommunizieren bedeutet in dieser Hinsicht, neu denken und anders handeln zu lernen. Am Ende geht es dabei um eine neue Haltung in der Unternehmenskommunikation: als Impulsgeber für Transformationsprozesse im Unternehmen. Die Plattform YAM war für die Telekom bereits ein wichtiger Schritt und ein Beispiel, wie es gelingen kann, durch die erfolgreiche Einführung einer Kommunikationstechnologie eine Veränderung in der Arbeitsweise der Mitarbeiter zu bewirken und dadurch dem Unternehmen zu mehr Agilität zu verhelfen.

Operativ bedingt die Digitalisierung auch den stetigen Ausbau der Kompetenzen sowie eine laufende Fortentwicklung der Organisationsstrukturen und der Prozesse von COM. Der nächste Meilenstein ist diesbezüglich die Content Factory, bei der es um eine zeitgemäße, crossmediale redaktionelle Planung und Produktion von Medieninhalten geht. Ihr agiles Organisationsprinzip erfüllt die Erfordernisse der Digitalisierung. Sie ermöglicht ein höheres Maß an ganzheitlicher Orchestrierung, eine engere Verzahnung der Themen sowie eine differenzierte Ansprache unterschiedlicher Zielgruppen. Damit will COM den eingeschlagenen Weg, Themen über alle Kanäle und Formate zu kommunizieren und im Zuge dessen interne und externe Kommunikation verstärkt zu verzahnen, im Zeitalter der Digitalisierung konsequent weitergehen.

Rainer Pollmann
Ressourcen der Unternehmenskommunikation systematisch auf die Strategie ausrichten

Die Ressourcen der Unternehmenskommunikation systematisch auf die Strategie auszurichten, ist eine Herausforderung. Es bedeutet, die vorhandenen Ressourcen eventuell umzuschichten und die noch fehlenden zu ermitteln. Dazu bedarf es einiger Transparenz in der Unternehmenskommunikation, denn für eine Ausrichtung der Ressourcen müssen Ursache-Wirkungszusammenhänge, Zeitaufwand der bisher eingesetzten Kommunikationsmaßnahmen und ihre tatsächlichen Kosten bekannt sein.

Der Begriff „Ressource" leitet sich aus dem Französischen ab: „La ressource" wird im Deutschen mit Mittel oder Quelle übersetzt – dabei wird häufig intuitiv an finanzielle Mittel gedacht. Der Fremdwörter-Duden (2015) bezeichnet Ressource einerseits als „natürlich vorhandenen Bestand von etwas, was für einen bestimmten Zweck, besonders zur Ernährung der Menschen und zur wirtschaftlichen Produktion, [ständig] benötigt wird", und andererseits als „Bestand an Geldmitteln, Geldquelle, auf die jemand zurückgreifen kann". Der Begriff Ressource wird nicht nur in der Ökonomie verwendet, sondern auch in der Psychologie, der Informatik oder in den Geowissenschaften. Je nach Fachgebiet hat er unterschiedliche Bedeutungen. In diesem Beitrag soll es allein um die ökonomische und damit schon sehr umfangreiche Dimension des Begriffs gehen. Warum ist das Thema wichtig?

Wenn wir unter den Ressourcen der Unternehmenskommunikation zunächst die finanziellen Mittel der Unternehmenskommunikation verstehen und damit das Budget meinen, dann sind in der Praxis damit bestimmte Probleme verbunden. Budgets sind in einem Unternehmen der Maßstab für die Bedeutung eines Fachbereichs. Der Fachbereich, dem der größte Wertschöpfungsbeitrag zugetraut wird, erhält auch das größte Budget. Bisher gelingt es den meisten Kommunikationsverantwortlichen nicht, den Nachweis für den Wertschöpfungsbeitrag der Unternehmenskommunikation zu erbringen. Dies ist möglicherweise die Ursache für relativ geringe Budgets in der Unternehmenskommunikation bzw. für deren Rückgang. In der unter Federführung von Zerfaß (Universität Leipzig) europaweit durchgeführten Studie „European Communication Monitor" wird seit 2007 das Umfeld der PR-Verantwortlichen ausgeleuchtet. Eine in dieser Studie immer wieder gestellte Frage ist die nach der Bedeutung des Kommunikationsbereichs für das Unternehmen sowie die nach der Höhe des Budgets. Dass Unternehmenskommunikation wichtiger für den Gesamterfolg des Unternehmens geworden ist, gaben 87 Prozent der Befragten im European Communication Monitor 2013 an ($n = 2.027$). Gleichzeitig gingen aber die Budgets der Kommunikationsabteilungen im selben Zeitraum im Vergleich zu anderen Abteilungen zurück, gaben 41,1 Prozent der Befragten an (2010 nur 37,2 Prozent). Die wahrgenommene Bedeutungszunahme schlägt sich somit nicht in der Größe des Budgets nieder. Woran das liegt, lässt die Studie offen.

Die Ursachen liegen meist darin, dass Kommunikationsbudgets intransparent sind und selten nachvollziehbar auf die Strategie bezogen werden. Es fehlt an für den Kommunikationsbereich geeigneten Methoden, um Budgets transparent und professionell aufzustellen. Wie das erfolgen kann, soll in diesem Beitrag aufgezeigt werden.

1 Begriffsdefinitionen

Seit mehr als zehn Jahren wird über das Thema Kommunikations-Controlling bzw. Kommunikationsmanagement diskutiert und publiziert. Dabei hat sich gezeigt, dass zahlreiche Autoren das Thema aus sehr verschiedenen Perspektiven betrachten und Begriffe mit unterschiedlichen Bedeutungen belegen. Daher sollen an dieser Stelle kurz die für diesen Beitrag wichtigen Begriffe definiert werden.

In diesem Beitrag werden unter dem Begriff *Kommunikation* alle Kommunikationsfunktionen und -aktivitäten (Marketing, interne/externe Kommunikation, HR-Kommunikation, Investor Relations usw.) einer Organisation verstanden, die dazu dienen, Beziehungen der Organisation zu relevanten Stakeholdern aufzubauen und zu pflegen, damit diese im Sinne des jeweiligen Geschäftsmodells mit dem Unternehmen kooperieren. Unter *Strategie* wird hier die Verhaltensweise eines Unternehmens verstanden, die dazu dienen soll, seine Ziele zu erreichen. Strategie ist die Fähigkeit eines Unternehmens, die relevanten Erfolgspotenziale (Effektivität) zu identifizieren, aufzubauen und zu pflegen, um diese nachhaltig (Effizienz) auszuschöpfen (Pollmann 2011:7 ff.).

In der Volkswirtschaftslehre werden die *Ressourcen* Arbeit, Boden, Umwelt und Kapital als Produktionsfaktoren bezeichnet (Wöhe 1986: 85 ff.). Die Betriebswirtschaftslehre versteht unter Ressourcen Betriebsmittel, Geld, Boden, Rohstoffe, Energie, Mitarbeiter und (Arbeits-) Zeit. Eine Ressource kann somit ein materielles oder immaterielles Gut sein (Wöhe 1986: 85 ff.). Der Ansatz des Integrated Reporting („IR") definiert den Begriff Ressource noch etwas weiter (Schmidt et al. 2015: 28). Dort umfasst er:
- finanzielle Ressourcen (Kapital, Cashflows, Bonität etc.),
- humane Ressourcen (Facharbeiter, Ingenieure, Führungskräfte etc.),
- organisatorische Ressourcen (Informationssysteme, Integrationsabteilungen etc.),
- physische Ressourcen (Immobilien, Anlagen, Servicestationen etc.),
- immaterielle Ressourcen (Marke, Reputation, Image, Know-how etc.),
- Umwelt-Ressourcen (Rohstoffe, Luft, Wasser, etc.).

Die Ressourcen werden so kombiniert und den Prozessen des Geschäftsmodells zugeführt, dass dabei eine Wertschöpfung für die gesamte Organisation entsteht.

Ein *Budget* ist die Ausstattung eines Plans mit finanziellen und weiteren Mitteln. Die Voraussetzung für die Aufstellung eines Budgets ist die Erstellung eines Plans. Der Plan beschreibt, mit welchen (Kommunikations-) Maßnahmen, Channels, Touchpoints, Plattformen und Stakeholdern ein Ziel erreicht und mit welchen Messgrößen die Zielerreichung überprüft werden soll. Der (Kommunikations-) Plan wird idealerweise aus der Unternehmens- und Kommunikationsstrategie abgeleitet und beantwortet die Frage, was getan werden muss, um mit Hilfe der Kommunikationsfunktionen die Ziele des Unternehmens zu unterstützen. Beschreibt der Plan zusätzlich die für die Umsetzung notwendigen Ressourcen, erhält man das Budget.

Im Folgenden sind unter Ressourcen alle Mittel zu verstehen, die für die Durchführung des Kommunikationsprozesses und zur Umsetzung der Strategie benötigt werden. Damit sind primär Geld, Personal, und Zeit gemeint, aber auch das Know-how bzw. ganz allgemein die Fähigkeiten der beteiligten Akteure.

2 Der Ressourcenallokationsprozess

Controlling besteht aus wiederkehrenden, in der Regel gleichartig durchgeführten Aktivitäten, die zu Prozessen zusammengefasst und in einem hierarchischen Prozessmodell abgebildet werden können (DIN SPEC 1086 2009: 5). Durch die Prozesshierarchie entsteht Transparenz über Prozesse, Strukturen sowie über die Zusammenhänge von Abläufen. Damit wird ein besseres Verständnis aller Beteiligten hinsichtlich ihrer Aufgaben und Beiträge zum reibungslosen Ablauf der Prozesse gefördert. Ebenso können über ein Prozessmodell Aufgaben, Kompetenzen und Verantwortlichkeiten zugeordnet und damit zusätzliche Transparenz geschaffen werden. „Das Controlling-Prozessmodell ist eine zweckorientierte, vereinfachte Abbildung, die die Aktivitäten im Prozess der Zielfindung, der Planung und Steuerung darstellt. Es definiert den Input, der zur Abwicklung der Prozesse notwendig ist und den Output, der an andere Prozesse übergeben wird (Schnittstellen). Es dient der Dokumentation, Analyse, Gestaltung und Kommunikation der Controlling-Prozesse sowie der Zuweisung von Verantwortlichkeiten bzw. Rollen." (IGC 2011: 22)

3 Wirkungsziele umsetzen

Die Wirkung von Kommunikation ist schwer messbar. Im Rahmen des Channel Managements kann die Wirkung bei relevanten Stakeholdern (Outcome) auf Kanalebene ermittelt werden, aber für einzelne Maßnahmen ist das nicht möglich. Die Messung der Wirkung in Form eines Wertschöpfungsbeitrags oder finanziellen

Erfolgsbeitrags (Outflow) der Unternehmenskommunikation ist bisher noch nicht zufriedenstellend gelöst. Derzeit empfiehlt der Fachkreis Kommunikations-Controlling des Internationalen Controllervereins e. V. mit Vereinbarungen (z. B. Wertschöpfungsbeitrag Unternehmenskommunikation = 2%) zu arbeiten (Stobbe et al. 2010: 45). Um zu einer Vereinbarung zu gelangen, sind finanzmathematische Verfahren aus der Investitionsrechnung ebenso denkbar wie Verfahren, die aus den Sozialwissenschaften entlehnt sind (Vergleich „sozialer Milieus"). Da die Wirkung von Kommunikation meistens als Kooperationsleistung der Unternehmenskommunikation mit anderen Fachbereichen entsteht, sind auch Verfahren denkbar, in denen die Wertschöpfung durch Gewichtungen und Aufteilung des Beitrags der beteiligten Fachbereiche erreicht wird. Ganz pragmatisch kann beispielsweise im Kreise der internen Experten mit Einschätzungen gearbeitet werden (Pollmann 2015: 23).

Meist ist ein Nachweis des Outflows aber gar nicht notwendig: Controlling und Geschäftsleitung begnügen sich mit der nachvollziehbaren Wirkung von Kommunikation auf Reputation und Image. Der relativ neue Ansatz des Integrated Reporting unterstützt diese Sicht. Integrated Reporting bedarf der Kommunikation, um aus der Außensicht verständlich zu machen, wie die Kombination von Strategie, Unternehmensführung, Leistung und Zukunftsaussichten im dynamischen Umfeld über die Zeit (kurz-, mittel- und langfristig) Werte für ein Unternehmen schafft. Das Framework zeigt diesen Wertschöpfungsprozess. Er besteht aus den Kapitalien, die für den Wertschöpfungsprozess investiert werden, dem Geschäftsmodell, dessen Prozesse zu einer Wertschöpfung führen und den externen Rahmenbedingungen, die das Geschäftsmodell beeinflussen. Jedes Unternehmen maximiert mit seinem Geschäftsmodell den eigenen wirtschaftlichen Erfolg. Dabei rücken das Stakeholder-Management und das Management von Intellectual Capital in den Vordergrund. Beides sind Management-Felder, die durch Kommunikationsarbeit massiv unterstützt, wenn nicht sogar maßgeblich beeinflusst werden. Da derzeit für die CFOs noch kein handhabbarer Ansatz vorliegt, diese „weichen" Faktoren in der finanziellen Berichterstattung darzustellen, besteht die große Chance für die Kommunikationsleiter, endlich „auf Augenhöhe" wahrgenommen zu werden (Pollmann 2016).

4 Maßnahmen festlegen und Strategie finanziell bewerten

Durch die Kommunikationsstrategie werden die Unterstützungspotenziale der Unternehmenskommunikation identifiziert und in Maßnahmen sowie Entwicklungspotenziale übersetzt (Pollmann 2011: 7; Storck 2012). So entsteht ein klarer Maßnahmenkatalog im Hinblick auf die Erreichung der Kommunikationsziele. Die Entwicklungspotenziale definieren, welche Strukturen, Instrumente und Fähigkeiten im Kommunikationsbereich noch aufgebaut werden müssen; die Maßnahmen zeigen, wie die festgelegten Ziele erreicht werden sollen. Wird der Maßnahmenkatalog mit Terminen für die Kommunikationsziele ausgestattet, entsteht ein Meilensteinplan für die nächsten Jahre. Dadurch wird ersichtlich, welche Kommunikationsmaßnahmen mit Hilfe der bereits existierenden Potenziale wann durchgeführt werden und welche Potenziale eventuell noch zu entwickeln sind. Aus dem Meilensteinplan leiten sich ebenfalls die für die Umsetzung notwendigen Ressourcen ab, sofern aus ihm der Bedarf an Zeit, Personal und Geld hervorgeht.

Damit die notwendigen Ressourcen ermittelt werden können, sollten folgende Voraussetzungen gegeben sein:
- Der *Zeitbedarf* für typische Maßnahmen muss ermittelt werden. Das kann durch Aufschreiben der Stunden erreicht werden, die zur Entwicklung und Durchführung der einzelnen Maßnahmen notwendig sind. Diese Stundenzuordnung ist im Projektmanagement üblich. Ansonsten kann man sich auch mit Schätzungen behelfen, wenn der Aufwand für die Aufschreibung zu groß wird. Die Zeiterfassung sollte unbedingt mit dem Betriebsrat abgestimmt werden. Für nicht typische Maßnahmen wird der Zeitbedarf geschätzt, indem mit Gewichtungen gearbeitet wird.
- Auf der Basis einer *Zeiterfassung/-schätzung* kann das Budget in einen Stundensatz über eine Personalstundensatzrechnung umgerechnet werden (Pollmann 2014: 909 ff.).
- Wird mit einer *Prozessanalyse* und einer Prozesskostenrechnung im Unternehmen gearbeitet, so kann diese auch auf die Kommunikationsfunktionen ausgedehnt werden (ebd.).
- Die Wirkung von Maßnahmen sollte durch Einschätzungen vorher festgelegt und mit einem Wirkungsportfolio visualisiert werden (Pollmann 2012: 32). So können wirkungsärmere Maßnahmen identifiziert, eliminiert und die frei werdenden Ressourcen zugunsten wirkungsstärkerer Maßnahmen verwendet werden.

Ist der Prozess der strategischen Kommunikationsplanung abgeschlossen und damit bekannt, wann welche Maßnahme, wann welches strategisches Projekt durchgeführt wird, können dafür die Budgets erstellt und in den Jahresbudgets berücksichtigt werden (IGC 2011: 26 ff.).

Mit Hilfe der geschilderten Methoden kann sehr pragmatisch Transparenz über die Ressourcenplanung hergestellt werden. Das genügt für einen ersten Planungsentwurf, auf Dauer sorgt aber eine „Nullmessung" für vollständige Transparenz. Die Kommunikationsverantwortlichen sollten folgende Fragestellungen für sich selbst, aber auch für die internen Auftraggeber beantworten können:
- Wie gut können die Kommunikationsbereiche mit den genehmigten Ressourcen die vereinbarten Ziele unterstützen? Können alle Ziele unterstützt werden? Oder reichen die verfügbaren Ressourcen eventuell nicht aus?
- Welche Ressourcen (Geld, Personal) müssen zusätzlich zur Verfügung gestellt werden, damit die Ziele erreicht werden können?

- Falls die Ressourcen nicht angepasst werden (können): Welche Kommunikationsmaßnahmen sind verzichtbar, damit die dadurch frei gewordenen Ressourcen die Strategie unterstützen können?

5 Auf die Strategie ausgerichtete Budgets erstellen

Ressourcen der Unternehmenskommunikation systematisch auf die Strategie auszurichten bedeutet, gemäß der Themen- und Maßnahmenplanung ein Budget zu erstellen. Doch hier beginnt das Dilemma der herkömmlichen Budgetierungspraxis: Die Erstellung des Budgets erfolgt losgelöst von der Planung. Meist werden historische Werte fortgeschrieben (z. B. Personalkosten +5%) oder es besteht eine pauschale Budgetvorgabe (z. B. -10%) oder das Budget der Unternehmenskommunikation ist an das Budget eines anderen Fachbereichs gekoppelt (z. B. Marketing). In all diesen Fällen ist zwar der Vorgang der Budgetierung schnell beendet, aber nicht entsprechend der Planung umgesetzt. Denn eine Umsetzung der Planung würde bedeuten, die notwendigen Ressourcen an Zeit, Personal und Geld zu ermitteln und anschließend daraus das Budget abzuleiten. Dabei ist noch nicht die Frage berücksichtigt, ob das eigene Personal mit den notwendigen Fähigkeiten ausgestattet ist. Eventuell sind hier durch geeignete Weiterbildungsmaßnahmen noch Fähigkeiten zu entwickeln, durch Einstellung von Spezialisten noch Know-how aufzubauen oder Dienstleister zu engagieren. Da der Auftrag der Unternehmenskommunikation überwiegend darin besteht, eine Wirkung bei relevanten Stakeholdern hinsichtlich ihrer Kooperationsbereitschaft zu erzielen, sollte die Wirkung von Maßnahmen geplant und deren Kosten bekannt sein. Beides ist in der Regel nicht der Fall.

Eine schnelle und pauschale Budgetierung, so wie oben skizziert, würde bedeuten, auf eine Steuerung der Unternehmenskommunikation durch das Management zu verzichten.

Ein in der Praxis oft zu hörendes Argument, das Budget der Unternehmenskommunikation werde dem Budget des Vorstandes zugerechnet und daher sei Transparenz nicht notwendig, erscheint auf den ersten Blick einleuchtend zu sein. Dieses Verfahren führt zu einer schnellen Genehmigung des Budgets, liefert jedoch keine Informationen für eine Selbststeuerung. Daher ist eine an der angestrebten Kommunikationswirkung orientierte Budgetierung und Ressourcenbewilligung in der Unternehmenskommunikation notwendig (Pollmann 2012: 28 ff.).

Da in den vorangegangenen Abschnitten eher pauschal auf die Methoden zur Herstellung von Transparenz verwiesen wurde, sollen hier einige konkret dargelegt werden. Außerdem wurde bereits an anderer Stelle intensiv dazu publiziert (Pollmann 2011, 2012, 2014). Zur Bestimmung der Jahresbudgets gilt es, die im Unternehmen vorhandenen Planungsprämissen und -prinzipien zu berücksichtigen. Diese werden in der Regel vom zentralen Controlling entwickelt und den Fachbereichen in einem Budgetie-

rungshandbuch/-leitfaden zur Verfügung gestellt. Darin sind auch die Informationen für die Mehrjahresplanung enthalten. Prämissen gelten für das gesamte Unternehmen und stellen notwendige Annahmen über nicht beeinflussbare, aber planungsrelevante Rahmenbedingungen (Indikatoren) dar. Beispielhaft seien hier genannt:
- Erwartete *Tarifsteigerungen* beeinflussen die Personalkosten des Budgets.
- Vertraglich festgelegte *Kostensteigerungen* beeinflussen die Sachkosten des Budgets.
- *Fremdwährungsplankurse* sind bei grenzüberschreitenden Leistungen zu berücksichtigen, sofern sie nicht bereits bei der Berechnung von Transfer- oder Planpreisen einbezogen wurden.

Man kann davon ausgehen, dass typische *Indikatoren*, etwa der Zusammenhang zwischen Bruttoinlandsprodukt und Absatzhöhe oder Inflationsparameter, bereits durch das Zentral-Controlling bzw. Strategische Controlling in den vereinbarten Zielen der verschiedenen Unternehmensbereiche berücksichtigt wurden. Das sollte aber dennoch erfragt werden.

6 Transparenz herstellen

Budgets werden in der Regel nach Kostenarten (Personalkosten, Sachkosten, etc.) aufgestellt, setzen sich aber eigentlich aus drei Komponenten zusammen:
- *Maßnahmenkosten* sind die Kosten, die über Rechnungen externer Dienstleister oder über interne Aufzeichnungen den Maßnahmen direkt zugerechnet werden können.
- *Strukturkosten* sind die Kosten der Organisation, die zur Leistungserbringung der Kostenstelle Unternehmenskommunikation notwendig sind. Dazu gehört die Ausstattung mit Personal (Full Time Equivalent) und Sachmitteln (z. B. Hardware, Geschäftswagen, Büroausstattung, etc.). Diese Strukturkosten werden in der Regel für ein Jahr im Budget festgelegt und sind damit fix.
- *Umlagen* sind Kosten, die der Unternehmenskommunikation aus anderen Fachbereichen des Unternehmens weiterverrechnet werden (innerbetriebliche Leistungsverrechnung), zum einen, weil Leistungen für die Unternehmenskommunikation erbracht wurden (z. B. IT-Hotline, Personalverwaltung, Einkauf, etc.). Zum anderen werden Kosten pauschal verteilt (z. B. Vorstandsbereich, Stäbe), da diese Bereiche Leistungen für das gesamte Unternehmen erbringen.

Die Maßnahmenkosten und die Strukturkosten bilden zusammen die primären Kosten, also die Kosten, die unmittelbar der Kostenstelle per Erfassungsbeleg zugerechnet werden können. Sekundäre Kosten sind solche, die dieser Kostenstelle in Form einer Umlage von anderen Kostenstellen weiterverrechnet werden (Pollmann 2011: 4 ff.).

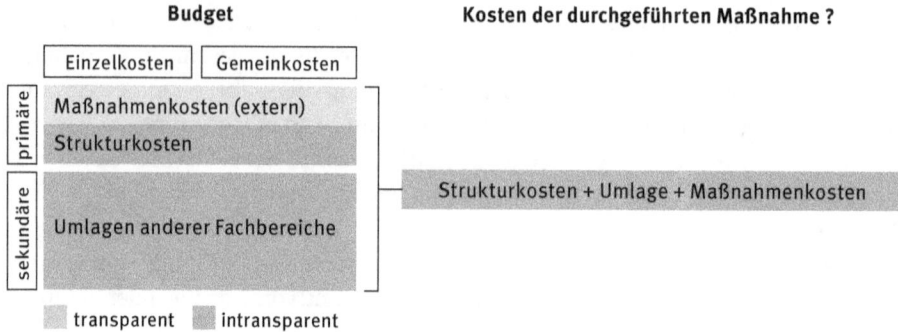

Abb. 1: Typische Budgetstruktur (Pollmann 2014, 904)

Nun sollte man sich das Verhältnis von Maßnahmenkosten zu Strukturkosten und Umlage ansehen. In einigen Unternehmen beträgt der Anteil der von Dienstleistern in Rechnung gestellten Maßnahmenkosten 80 Prozent des Budgets. In diesem Fall ist es nicht notwendig, einen größeren Aufwand zur Herstellung von Kostentransparenz zu betreiben, weil 80 Prozent der Kosten bereits transparent sind. Wird aber der größte Teil der Leistung durch die interne Organisation erbracht, dann sollten auch die Strukturkosten und die Umlagen berücksichtigt werden. Durch geeignete Verfahren zur Herstellung von Kostentransparenz lassen sich die Maßnahmenkosten ermitteln. Diese Verfahren können sein:
- eine Personalstundensatzrechnung oder
- eine Agentur-Stundensatzrechnung oder
- Prozesskostenrechnung.

7 Budgetierung von Grund auf (Zero-base-Budgeting)

Die Idee dieser Methode besteht darin, das Budget nicht ausgehend von historischen Budgets einer Kostenstelle, sondern von Grund auf neu zu planen („Planning from Base Zero").

Wie bereits beschrieben, steht am Anfang die Maßnahmenplanung. Diese Maßnahmen können in unterschiedlichen Varianten geplant werden (z. B. Mitarbeiterkommunikation: Minimal-, Normal-, Speziallösung). Danach werden den Maßnahmen Prioritäten (Ranking) zugeordnet, die sich möglicherweise bereits aus ihrem angenommenen Wirkungsbeitrag ergeben. Das Gesamtbudget wird nun auf die Maßnahmen mit der höchsten Priorität aufgeteilt, bis die Budgetgrenze erreicht ist. Besonders wichtige Maßnahmen werden mit der Speziallösung ausgeführt, eher unwichtige Maßnahmen mit der Minimallösung. Diese Methode wird Zero-base-Budgeting (ZBB) genannt (Küpper 2005: 355). Aufgaben und Maßnahmen des Kostenstellenbereichs sollten immer wieder neu beschrieben und auf Effizienz geprüft werden. Der Ansatz zielt auf eine Verwendung der Gemeinkosten in anderen Bereichen.

Beim ZBB wird in jeder Planungsperiode von Grund auf neu budgetiert, ohne die vorhandenen Abteilungs- und Kostenstrukturen zu berücksichtigen. Anstatt alte Budgets fortzuschreiben, werden sie kritisch hinterfragt. Dabei sollen die Verantwortlichen die Ziele, Aktivitäten und Arbeitsergebnisse sowie die dafür anfallenden Personal- und Sachkosten ihrer Verantwortungsbereiche beschreiben und zu Entscheidungspaketen zusammenfassen. Der kleinste Verantwortungsbereich wird als Entscheidungseinheit bezeichnet. Von da aus werden die Prioritätenlisten schrittweise auf der jeweils nächsten Führungsebene (z. B. Abteilung, Bereich, Unternehmensleitung) zusammengefasst und priorisiert, bis der Unternehmensleitung eine einzige, konsolidierte und nach der strategischen Zielsetzung des Unternehmens priorisierte Liste vorliegt. Der Ansatz zielt nicht auf eine Senkung, sondern auf eine sinnvolle Umverteilung der Gemeinkosten. Diese sind in den bisherigen Aufgabenfeldern abzubauen, um damit Mittel für neue, strategisch bedeutsame Funktionsbereiche freizusetzen. Grundlage dafür sind die strategischen und operativen Ziele des Unternehmens, die ebenso wie die zu untersuchenden Bereiche von der Unternehmensleitung bestimmt werden. Des Weiteren werden das ZBB-Team zusammengestellt und die Analyseziele erarbeitet.

Bei der Bildung von Entscheidungseinheiten wird zwar an der bestehenden Organisationsstruktur angeknüpft, weil sich so Personal- und Sachmittelkosten leichter zurechnen lassen. Allerdings wird diese Struktur nicht exakt nachgebildet. Wichtig ist, dass homogene Prozesse oder Tätigkeiten zu einer Entscheidungseinheit zusammengefasst und von heterogenen Prozessen oder Tätigkeiten differenziert werden. Für jede Entscheidungseinheit werden der Verantwortliche, das Teilziel und die damit verbundenen Aufgaben und Tätigkeiten, die zugewiesenen Ressourcen (Personal- und Sachmittel) sowie die quantitativen und qualitativen Kennzahlen zu ihrer Messung festgelegt. Für jede Entscheidungseinheit wird im Verlauf des ZBB ein eigenes Budget bestimmt. Entscheidungseinheiten können beispielsweise Abteilungen, Stellen, Mitarbeitergruppen, Funktionen, Dienstleistungen oder Projekte sein.

Jede Entscheidungseinheit bestimmt drei alternative, aufeinander aufbauende Leistungsniveaus. Ein Leistungsniveau umfasst dabei alle, nach Qualität und Mengenausprägung (Output) gekennzeichneten Arbeitsergebnisse. Leistungsniveau 1 entspricht dem Minimum an Leistungen, die für eine Aufrechterhaltung der Geschäftstätigkeit notwendig sind (Minimallösung). Leistungsniveau 2 umfasst die durch Arbeitsanweisungen geregelten Ist-Abläufe (Normallösung). Leistungsniveau 3 umfasst dagegen wünschenswerte Leistungen für die kurz-, mittel- und langfristige Zukunftssicherung (Speziallösung).

Bei der Bestimmung der Leistungsniveaus ist zu prüfen, welche Aktivität in welchem Umfang wirklich benötigt wird oder für eine bessere Zielerreichung notwendig ist. In diesem Zusammenhang sind ebenfalls das wirtschaftlichste Verfahren und das

Kostensenkungspotenzial für jedes Leistungsniveau zu ermitteln. So ist zu prüfen, ob das jeweilige Leistungsniveau mit manuellen oder maschinellen, internen oder externen, zentralen oder dezentralen Verfahren am kostengünstigsten erreicht werden kann.

Für jede Entscheidungseinheit werden drei Entscheidungspakete formuliert, eines für jedes Leistungsniveau. Ein Entscheidungspaket reduziert die Komplexität, indem es alle Maßnahmen einer Entscheidungseinheit zusammenfasst. Die Pakete bilden damit die Entscheidungsvorlage für das Management:
- Was ist das Arbeitsergebnis (Leistungsniveau)?
- Welche Vorteile hat das jeweilige Leistungsniveau gegenüber dem nächst niedrigeren Niveau?
- Welche Konsequenzen für andere Bereiche ergeben sich daraus?

Auf jeder Ebene, auf der Entscheidungspakete mehrerer untergeordneter Verantwortungsbereiche zusammengeführt werden, erfolgt anschließend eine neue Prioritätensetzung, z. B. auf Basis von Kosten-Nutzen-Abwägungen oder durch eine Diskussion, an der die entsprechende Führungsebene, ihre Vorgesetzten und die unmittelbaren Leistungsempfänger beteiligt sind.

Mit jeder Stufe steigt die Zahl der Entscheidungspakete und damit die Komplexität. Aus diesem Grund werden auf den höheren Stufen meist nur die verantwortlichen Führungskräfte und die wichtigsten Leistungsempfänger involviert. Die Priorisierung spiegelt in der Regel den größeren Überblick und das Interesse der jeweiligen Ebene wider. Auf Ebene der Unternehmensleitung werden vor allem taktische und strategische Ziele des Gesamtunternehmens berücksichtigt.

Mit dem Budgetschnitt („cut off") legt die Unternehmensleitung das Gesamtbudget verbindlich fest und genehmigt die Ressourcen. Mit Hilfe des ZBB-Konzepts werden keine Aussagen zur optimalen Höhe des Gesamtbudgets oder zu einem bevorzugten Verfahren für den Budgetschnitt getroffen. Unter Berücksichtigung der strategischen Zielsetzungen des Unternehmens kann der Budgetschnitt aber beispielsweise mit einer der folgenden Methoden oder mit einer Kombination daraus erfolgen:
- Methode des „Sich-Leisten-Könnens" („affordable method"),
- Prozent-vom-Umsatz-Methode („percentage-of-sales method"),
- konkurrenzbezogene Budgetierung („competitive-parity method").

Mit der Detaillierung der Maßnahmenplanung (z. B. Ressourcen, Termine) sollen die beschlossenen Ziele erreicht werden. Die Budgets werden aus den verschiedenen Entscheidungspaketen abgeleitet. Parallel dazu sollte die Unternehmensleitung Prioritäten, verfügbare Mittel, Ursachen und Wirkungsbeziehungen von Maßnahmen intensiv im Unternehmen kommunizieren. Nun folgt die permanente Steuerung der Maßnahmen und Gemeinkosten. Das Controlling überwacht die Einhaltung des Budgets und berichtet über wesentliche Abweichungen.

Die Vorteile dieser Methode sind,
- dass dezentrale Führungskräfte in den Budgetierungsprozess eingebunden werden,
- dass es kein starres bzw. fortgeschriebenes Budget gibt,
- dass die Simulation verschiedener Budgethöhen möglich ist,
- dass eine permanente Überprüfung der Effektivität und Effizienz möglich wird und dass ein eventuell vorhandenes Restbudget im Dezember nicht für irgendwelche, also nicht auf die Ziele einzahlenden Maßnahmen ausgegeben wird, nur „weil noch Geld da" ist.

Die Nachteile dieser Methode liegen darin,
- dass eine Bereitschaft bei Führungskräften vorausgesetzt wird, grundsätzlich die eigenen Leistungen in Frage zu stellen,
- dass sie einen erheblichen Aufwand in der Praxis darstellt und daher besser aperiodisch einzusetzen ist.

8 Wirkungsportfolio erstellen

Mit der auf diese Weise hergestellten Kostentransparenz lässt sich nun ein Budget entwickeln, wie es in der Höhe notwendig wäre, um anhand eines Maßnahmenplanes eine gewünschte Wirkung bei den relevanten Stakeholdern zu erzielen. Solch ein Budget umfasst
- alle Maßnahmen und strategischen Projekte, die im Budgetjahr die strategischen Ziele des Unternehmens unterstützen sowie
- die Basisarbeit der Unternehmenskommunikation.

Durch die erreichte Transparenz in den Maßnahmenkosten und durch die Vereinbarungen hinsichtlich der Wirkung von Kommunikationsmaßnahmen kann nun ein Budget so erstellt werden, dass die angestrebte Wirkung (Outcome, Outflow) mit den geplanten Maßnahmen und mit den geplanten Ressourcen (Zeit, Personal, Kosten) erzielt werden kann. Dabei werden die Analyseergebnisse des Zero-Base-Budgeting über einen Zeitraum von etwa fünf Jahren verwendet.

In der Praxis des Controllings werden Methoden eingesetzt, die mit kleinen Anpassungen gut geeignet sind, die notwendigen Ressourcen zur Umsetzung einer Kommunikationsstrategie zu bestimmen. Die Verantwortlichen der Kommunikationsbereiche können diese etablierten Methoden einsetzen, um für sich selbst und im Budgetierungsprozess Transparenz herzustellen. Diese Transparenz trägt dazu bei, dass die Ressourcen nicht nur zu ermitteln sind, sondern auch zur Verfügung gestellt werden. So wird die Bedeutung der Kommunikationsfunktion in der Ressourcenzuteilung von Unternehmen herausgestellt.

Literatur

Deutsches Institut für Normung e. V. (2009). *DIN SPEC 1086. Qualitätsstandard für Controlling*. Berlin. Beuth Verlag.
International Group of Controlling (Hrsg.). (2011). *Controlling-Prozessmodell*. Freiburg: Haufe.
International Integrated Reporting Council (IIRC) (2013). *Framework*. Abgerufen von http://integratedreporting.org/wp-content/uploads/2013/12/13-12-08-THE-INTERNATIONAL-IR-FRAMEWORK-2-1.pdf
Küpper, H.-U. (2005). *Controlling. Konzeption, Aufgaben, Instrumente*. Stuttgart: Schäffer Pöschel Verlag.
Pollmann, R. (2016). Integrated Reporting. Chancen für die Unternehmenskommunikation. In G. Bentele, M. Piwinger & G. Schönborn (Hrsg.), *Handbuch Kommunikationsmanagement. Strategien, Wissen, Lösungen*. Köln: Wolters Kluwer.
Pollmann, R. (2015). Die Wirkungsstufen der Kommunikation. Bezugsrahmen und Steuerungsmodell. In G. Bentele, M. Piwinger & G. Schönborn (Hrsg.), *Handbuch Kommunikationsmanagement. Strategien, Wissen, Lösungen*. (Beitrag 4.45). Köln: Wolters Kluwer.
Pollmann, R. (2014). Kostentransparenz für Kommunikationsmaßnahmen. In: A. Zerfaß & M. Piwinger (Hrsg.), *Handbuch Unternehmenskommunikation* (S. 903–918). Springer Gabler.
Pollmann, R. (2012). Wirkungsorientierte Budgetierung. In: G. Bentele, M. Piwinger & G. Schönborn (Hrsg.), *Handbuch Kommunikationsmanagement. Strategien, Wissen, Lösungen* (Beitrag 4.41). Köln: Wolter Kluwer.
Pollmann, R. (2011). Integriertes Kommunikationscontrolling. In: G. Bentele, M. Piwinger & G. Schönborn (Hrsg.), *Handbuch Kommunikationsmanagement. Strategien, Wissen, Lösungen* (Beitrag 4.35). Köln: Wolter Kluwer.
Schmidt, W., Oehler, K., & Blachfellner, M. (2015). Moderne Wertorientierung. Leitfaden des Internationalen Controller Vereins. Freiburg: Haufe.
Stobbe, Reimer et al. (2010). Grundmodell für Kommunikationscontrolling. Internationaler Controller Verein, Gauting. Abgerufen von http://www.communicationcontrolling.de/fileadmin/communicationcontrolling/sonst_files/Positionspapier_DPRG_ICV.pdf
Storck, C. (2012). Strategie braucht Kommunikation. *Kommunikationsmanager, I/2012.* 74–78.
Wöhe, G. (1986). *Einführung in die Allgemeine Betriebswirtschaftslehre*. München: Vahlen.

Teil V: **Analyse, Strategie und KPIs im Kommunikationsmanagement**

Jan Sass

Steuerung und Bewertung des Maßnahmen-Mixes: Von der Relevanzanalyse bis zur Überprüfung der Strategieanbindung

Kommunikationsplanung beginnt immer mit Kommunikationsfolgenabschätzung, weil sich jeder Akteur fragen muss, ob die von ihm favorisierten Maßnahmen in der Lage sind, das zu bewirken, was erreicht werden soll. Ob es um die Unterstützung einer Produkteinführung geht, um die Positionierung eines CEOs, die Stärkung der Arbeitgebermarke oder um einen Veränderungsprozess: Bei der Maßnahmenplanung stellen sich dieselben Fragen nach Effektivität und Effizienz, nach Strategienähe und Vernetzung. Mit der Digitalisierung vervielfältigen sich die Kanäle und die Anzahl von Stakeholdergruppen, die ohne Mittler zu erreichen sind. Der Maßnahmen-Mix wird einerseits variabler, andererseits entsteht durch die zu beobachtende Konvergenz von PR und Marketing neue Komplexität. Ein beziehungsorientiertes Marketing will den Zielgruppen relevante Themen und Inhalte vermitteln und sich mit ihnen austauschen, womit es das traditionelle Handlungsfeld der Public Relations betritt (Schach 2014: 8). Marketing beschränkt sich also nicht mehr nur auf Paid Media – Kommunikationskanäle, in denen Unternehmen für die Veröffentlichung ihrer Inhalte bezahlen – sondern erobert auch die klassische Domäne der Unternehmenskommunikation, indem Inhalte aufgrund ihrer Relevanz für die Zielgruppe in unternehmensunabhängigen Kanälen (Earned Media) ohne Zahlung erscheinen.

Die steigende Zahl von Kommunikationsakteuren und -kanälen sowie der Effizienzdruck auf die Unternehmenskommunikation stellen die Planung des Instrumenten-Mixes vor höhere Herausforderungen. Viele Maßnahmen müssen von der Unternehmenskommunikation in Abstimmung mit weiteren Abteilungen geplant, koordiniert und umgesetzt werden. Im Zuge dieser Komplexitätszunahme der Unternehmenskommunikation wird das Leitbild der integrierten Kommunikation unter veränderten Vorzeichen wiederbelebt, begrifflich aber auch kritisch gesehen (Zerfaß 2014: 55 ff.).

1 Der Maßnahmen-Mix im Kommunikations-Controlling

Bruhn (2006: 17) definiert integrierte Kommunikation als „Prozess der Analyse, Planung, Organisation, Durchführung und Kontrolle, der darauf ausgerichtet ist, aus den differenzierten Quellen der internen und externen Kommunikation von Unternehmen eine Einheit herzustellen, um ein für die Zielgruppen der Kommunikation konsistentes Erscheinungsbild des Unternehmens bzw. eines Bezugsobjektes des Unternehmens zu vermitteln". Gegenstand der integrierten Kommunikation sind bei Bruhn die Kommunikationsinstrumente des Marketings, worunter „sämtliche Aktivitäten, die von einem kommunikationstreibenden Unternehmen bewusst zur Erreichung kommunikativer Zielsetzungen eingesetzt werden", zu verstehen sind (Bruhn 2015: 6). Ein Kommunikationsinstrument setzt sich wiederum aus der Bündelung gleichartiger Kommunikationsmaßnahmen zusammen.

Die Verknüpfung von Kommunikationsmaßnahmen zu einem Maßnahmen-Mix kann auf verschiedene Arten erfolgen. Von besonderer Bedeutung ist hierbei die *inhaltliche Integration* als thematische Verbindung von Kommunikationsmaßnahmen zur Vermittlung eines einheitlichen Erscheinungsbilds. So soll der Maßnahmen-Mix inhaltliche Verknüpfungen zwischen, aber auch innerhalb der Kommunikationsmaßnahmen schaffen sowie für die Bezugsgruppen miteinander vermittelte Inhalte und Botschaften sicherstellen. Gleichzeitig sind Kommunikationsmaßnahmen auf ihren Beitrag zur Erreichung der Kommunikationsziele zu untersuchen, damit Optimierungspotenziale bzw. nicht erfüllte Kommunikationsaufgaben identifiziert werden können. Neben der inhaltlichen Integration sollten Kommunikationsmaßnahmen grundsätzlich *formal*, das heißt über gleiche Gestaltungsprinzipien und -formen, sowie *zeitlich* integriert sein. Bei der zeitlichen Abstimmung wird die Abfolge der Maßnahmen koordiniert sowie Kontinuität als Grundlage für Wiederholungs- und Lerneffekte sichergestellt (Bruhn 2006: 69 ff.).

Die Entwicklung des Maßnahmen-Mixes ist ein wesentlicher Bestandteil des Kommunikationsmanagements. Das Kommunikationsmanagement ist „der Prozess der Planung, Organisation und Kontrolle der Unternehmenskommunikation", während das Kommunikations-Controlling diesen arbeitsteiligen Prozess stützt, „indem Strategie-, Prozess, Ergebnis- und Finanz-Transparenz geschaffen sowie geeignete Methoden, Strukturen und Kennzahlen für die Planung, Umsetzung und Kontrolle der Unternehmenskommunikation bereitgestellt werden" (Zerfaß, 2014: 59). Zerfaß unterscheidet vier *Handlungsfelder des Kommunikations-Controllings*, von denen das erste „die Schaffung von Transparenz und die Bereitstellung von Methoden für das *Kommunikationsmanagement*" ist. Der zweite Aspekt ist „die Steuerung und Kontrolle der *Kommunikationsstrategie*". Das dritte und vierte Handlungsfeld betreffen die *„Kommunikationsprogramme und -kampagnen"* respektive „das Kommunikations-Controlling auf der Ebene der *Kommunikationsmaßnahmen*"(ebd. 64). Hier stehen vor allem Methoden zur Steuerung sowie zur Kontrolle einzelner Maßnahmen im Vordergrund, zu denen beispielsweise die Medienanalyse, die Event-Auswertung oder die Befragung gehören.

In diesem Beitrag liegt der Schwerpunkt nicht auf der Evaluation ex post, sondern auf der Frage nach einer zielgerechten und effizienten Zusammenstellung von Maßnahmen in der Unternehmenskommunikation. Eine solche Bewertung kann auch im Rahmen eines Kommunikations-Audits erfolgen (vgl. dazu Sass 2014). Kommunikationsmaßnahmen sollen grundsätzlich der Erreichung von Kommunikationszielen dienen, die sich in strategische, taktische und operative Ziele unterscheiden lassen. Um relevant zu sein, muss eine Maßnahme auf ein oder auf mehrere Kommunikationsziele einzahlen. Der Umfang der Zielunterstützung und der Integrationsgrad einer Maßnahme bestimmt, neben anderen Kriterien, ihre Funktion im Maßnahmen-Mix – dazu gehören beispielsweise ihre Substituierbarkeit, die durch sie generierte Reichweite, ihre Kontaktintensität oder die Akzeptanz bei Stakeholdern. Ein weiteres Kriterium für die Maßnahmenqualität ist die Effizienz, die sich mit Blick auf Kosten und Zeitaufwand aus dem Verhältnis von Aufwand und Ergebnis ergibt.

Ein optimaler Maßnahmen-Mix beweist sich nicht nur durch die Integration von stakeholdergerechten Disziplinen und Kanälen. Ein solcher Mix ist mit kurz-, mittel- und langfristigen Maßnahmen auch zeitlich gestaffelt und adressiert die unterschiedlichen Anspruchsgruppen nach ihrer Gewichtung in einem Zielsystem. Dabei müssen die Informations- und Kommunikationsgewohnheiten der Zielgruppen sowie ihre Erwartungen und Bedürfnisse berücksichtigt werden. Der Maßnahmen-Mix ist zudem unternehmensspezifisch zu erstellen und auf die Marke sowie auf die verfügbaren Ressourcen abzustimmen. Im Folgenden werden einige Instrumente bzw. Methoden dargestellt, die eine objektivierte Bewertung der Relevanz, der Wirkung bzw. der Effizienz von Maßnahmen versprechen. Diese Instrumente und Methoden können zugleich einen transparenten und nachvollziehbaren Auswahlprozess unterstützen.

2 Portfolioanalyse

Ein im Marketing und in der Unternehmenskommunikation häufig eingesetztes Instrument der strategischen Planung ist die Portfolioanalyse. „Bei einer Portfolioanalyse werden in der Regel zwei Dimensionen zur Beschreibung einer Problemsituation in einer Matrix abgetragen. Die beiden Dimensionen werden durch jeweils zwei oder drei Ausprägungen beschrieben und in der Matrix in eine Beziehung zueinander gestellt. Die aus der Matrix sich ergebenden vier bzw. neun Felder bilden die Ausgangsbasis für die Ableitung von strukturierten Maßnahmenpaketen mit strategischer Wirkung" (Buchholz, 2013: 84). Die hier beschriebene Methodik der Portfolioanalyse lässt sich sowohl auf strategische als auch auf operative Fragestellungen, wie beispielsweise die Priorisierung von Maßnahmen, übertragen. Die Grundlage für eine Portfolioanalyse bildet eine Sammlung von Maßnahmen, die als Analyseobjekte in einem Portfolio bewertet werden (Abbildung 1). Dazu müssen zunächst die Achsenvariablen des Portfolios bestimmt werden.

Für die Abszisse eignen sich Kriterien, die die *strategische Relevanz* einer Maßnahme bewerten. Mögliche Kriterien können der Positionierungsbezug (*wie stark zahlt die Maßnahme auf die Positionierung des Unternehmens ein?*), die Zielausrichtung (*wie konsequent ist die Maßnahme auf Geschäftsauftrag und -ziele ausgerichtet?*) oder die

Stakeholder-Orientierung (*wie stark orientiert sich die Maßnahme an den Interessen und Erwartungen unserer Zielgruppen?*) sein. Auf der Ordinate werden die Maßnahmen in Bezug auf die operative Realisierung bzw. Umsetzbarkeit eingeordnet. Hier stehen die Maßnahmenqualität (w*ie gut können wir die Maßnahme umsetzen?*) und die Prozessbeherrschung (*wie stabil ist der Prozess der Leistungserstellung?*) im Vordergrund. In einer dritten Dimension ist der Ressourcenbedarf für eine Maßnahme zu bewerten. Dabei werden der Zeitaufwand und die Kosten für die Maßnahmenumsetzung, inklusive des Personalbedarfs, geschätzt und über unterschiedlich große Kreise (Bubbles) im Portfolio abgebildet.

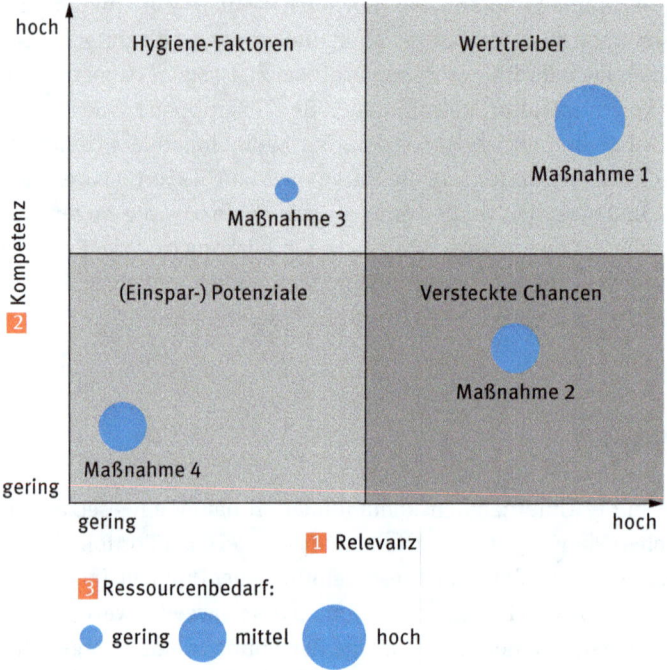

Abb. 1: Portfolioanalyse von Maßnahmen (eigene Darstellung)

Das Portfolio ermöglicht damit die Einschätzung von Maßnahmen im Hinblick auf den strategischen Zielbezug (Relevanz), die operative Umsetzbarkeit (Kompetenz) und den Ressourcenaufwand. Alle drei Dimensionen werden auf einer 10er Skala bewertet. Gibt es mehr als eine Leitfrage pro Dimension, so wird das durchschnittliche Ergebnis berechnet. Der Fokus liegt dabei nicht auf mathematischer Präzision, sondern auf einer erfahrungsbasierten Bewertung.

Den einzelnen Maßnahmen werden auf dieser Basis, je nach Ausprägung, insgesamt vier Quadranten zugeordnet. Maßnahmen mit einer hohen strategischen Bedeutung und einer hohen Bewertung der operativen Umsetzbarkeit sind die *Werttreiber*.

Sie haben die höchste Priorität im Maßnahmen-Mix und können lediglich in Bezug auf den Zeitaufwand und die Kosten optimiert werden *(Wie können wir effizienter werden, ohne dass die Qualität darunter leidet?)*. Als versteckte Chancen werden Maßnahmen mit einer hohen strategischen Relevanz, aber einer geringen Umsetzungskompetenz bezeichnet. Gelingt die Verbesserung der Maßnahmenqualität bzw. der Kommunikationsprodukte *(Wie können wir die Qualität der Maßnahmen verbessern?)*, kann der Maßnahmen-Mix um Kommunikationsmaßnahmen mit einem klaren strategischen Zielbezug erweitert werden.

Als Hygienefaktoren gelten hingegen Maßnahmen, die eine geringe Relevanz, aber eine hohe Umsetzbarkeit aufweisen und deshalb noch stärker auf die Strategieunterstützung auszurichten sind *(Wie lässt sich die strategische Relevanz der Maßnahmen verbessern?)*. (Einspar-)Potenziale ergeben sich aus den Maßnahmen mit schwachem Zielbezug und geringer Umsetzungskompetenz. Diese Maßnahmen müssen zunächst auf Potenziale in der strategischen Ausrichtung überprüft und entsprechend angepasst oder eingestellt werden *(Haben die Maßnahmen eine strategische Relevanz, die einen weiteren Ressourceneinsatz rechtfertigen? Wenn ja, wie lässt sich die Relevanz erhöhen?)*. Das Ergebnis der Portfolio-Analyse ist ein Maßnahmenbündel, das sowohl einen klaren Zielbezug hat als auch in der Kommunikationsabteilung umsetzbar ist.

3 Mapping-Analyse

Ein Mapping ist ein einfaches Verfahren, um die Zielanbindung einzelner Maßnahmen zu überprüfen. Dabei bestehen verschiedene Möglichkeiten für die Abbildung eines solchen Mappings. Die geeignete Wahl hängt vom Zielsystem des jeweiligen Unternehmens und der organisatorischen Aufstellung der Kommunikationsfunktion ab.

Auf der Basis eines *Strategischen Hauses*, einer strukturierten Darstellung von Zielen, können etwa unterschiedliche Säulen zugrunde gelegt werden, die eine primäre und sekundäre Zielunterstützung durch Kommunikationsmaßnahmen sichtbar machen. Den so definierten Zielsäulen der Organisation werden im ersten Schritt wesentliche Maßnahmen zugewiesen, die zum Beispiel auf die gegebenen Aufgabenbereiche der Unternehmenskommunikation bezogen werden können (Abbildung 2). Im Anschluss ist zu prüfen, welchen strategischen Zielen die Maßnahmen hauptsächlich zuzuordnen sind. Der Unterstützungsgrad wird ermittelt, indem die Wirkung der Maßnahme auf die zielrelevanten Anspruchsgruppen mit einer Reihe von Fragen überprüft wird. Hierzu zählen: *Welche Akzeptanz hat die Maßnahme bei der Anspruchsgruppe? Wie gut passt sie zum Kommunikationsziel? Welche Reichweite und Kontaktintensität sind mit ihr gegeben? Wie stark beeinflusst sie das Verhalten?*

Mit einem Scoring kann die Bewertung der Maßnahmen objektiviert werden. Der Nutzen dieses Verfahrens ist, dass die dadurch geleistete Visualisierung mögliche Dis-

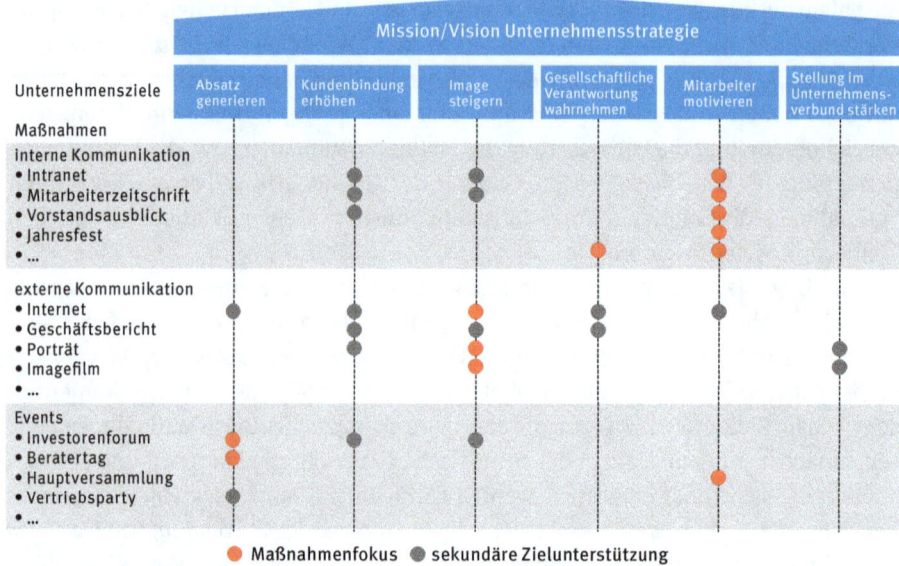

Abb. 2: Beispiel für die Strategieanbindung von Maßnahmen durch Mapping (eigene Darstellung)

paritäten bei der Ansteuerung von Zielen erkennen lässt und zu höherer Effizienz bei der Auswahl von Maßnahmen führt. Das Mapping ist vor allem als Redeinstrument zu verstehen. Es schafft eine Übersicht bei der Planung und kann ggf. mit einer Nutzwertanalyse (s. unten) vertieft werden.

4 Media Richness-Analyse

Die Media Richness-Theorie basiert auf einem Modell von Richard L. Daft und Robert H. Lengel (1986), das die zu kommunizierenden Inhalte in Beziehung zu den Kommunikationsmedien setzt. Dazu werden zunächst verschiedene Medien gemäß ihrer Fähigkeit zur Informationsübertragung in gering- und reichhaltig (*„arm* und *reich"*) kategorisiert. Der Grad der Reichhaltigkeit von Medien bestimmt sich aus der Vielfalt der Kanäle (Sprache, Tonfall, Gestik, etc.), dem Ausmaß des Feedbackangebots sowie der Möglichkeit, persönliche Emotionen über das Medium auszudrücken und wahrzunehmen. Medien mit einer hohen Media Richness sind jedoch nicht per se besser, sondern müssen in Bezug auf die Komplexität einer Kommunikationsaufgabe betrachtet werden (Möslein 1999: 6 f.). Für anspruchsvolle Aufgaben, die auf eine hohe Involvierung der Bezugsgruppen sowie auf Verhaltensänderungen abzielen, eignen sich reichhaltige Medien. Für Kommunikationsaktivitäten, die lediglich auf Wissen

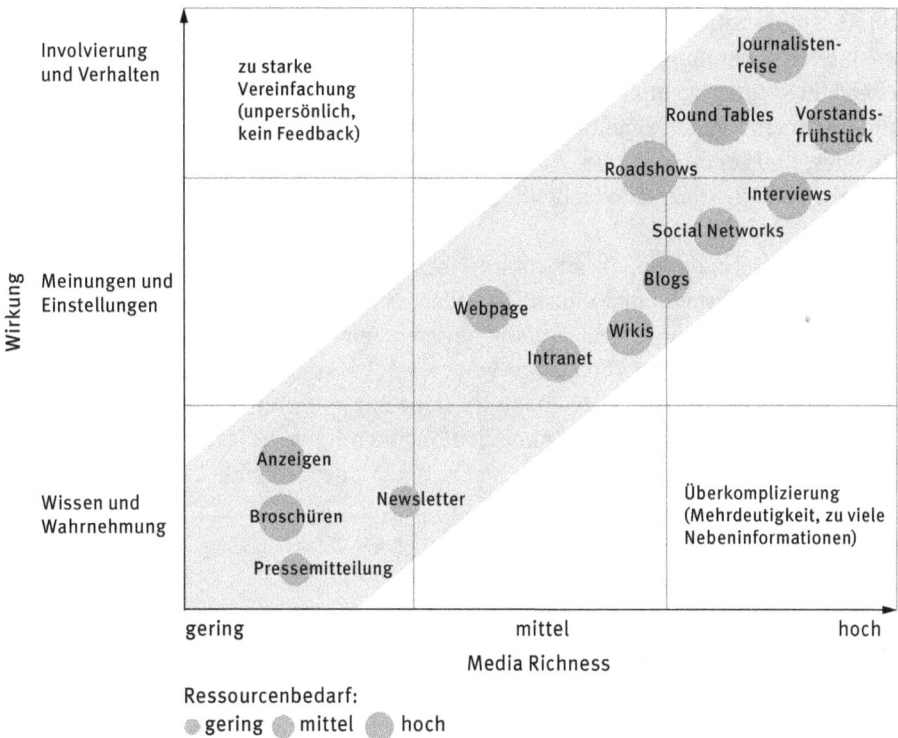

Abb. 3: Media Richness-Modell (eigene Darstellung nach Möslein 1999: 7)

und Wahrnehmung Einfluss nehmen sollen, können *geringhaltige* Medien, wie beispielsweise Brief und E-Mail, verwendet werden.

Die zweidimensionale Darstellung von Wirkung und Media Richness auf den Achsen eines Portfolios (Abbildung 3) ermöglicht die Identifikation eines Bündels effektiver Kommunikationsmedien. Dazu müssen sich die geplante Wirkung und die Reichhaltigkeit eines Mediums entsprechen. Andernfalls können Wirkungsziele durch die Wahl ungeeigneter Medien, die beispielsweise einen zu geringen oder einen zu hohen Grad an Feedback oder Personalisierung erlauben, nicht erreicht werden. Das Media Richness-Modell lässt sich auf die Planung des Maßnahmen-Mixes anwenden. Dazu sind zunächst die Kriterien für die Reichhaltigkeit eines Mediums zu erweitern. Die Anforderungen an Medien und Kanäle haben sich im Zuge der Digitalisierung gewandelt. Online-Kanäle mit einer hohen Media Richness zeichnen sich etwa durch sprachliche Varietät sowie durch Bewegtbild und Dialogangebote aus.

Die Auswahl geeigneter Instrumente erfolgt auf der Grundlage eines aufgabenbezogenen Maßnahmenportfolios. Zunächst sind die einzelnen Instrumente nach ihrer gewünschten Wirkung auf Wahrnehmung und Wissen, Meinungen und Einstellungen oder Involvierung und Verhalten der Zielgruppen zu analysieren und zu bewerten.

Im Anschluss werden die im Rahmen der Kommunikationsaufgabe geplanten Medien und Kanäle entlang eines idealen Korridors verortet, in dem Maßnahmen entsprechend ihrer Wirkungsintention aufeinander aufbauen. Ein effektiver Maßnahmen-Mix für die Unternehmenskommunikation weist ein proportionales Verhältnis von Media Richness und kommunikativer Wirkungsstufe auf. Im Kontext einer Kommunikationsaufgabe bedeutet das: Jede Maßnahme sollte genauso reichhaltig sein, wie es ihrem Ziel entspricht.

So sind Maßnahmen, die eine hohe Media Richness aufweisen, aber lediglich auf Wissen und Wahrnehmung einzahlen sollen, für das Kommunikationsziel zu kompliziert und damit ungeeignet. Auf der anderen Seite können Maßnahmen mit einer geringen Media Richness allein keine komplexen Wirkungsziele unterstützen.

Mit der Media Richness-Methode ist nicht nur zu ermitteln, ob geeignete Maßnahmen für unterschiedliche Kommunikationsintentionen ausgewählt sind, sie deckt ebenso mögliche Redundanzen von Maßnahmen oder fehlende Instrumente in der Wirkungskette auf. In einer dritten Dimension – über Bubbles – kann zudem der Ressourcenbedarf von Maßnahmen eingeschätzt werden.

5 Beeinflussungs- und Zielerreichungsmatrix

Bruhn (2006: 93) postuliert als ein Ziel der Integrierten Kommunikation, „sämtliche Kommunikationsinstrumente und -mittel gemeinsam in der Weise zu planen und einzusetzen, dass eine Einheit für die Gesamtkommunikation gefunden wird". Dabei werden für eine sinnvolle Zusammenstellung der Kommunikationsinstrumente hinreichende Informationen bzw. Annahmen über unterschiedliche Wirkungsaspekte vorausgesetzt: einerseits die Wirkung einzelner Kommunikationsinstrumente, andererseits ihre Wirkung in einem kombinierten Einsatz.

Bei den Instrumenten wird zwischen „funktionalen, zeitlichen und hierarchischen Beziehungsmustern" (Bruhn 2006: 95) unterschieden. In funktionaler Hinsicht sind verschiedene Beziehungstypen bei Maßnahmen möglich. Sie können komplementäre, konditionale, konkurrierende, substituierende oder indifferente Beziehungen abbilden. Diese Kriterien sind auch für die Auswahl des Maßnahmen-Mixes in der Unternehmenskommunikation von Bedeutung. Sie tragen nicht nur das Leitbild der Integrierten Kommunikation, sondern sind unmittelbar relevant für Entscheidungen im „interinstrumentellen Wettbewerb" (Bruhn 2006: 98), der sich auf die Aufteilung des Kommunikationsbudgets bezieht. Bruhn verweist ebenfalls darauf, dass die Auswahl von Kommunikationsinstrumenten nicht zuletzt von der Art der gewählten Kommunikationsstrategie abhängt, also davon, ob es sich beispielsweise um eine Strategie zum Aufbau von Bekanntheit oder zur Imageprofilierung handelt (ebd. 111).

Vor diesem hier nur knapp skizzierten Hintergrund sieht es Bruhn (ebd. 112) als Aufgabe der Integrierten Kommunikation, „die Beziehungen zwischen den einzelnen Kommunikationsinstrumenten genauer zu analysieren und diese hinsichtlich ihrer funktionalen, zeitlichen und hierarchischen Struktur zu kennzeichnen". Dazu werden verschiedene Arbeitsformate vorgeschlagen, von denen im Folgenden die *Beeinflussungsmatrix* (Abbildung 4) und die *Zielerreichungsmatrix* kurz vorgestellt werden. Eine Beeinflussungsmatrix dient dazu, die Wirkungsbeziehungen zwischen den unterschiedlichen Elementen darzustellen. Die Beziehungen werden in verschiedenen Klassen auf Basis von Experteneinschätzungen als *Wirkungsintensitäten* bewertet. Bruhn nennt als Beispiel eine Abstufung von 0 für keine nachweisbare Wirkung bis 4 für eine sehr starke Intensität der Wirkung. Es werden jeweils immer zwei Elemente – in diesem Fall: Kommunikationsmaßnahmen – als Paar verglichen. Die Matrix zeigt den Einfluss eines Kommunikationsinstruments auf ein anderes ebenso wie seine eigene Beeinflussbarkeit durch weitere Instrumente (ebd. 128). Durch die Addition der vertikalen bzw. horizontalen Zahlenreihen ergibt sich für jedes Kommunikationsinstrument jeweils eine *Aktivsumme* (Einfluss) und eine *Passivsumme* (Beeinflussbarkeit).

Mit der Division der Aktivsumme durch die Passivsumme jedes Instruments wird der *Grad der Einflussnahme* auf andere Maßnahmen berechnet. Das *Ausmaß der Beeinflussbarkeit* jeder Maßnahme durch andere Instrumente wird durch die Multiplikation der Passivsummen mit den Aktivsummen errechnet (ebd. 130). In einem weiteren Schritt wird daraus eine durchschnittliche Beeinflussungssumme ermittelt, auf deren Grundlage die Instrumente in vier Bedeutungsklassen einzusortieren sind:
– Leitinstrumente (stark beeinflussend, werden selbst wenig beeinflusst),
– Folgeeinstrumente (schwach beeinflussend, werden aber stark beeinflusst),
– Kristallisationsinstrumente (stark beeinflussend, werden ebenfalls stark beeinflusst),
– Integrationselemente (schwach beeinflussend, schwach beeinflusst).

Diese Klassifikation gibt Hinweise für die Planung des Maßnahmen-Mixes. So haben Leitinstrumente beispielsweise eine besondere strategische Bedeutung und sollten mit höherer Priorität geplant werden, während Integrationsinstrumente auf ihre taktische Notwendigkeit zu prüfen sind. Bruhn verweist darauf, dass dieses Instrument am besten im Anschluss an die Zielerreichungsmatrix eingesetzt wird (ebd. 166).

Die Zielerreichungsmatrix (Abbildung 5) wird nach der Festlegung von Zielen und Zielgruppen verwendet, um „die Eignung der Kommunikationsinstrumente zur Zielerreichung zu prüfen" (ebd.). Dazu werden die Kommunikationsinstrumente in der Matrix mit den strategischen Kommunikationszielen in Beziehung gesetzt. Durch eine Punktebewertung, die ebenfalls auf einem Expertenurteil basiert, wird die Zielunterstützung auf einer Skala von 0 bis 10 dargestellt. Je nach Bedeutung des Ziels kann hierbei auch eine Gewichtung der Bewertung erfolgen. Beide Analysemethoden geben zusammengenommen Aufschluss über die relative Bedeutung der Kommunikationsinstrumente in einem definierten Zielzusammenhang.

Beeinflussung von → durch Einfluss ↑ von ↑ auf	Media- werbung	Verkaufs- förderung	Public Relations	persönliche Kommunikation	Direct Marketing	Sponsoring	Event Marketing	Messen und Ausstellungen	interne Kommunikation	Multimedia- kommunikation	Einfluss- nahme
Mediawerbung		4	3	2	2	1	0	0	0	2	14
Verkaufsförderung	2		0	2	1	1	1	1	0	0	8
Public Relations	1	0		0	0	3	3	1	1	2	11
persönliche Kommunikation	0	2	0		0	1	1	2	1	0	7
Direct Marketing	0	0	0	1		0	0	1	0	3	5
Sponsoring	3	3	4	2	2		3	2	2	3	24
Event Marketing	1	0	2	1	0	3		2	3	2	14
Messen und Ausstellungen	0	2	0	4	0	0	3		0	2	11
Interne Kommunikation	0	0	1	1	0	2	2	1		3	10
Multimediakommunikation	0	0	0	0	2	0	0	0	2		4
Beeinflussbarkeit	7	11	10	13	7	11	13	10	9	17	

0 = keine nachweisbare Wirkung
1 = sehr geringe Intensität der Wirkung
2 = eher geringe Intensität der Wirkung
3 = eher starke Intensität der Wirkung
4 = sehr starke Intensität der Wirkung

Leitmaßnahme
Folgemaßnahme
Kristallisationsmaßnahme
Integrationsmaßnahme

Abb. 4: Beeinflussungsmatrix für Kommunikationsmaßnahmen (Quelle: Bruhn 2006: 129)

Zielgruppe	strategische Kommunikationsziele	Zielgewichtung	Mediawerbung	Verkaufsförderung	Direct Marketing	persönliche Kommunikation	Messen und Ausstellungen	Sponsoring	Event Marketing	Public Relations	interne Kommunikation	Multimediakommunikation
Kunden	Ziel 1	0,6	10	9	3	9	4	3	2	1	3	6
Kunden	Ziel 2	0,4	9	8	3	10	3	2	2	1	4	4
Handel	Ziel 3	0,3	2	1	4	1	1	3	4	3	9	8
Handel	Ziel 4	0,7	0	0	3	2	2	4	5	4	10	6
Mitarbeiter	Ziel 5	0,5	4	1	9	1	2	4	2	2	2	3
Mitarbeiter	Ziel 6	0,5	3	2	10	2	3	5	2	1	1	1
Öffentlichkeit	Ziel 7	0,3	1	1	5	4	4	7	5	1	7	3
Öffentlichkeit	Ziel 8	0,7	9	2	9	2	8	5	2	4	1	9

Abb. 5: Zielerreichungsmatrix für Kommunikationsmaßnahmen (Quelle: Bruhn 2006: 167)

Auch wenn in diesem Zusammenhang alles auf die Realisierung einer Integrationsstrategie fokussiert ist, erlaubt die Systematik zum Beispiel eine detailliertere Betrachtung von Maßnahmenbeziehungen im Rahmen eines Projekts oder eines Kommunikationsbereichs. Relevante Fragen sind hier: *Bauen Maßnahmen aufeinander auf, sind einzelne Maßnahmen isoliert? Wie hoch oder gering ist die Wirkungsvernetzung insgesamt? Welche Maßnahme ist als Leitmaßnahme erkennbar geworden und darf nicht wegfallen?* Die Methoden helfen dabei, das Maßnahmen-Portfolio zu hinterfragen und Erkenntnisse für die Maßnahmenplanung zu gewinnen. Sie sind besonders für eine Gruppendiskussion sinnvoll, um kritische Fragen zu Zielrelevanz und Zusammensetzung von Maßnahmen aufzuwerfen.

6 Nutzwertanalyse

Die Planung des Maßnahmen-Mixes setzt voraus, dass jede Kommunikationsmaßnahme zur Erreichung der Kommunikationsziele beizutragen hat; der jeweilige Beitrag ist jedoch mit Bezug auf Effektivität und Effizienz durchaus unterschiedlich. Bei alternativen Maßnahmenentscheidungen kann die Methode der Nutzwertanalyse hilfreich sein. Nutzwertanalysen vereinfachen komplexe Entscheidungen, insbesondere wenn eine hohe Anzahl von quantitativen und qualitativen Bewertungskriterien vorliegt, eine Hierarchisierung der Bewertungskriterien schwierig erscheint, mehrere Personen im Entscheidungsprozess involviert sind oder eine objektiv nachvollziehbare und dokumentierbare Entscheidungsfindung notwendig ist (Kühnapfel 2014: 2f.). Nutzwertanalysen erlauben somit die Auswahl von Kommunikationsmaßnahmen aus einer Menge von Alternativen sowie die daran anschließende Aufstellung einer Rangfolge.

Die Grundlage für eine Nutzwertanalyse bildet ein Kriterienkatalog, der das Entscheidungsproblem mit Blick auf die Zielerreichung fragmentiert und abbildet – hierbei sollten die Kriterien möglichst umfassend ermittelt werden. Anschließend sind die Kriterien sinnvoll zu gruppieren und nach Relevanz für die Zielerreichung zu gewichten. Für die Auswahl von Kommunikationsmaßnahmen lassen sich, wie Abbildung 6 zeigt, unter dem Aspekt der Effizienz beispielsweise die Kriterien Kosten und Zeitaufwand fassen, während Zielbezug und Zielgruppenfokus Teil der Kriteriengruppe Effektivität sein können. Danach erfolgt die Bewertung der Maßnahmen mit Bezug auf die Kriterien anhand einer 10er Skala (1 = „schwach erfüllt"; 10 = „voll erfüllt"). Durch die den einzelnen Maßnahmen zugewiesenen Werte wird ihr Nutzwert berechnet. Dazu sind die Werte der einzelnen Kriterien mit den Gewichtungen der Kriteriengruppen zu multiplizieren. Die Summe der Werte aus allen Kriteriengruppen ergibt den Nutzwert. Auf Basis der Nutzwerte der einzelnen Maßnahmen kann eine eindeutige Priorisierung vorgenommen werden (ebd. 9).

	Gewichtung	Maßnahme 1		Maßnahme 2		Maßnahme 3	
		Erfüllungsgrad (Skala 1-10)	Ergebnis	Erfüllungsgrad (Skala 1-10)	Ergebnis	Erfüllungsgrad (Skala 1-10)	Ergebnis
Effizienz							
Kosten	20	10	200	3	60	4	80
Zeitaufwand	5	3	15	7	35	8	40
Prozesssicherheit	5	7	35	1	5	9	45
Maßnahmenqualität	10	8	80	5	50	2	20
Kontaktchancen	10	6	60	4	40	8	80
	50		390		190		265
Effektivität							
Zielbezug	10	10	100	8	80	10	100
Zielgruppenfokus	10	9	90	9	90	1	10
Reale Kontakte	5	08	40	3	15	8	40
Kontaktintensität	5	4	20	7	35	10	50
Wirksamkeit	20	8	160	7	140	5	100
	50		410		360		300
Nutzwert	100		**800**		**550**		**565**
			Rang 1		Rang 3		Rang 2

Abb. 6: Beispiel für Maßnahmenbewertung durch Nutzwertanalyse (eigene Darstellung)

Eine Nutzwertanalyse ist sinnvoll, um die Auswahl zwischen unterschiedlichen Maßnahmen zu vereinfachen und konsensuelle Ergebnisse zu erreichen. Die Qualität dieser Methode hängt maßgeblich davon ab, wie klar die Zielsetzung formuliert ist und wie gut die gewählten Kriterien das Entscheidungsproblem beschreiben. Aber auch hier empfiehlt es sich, den erzielten Werten nicht blind zu folgen, sondern die Ergebnisse in der Gruppe kritisch zu befragen.

7 Ausblick: Steuerung des Maßnahmen-Mixes

Als Format zur Darstellung von Kommunikationsergebnissen – mitunter aber auch als Substitution für ein Reporting – hat sich die *Communication Scorecard* etabliert (Sass & Zerfaß 2016). Sie informiert über Ist- bzw. Soll-Werte der Kennzahlen, die jeweils einem bestimmten Kommunikationsziel zugeordnet sein sollten. Üblicherweise gibt sie neben der Messgröße für die Kennzahl – welche immer einen konkreten Wert ausweist – auch die Frequenz der Messung und die Datenquelle an. Meist werden solche Communication Scorecards für unterschiedliche Abteilungen erstellt, wobei ihre Architektur von der Aufstellung der Kommunikationsfunktion und ihren spezifischen

Anforderungen abhängt. In der Regel ist es sinnvoll, eine Communication Scorecard für die Leitungsebene Unternehmens- oder Marketingkommunikation sowie für untergeordnete Bereiche vorzusehen und, bei Bedarf, auch auf einzelne Teams oder Projekte auszuweiten. Praktisch orientieren sich die Ausprägungen der Communication Scorecard an spezifischen Informationsinteressen.

Die Communication Scorecard kann mehr sein als nur eine Kennzahlensammlung und ein Tool zur operativen Optimierung der Kommunikation – sie dient auch und vor allem zur *strategischen Steuerung* der Unternehmenskommunikation. Werden bei der Evaluation der Kommunikationsmaßnahmen Abweichungen zwischen den Soll- und Ist-Größen festgestellt, können entsprechende Anpassungen an den Maßnahmen und dem Maßnahmen-Mix vorgenommen werden. Die Erkenntnisse der Evaluation fließen außerdem in die neuerliche Planung und Bewertung der Maßnahmen ein. Die Communication Scorecard ermöglicht so die dynamische Steuerung und eine beständige Optimierung des Maßnahmen-Mixes.

Literatur

Bruhn, M. (2006). *Integrierte Unternehmens- und Markenkommunikation: Strategische Planung und operative Umsetzung*. Stuttgart: Schäffer-Poeschel Verlag.

Bruhn, M. (2015). *Kommunikationspolitik: Systematischer Einsatz der Kommunikation für Unternehmen*. München: Vahlen.

Buchholz, L. (2013). *Strategisches Controlling: Grundlagen – Instrumente – Konzepte*. Wiesbaden: Gabler.

Daft, R. L, & Lengel, R. H. (1986). Organizational Information Requirements, Media Richmess and Structural Design. *Management Science, 32*, 554–571.

Kühnapfel, J. (2014). *Nutzwertanalysen in Marketing und Vertrieb*. Wiesbaden: Gabler.

Möslein, K. (1999). Medientheorien: Perspektiven der Medienwahl und Medienwirkung im Überblick. In R. Reichwald (Hrsg.), *Arbeitsberichte des Lehrstuhls für Allgemeine und Industrielle Betriebswirtschaftslehre an der Technischen Universität München*. München.

Pleil, T. & Zerfaß, A. (2014). Internet und Social Media in der Unternehmenskommunikation. In A. Zerfaß & M. Piwinger (Hrsg.), *Handbuch Unternehmenskommunikation: Strategie – Management – Wertschöpfung* (S. 731–753). Wiesbaden: Gabler.

Sass, J., & Zerfaß, A. (2016). Communication Scorecards zur Kommunikationssteuerung und Wertschöpfung. In M. Bruhn, F.-R. Esch & T. Langner (Hrsg.), *Handbuch Controlling der Kommunikation* (S. 163–179). Wiesbaden: Springer Fachmedien.

Sass, J. (2014). Analyse und Optimierung von Kommunikationsstrukturen: Audits und Exzellenzmodelle. In A. Zerfaß & M. Piwinger (Hrsg.), *Handbuch Unternehmenskommunikation: Strategie – Management – Wertschöpfung* (S. 1063–1076). Wiesbaden: Gabler

Schach, A. (2014). *Advertorial, Blogbeitrag, Content-Strategie & Co.: Neue Texte der Unternehmenskommunikation*. Wiesbaden: Gabler.

Zerfaß, A., & Piwinger, M. (2014). Unternehmenskommunikation als Werttreiber und Erfolgsfaktor. In A. Zerfaß & M. Piwinger (Hrsg.), *Handbuch Unternehmenskommunikation: Strategie – Management – Wertschöpfung* (S. 1–18). Wiesbaden: Gabler.

Zerfaß, A. (2014). Unternehmenskommunikation und Kommunikationsmanagement: Strategie, Management und Controlling. In A. Zerfaß & M. Piwinger (Hrsg.), *Handbuch Unternehmenskommunikation: Strategie – Management – Wertschöpfung* (S. 21–75). Wiesbaden: Gabler.

Uwe Berlinghoff und Thomas Breuer
Planen. Messen. Steuern.
Das integrierte Kommunikations-Controlling bei der Mainova AG

1 Die Ausgangslage: Stärkung der integrierten Kommunikation

Die Mainova AG aus Frankfurt folgt einem am Ergebnis orientierten Verständnis von Kommunikation: „Der Wert von Kommunikation liegt in ihrer Wirkung" (L. Rolke). Denn nur wer die Wirkung von Kommunikation kennt, weiß was er ausgelöst hat und ob ihm das nutzt. Daher will der Energieversorger regelmäßig wissen, was er wie wann wodurch und mit welchem Effekt kommuniziert. Diese Ergebnisse dienen als Grundlage für eine Steuerung der Kommunikationsaktivitäten. Um dieses Ziel zu erreichen wird die gesamte Unternehmenskommunikation nicht nur strategisch entwickelt und geplant, sondern auch in ihrer Wirkung gemessen.

Das Kommunikations-Controlling-System der Mainova folgt der Zielvorgabe, den Wirkungsprozess von Kommunikation durch ein methodenübergreifendes Messverfahren (Abbildung 1) transparent zu machen, um Erfolge und Themenrisiken zu erkennen, aber auch Optimierungsansätze zu identifizieren. Das so justierte Steuerungssystem soll auf den realen und nachweisbaren Wirkungszusammenhängen basieren, d. h. die Kommunikationseffekte werden nicht isoliert gemessen, sondern immer in einem Ursache-Wirkungszusammenhang erfasst und bewertet. Insbesondere der eigene Einfluss auf die veröffentlichte Meinung und die Wirkung der veröffentlichten Meinung auf verschiedene Verhaltens- und Einstellungsindikatoren soll über Kennzahlen abgebildet und messbar gemacht werden. Denn nur so kann die Effizienz und Effektivität der Kommunikation systematisch erhöht werden.

Wichtig ist es dabei, im Vorfeld klare Ziele für die Unternehmenskommunikation zu formulieren. Erst wenn den Kommunikatoren bewusst ist, auf welche Punkte sie mit ihren Aktivitäten einzahlen sollen, können sie hinterher den Erfolg ihrer Arbeit evaluieren. Und nur dann lassen sich auch fundierte Entscheidungen darüber treffen, welche Veränderungen eventuell notwendig sind, um die Kommunikation weiter zu optimieren.

Seit nunmehr fünf Jahren arbeitet die Mainova AG mit einem anspruchsvollen und belastbaren Controlling-System für die Unternehmenskommunikation. Durch die Ergebnisse wird deutlich, welche Auswirkungen die Kommunikationsarbeit auf das Image des Unternehmens hat. Positive und negative Trends der Medienberichterstattung können auf diese Weise schnell erkannt werden. Anhand von zuvor festgelegten

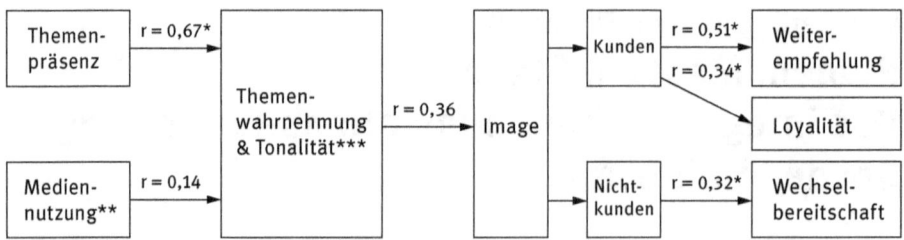

* Korrelationskoeffizienten signifikant (α ≤ 0,05),
** Nutzungsintensitäten aller Medien,
*** Tonalität der Berichterstattung in den vier Themenfeldern

Abb. 1: Der Wirkungszusammenhang von Medienpräsenz, Image und Loyalität

Zielvorgaben können so konkrete Maßnahmen ergriffen und die Kommunikationsaktivitäten gesteuert werden.

Aus diesen Erkenntnissen lassen sich klare Konsequenzen für die strategische Themenplanung ableiten. Darüber hinaus können die zur Verfügung stehenden begrenzten Ressourcen wie Personal und Budget effizienter eingesetzt werden. Die Ergebnisse des PR-Controllings ermöglichen es, die Kommunikationsarbeit kontinuierlich anhand von objektiven Kennzahlen zu kontrollieren. Es können überprüfbare Maßnahmen zur Weiterentwicklung entwickelt und umgesetzt werden. Dadurch lassen sich die Effizienz und Effektivität der Kommunikationsarbeit optimieren.

Die Mainova AG hat diesen Prozess im Jahr 2014 noch einmal neu gestartet. Das Ziel war, dass die Mainova und ihre Tochterfirmen nach außen mit allen Kommunikationsinstrumenten und zu allen Anlässen mit einer einheitlichen Kommunikationsstrategie und einer zielgerichteten Unternehmensbotschaft auftritt. Die Kernfrage lautete: Wie kann die Mainova mit ihren Themen und Botschaften ihre unterschiedlichen Zielgruppen durch einen optimalen Medienmix wirkungsvoll und effizient ansprechen?

Es sollte nun ein integrierter Ansatz gefunden werden, der insbesondere auch das Marketing mit einbezieht. PR und Marketing sind bei der Mainova nicht nur in unterschiedlichen Abteilungen strukturiert, sie sind auch in unterschiedlichen Vorstandsressorts angesiedelt. Dadurch waren in der Vergangenheit zahlreiche Probleme entstanden: Hierzu zählten beispielsweise doppelte Recherchen, die Heterogenität der gesendeten Botschaften oder eine nicht optimal aufeinander angepasste Themensetzung.

Um ein belastbares Steuerungsinstrument für diesen integrierten Ansatz zu erhalten, wurde ein System für ein integriertes Monitoring erarbeitet, mit dem die Wirkung sämtlicher Kommunikationsaktivitäten aus PR und Marketing gemeinsam erfasst werden soll. Diese Ergebnisse fließen in einen Lenkungskreis, der die Kommunikationsziele aus den strategischen Unternehmenszielen ableitet, Kanäle festlegt und sämtliche Kommunikationsaktivitäten des Unternehmens steuert.

2 Entwicklung von strategischen Kommunikationsthemen

Im Gegensatz zu Autos, Modeartikeln oder Handys handelt es sich bei den Produkten der Mainova AG (Strom, Gas, Fernwärme, Wasser) um keine Gegenstände, die bereits über ihre Funktion oder ihr Design Anknüpfungspunkte für eine emotionale Aufladung bieten. Für den Energieversorger ist deshalb ein positives Unternehmensimage unabdingbar für den Geschäftserfolg. Nur so kann sich das Unternehmen gegenüber dem Wettbewerb positiv abheben, Kunden gewinnen und binden. Sämtliche Kommunikationsaktivitäten sind daher darauf ausgerichtet, einen positiven Beitrag zum Unternehmensimage zu leisten.

In einem ersten Schritt wurde deshalb in einer mehrwöchigen Welle mit rund 1.000 Befragten aus der Rhein-Main-Region das Image des Unternehmens abgefragt. Besonders stark werden der Mainova hier die Attribute „Regionalität" und „Seriosität" zugesprochen. Bei der Regionalität wurde von den Befragten insbesondere honoriert, dass sich die Mainova für die Förderung der Region engagiert. Ihr wurde zugesprochen, ein wichtiges Unternehmen für die Entwicklung der Region zu sein. Den besten Image-Wert erreichte der Energieversorger bei seinem Kerngeschäft: Das Unternehmen steht dafür, eine langfristig verlässliche Energieversorgung zu garantieren. Als weiteres Handlungsfeld konnte das Thema „Zukunftsorientierung" ausgemacht werden. Bei der Frage, ob das Unternehmen für die Herausforderungen der Zukunft gut aufgestellt ist, lag der Wert noch im Durchschnitt. Die Befragten stellten aber insbesondere fest, dass Mainova ihrer Ansicht nach nicht mit neuen Ideen hervortritt. Eher schwächer war das Bild bei der Frage, ob das Unternehmen Maßstäbe in der eigenen Branche setzt.

Nachdem nun feststand, welches Bild die Menschen von Mainova hatten, sollte analysiert werden, mit welchen Themen der Energieversorger kommunikativ am besten punkten könnte. Im nächsten Schritt wurde deshalb analysiert, welche Wirkungen die kommunizierten Themen über alle Kanäle hinweg entfalten (Abbildung 2). Die höchste Wahrnehmung hatte dabei der Themenkomplex „Regionales Engagement", dicht gefolgt vom ähnlichen Feld „Gesellschaftliches Engagement". Jeweils rund 30 Prozent derjenigen, denen das Unternehmen bekannt war, konnten sich daran erinnern, die Mainova bei diesen Themen wahrgenommen zu haben. Am Ende der Liste lagen die Themen „Mainova als Wirtschaftsfaktor" und „Kundenservice" mit 17 bzw. 16 Prozent.

Aus der Kombination von Themenwahrnehmung und Imagebewertung konnte nun berechnet werden, welche Themen die stärksten Effekte für das Image des Unternehmens haben. Dabei wurde deutlich, dass die Themen „Nachhaltigkeit", „Kundenservice" und „Zukunftsorientierung" am stärksten auf das Image des Unternehmens einzahlen, wenn sie wahrgenommen werden.

Auf der Grundlage dieser gesammelten Daten waren anschließend die zukünftigen Kernthemen abzuleiten (Abbildung 3). Diese Aufgabe hatte der Lenkungskreis

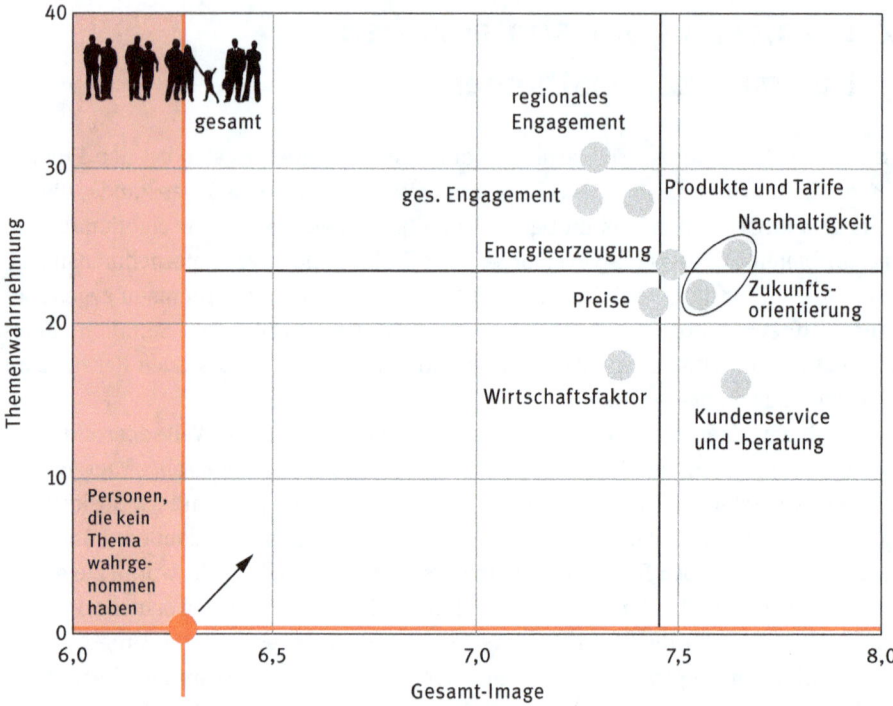

Abb. 2: Die Themen „Nachhaltigkeit" und „Zukunftsorientierung" haben den stärksten Einfluss auf das Image des Energieversorgers (Quelle: Mainova Kommunikations-Controlling Report).

Kommunikation, in dem insbesondere die Bereiche Kommunikation, Marketing, Personal, Strategie, und Kundenservice auf Leitungsebene vertreten sind.

Als erstes Fokusthema wurde die „Zukunftsorientierung" ausgewählt. Gemeinsam mit dem Thema „Nachhaltigkeit" ist sie die positivste Einflussgröße auf das Image der Mainova insgesamt. Gleichzeitig ist es eines der Felder, bei denen die Mainova ihr Image noch stark ausbauen kann. Gerade das Thema „Innovationskraft" spielt eine herausgehobene Rolle in der Kommunikation der Mainova AG. Die Ergebnisse des Kommunikations-Controllings zeigten regelmäßig, dass dieses Thema den stärksten Einfluss auf die Imagebildung des Unternehmens hat. Es kann sich hierdurch als innovatives Unternehmen positionieren, das eine der derzeit drängendsten gesellschaftlichen Aufgaben – die Energiewende – anpackt und vorantreibt. So will sich Mainova gegenüber ihren Stakeholdern als verlässliches, kompetentes und fortschrittliches Unternehmen präsentieren. In der gleichen Weise positioniert die Kommunikationsabteilung auch den Vorstand der Mainova AG, um diesen positiven Eigenschaften ein Gesicht zu geben und ihn als relevanten Akteur der Energiewende darzustellen.

Die Energiewende ist ein Thema, das eine breite gesellschaftliche Relevanz besitzt. Es gibt zahlreiche Akteure, die von diesem Jahrhundertprojekt betroffen sind.

Es geht um Fragen wie Versorgungssicherheit, Klimaschutz, Netzausbau oder Energiepreise. Zahlreiche Stakeholder befassen sich aus unterschiedlichen Blickwinkeln mit diesen Themen: Die Politik als entscheidender Akteur muss die notwendigen Rahmenbedingungen setzen, Bürger sind von steigenden Energiepreisen betroffen, die Eigentümer der Energieversorger hoffen trotz der Umwälzungen auf stabile Renditen. Die Arbeitnehmer in der Energiewirtschaft müssen sich neuen Herausforderungen stellen. Anwohner von Projekten wie Windparks stehen den Maßnahmen teilweise kritisch gegenüber. Journalisten wollen ihren Rezipienten das Thema erläutern. Alle diese Akteure sollen über unterschiedliche Kanäle erreicht werden, um sie von den Zielen des Unternehmens zu überzeugen. Nur so ist ein erfolgreiches wirtschaftliches Handeln möglich.

Um die bestehende Image-Stärke beim Thema „Regionalität" zu halten und bestenfalls sogar weiter auszubauen, entschied sich der Lenkungskreis, dieses Thema ebenfalls in den Vordergrund der Kommunikation zu stellen. Zwar sind die Image-Effekte des Themas schwächer als bei anderen Themen. Regionalität wurde aber zuvor bereits als eine der substanziellen Stärken des Unternehmens erkannt und als geeignetes Instrument zur Bindung der Kunden bewertet. Durch die hohe Wahrnehmung dieses Themas und die Bestätigung eines vorhandenen Eindrucks der Kunden wird die „Regionalität" daher als optimaler Hebel angesehen, das Unternehmens-Image zu stärken. Als drittes Themenfeld wurde das Themengebiet „Kundenservice" bestimmt. Insbesondere durch die Verbindung mit den Produkt-Angeboten der Mainova sollte die Preis-Wertigkeit der entsprechenden Leistungen dargestellt werden.

Zu jedem dieser drei Kernthemen wurde auf der Grundlage der vorliegenden Befragungsdaten analysiert, welche Zielgruppe mit welchem Thema oder Themenbündel angesprochen werden soll. Hierbei stand wieder die Image-Wirksamkeit der Themen bei den Adressaten im Mittelpunkt der Betrachtung. So wurde beispielswei-

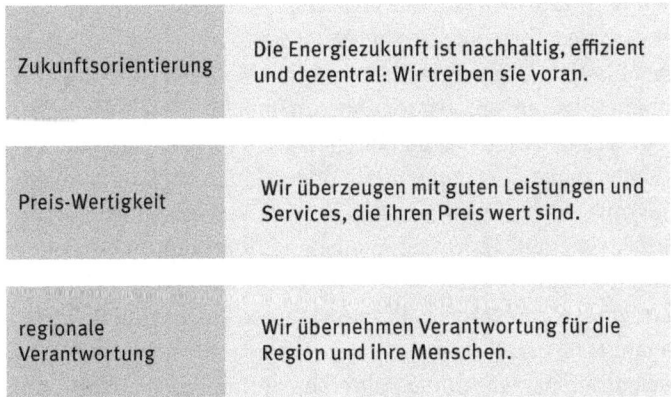

Abb. 3: Aus den Erkenntnissen des neu aufgesetzten Kommunikations-Controllings leitete die Mainova AG drei kommunikative Kernthemen ab (Quelle: Mainova AG).

se festgelegt, das Thema Regionalität vor allem für die Bestandskunden im Kern-Vertriebsgebiet in und um Frankfurt zu nutzen. Aus den vorliegenden Daten war abzulesen, dass dieses Thema einer der wichtigsten Faktoren war, um als Kunde bei Mainova zu bleiben.

Zusätzlich wurde zu jedem der drei Kernthemen eine Leitthese formuliert, die die auszusendende Botschaft des Themas beinhaltet. Sie soll für alle Redakteure und Kommunikatoren eine Richtschnur geben, welchen Fokus das Thema hat.

3 Erste Erkenntnisse aus dem integrierten Kommunikations-Controlling

Nachdem die strategischen Entscheidungen getroffen waren, war es nun die Aufgabe der jeweiligen Einheiten, diese Vorgaben bei ihren Instrumenten und Anlässen anzuwenden. Neben bereits vorhandenen Maßnahmen, bei denen die Kernthemen nun stärker in den Fokus gerückt werden mussten, sollten auch neue Ansätze entwickelt werden, die bestmöglich für die jeweiligen Botschaften passen.

Parallel zu den Kommunikationsaktivitäten liefen die telefonischen Befragungen kontinuierlich weiter. Die quartalsweise vorgestellten Ergebnisse gaben den Verantwortlichen aus PR und Marketing die Grundlagen, Bewertungen auf einer fundierten Daten-Basis vorzunehmen und ihre Maßnahmen entsprechend zu steuern.

Insgesamt erzielen alle Kanäle, die von der Mainova genutzt werden, substanzielle Reichweiten. Bei dem Energieversorger dominieren dabei immer noch die klassischen Kanäle wie Anzeigen, Sponsoring, Plakate oder Presseartikel. Durch die Daten wird aber auch deutlich, dass kein Kanal allein alle Zielgruppen ansprechen kann. Die Marketing-Kanäle kommen mit allen Maßnahmen insgesamt auf eine Reichweite von rund 40 Prozent. Die kundenspezifische Kommunikation sowie Sponsoring erreichen etwa 25 Prozent. Die PR-Kanäle haben eine Gesamt-Reichweite von etwa 20 Prozent. Dabei gibt es natürlich zahlreiche Überschneidungen durch Mehrfach-Wahrnehmer. Daher ist ein breiter Kommunikationsmix erforderlich, um möglichst viele Menschen mit den eigenen Botschaften zu erreichen (Abbildung 4). Das sich stetig verändernde Mediennutzungsverhalten verlangt eine permanente Überprüfung der Kommunikationsaktivitäten und eine Anpassung der eingesetzten Kanäle. Verbesserungen bei der Qualität der eigenen Arbeit sind daher notwendig, um den Erfolg nicht zu gefährden.

Eines der dringlichsten Handlungsfelder wurde durch die Analyse des Kanalmixes erkannt. Bei der Befragung wurde festgestellt, dass etwa 45 Prozent der Befragten die Mainova in den vergangenen vier Wochen gar nicht wahrgenommen hatten. Und dieser Anteil der Nichtwahrnehmer war in der Zeitreihe kontinuierlich angestiegen. Diese Entwicklung ließ sich nicht an einem bestimmten Kanal festmachen (z. B. rückgehende Leserzahlen von Tageszeitungen), sondern betraf die gesamte Kanalbreite, welche der Energieversorger nutzt.

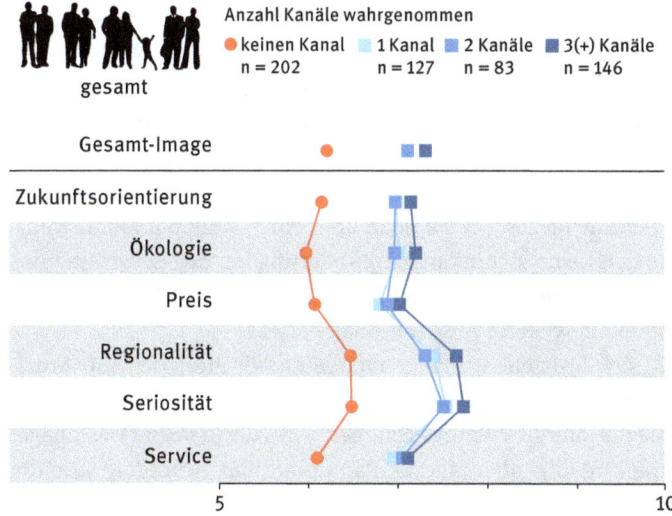

Abb. 4: Wenn eine Botschaft über mehr als drei Kanäle wahrgenommen wird, verbessert sich das Image des Unternehmens bei den Wahrnehmern noch einmal signifikant (Quelle: Mainova Kommunikations-Controlling Report).

Eine der möglichen Ursachen wurde in einer sehr schwach ausgeprägten Wahrnehmung im Bereich Social Media erkannt. Lediglich zwei Prozent der Befragten, hatte die Mainova hier wahrgenommen. Ursache dafür war, dass das Unternehmen neben dem eigenen Internetauftritt keine weiteren Social-Media-Kanäle bespielte. Diese Entscheidung war getroffen worden, da einerseits die notwendigen zusätzlichen finanziellen und personellen Ressourcen als zu hoch angesehen worden waren. Andererseits gab es aber auch die Befürchtung, dass die Kommunikationshoheit bei kontroversen Themen abgegeben werden müsste. Hierzu war das Unternehmen lange Zeit nicht bereit. In einigen Fällen wurden lediglich bei konkreten Aktionen die Kanäle von Partnern genutzt.

Die vorliegenden Fakten sorgten aber nun für ein Umdenken. Sie gaben eindeutige Hinweise dafür, dass das Unternehmen neue Kanäle erschließen muss, wenn der Trend zum Anstieg der Nichtwahrnehmer gestoppt werden sollte. PR und Marketing entwickelten daraufhin gemeinsam eine Social-Media-Strategie, die vom Vorstand im Dezember 2015 genehmigt wurde. Sie ermöglicht, dass die Mainova ab etwa Mitte 2016 in den sozialen Netzwerken aktiv werden kann. Geplant sind etwa eigene Auftritte bei Facebook und bei Twitter. Bereits zuvor hatte das Unternehmen eine eigene Service-App veröffentlicht, über die auch Unternehmensnachrichten verbreitet werden. Die Ausweitung des Kanal-Mixes würde auch einer weiteren Erkenntnis Rechnung tragen: Das Image der Mainova bei den Wahrnehmern verbessert sich nämlich, wenn eine Botschaft über mehrere unterschiedliche Kanäle wahrgenommen wurde.

Besonders stark ist der Unterschied bei der Bewertung des Unternehmens zwischen Nichtwahrnehmern und Wahrnehmern: Sobald die Mainova kommunikativ aufgefallen ist, wird ihr ein deutlich besseres Image zugeschrieben. Auf einer 10-stufigen Skala steigt der Image-Wert um einen ganzen Punkt. Diese Tendenz lässt sich über alle Themengebiete beobachten. Besonders stark ist dieser Effekt, wenn das Thema „Seriosität" wahrgenommen wurde: Hier gibt es sogar einen Anstieg um 1,5 Punkte. Bei denjenigen, die dieses Thema noch über einen weiteren Kanal wahrgenommen haben, lässt sich keine signifikante Veränderung bei der Bewertung des Unternehmens feststellen. Aber wenn die Botschaft über drei oder mehr Kanäle aufgenommen wurde, entsteht ein weiterer positiver Image-Effekt.

Für die Mainova ließ sich feststellen: Alle genutzten Kanäle erreichen substanzielle Reichweiten. Dennoch: Kein Kanal erreicht alleine alle Zielgruppen. Dabei zeigt sich: Über je mehr Kanäle die Mainova wahrgenommen wird, desto besser das Image. Deshalb gilt es, über einen intelligenten Mix die Kanalpluralität zu fördern, um die Kontaktchancen zu steigern.

4 Sonderauswertung zu den Wirkungen einer Preissenkung

Anfang November 2014 verkündete die Mainova im Rahmen einer Pressekonferenz, dass sie ihren Strompreis zum Jahreswechsel deutlich senken werde. Gleichzeitig erhielten alle Kunden eine schriftliche Information über die Preissenkung. Hauptbotschaft der Kommunikation war in beiden Fällen, dass diese Preissenkung möglich wird, obwohl die staatlichen Anteile am Strompreis steigen. Grund für den Spielraum war die Optimierung interner Prozesse sowie das Sinken der Beschaffungskosten. Die wichtigsten Wettbewerber des Energieversorgers kündigten im selben Zeitrahmen ähnliche Preissenkungen an. Nachdem es in den Vorjahren immer nur stetig steigende Strompreise gegeben hatte, war dies ein Novum für die Branche. Umso spannender war es zu analysieren, wie diese Botschaft von den Zielgruppen aufgenommen wird.

Erstes Ergebnis war, dass die Wahrnehmung des Themas „Preise" in den Monaten November bis Januar 2015 stark zunahm. Es war die dominierende Antwort bei der Frage, welche Themen wahrgenommen wurden. Gleichzeitig sorgte es für eine massive Verdrängung der anderen Themen. Insbesondere die Wahrnehmung der imagewirksamen Themen Engagement und Zukunftsorientierung sank deutlich. Das Thema Preis drängte die anderen Kommunikationsaktivitäten des Unternehmens in den Hintergrund. Die Menschen interessierten sich überwiegend dafür, welche finanziellen Auswirkungen diese Entwicklung für sie persönlich hat.

Neben der bundesweiten medialen Betrachtung des Themas war einer der wichtigsten Gründe für diese Themendominanz auch die Kommunikation durch die Mainova. So konnten sich 36 Prozent der Befragten daran erinnern, eine schriftliche Information des Unternehmens erhalten zu haben. Aber auch in den anderen Kanälen

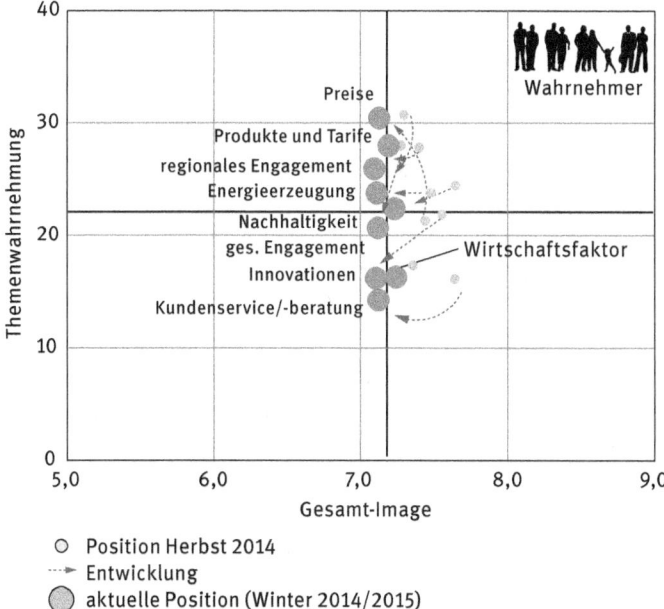

Abb. 5: Nach der Ankündigung der Strompreis-Senkung verdrängte das Thema „Preise" alle anderen Themen. Dadurch gab es ein Absinken des Gesamt-Images für die Mainova AG (Quelle: Mainova Kommunikations-Controlling Report).

wie Presse, Kundenzeitschrift oder bei den privaten Kontakten stieg die Themenwahrnehmung um bis zu 20 Prozent an. Dabei konnte die große Mehrzahl der Befragten sich auch noch korrekt an die gesendete Botschaft erinnern: dass es nämlich um eine Preissenkung ging.

Trotz dieser starken Themenwahrnehmung und der Durchdringung der gesendeten Botschaft trat der gewünschte kommunikative Effekt aber nicht ein: Die Image-Werte für das Thema „Preis" stiegen nur unwesentlich an (Abbildung 5). Als Grund dafür wird vermutet, dass die Kunden diese Preissenkung bereits für sich verbucht hatten. Die Politik, insbesondere Wirtschaftsminister Gabriel, hatte das Absinken der EEG-Umlage als bislang wichtigsten Kostentreiber zu ihrem Thema gemacht und in den Vorwochen deren Senkung angekündigt. Außerdem senkte ein Großteil der Branche die Strompreise, so dass dieses Thema auch kein Alleinstellungsmerkmal für die Mainova war.

Insgesamt sorgte die Preiskommunikation sogar für ein leichtes Absinken des Gesamt-Images der Mainova. Dadurch, dass die Themen, die sonst besonders Imagewirksam waren in den Hintergrund gedrängt wurden, konnten deren positive Effekte nicht wie gewohnt auf das Image einzahlen. Daraus kann gelernt werden: Bei bestimmten Rahmenbedingungen kann auch die Kommunikation einer absolut positiven Botschaft für die Zielgruppe zu negativen Image-Effekten für das Unternehmen führen.

5 Ausblick

Der integrierte Ansatz bei der Betrachtung der Kommunikationsaktivitäten hat dabei geholfen, die in verschiedenen Vorstands-Ressorts angesiedelten Bereiche PR und Marketing bei der Mainova AG noch enger zu verzahnen. Dadurch, dass eine gemeinsame Datengrundlage vorhanden ist, lassen sich die strategischen Grundsatzentscheidungen nun leichter gemeinsam treffen.

Durch die zeitlich und inhaltlich koordinierte Kommunikation der gemeinsam erarbeiteten Kernbotschaften können die Wirkungen der Kommunikations-Maßnahmen weiter verstärkt werden. Insbesondere für das Fokusthema „Zukunftsorientierung" können hier schon erste Erfolge gemessen werden. Dieses Thema war seit dem letzten Quartal 2015 das dominierende Feld der Kommunikation. So befasste sich die jährliche Plakat-Kampagne des Unternehmens mit einem innovativen neuen Produkt (Smart Home). Zu diesem Produkt wurden auch Kino- und TV-Spots geschaltet. Zusätzlich unterstützte die PR die Produkteinführung durch eine Pressekonferenz und zahlreiche Advertorials. Ein weiteres Thema, welches die PR-Abteilung setzte, um die Zukunftsorientierung zu stärken, war eine technische Innovation. In einer Modell-Anlage in Frankfurt untersucht der Energieversorger, wie sich Strom durch das Verfahren der Elektrolyse in Wasserstoff umwandeln und dann im Erdgasnetz speichern lässt. Mit dieser Anlage haben die Mainova und ihre Projektpartner zahlreiche Preise gewonnen. Zu diesem Thema wurden regelmäßig neue Anlässe geschaffen, um die Medien zu einer Berichterstattung zu veranlassen.

Die ersten Ergebnisse der Meinungsumfragen zeigen, dass diese Bündelung der Kommunikationsaktivitäten erfolgreich war: Die Image-Werte beim Thema „Zukunftsorientierung" stiegen bereits nach wenigen Monaten um etwa 15 Prozent an. Dies ist Ansporn, den eingeschlagenen Weg fortzusetzen und die Verzahnung von PR und Marketing weiter zu intensivieren. Geplant sind hier insbesondere ein gemeinsamer Content-Pool, eine noch engere zeitliche und inhaltliche Abstimmung der Maßnahmen sowie nicht zuletzt auch eine stärkere Bündelung der vorhandenen Ressourcen und eine kanalübergreifende Produktion von Inhalten, um Content mehrfach nutzen zu können.

Nur durch eine bereichsübergreifende Zusammenarbeit kann in einem Unternehmen wie der Mainova eine wirkungsvolle und effiziente Steuerung des Kommunikations-Mixes erzielt werden. Gerade in Unternehmen mit unterschiedlichen Kommunikatoren sind daher verbindliche Leitlinien erforderlich. Nur so sind Streuverluste zu vermeiden und eine hohe Verbreitung der eigenen Botschaften zu erzielen. Nur durch die Bündelung aller Kommunikationsaktivitäten sind die kommunikativen Ziele erreichbar. Hierbei gilt es, das Ressortdenken abzulegen und den gemeinsamen Unternehmenserfolg in den Blick zu nehmen.

Jan Janzen
Cross-Channel-Measurement – Digitalisierung und kausale Attribution als Schlüssel modernen Kommunikations-Controllings

Das Verständnis, wie Unternehmen und Institutionen zielgerichtet Kommunikation planen und steuern können, befindet sich in einem tiefgreifenden Wandel. Wo in der Vergangenheit Kommunikationsaktivitäten zumeist ausgehend von Möglichkeiten und Ansprüchen einzelner Units geplant und ausgeführt wurden, setzen sich inzwischen immer stärker integrierte Ansätze durch. Paradigmatisch für diesen Wandel stehen derzeit inflationär verwendete Begriffe wie *Brand Journalism*, *Content Marketing*, *Storytelling* oder *Campaigning*. Das zur Erläuterung dieser Begriffe oft als Beispiel verwendete Online-Journal „Journey" von Coca-Cola etwa, das die klassische Unternehmensrepräsentanz im Web vollständig verdrängt hat, konnte in seiner jetzigen Form und Qualität nur durch das Zusammenwirken von klassischer Unternehmenskommunikation, Marketing und vielen weiteren Units entstehen.

Derartige integrierte Projekte bestehen aus einer Vielzahl verschiedener eng miteinander verzahnter Maßnahmen. Da die Ziele der Einzelmaßnahmen zumeist sehr unterschiedlich ausfallen, das Projektziel sie alle aber auf einen gemeinsamen Nenner bringen muss, weisen die Ziele einzelner Maßnahmen und das übergeordnete Projektziel oftmals ebenfalls deutliche Unterschiede auf. Dies führt dazu, dass der Beitrag einzelner Aktivitäten zum Gesamtergebnis nicht sofort augenfällig ist und des Weiteren dazu, dass eine Evaluation, die einzig auf das Messen von Einzelzielen ausgerichtet ist, keinesfalls ausreicht. Mit der Frage, wie ein Erfolgsmessungsrahmen für integrierte Kommunikationsprojekte stattdessen aussehen kann, befasst sich dieser Text. Im ersten Teil wird der derzeit spürbare Wandel hin zu einem holistischen Kommunikationsverständnis näher erläutert. Im zweiten Teil werden Möglichkeiten der Evaluation integrierter Kommunikationsprojekte vorgestellt, insbesondere Modelling-Verfahren. Die Schwierigkeiten in der Zusammenführung von Evaluationsverfahren für Online- und Offline-Kampagnen werden sich dabei als wesentliche Hürde herausstellen, aufgrund derer noch kein einheitlich akzeptiertes Vorgehen zur Auswertung von Cross-Channel-Kampagnen vorliegt. Den Abschluss des Textes bildet dann die Vorstellung eines Ansatzes, wie diese Probleme gelöst und ein einheitlicher Rahmen definiert werden können.

1 Holistische Kommunikation

1.1 Jenseits der Zielgruppen: Kommunikation im digitalen Zeitalter

Viele Bereiche in Unternehmen und Organisationen sind in erheblichem Maß mit Kommunikation befasst: Neben der Unternehmenskommunikation wären hier zumindest noch Marketing und Service zu nennen; würde man den Bogen nur ein wenig weiter spannen, kämen noch Human Resources (HR) sowie verschiedene weitere Funktionen (Produktmanagement etc.) hinzu. Damit ist zwar klar, dass Anforderungs- und Tätigkeitsprofile dieser Units eine große Schnittmenge aufweisen. Dass deren Aktivitäten bislang zumeist getrennt voneinander betrachtet wurden, erschien dennoch über lange Zeit als ebenso selbstverständlich. Die grundlegende Hypothese hierzu besagt, dass die *Bedürfnisse der Zielgruppen* dieser Units derart klar voneinander unterschieden sind, dass eine zentrierte und passgenaue Einzelansprache sie am präzisesten adressieren kann und damit zu größtmöglichen Erfolgen führt.

Doch die Annahme distinkter Zielgruppeninteressen ist in den letzten Jahren immer mehr ins Wanken geraten. Begründet wird dies primär mit Effekten der zunehmenden *Digitalisierung* der Kommunikation sowie allem voran dem Aufkommen der *Social Media*. Und in der Tat können die Probleme tradierter Ansätze zur Zielgruppenclusterung wohl nirgendwo so augenfällig aufgezeigt werden wie anhand der Kommunikation in Social Media. Die hierzu nötige Einsicht ist ebenso einfach wie folgenreich: Die Nutzer dieser Kanäle kümmern sich schlicht nicht darum, ob ein Kanal als Service-, Abverkaufs-, HR- oder Brand-Reputation-Channel geplant ist. Sie sehen ihn als Möglichkeit, in Echtzeit mit einer Organisation in Verbindung zu treten, und zwar mit jeder beliebigen Frage, Sorge oder Anmerkung, die ihnen gerade zu deren Themen, Marken oder Produkten unter den Nägeln brennt. Kurzum: Die Definition unterschiedlicher Kanäle auf Basis einer Annahme unterschiedlicher Zielgruppen ist unangemessen, weil sie dem tatsächlichen Nutzungshabitus der Kanäle nicht entspricht.

Dass die Trennung der Zielgruppen insbesondere von Marketing und PR anachronistisch ist, zeigt sich etwa auch darin, dass nicht einmal mehr eine trennscharfe Definition ihrer Tätigkeiten angegeben werden kann. Dies wird deutlich, wenn man sich dem Online-Marketing zuwendet – oder genauer: Wenn wir bemerken, dass wir das bereits getan haben. Denn die Medien, die man momentan zumeist meint, wenn man von sozialen Medien spricht, nämlich Facebook und Twitter, werden trotz ihrer Ausrichtung auf Inhalte und der damit verbundenen Nähe zur PR mehr und mehr zu direkt finanzierten Medien. Eine große Sichtbarkeit der eigenen Beiträge lässt sich nur noch durch den Einsatz finanzieller Ressourcen sicherstellen, wodurch bereits eine erste oft verwendete Unterscheidungsformel von Marketing und PR hinfällig wird. Deren immer stärker werdende Verzahnung zeigt sich aber noch an weiteren Tendenzen des Online-Marketings: Das Konzept des langfristigen Mediaplans etwa ist nicht länger der Königsweg zu einer effektiven Kommunikationsplanung, vielmehr wird dieser zunehmend durch Echtzeitmodelle ergänzt, in denen die aktuellen Wünsche und Interessen der Nutzer aktiv einbezogen werden (das also, was momentan unter dem Buzzword „programmatic advertising" in aller Munde ist). Haben etwa bestimmte Themen in PR-Maßnahmen durchschlagenden Erfolg, ist es sehr wahrscheinlich, dass kurzfristig inhaltlich passende Ads auch in anderen Formaten – Banner, Videos etc. – produziert werden. Genau genommen ist an dieser Stelle eine strikte Trennung von redaktionellen Beiträgen und „Werbung" überhaupt nicht mehr aufrechtzuerhalten. Die Aufgabe distinkter Zielgruppen von Marketing und PR ist nur die andere Seite dieser Medaille.

Es liegt nahe, die zuletzt vorgestellten Phänomene als Effekte technischer Neuerungen zu interpretieren, was allerdings die Rollen von Ursache und Wirkung allzu vorschnell zuweist. Bei eingehender Beschäftigung erscheint es plausibler, die technischen Innovationen als Katalysatoren eines immer schon bestehenden, aber bislang nicht umsetzbaren Bedürfnisses der Mediennutzer nach einer stärker auf Relevanz und Mehrwerte ausgerichteten Ansprache zu verstehen. Daher besteht das Grundlegende der vorgestellten Überlegungen eher in der soziologischen Kehrseite der technischen Neuerungen, nämlich in den folgenden zwei Einsichten:
- Von Push zu Pull und darüber hinaus: Da die Kontaktpunkte, an denen Nutzer an Organisationen mit bestimmten Fragestellungen herantreten, sich nicht im Vorfeld definieren lassen, ist es wichtig, den einzelnen Nutzern ein möglichst umfangreiches Themenspektrum anzubieten, aus dem sie dann die jeweils für sich relevanten Themen aufgreifen können, anstatt die Ansprache von Anfang an auf einzelne Zielgruppen auszurichten.
- Organisationskommunikation muss wesentlich ein reaktives und prozessuales Element enthalten: Zusätzlich zu eigenen Inhalten muss eine Aufnahme der Ansprüche der Kommunikationspartner sowie eine Auseinandersetzung mit diesen erfolgen, so dass die eigene Kommunikation im Verlauf eines Projektes immer wieder angepasst werden kann.

Wie tiefgreifend dieser Wandel hin zu einem dialogisch-interaktiven Modell ist wird auch darin deutlich, dass er genau genommen die Zukunftsfähigkeit des Zielgruppenkonzepts insgesamt in Frage stellt. Eine Organisation wählt nicht länger vorab eine Personengruppe anhand bestimmter Merkmale aus; vielmehr tritt sie durch die Präsentation von Kommunikationsanlässen in einen interaktiven Prozess ein, in dem sich Relevanz und Mehrwert der Kommunikationsgegenstände für die Dialogpartner immer wieder neu unter Beweis stellen müssen und in dem sich insbesondere die mit der Organisation im Dialog befindliche Personengruppe stetig ändern kann.

Gerade dieser auf Prozessualität und Interaktion abzielende Wandel hat zur Einführung neuer Elemente der Kommunikationsplanung geführt, die dem Versuch gewidmet sind, die Interaktion zwischen Organisationen und Dialogpartnern im Zeitverlauf über verschiedenste Kontaktstellen besser verstehen und damit auch planen zu können. Das verbreitetste Modell hierzu ist das der *Customer Journey*, das im Kern Möglichkeiten zur strategischen Aussteuerung der Kontaktpunkte – der *Touchpoints* – beinhaltet.

1.2 Customer Journey und Touchpoint-Orchestrierung

Customer Journey Modelle sind Versuche, den Verlauf der Beziehung zwischen Kunde und Unternehmen unter Einbeziehung möglichst aller Punkte, an denen diese miteinander in Kontakt kommen können, zu verstehen. Das verbreitetste Modell orientiert sich an stetiger Aufmerksamkeitssteigerung potentieller Kunden von der reinen Kenntnis über gewecktes Interesse bis hin zur konkreten Kaufabsicht, dem Kauf sowie idealerweise dem Vertrauenserhalt nach dem Kauf. Die einzelnen Kontaktpunkte zwischen Kunde und Unternehmen werden diesen Stufen zugewiesen (vgl. zum Stufenmodell der Customer Journey etwa Janson 2014).

Inzwischen aber hat die Praxis die Theorie überholt und es wird vermehrtes Gewicht auf die Touchpoints *selbst* gelegt, wobei deren Einordnung in das Stufenmodell immer unwichtiger wird. Diese Tendenz hat mit der aus der Digitalisierung herrührenden und unten noch zu thematisierenden Möglichkeit zu tun, die Effekte konkreter Touchpoints direkt empirisch und damit ohne Umweg über ein abstraktes Modell in ihrem Bezug zum jeweiligen Ziel – der Konversion – auszuwerten. Aus diesem Grund sollen im Folgenden nur die Touchpoints selbst betrachtet werden, während das abstrakte Modell vernachlässigt wird.

Touchpoints sind sämtliche reale und virtuelle Orte, an denen Nutzer mit Organisationen in Kontakt kommen können. Da sie direkt als Anlässe zu einer Interaktion mit der Organisation definiert werden können, stehen sie dem dialogischen Kommunikationsverständnis zwar ohnehin nahe; dass eine Fokussierung auf ihre Wichtigkeit aber auch darüber hinaus ein wichtiges Momentum hinsichtlich der Verankerung eines holistischen Kommunikationsverständnisses in einer Organisation darstellt, erkennt man daran, dass der Begriff der Touchpoints so allgemein gehalten ist, dass *alle* Kontaktpunkte von Organisationen und ihren Stakeholdern einbezogen werden – vollkommen unabhängig davon, von welcher Unit die Touchpoints bislang primär bespielt wurden. In der folgenden Liste ist ohne Anspruch auf Vollständigkeit eine Vielzahl möglicher Touchpoints aufgelistet, vertraut geclustert nach der Art der Kontrolle, welche die Organisation über deren inhaltliche wie formale Ausgestaltung jeweils besitzt.

Owned Touchpoints
- POS, insb. Aktionsständer etc.
- Verpackung
- Events
- Website
- Eigene Social Media Kanäle
- Newsletter
- Kundenmagazine
- Servicekanäle, Telefonhotline, E-Mails
- Beratungsgespräche

Paid Touchpoints
- Out-of-Home (digital und analog)
- Werbung on-/offline (Anzeigen, Banner, Sponsoring etc.)
- Schaufenster
- Suchmaschinen (paid)
- Flyer, Broschüren

Earned Touchpoints
- User Generated Content (Social, Test- und Vergleichsportale etc.)
- Offline Word of Mouth
- Expertenratschläge
- Presseberichterstattung
- Suchmaschinen (organisch)

Die Touchpoint-Orchestrierung spielt eine zentrale Rolle in einer integrierten Kommunikationsplanung: Es werden solche Kontaktpunkte ausgewählt, an denen die eigenen Themen am nachhaltigsten und authentischsten präsentiert werden können, um damit den momentan vielbeschworenen „Moment of Truth" (vgl. etwa Schüller 2010) bei den Dialogpartnern zu erreichen.

Mit den Konzepten von Customer Journey und Touchpoint sind nun nicht nur wesentliche Hilfsmittel für ein Verständnis der derzeitigen Neuorientierung von Organisationskommunikation insgesamt eingeführt, sondern auch die Begriffe vorgestellt, die einen wesentlichen Teil der Basis der folgenden Überlegungen ausmachen werden. Ins Zentrum des Interesses kann daher jetzt die Frage gerückt werden, wie eine Kampagnenevaluation ausgestaltet sein muss, die dem dargestellten Wandel Rechnung trägt.

2 Evaluationsrahmen integrierter Kampagnen

Eine integrierte Erfolgsevaluation umfassender Kommunikationskampagnen ist nicht zuletzt deswegen eine besondere Herausforderung, weil es eklatante Differenzen zwischen den verbreiteten Ansätzen in verschiedenen Unternehmensbereichen gibt. Daher ist ein integrierter Ansatz, der auf verschiedenste Maßnahmen gleichermaßen anwendbar ist, alles andere als nahe liegend. Der verbreitetste Ansatz im Kommunikations-Controlling ist nach wie vor die Messung des Produktionseffekts (Output) im Sinne reiner Clipping- bzw. Reichweitenzahlen. Dass ein solcher Ansatz aus einer Vielzahl von Gründen nur äußerst bedingt aussagekräftig ist, dürfte auf der Hand liegen: Erstens ist es auf dieser Grundlage nicht möglich, einen Bezug der Zielgrößen zu eigenen Aufwänden herzustellen, da in der Regel nicht von einer kausalen Abhängigkeit zwischen einer Veränderung der Beitrags- bzw. Reichweitenzahlen und dem Zutun der Unternehmenskommunikation auszugehen ist. Wahrscheinlich noch wichtiger ist aber zweitens die Tatsache, dass eine hohe Clippinganzahl/Reichweite *per se* keinesfalls als Ziel einer Organisation angesehen werden sollte – was besonders schwerwiegend ist, weil gerade bei integrierten Projekten Maßnahmenziele nur anhand ihres Beitrags zu übergeordneten Gesamtorganisationszielen bewertet werden können.

Übergeordnete Organisationsziele können in einer zugegeben abstrakten Näherung als *Verhaltensänderungen* (von Personen, Institutionen etc.) verstanden werden. An dieser Stelle erscheint es nicht nötig, den Begriff präziser zu definieren, weil deutlich erkennbar ist, dass der dargestellte outputorientierte Ansatz weit entfernt von einer solchen Zielgröße ist. Aus diesem Grund wurden in den letzten Jahren vermehrt Versuche unternommen, einen anderen Rahmen für die Evaluation von Organisationskommunikation zu finden. Den wesentlichen Ausgangspunkt dieser Überlegungen bildet das Modell der Balanced Scorecard (Kaplan & Norton 1997), das bereits in vielen anderen Organisationsbereichen gewinnbringend zum Einsatz gebracht wurde, um Aufwände hinsichtlich ihres Beitrags zur Erreichung strategischer Ziele messen zu können. Dieses Modell wurde etwa in Deutschland im ebenso einflussreichen wie umfassenden Wertschöpfungsmodell der Kommunikation der DPRG adaptiert und hinsichtlich der Spezifika der Unternehmenskommunikation ausgearbeitet (Zerfaß & Pfannenberg 2005). Hier sind alle wichtigen Ebenen der eigenen Aufwände sowie diejenigen der ausgelösten Verhaltensänderungen enthalten. Es liefert somit eine ideale Blaupause für ein Kommunikations-Controlling, das in seiner Gegenüberstellung von Aufwänden und den dadurch erreichten strategischen Zielen dem Controlling anderer Unternehmensbereiche in nichts nachsteht. Warum wird beim Controlling der Kommunikations-Units dennoch zumeist auf der Output-Ebene Halt gemacht?

2.1 Attributionsmodelle

Zur Erreichung strategischer Unternehmensziele wird in der Regel eine ganze Reihe unterschiedlicher Maßnahmen durchgeführt. Alle diese Maßnahmen sind potentiell ausschlaggebend für das Erreichen oder Verfehlen dieser Ziele. Welche Maßnahmen welchen Beitrag zur Zielerreichung geleistet haben, ist das *Attributionsproblem*. Dass dieses Problem gerade bezüglich integrierter Projekte von substantieller Natur ist, wird spätestens daran klar, dass es mit der Identifikation von Abhängigkeiten zwischen einzelnen Maßnahmeneffekten und Zielwerten noch keiner vollständigen Lösung zugeführt ist. Es muss ebenfalls sichergestellt sein, dass die Zielerreichung nicht durch andere Maßnahmen noch besser erklärt wird. Es ist also ein übergreifender Erklärungsansatz zu bestimmen, der idealerweise Daten zu allen durchgeführten Maßnahmen zusammenführt. Der vertrauteste Weg zur Lösung dieses Problems ist das *Marketing Mix Modelling* (vgl. hierzu Chambers & Dismore 2014): Solche Modelle bestehen in der Regel aus Daten in Zeitreihenform, wobei es zwei Cluster von Variablen gibt. Eines besteht aus Variablen, deren Werte die Effekte der Maßnahmen für die einzelnen gemessenen Zeitpunkte enthalten. Das andere Cluster ist nur eine einzige Variable mit den gleichen Zeitpunkts-Ausprägungen. Sie enthält die Werte des jeweiligen Projektziels, etwa die Abverkäufe an einzelnen Kalendertagen.

Das klassische Verfahren zur Lösung des Attributionsproblems besteht hierbei darin, die Korrelationen zwischen Maßnahmen- und Zielvariablen zu erheben. Ohne auf das bekannte Verfahren näher einzugehen, kann man die Grundidee wie zumeist bei statistischen Fragestellungen durch eine Verfahrensweise der algebraischen Geometrie am besten erläutern: Wir interpretieren die Variablen als Vektoren und diejenige Maßnahmenvariable, bei der die nötige räumliche Verschiebung, um eine Abbildung auf die Zielvariable zu erreichen, insgesamt am geringsten ausfällt, bekommt das größte Gewicht als wahrscheinliche Wirkungsursache der Werte der Zielvariablen zugewiesen. Derartige Modelle werden im Folgenden als KOM (*Korrelationsmodelle*) bezeichnet.

Auf diesen Ansatz wird nur in Grundzügen eingegangen, weil die Digitalisierung auch bezüglich möglicher Lösungen des Attributionsproblems eine Revolution ausgelöst hat. Die hier verwendeten Ansätze sind noch nicht so weit verbreitet wie die des KOM und sollen daher im Folgenden etwas eingehender dargestellt werden. Um die wesentliche Veränderung vorwegzunehmen: Die Digitalisierung hat die Möglichkeit geschaffen, nicht länger mit den nur geduldeten Korrelationen vorlieb nehmen zu müssen, sondern endlich Abhängigkeiten in einer Währung messen zu können, die der einzig wirklich harten Währung zum Verwechseln ähnlich ist, nämlich derjenigen *kausaler* Abhängigkeiten (die eventuell als kontraintuitiv anmutende Verwendung des Kausalitätsbegriffs ist angemessen, weil nicht nur die aus der Ökonometrie (vgl. Granger, 2001) bekannte Minimalbedingung des zeitlichen Vorausgehens der Ursache vor der Wirkung erfüllt ist, sondern darüber hinaus die weitere, dass es sich beim Übergang von Ursache zu Wirkung um das *intentionale* Verfolgen eines Verweises handelt).

Dies verdanken wir der für Online-Verhalten verfügbaren Möglichkeit, für *einzelne* Nutzer Tätigkeiten (Clicks, Besuche, Events, Konversionen etc.) über einen Zeitraum hinweg zu verfolgen. Die Zeitreihe ist hierbei derart kleinteilig, dass eine *Totalordnung* der Tätigkeiten erkennbar wird: Für zwei beliebige unterschiedene Tätigkeiten lässt sich erheben, welche die zuerst und welche die danach ausgeführte Tätigkeit ist. Hieran wird erkennbar, dass dieser Ansatz bislang ungeahnte Möglichkeiten für ein detailliertes Verständnis der Customer Journey bietet: Für alle digitalen Touchpoints kann man das Tätigkeitsprofil einzelner Nutzer sowie insbesondere die konkrete Abfolge der aufgesuchten Touchpoints bestimmen. Das Herzstück derartiger Modelle besteht in der Erkenntnis, welche Touchpoints *direkt* vor den Konversionen aufgesucht wurden und damit als deren ursächliche Auslöser gelten können. Dass diese Frage mit ihnen beantwortbar wird, macht einen Großteil des immensen Interesses aus, das diesen Modellen derzeit entgegengebracht wird.

Die Verfahren zur Auswertung dieser Daten werden zumeist als *Attribution Modelling* (vgl. Veesenmayer et. al. 2013) bezeichnet. Der Name ist genau genommen aber irreführend, weil auch das KOM eine Form der Attributionsmodellierung ist. Im Folgenden soll von den speziellen für Online-Touchpoints verfügbaren Modellen stattdessen als von KAMs (*Ka*usal*m*odellen) gesprochen werden.

Verallgemeinert man im Hinblick auf eine möglichst intuitive Verständlichkeit der Modelle, scheinen KOM und KAM gar nicht so weit voneinander entfernt zu sein, denn auch ein KAM ist üblicherweise in der Sprache der algebraischen Geometrie zu betrachten: Auch hier haben wir es mit einer Menge von Vektoren zu tun, deren Ausprägungen Werte auf einem identischen Zeitstrahl angeben. Leider endet hier aber auch schon die Analogie zum klassischen KOM. Beim KAM existiert nur ein nicht weiter unterschiedenes Cluster von Vektoren, die nicht den Maßnahmen, sondern den identifizierten Personen zugeordnet sind. Die Werte geben zu den Zeitpunkten an, ob einer der Touchpoints besucht wurde und wenn ja, welcher. Ausgezeichnet ist hier keine Variable, sondern das Element des Wertesets, das die Konversion markiert.

Offen ist noch die Kernfrage nach der Attributionszuschreibung im KAM: Sie erfolgt durch Bewertung der Vektorkoordinaten, die dem als Konversion indexierten Wert vorhergehen. Diesen Koordinaten (resp. Touchpoints) wird jeweils ein prozentualer Beitrag an den Konversionen, denen sie vorhergehen, zugeordnet. Ein standardisiertes Verfahren zur Verteilung der prozentualen Gewichtung existiert allerdings leider noch nicht. Das gebräuchlichste Verfahren wird als „Last Click Attribution" bezeichnet. Es macht sich die Kernerkenntnis des KAM zunutze, welcher Touchpoint als letzter vor der Konversion besucht wurde und weist ihm 100 Prozent des Erfolgs zu. Obwohl die vielfache Verwendung dieses Ansatzes verständlich ist, weil sie das Element zur Attribuierung wählt, an dem die Innovationskraft des KAM wohl so deutlich erkennbar wird wie nirgends sonst, schießt das Verfahren etwas über das Ziel hinaus. Bei genauerer Überlegung erscheint stattdessen die so genannte „Time Decay Attribution" als angemessener: Hier werden den einzelnen besuchten Touchpoints prozentual immer geringere Anteile an der Konversion zugestanden, je weiter ihr Besuch im Zeitverlauf zurückliegt – sprich wenn ein Nutzer vor sieben Tagen ein Banner geklickt hat, direkt vor seinem Kauf aber die URL des Webshops eingegeben hat, wird dem Touchpoint „Display" ein geringerer Anteil an den erzielten Konversionen zugesprochen als dem Touchpoint „Direct". Zur Berechnung der konkreten Zielbeiträge muss in diesem Verfahren lediglich eine Halbwertszeit für den Klick-Wert festgelegt werden: Wie viele Tage vor der Konversion muss ein Klick erfolgt sein, damit ihm die Hälfte des Werts des letzten Klicks vor der Konversion zugewiesen wird?

Das zu bevorzugende der beiden vorgestellten Modelle ist eindeutig das KAM, da es über einen weitaus höheren Informationsgehalt verfügt. Wie gleich noch zu erläutern sein wird, ist aber in der Regel die nötige Datenbasis für diese Art der Modellierung nur für Online-Touchpoints verfügbar. Da es hier um integrierte Kampagnen über beliebige Medientypen geht, entsteht das Problem, dass scheinbar zwei verschiedene Modellierungen notwendig sind, um alle verfügbaren Daten einbeziehen zu können. Diese Lösung allerdings ist denkbar unbefriedigend, weil mit ihr nicht die gewünschte Handhabe bestünde, die Effektivität von Maßnahmen zu vergleichen, die jeweils nur in einem der Modelle enthalten sind.

2.2 Vereinheitlichung der Frameworks

Der zur Ablösung der zweifachen Modellierung naheliegendste Ansatz besteht darin, die zwei Modelle zu einem zusammenzuführen. Dieses Vorhaben erweist sich allerdings als sehr verzwickt. Wie nicht oft genug betont werden kann, besteht die zentrale Neuerung im KAM in einer Totalordnung der besuchten Touchpoints für einzelne Nutzer – sie allein macht es möglich, für einzelne Konversionen die ursächlichen Touchpoints zu bestimmen. Um die für diese Auswertung nötige Ordnung aber im Rahmen eines integrierten Modells aufrechterhalten zu können, ist man gezwungen, auch die Rezeptionen aller Offline-Maßnahmen in eben diese Ordnung zu bringen. Das aber heißt, dass jeder einzelnen solchen Rezeption ein so exakt bestimmter Zeitpunkt zuzuweisen ist, dass sich jeweils zwei beliebige Touchpoint-Besuche in einer exakt fixierten Vorher-/Nachher-Relation befinden. Wie entscheidend dieser Punkt ist, zeigt sich daran, dass die Attributionszuschreibung im KAM *ausschließlich* über die Zeitpunktsrelation der Touchpointbesuche erfolgt – sind an dieser Stelle also nicht vollständig verlässliche Daten vorhanden, wird die Aussagekraft des gesamten Modells in Frage gestellt. Die Beschaffung verlässlicher Daten bezüglich der exakten zeitlichen Abfolge der Besuche von Offline-Touchpoints (und noch viel mehr eine Identifikation der Offline-Journeys *einzelner* Personen) bedeutet jedoch eine immense Herausforderung: Beispielsweise ist es sehr aufwändig festzustellen, wann genau ein Nutzer ein bestimmtes Plakat gesehen oder einen bestimmten Print-Artikel gelesen hat. Die nun erkennbare große Herausforderung die Modelle ohne Informationsverlust zu integrieren hat vermutlich dazu geführt hat, dass es immer noch keinen konsensfähigen Vorschlag für die Evaluation crossmedialer Kampagnen gibt.

Soweit das Problem: Es besteht zusammengefasst in der Notwendigkeit, die Variablenverteilung auf Nutzer- und nicht auf Maßnahmenebene sowie die Struktur der Zeitachse des KAM in ein Modell mit Daten aus dem Offline-Tracking einzuführen und sicherzustellen, dass kein einziger Zeitpunkt mehr als einem Touchpoint zugewiesen wird. Wie steht es aber um eine Lösung? Um es vorwegzunehmen: Momentan ist die Lösung des Problems noch mit erheblichen Mühen verbunden, weswegen vorab genau zu überlegen ist, ob die Implementierung eines übergreifenden Kausalmodells für die eigenen Kampagnen überhaupt einen genuinen Erkenntnisgewinn verspricht. Um diese Frage zu beantworten, gilt es erneut das Augenmerk auf die *Ziele*, sprich die angestrebten Konversionen, zu richten. Der Mehrwert eines umfassenden Kausalmodells hängt eng mit der Frage zusammen, ob Konversionen im Wesentlichen on- oder offline erfolgen.

Widmen wir uns zuerst dem Fall, dass Konversionen hauptsächlich offline erfolgen. In diesem Fall verliert das nur mit Daten aus dem Online-Tracking gefüllte KAM sofort an Attraktivität, da es jetzt nur über einen sehr geringen Informationsgehalt hinsichtlich der besonders wichtigen Zeitspanne direkt vor den Konversionen verfügt. Bei Offline-Konversionen liegen die benötigten feinstrukturierten Daten für die ihnen direkt vorhergehenden Zeiträume aber, wie eben erläutert, zumeist überhaupt nicht vor. Zumindest sind sie kein direktes Ergebnis des bekannten Maßnahmenmonitorings in diesem Bereich. Um dennoch zu einer kanalübergreifenden Evaluation solcher Kampagnen zu gelangen, bestehen im Wesentlichen zwei Möglichkeiten: Entweder verschafft man sich über andere Erhebungen (z. B. Befragungen) Daten zur Offline-Journey der Nutzer und integriert diese dann ins Online-KAM, oder aber es erfolgt ein Rückgriff auf ein klassisches Korrelationsmodell, in das die Daten des KAM einfließen. Im ersten Fall besteht die Aufgabe darin, die zusätzlich erhobenen Datensätze in die Form der KAM-Daten zu bringen (Variablen pro Person, deren Werte durch eine injektive Abbildung von Zeitpunkten auf Touchpoints entstehen). Im zweiten Fall muss man die Daten des KAM in zweifacher Weise vereinfachen: Zunächst werden die einzelnen Zeitpunkte des KAM auf der Zeitachse des KOM abgebildet, so dass jedem Zeitpunkt des KAM das Intervall der KOM-Zeitachse zugeordnet wird, innerhalb dessen er liegt. Danach werden die einzelnen innerhalb der Intervalle besuchten Touchpoints summiert. Damit hat man keine einzelnen Variablen pro Nutzer mehr, sondern solche, die die Menge der Touchpointbesuche im Zeitverlauf abbilden und damit exakt den Anforderungen des KOM entsprechen.

Wie zu erwarten, ist der Erkenntnisgewinn eines einheitlichen KAM am größten, wenn es primär auf digitale Konversionen bezogen ist, denn hier steht für das besonders interessante Zeitintervall direkt vor der Konversion eine angemessene Datengrundlage zur Verfügung. In diesem Fall sollten die Zusatzinformationen des KAM nicht dem Wunsch nach Vereinheitlichung geopfert werden; womit es zu einer umfassenden Evaluation unumgänglich wird, das oben beschriebene Problem in Angriff zu nehmen, die Besuche von Offline-Touchpoints auf dem feinen Zeitstrahl des KAM anzuordnen. Mit anderen Worten: In diesem Fall ist zu versuchen, kausale Relationen über die Off-/Online-Schwelle aufzuzeigen. Mit diesem Versuch allerdings betritt man weitestgehend unsondiertes Terrain. Da solche Relationen aber für ein Verständnis crossmedialer Kampagnen von großer Wichtigkeit sind, sollen abschließend zumindest noch einige Grundideen zur Erschließung des Feldes umrissen werden.

Die Kernidee, die zu einem einheitlichen Kausalmodell über alle Touchpoints führt, besteht darin, die Möglichkeiten kausalen Trackings bereits *von Anfang an* ins Kampagnendesign einfließen zu lassen. Genauer gesagt: Auch die Offline-Touchpoints sind so auszugestalten, dass der Platz, den sie in der Customer Journey einnehmen, zu erkennen ist. Des Weiteren ist zu berücksichtigen, dass die Grenze on-/offline selbstverständlich in beide Richtungen überschritten werden kann. Blicken wir zuerst auf den Übergang von Offline- zu Online-Touchpoints. Die zum Tracking dieses Übergangs derzeit wohl am breitesten diskutierte Methode sind QR-Codes sowie eindeutige Redirect-URLs, aus denen im Webtracking direkt ihre „Offline-Herkunft" ablesbar ist. Mittels dieser Methoden kann man bestimmten Offline-Touchpoints (Pressemitteilungen, Events, TV-Ads) singulär an sie gebundene Online-Verweise zuweisen. Es ist zum Beispiel möglich, eine URL zum eigenen Webshop zu definieren, die ausschließlich auf einem bestimmten Event zu finden ist. Wenn dann ein Nutzer diese URL verwendet, kann das Webtracking erkennen, dass der Trigger zum Besuch des Touchpoints eben dieses Event war. Nachdem der Nutzer die Schwelle zum Online-Bereich einmal überschritten hat, wird anhand des oben dargestellten Vorgehens seine weitere Customer Journey nachgezeichnet, so dass die mit den genannten Elementen versehenen Offline-Touchpoints im Gesamtmodell auf exakt die gleiche Art mit Zielerreichungsbeiträgen ausgestattet werden können wie Online-Touchpoints.

Wie ist es um ein Tracking des Übergangs von On- zu Offline-Touchpoints bestellt? Die Frage, ob ein Online-Touchpoint Auslöser des Besuchs eines Offline-Touchpoints war, ist mindestens ebenso schwierig zu beantworten wie die entgegengesetzte. Ein probates Hilfsmittel sind etwa Location Based Services sowie insgesamt die aus mobilen Nutzungsdaten etwa von Apps extrahierbaren Geo-Lokalisierungsdaten. Zumindest für einige Offline-Touchpoints wie Stores oder Events sind auf diesem Wege Online-Touchpoints als Auslöser ihrer Besuche identifizierbar. Digitale Gutscheinsysteme erlauben etwa, die so erkennbaren Customer Journeys darüber hinaus noch bis zu Offline-Konversionen weiterzuverfolgen.

Werden auf diese Weise Daten zu On- und Offline-Touchpoints zusammengeführt, entsteht eine Grundlage, um umfassende Customer Journeys nachzuzeichnen. Zugegeben, die Fallzahlen der zusammenhängenden Zeitreihen, in denen On- sowie Offline-Touchpoints enthalten sind, werden zumeist gering sein und zudem werden einige Touchpoints (etwa Offline-Word of Mouth) gar nicht in dem Modell auftauchen – aber dennoch sind die wenigen auf diese Weise erhobenen Datensätze extrem aufschlussreich. Denn durch sie kann in einem für alle Touchpoints einheitlichen Rahmen die zentrale Frage beantwortet werden, welchen Beitrag jeder einzelne

Touchpoint zur Zielerreichung leistet. An dieser Frage wird sich zukünftige Kommunikationsevaluation in immer stärkerem Maße messen lassen müssen. Deshalb sollte es allen, die in dem Feld tätig sind, ein Anliegen sein, die Möglichkeiten der Einordnung in die Customer Journey auch für Offline-Maßnahmen voranzutreiben. Nur so ist ein Framework definierbar, in dem tatsächlich alle Kommunikationsaktivitäten in gleichem Maße hinsichtlich ihres kausalen Beitrags zur Zielerreichung ausgewertet werden können.

3 Fazit

Das zentrale Element aller dargestellten Entwicklungen ist die Digitalisierung. Besonders interessant wird diese Einsicht, wenn man bemerkt, dass die Digitalisierung bestimmte Probleme überhaupt erst manifest werden ließ, deren Lösung sie dann allerdings auch wieder bietet. Die Digitalisierung hat gezeigt, dass die Öffentlichkeit segmentierte und statische Kommunikationsaktivitäten von Organisationen weitaus weniger honoriert als das bei ganzheitlichen und interaktiven Maßnahmen der Fall ist. Dass Unternehmen inzwischen besser in der Lage sind, solche ganzheitlichen und interaktiven Maßnahmen umzusetzen, ist ebenfalls der Digitalisierung zu verdanken: Sie hat Planung, Umsetzung und Auswertung von zeitgemäßen Kommunikationskampagnen elementar vereinfacht bzw. in einigen Aspekten überhaupt erst möglich gemacht.

Die durch die Digitalisierung gewonnenen Möglichkeiten sind auch für crossmediale Projekte wegweisend, obgleich in Bezug auf eine transparente und über den Einzelfall hinausgehende Verzahnung von Online- und Offline-Maßnahmen sicherlich noch große Herausforderungen bestehen. Gerade das Controlling solcher Projekte birgt Schwierigkeiten, vor allem wenn es um die Auswertung aller zur Verfügung stehenden Daten ohne Informationsverlust geht. Die Zukunftsperspektive in der Evaluation solcher Projekte ist aber dennoch klar vorgezeichnet, nämlich durch die stetig zunehmende Anzahl an Versuchen, auch die Effekte zwischen Offline- und Online-Maßnahmen in kausale Erklärungsmodelle zu integrieren. Die Fokussierung auf kausale Abhängigkeiten wird in eben dem Maße zunehmen, in dem das Vertrauen in reine Korrelationen schwindet. Man tut demnach gut daran, für *alle* Maßnahmen nach Möglichkeiten der Evaluation ihrer kausalen Einbettung in die Customer Journey zu suchen. Ich halte dies für eine der derzeit zentralen Herausforderungen des Kommunikations-Controllings.

Literatur

Chambers, M., & Dinsmore, T. W. (2015). *Advanced Analytics Methodologies: Driving Business Value with Analytics*. New Jersey: Pearson Education.

Granger, C. W. J. (2001). *Essays in Econometrics*. Cambridge: Cambridge University Press.

Janson, A. (2014). *Focusing on the Customer: The Concept of the Customer Journey*. München: Grin.

Kaplan, R. S., & Norton, D. P. (1996). *The Balanced Scorecard: Translating Strategy into Action*. Cambridge, MA: Harvard University Press.

Metzinger, P. (2006). *Business Campaigning: Strategien für turbulente Märkte, knappe Budgets und große Wirkungen*. Berlin: Springer.

Schüller, A. (2010). Die neuen Momente der Wahrheit: WOM im Kontaktpunkt-Management. In A. M. Schüller & T. Schwarz (Hrsg.), *Leitfaden WOM Marketing* (S. 39–56). Waghäusl: marketing-BÖRSE.

Veesenmayer, J. et. al. (2013). *It Only Looks Like Magic: The Power of Big Data and Customer-Centric Digital Analytics*. Columbia: Merkle.

Zerfaß, A., & Pfannenberg, Z. (Hrsg.). (2005). *Wertschöpfung durch Kommunikation: Kommunikations-Controlling in der Unternehmenspraxis*. Frankfurter Allgemeine Buch.

Eike Tölle
Von der Strategie zum KPI in Zeiten des Medienwandels

Der folgende Beitrag soll in praktischer Hinsicht aufzeigen, vor welchen Herausforderungen das Kommunikations-Controlling durch den Medienwandel steht, welche Voraussetzungen es für ein zielführendes Kennzahlensystem zur Steuerung des Kommunikationserfolges gibt und wie man trotz der sich dynamisch wandelnden Medienlandschaft zu validen Kenngrößen kommt. Am Beispiel der Bewegtbildkommunikation werden anhand unterschiedlicher Zielstellungen mögliche Controlling-Verfahren vorgestellt.

1 Einfluss des Medienwandels auf das Kommunikations-Controlling

Der derzeit stattfindende Medienwandel hat einen großen Einfluss auf das Kommunikations-Controlling. So wie sich die Medien und das Mediennutzungsverhalten ändern, muss sich auch das Kommunikations-Controlling den neuen Gegebenheiten anpassen, um weiterhin verlässliche Daten für die Steuerung des Kommunikationserfolges liefern zu können. Um den sinkenden Auflagen und den damit einhergehenden geringeren Werbeeinnahmen in den klassischen Printmedien entgegenzuwirken, versuchen sich die Verlage an neuen Wegen, ihre Informationen online an die Leser zu bringen und dabei Erlöse zu erzielen: Apps werden entwickelt, Paywalls hochgezogen, Kooperationen mit Facebook (Instant Articles) eingegangen, Breaking News per WhatsApp verschickt, Bewegtbildangebote gestärkt, um nur einige Beispiele zu nennen. Hinzu kommt das geänderte Mediennutzungsverhalten. Nachrichten werden zunehmend auf mobilen Endgeräten und zu Zeiten und an Orten konsumiert, die der Leser wünscht. Nachrichtensendungen werden via Mediathek genau dann abgerufen, wenn es in den Tagesablauf passt und nicht mehr zu festgeschriebenen Uhrzeiten. Meldungen verbreiten sich sekundenschnell global über Twitter, ohne dass ihr Wahrheitsgehalt bestätigt ist. Neue Nachrichtenkanäle verdrängen traditionelle Medien. So ersetzt YouTube bei der jungen Zielgruppe immer mehr das klassische Fernsehen (ARD/ZDF-Medienkommission 2014). Öffentlich-rechtliche Sender reagieren mit neuen Formaten wie heute+, bei denen die Verarbeitung der Nachrichten für soziale Medien an erster Stelle steht und erst an zweiter Stelle das klassische TV-Format rangiert. Mit jedem neuen Medienkanal fallen neue Daten und Messgrößen an, die vom Kommunikations-Controlling ausgewertet werden müssen. So reichte es früher, Auflagen und Reichweiten als Messgrößen für den externen Output heranzuziehen. Heutzutage sind Likes, Shares, Follower oder Fans zu verarbeiten. Beim externen Output wird die Medienebene betrachtet, das heißt die Reichweite und Inhalte der Kommunikationsangebote, die der Bezugsgruppe zugänglich sind. Die Wirkungsstufen der Kommunikation sind im DPRG/ICV-Bezugsrahmen für Kommunikations-Controlling beschrieben (Huhn & Sass 2011: 12 ff.). Neben dem externen Output wird zwischen Input (Ressourceneinsatz), internem Output (Prozesseffizienz und Qualität), direktem Outcome (Wahrnehmung und Wissen), indirektem Outcome (Meinungen, Absichten und Verhalten) und Outflow (Wertschöpfung) unterschieden.

Kennzahlen sind dynamisch. So ändert sich die Auflage eines Printmediums einmal pro Quartal mit der Herausgabe der neuen IVW-Zahlen (Informationsgemeinschaft zur Feststellung der Verbreitung von Werbeträgern e. V.). Die agma (Arbeitsgemeinschaft Media-Analyse e. V.) und AWA (Allensbacher Markt- und Werbeträgeranalyse) erfassen jährlich in Umfragewellen Reichweiten der Printmedien, und Media Control liefert verlässlich die Einschaltquoten für Fernsehsendungen des Vorabends. Diese Messgrößen sind gelernt und akzeptiert. Wie verhalten sich aber 10.000 Follower eines Twitter-Accounts zu einer Auflage von 10.000 Exemplaren eines Printmediums? Zu welchem Zeitpunkt werden die Aufrufe eines YouTube-Videos gezählt: kurz nach Veröffentlichung, nach einer Woche oder nach einem Monat? Wie werden die unterschiedlichen Kanäle, über die ein Medium Nachrichten verbreitet, bei der Messung der erzielten Reichweite berücksichtigt? So kann eine Nachricht beispielsweise zuerst auf der Internetseite eines Mediums veröffentlicht werden, von dort über WhatsApp, Twitter und Facebook verbreitet werden, in der ePaper-Ausgabe erscheinen, um dann letztendlich den Weg in die gedruckte Ausgabe zu finden. Bei der TV-Berichterstattung reicht es nicht mehr, die Reichweite der ersten Ausstrahlung als Messgröße heranzuziehen. Die Beiträge wandern in die Mediatheken der Sender, sind dort eine geraume Zeit abrufbar und erreichen zusätzliche Zuschauer. Über Facebook Instant Articles können Verlage den News Stream von Facebook direkt mit ihren Beiträgen füttern. Der Newsfeed-Algorithmus, der steuert, welcher User welche Nachricht zu sehen bekommt, liegt aber in den Händen von Facebook. Für Externe ist es damit nahezu unmöglich, die tatsächliche Verbreitung einer Nachricht zu ermitteln. Gleiches gilt für Instagram, ein Online-Dienst zum Teilen von Fotos und Videos. Schaltet ein Unternehmen Werbung in dem Netzwerk, kann es genau messen, wer die Werbung zu sehen bekam. Für unbezahlte, eigen- oder fremdinitiierte Posts gilt dies nicht.

Je nachdem ob man, wie bei der Mediaplanung, Paid, Earned oder Owned Media betrachtet – andere Modelle unterscheiden noch in Shared/Social – stehen Daten in unterschiedlicher Tiefe und Vollständigkeit zur Verfügung. Das PESO-Modell wurde 2008 erstmalig von Nokia bei der Mediaplanung verwendet und 2009 von Forrester Research einer breiten Öffentlichkeit vorgestellt (Forrester Research 2009). Es erklärt die unterschiedlichen Medienkanäle, mit denen die Anspruchsgruppe angesprochen wird. Paid beschreibt die klassische Werbung, Owned die vom Unternehmen selbst betriebenen Kanäle wie die eigene Webseite und Earned die verdienten – eigen- oder fremdinitiierten – Veröffentlichungen.

Bei einer Werbeschaltung auf Facebook oder Instagram (Paid) bekommt der Werbekunde sehr detaillierte Daten, wie oft die Werbung in den Timelines der User erschienen ist und wie häufig und von wem sie angeklickt wurde. Für die unternehmenseigenen Facebook- oder Instagramseiten gilt dies eben nicht (Owned). Auch wenn das Unternehmen weiß, dass ihm 10.000 Fans oder Abonnenten folgen, hat es keine genauen Zahlen darüber, bei wie vielen Nutzern ein Post letztendlich zu sehen war. Noch diffuser wird die Datenlage bei fremdinitiierten, also von den Usern selbst geposteten Beiträgen zum Unternehmen (Earned). Da ein gutes Kommunikations-Controlling mit einer belastbaren Datengrundlage steht und fällt, liegt genau hier eine der großen Herausforderungen. Es gibt diverse Initiativen – Beispiele sind der Bundesverband Informationswirtschaft, Telekommunikation und neue Medien (BITKOM) oder die Arbeitsgemeinschaft Online Forschung (AGOF) –, die versuchen, neue Kennzahlen und Standards zu entwickeln. Dabei berücksichtigen sie sehr unterschiedliche Verbreitungsarten, um die tatsächliche Reichweite einer Nachricht zu erfassen. So erfasst die IVW bei der Ausweisung der Visits eines Onlinemediums, zum Beispiel bild.de, die differenzierten Bestandteile des digitalen Angebots: Onlineseite, mobile Seite, Smartphone-App und Tablet-App. Kanäle wie Facebook oder Instagram fehlen aber noch.

Bis zu einer umfassenden Lösung ist es sicher noch ein langer Weg. Laufend erscheinen neue Kommunikationsplattformen, die weitere Messgrößen mit sich bringen. Das Kommunikations-Controlling wird hier immer einen Schritt zurück sein. Bis ein neuer Standard etabliert ist, geht es darum, aus der Vielzahl der vorhandenen medienbezogenen Messgrößen die für das Controlling wichtigsten zu identifizieren und in einem Zielsystem übersichtlich darzustellen. Dabei reicht es, wie erwähnt, nicht aus, bei den klassischen Medien Print, TV oder Internet zu bleiben. Der Horizont muss auf Social Media erweitert werden, da hier die Kommunikation mit der Anspruchsgruppe stattfindet. Auf diese Veränderungen muss das Kommunikations-Controlling passende Antworten finden.

2 Von der Unternehmensstrategie zum KPI

Jedes tragfähige Kommunikations-Controlling beginnt bei der Unternehmensstrategie. Daran hat sich auch in den Zeiten des digitalen Wandels nichts geändert. Aussagekräftige und gute Key Performance Indicators (KPIs), also Schlüssel- bzw. Leitkennzahlen, die den Fortschritt bzw. die Zielerreichung hinsichtlich kritischer Erfolgsfaktoren messen, lassen sich aus der Unternehmens- und der Kommunikationsstrategie ableiten. Die Frage, die es zu beantworten gilt, lautet: Welchen Wertbeitrag leistet die Kommunikation zum Unternehmenserfolg? Aus der Kommunikationsstrategie ergeben sich dann die kommunikativen Zielsetzungen und Maßnahmen, mit denen die Managementziele unterstützt werden sollen. Es ist darauf zu achten, dass die gewählten Ziele „smart" sind: *spezifisch* in ihrer Ausprägung und nicht allgemein formuliert; *messbar*, denn nur was man messen kann, kann man auch steuern; *akzeptiert*, da nur akzeptierte Ziele mit vollem Einsatz verfolgt werden; *realistisch*, das gesteckte Ziel muss erreichbar sein; *terminiert*, es muss einen Termin geben, bis wann das Ziel erreicht werden soll. So ist das Ziel, das eigene Unternehmen als „freundliches" Unternehmen in den Medien darzustellen, kein smartes Ziel und damit auch nicht messbar. „Freundlich" ist nicht spezifisch genug.

Denn es macht einen großen Unterschied, ob damit kundenfreundlich, mitarbeiterfreundlich, investorenfreundlich oder umweltfreundlich gemeint ist. Amazon hat den Anspruch, das kundenfreundlichste Unternehmen der Welt zu sein (Amazon 2015). Aus der Sicht der Lagerarbeiter sieht die Einschätzung zum Begriff „freundlich" womöglich anders aus. Ein smartes Ziel wäre: In 30 Prozent der veröffentlichten Beiträge zum Unternehmen soll in den nächsten sechs Monaten die Botschaft Kundenfreundlichkeit transportiert werden. Als KPI kann die Botschaftendurchdringung gemessen werden, also der Anteil der Beiträge, in denen die Botschaft transportiert wurde. Bei jeder gewählten Maßnahme muss vor der Durchführung definiert werden, wie sie auf den Unternehmenserfolg einzahlt und wann vom Erfolg der Maßnahme gesprochen werden kann. Daraus leiten sich die KPIs ab. Der entgegengesetzte Weg, erst nach der Durchführung der Kommunikationsmaßnahme zu überlegen, mit welchen KPIs der Erfolg dargestellt werden kann, ist dagegen wenig sinnvoll. Dabei gibt es nicht *den* wichtigsten oder *den* richtigen KPI. Die Auswahl der KPIs ist immer vom Zielsystem abhängig. Es gilt: weniger ist mehr. Gerade durch die sozialen Medien wie Facebook, Twitter oder Instagram steht eine Vielzahl von Kennzahlen zur Kommunikationssteuerung zur Verfügung. Hier ist es die Aufgabe, die für den Kommunikationserfolg relevanten Kennzahlen herauszufiltern und von den irrelevanten zu trennen. Eine relevante Kennzahl und somit ein KPI, muss immer zu Handlungen führen und einen Steuerungsgewinn liefern. Die Verwendung und Beobachtung von zu vielen Kennzahlen verstellen den Blick auf das Wesentliche und erschweren das Controlling mehr, als dass sie es unterstützten.

3 Die Bestandsaufnahme

Ein weiterer Schritt, bevor mit der Maßnahmenplanung begonnen werden sollte, ist die Nullmessung oder Status-Quo-Analyse. Dabei handelt es sich auch um eine umfassende Bestandsaufnahme der medialen Ist-Situation. Sie deckt Stärken und Schwächen sowie Chancen und Risiken der eigenen Kommunikation auf. Daraus können dann im Ergebnis modifizierte Ziele und Maßnahmen abgeleitet werden. Unterschieden nach Owned und Earned Media sind verschiedene Analyseansätze möglich.

Bei den Earned Media werden im Rahmen einer Nullmessung ein zeitlich begrenztes Monitoring und eine spezifizierte Medienanalyse der sozialen Medien zu Veröffentlichungen rund um das eigene Unternehmen durchgeführt. Folgende Fragen stehen im Vordergrund: Wie groß ist die Medienresonanz zum Unternehmen und seinen Produkten und Dienstleistungen? Wo wird berichtet? Wer berichtet, postet, kommentiert? Wie ist die Tonalität der Berichterstattung? Über welche Themen wird berichtet? Welche Botschaften werden transportiert? Ein Blick über den Tellerrand liefert zusätzliche Informationen zu Mitbewerbern oder Themen im Allgemeinen: Wie aktiv sind die Mitbewerber? Über welche Medien kommunizieren sie? Über welche Themen tauschen sich die User zu den Mitbewerbern aus? Wo und durch wen werden die für das Unternehmen relevanten Themen kommuniziert? Die Nullmessung identifiziert somit relevante Themen, meinungsführende Plattformen und einflussreiche User, sogenannte Influencer. Zwei aus der Nullmessung abgeleitete Ziele und KPIs könnten sein, den eigenen Share of Voice zu einem Thema zu steigern oder den Anteil der Influencer an der Berichterstattung zum Unternehmen zu erhöhen.

Gerade die Frage nach dem „wer kommuniziert" ist in Zeiten von Social Media spannend, da nicht mehr ausnahmslos Journalisten über das Unternehmen berichten, sondern immer mehr die Blogger, Twitterer oder YouTuber in den Fokus rücken (BVDW 2014). Es stellt sich dann sehr schnell die Frage nach der Relevanz der User. Wer ist wirklich Influencer und kann als möglicher Multiplikator für die Unternehmenskommunikation dienen und wer nicht? Eine Orientierung können Blogcharts, Followerzahlen, Abonnenten oder Indizes wie der „Klout-Score" liefern. Der Klout-Score wurde von der in San Francisco ansässigen Klout Inc. entwickelt und gibt auf einer Skala von 1 bis 100 die Relevanz bzw. den Einfluss eines Users im Netz an. In den Score gehen Fanzahlen, Followerschaft, Aktivitätsgrade und weitere Aspekte ein. Da nicht transparent ist, wie sich der Wert genau zusammensetzt, ist er mit der notwendigen Skepsis zu betrachten. Hier sei angemerkt: In den USA fließt der Klout-Score der Kommunikationsverantwortlichen bei einigen Unternehmen ins Gehaltssystem ein, oder ein Mindest-Score dient als Einstellungskriterium (Hofert 2013). Solche Vorgaben gehen sicher für deutsche Verhältnisse zu weit.

Bei den Owned Media lohnt neben dem Blick auf die üblichen Kennzahlen wie Fanzahlen, Likes, Abonnenten, Follower und Interaktionsraten ein Blick auf die User selbst. Hier wäre die Frage zu beantworten, wer über die eigenen Kanäle erreicht wird: Wer sind die Fans auf Facebook, wer folgt dem Unternehmen auf Twitter, wer hat die YouTube- oder Instagram-Kanäle abonniert? So bietet sich beispielsweise eine Einteilung der Anhängerschaft in die Organisation an, der sie angehören, etwa das eigene Unternehmen, Medien, Politik, Verlage oder Nichtregierungsorganisationen (NGOs). Die gewählten Cluster sind dabei abhängig von der Art und Branche des Unternehmens. Weitere Erkenntnisse können durch einen Abgleich mit dem eigenen Customer-Relationship-Management (CRM)-System erlangt werden. Ein Abgleich erlaubt die Identifizierung von Kunden, Lieferanten, Interessenten, Mitbewerbern unter den Anhängern. Eine Stichprobe reicht aus, um sich einen Eindruck über seine Anhängerschaft zu verschaffen. Nur wer weiß, wen er über die eigenen Kanäle erreicht, kann zielgruppengerecht über diese Kanäle kommunizieren. So kann ein Ergebnis sein, dass 70 Prozent der Fans auf Facebook die eigenen Mitarbeiter sind. Eine auf Kunden zielende Maßnahme zur Absatzförderung via Facebook wird ihren Zweck somit nicht erreichen. Als Ziel ist hier zunächst zu definieren, durch geeignete Maßnahmen die Kunden auch zu Fans zu machen. Neben der reinen Fanzahl kann also der Anteil der Kunden an den Fans als Kennzahl definiert werden. Dabei ist kritisch anzumerken, dass die alleinige Betrachtung von Fan- oder Followerzahlen kein Indiz für eine erfolgreiche Kommunikation ist. So hat sich eine eigene Industrie entwickelt, die gegen Bezahlung die Fanzahlen von Unternehmen nach oben treibt (Webermann 2014).

4 Kommunikations-Controlling bei Bewegtbildkommunikation

Nachdem einige Voraussetzungen für ein belastbares Kommunikations-Controlling in Zeiten des digitalen Wandels beschrieben wurden, soll anhand von vier Beispielen aus der Bewegtbildkommunikation dargestellt werden, wie sich aus der Unternehmensstrategie zielführende KPIs für Kommunikation ableiten lassen. Die Fachwelt ist sich darin einig, dass Bewegtbild in Zukunft stärker an Bedeutung gewinnen wird: 71 Prozent aller Altersgruppen suchen monatlich Bewegtbildformate auf (AGOF 2014). Die meist kurzen Filme lassen sich relativ günstig produzieren und sind vielfältig einsetzbar. Bewegtbild dient zur Informationsvermittlung, Produkt- und Unternehmenspräsentation und Imageverbesserung. Neben weiteren Zwecken soll es die Personalbeschaffung unterstützen, Supportkosten reduzieren und den Abverkauf fördern.

Beispiel 1: Unterstützung von Recruiting durch Bewegtbild

Szenario: Das mittelständische Familienunternehmen Alpha GmbH ist als Automobilzulieferer mit seinen Produkten im klassischen B2B-Bereich tätig. Die Produktionsstätten befinden sich in der schwäbischen Provinz. Kunden sind die großen Automobilhersteller. Die Kommunikation ist bislang hauptsächlich auf Fachmedien und etwas Lokalpresse fokussiert. Auch die bestehenden Social Media Kanäle – Alpha betreibt neben einer Facebook-Seite und einem YouTube-Kanal einen eigenen Blog – werden vorrangig mit Fachthemen bespielt. Seit einiger Zeit hat Alpha das Problem, offene Stellen zu besetzen. Der Fachkräftemangel macht sich deutlich bemerkbar. Oft scheitert die Besetzung einer Stelle auch am Geld, da Alpha nicht mit den Gehältern großer Unternehmen mithalten kann. Um dem entgegenzutreten und um in Zukunft weiter konkurrenzfähig zu sein, gehört zur Unternehmensstrategie, die Fachkräfte von morgen selbst auszubilden und früh an sich zu binden. Das entsprechende Unternehmensziel ist, die Bewerberzahlen in den nächsten sechs Monaten um 50 Prozent zu steigern sowie die offenen Ausbildungsplätze zu besetzen.

Die Kommunikationsfunktion soll die Personalabteilung bei der Gewinnung neuer Auszubildender unterstützen. Im ersten Schritt ergibt eine Bestandsaufnahme, dass Alpha mit den gegenwärtig bedienten Kanälen potenzielle Azubis nicht erreicht und folglich in der Zielgruppe nicht als attraktiver Arbeitgeber bekannt ist. Eine SWOT-Analyse liefert darüber hinaus wichtige Ergebnisse für die Maßnahmenplanung. Als Stärken des Unternehmens werden unter anderem die familiäre Atmosphäre, die spannenden Aufgaben und kurzen Entscheidungswege identifiziert. Schwächen sind der Standort und die im Vergleich geringeren Gehälter. Chancen werden in der frühzeitigen Bindung der Arbeitskräfte gesehen, wobei als Gefahr der Wettbewerb durch andere attraktive Arbeitgeber gilt. Die Unternehmenskommunikation beschließt als eine Maßnahme, kurze Videofilme zu produzieren, in denen Alpha als attraktiver Arbeitgeber präsentiert wird und Azubis die diversen Ausbildungsplätze vorstellen. Flankiert wird diese Maßnahme zum Beispiel durch Bewerbertage im Unternehmen. Die Videos erscheinen auf der Internetseite von Alpha in der Arbeitgeberrubrik, werden auf Facebook und den Blog verlinkt und in YouTube eingestellt. Alpha erhebt diverse Kennzahlen. Die erste Kennzahl sind die Zugriffe auf die Videos über die unterschiedlichen Plattformen. Hier möchte Alpha erfahren, welche Plattform die meisten Zugriffe generiert, um Optimierungen vornehmen zu können.

Für eine realistische Zielsetzung hat sich Alpha auf den Onlineseiten anderer – auch branchenfremder Unternehmen – umgesehen, um ein Gefühl dafür zu bekommen, welche Zugriffzahlen zu erzielen sind. Benchmark sind hierbei Unternehmen ähnlicher Größe aus dem B2B-Bereich, die schon via Onlinevideos das Recruiting von Fachkräften unterstützen. Zusätzlich werden Likes und Shares sowie Kommentare erfasst, um zu ermitteln, ob sich die Nutzer mit den Videos auseinandersetzen. Mögliche Kommentare werden inhaltlich ausgewertet. Über Webanalytics, beispielsweise Google Analytics, wird verfolgt, wie viele Nutzer über die Videos auf die Online-Bewerberseite von Alpha gehen, sich weiter informieren und das Onlinebewerbungsformular ausfüllen. Solche Kennzahlen helfen, die Ansprache zu optimieren. Die tatsächliche Erfolgskennzahl ist aber, wie viele qualifizierte Bewerber über die Videos dazu bewegt werden können, sich bei Alpha zu bewerben. Für die Erfassung dieses KPIs reicht es meist, beim Bewerbungsgespräch nachzufragen, wie der Bewerber auf das Unternehmen aufmerksam geworden ist und was ihn dazu veranlasst hat, sich zu bewerben. Ausgehend von der Unternehmensstrategie kann die Kommunikationsabteilung somit ihren direkten Wertbeitrag zum Unternehmenserfolg, den Outflow, dokumentieren.

Beispiel 2: Reduzierung der Supportkosten durch Bewegtbild

Szenario: Der Smartphone-Anbieter Beta hat als ein Unternehmensziel ausgegeben, die Kosten zu reduzieren. Als ein großer und personalintensiver Kostenblock wird das Kundencenter identifiziert, das rund um die Uhr telefonisch erreichbar ist und die Kunden bei technischen Fragen und Problemen zu ihrem Smartphone unterstützt. Die FAQ-Internetseite wird relativ wenig von den Kunden genutzt. Als Ziel wird bestimmt, die Kosten des Kundencenters um 50 Prozent zu reduzieren. In einem ersten Schritt wird gemessen, wie oft eine Supportanfrage zu einem bestimmten Thema kommt. Zu den Top fünf Anfragen wird jeweils ein erklärendes Video produziert, das die Fragen anschaulich beantwortet. Die Videos werden auf der Internetseite des Unternehmens eingestellt. Folgende KPIs werden gemessen: Aufrufe der Videos und Anzahl telefonischer Anfragen zu den in den Videos beantworteten Fragen. Die Hypothese ist, dass mit einem Anstieg der Videoaufrufe proportional die telefonischen Anfragen zum jeweiligen Thema zurückgehen. Dies korreliert mit einer Kostenreduktion im Kundencenter. Somit kann als weiterer KPI die Kostensenkung herangezogen werden, womit der Outflow, also die Wertschöpfung der Kommunikationsaktivität, sogar in monetärer Form, dokumentiert wird. Um zusätzlich einen ROI (Return on Investment) ausweisen zu können, werden die Produktionskosten der Videos den gesparten Supportkosten gegenübergestellt.

Beispiel 3: Steigerung des Abverkaufs durch Bewegtbild

Szenario: Der Onlinehändler Gamma hat sich auf den Verkauf von Brett- und Gesellschaftsspielen spezialisiert. Um den Verkauf zu fördern, werden die vom Kunden gesuchten Spiele in kurzen Videos vorgestellt. Zudem gibt es die Möglichkeit, sich per Zufallsauswahl Videos vorspielen und davon inspirieren zu lassen. Gezählt werden auch hier die Aufrufe der einzelnen Videos. Da von den Videos direkt auf den Onlineshop von Gamma verlinkt wird, hat der Besucher sofort die Möglichkeit, bei Gefallen das entsprechende Spiel zu kaufen. Mit Hilfe von Webanalytic-Tools kann Gamma messen, wie viele Besucher der Internetseite nach Betrachten eines Videos zum Onlineshop klicken und dort einen Kauf tätigen. KPI ist hier der Umsatz nach Videoaufruf. Zusätzlich wird analysiert, ob sich Spiele, für die ein Video verfügbar ist, besser verkaufen als Spiele ohne Video. KPI ist der Mehrverkauf von Spielen mit Videos zu Spielen ohne Videos. Um möglichst viele Besucher vom Video zum Onlineshop zu leiten, wird mit der Länge der Videos experimentiert: Die Videos dürfen nicht zu lang sein, so dass Besucher die Betrachtung abbrechen und für den Verkauf verloren gehen, aber auch nicht zu kurz, da genügend Zeit vorhanden sein muss, den Kauf des Spiels schmackhaft zu machen. Gemessen wird, bei welcher Videolänge die meisten Klicks auf den Onlineshop erfolgen. Für ein ausgewähltes Spiel werden Videos unterschiedlicher Länge produziert. Den Besuchern der Seite wird dann zufällig jeweils eines der Videos vorgespielt. Somit wird experimentell die für den Verkauf optimale Videolänge ermittelt.

Beispiel 4: Botschaftentransport via Bewegtbild

Szenario: Die Supermarktkette Delta hat das Ziel, die Botschaft „Beste Qualität zu guten Preisen" in den Medien zu verankern. Als geeignete Maßnahme für den Botschaftentransport hat die Marketingkommunikation eine Bewegtbildkampagne identifiziert. Sie produziert ein Video, in dem ein singender Schauspieler humorig die Produkte von Delta anpreist. Die Kampagne wird über die Website und die Facebook-Seite von Delta sowie über den eigenen YouTube-Kanal gestartet. Begleitend soll die Medienresonanz auf der Owned- und Earned-Ebene gemessen werden. Ziel ist, den medialen Erfolg der Kampagne zu evaluieren und bei Bedarf rechtzeitig gegensteuern zu können, sollte die Resonanz nicht wie gewünscht ausfallen. Die Medienresonanz hat noch am Tag der Veröffentlichung die Owned-Ebene verlassen. Das Video wird über Twitter verbreitet und erste Onlinefachmedien berichten. Am Tag darauf folgen Internet-Newsseiten und kurze Zeit später Printmedien. Selbst in TV und Hörfunk wird über die Kampagne berichtet und das Lied gespielt.

Bei der kampagnenbegleitenden Messung über alle Kanäle hat Delta für den YouTube-Kanal einzelne Teilziele definiert. Zur Messung werden folgende Kennzahlen herangezogen, wobei die Kennzahlen für die Datenbasis auf YouTube direkt verfügbar sind:

Anzahl der Aufrufe: Im Vorfeld ist festzulegen, wie viele Aufrufe in welchem Zeitraum generiert werden müssen, um von einem Erfolg sprechen zu können. Als Orientierung können eigene Videos aus der Vergangenheit dienen oder vergleichbare Videos von Mitbewerbern.

Anzahl der zugewonnenen Abos: Soll der eigene YouTube-Kanal gepusht werden, kann die Anzahl der Abonnenten vor und nach der Videoveröffentlichung abgefragt werden.

Anzahl der Kommentare: Zielt das Video auf Interaktionen der User ab, kann die Anzahl der Kommentare als Kennzahl dienen.

Bewertungsquotient: Hier wird gemessen, wie positiv das Video von den Nutzern aufgenommen wird. Von den positiven Bewertungen werden die negativen Bewertungen abgezogen. Das Ergebnis wird dann durch die Anzahl der Bewertungen geteilt. Man erhält einen Wert zwischen +1 (vollkommen positiv) und -1 (vollkommen negativ). Werden die Kommentare inhaltlich ausgewertet, ergeben sich weitere Kennzahlen. Ein Vorteil von Social Media gegenüber den klassischen Medien liegt darin, dass sich in den Posts und Kommentaren die öffentliche Meinung der Zielgruppe wiederfindet und nicht nur die veröffentlichte Journalistenmeinung. Man klettert auf dem Wirkungsstufenmodell der Kommunikation damit eine Stufe höher – von der Output- auf die Outcome-Ebene.

Tonalitätsquotient: Gemessen wird das Verhältnis von positiven zu negativen Kommentaren. Im Gegensatz zum Bewertungsquotient werden hier die Kommentare inhaltlich ausgewertet.

Botschaftendurchdringung: Es wird bewertet, ob sich die von Delta vermittelten Markenbotschaften in den Kommentaren wiederfinden.

Kaufabsichten: Es wird gemessen, ob in den Kommentaren direkte Kaufabsichten geäußert werden.

Für die eigene Facebook-Seite kann Delta weitere plattformspezifische Kennzahlen erfassen: Anzahl der Likes, Anzahl zugewonnener Fans, Anzahl der Kommentare, Anzahl der Shares, Interaktionsrate/Talking about (misst die von Nutzern initiierten Aktionen auf einer Seite) und weitere Indikatoren. Bei Twitter wären das zum Beispiel die Anzahl zugewonnener Follower und die Anzahl von Retweets. Tonalitäten, Botschaften und Kaufabsichten können analog zu YouTube berücksichtigt werden.

Nachdem die Medienresonanz, wie in diesem Beispiel, die Owned-Ebene verlassen hat, wird für die Erfolgsmessung und Steuerung ein Monitoring der Earned Media unerlässlich. Zuerst ist es wichtig, das Monitoring sorgfältig auszuwählen und aufzusetzen. Ohne ein solides Monitoring liefert die nachfolgende Medienanalyse keine belastbaren Daten. Gerade im Onlinebereich besteht eine unüberschaubare Vielzahl an Monitoringtools: von kostenlos über kostenpflichtig – von unter 100 Euro im Monat bis zu mehreren 1.000 Euro. Alternativ übernehmen Dienstleister das Monitoring als Service für ihre Kunden. Im Vorfeld muss man sich über die Anforderungen an das Monitoring im Klaren sein: Welche Quellen sollen beobachtet werden, national oder international? Sind Auswertungsmöglichkeiten angefordert, sollen Quellenprofile gepflegt werden? Kostenlose Tools sind grundsätzlich mit Vorsicht zu verwenden. So ist die Quellenabdeckung meist unklar und die Ergebnismenge unvollständig (Tölle 2012). Wenn kostenlose Tools einzusetzen sind, sollten mehrere Tools parallel verwendet werden, um eine vertretbare Datenbasis zu erhalten. Ein verhältnismäßig hoher Aufwand entsteht dann beim Abgleich der Ergebnisse. Deutlich bessere Ergebnisse liefern dagegen kostenpflichtige Tools. Eine vollständige Quellenabdeckung wird man aber auch hier nicht erreichen. Dafür ist das Social Web zu groß und zu dynamisch. Die Einschränkung der Beobachtung auf ein Set an Keymedien kann helfen, die Informationsflut auf ein überschaubares Maß zu reduzieren.

Da in diesem Fallbeispiel die Medienresonanz von den Onlinemedien auf die Printmedien und TV hinüber springt, beauftragt Delta zusätzlich einen klassischen Medienbeobachter. Wenn die Daten aus den unterschiedlichen Mediengattungen eingesammelt sind, besteht die Aufgabe darin, gattungsübergreifende Messgrößen zu finden, um eine Vergleichbarkeit herzustellen und kumulierte Zahlen zu liefern. Neben der Anzahl an Meldungen, Beiträgen, Posts und Kommentaren bietet sich die Reichweite an. Bis dato gibt es hierfür, wie oben beschrieben, noch keinen einheitlichen Standard. Daher gilt es, für jede Gattung einen reichweitenäquivalenten Wert zu finden. Da die Daten dynamisch sind, muss zudem festgelegt werden, wann die entsprechende Messgröße erhoben werden soll. Bei Facebook und Instagram kann das die Anzahl der Fans bzw. der Abonnenten zum Zeitpunkt des Posts sein, bei YouTube die kumulierten Videoaufrufe nach einem Monat und bei Twitter die Anzahl der Follower zum Zeitpunkt des Tweets.

Bei Print geht es um die die Reichweiten laut AWA oder agma, bei TV um die Reichweiten laut media control und im Internet können die Visits einer Seite pro Tag gezählt werden. Nachdem die Methode festgelegt ist, sind die Gattungen und Plattformen untereinander zu vergleichen und analog zu der klassischen Medienanalyse zu analysieren. Da das Ziel der Kampagne lautet, die Botschaft „Beste Qualität zu guten Preisen" in den Medien zu platzieren, misst Delta die Botschaftendurchdringung über alle Medienkanäle gepaart mit der Tonalität der Meldung in Bezug auf Delta und auf die Botschaft. Abgerundet wird die Analyse mit einer Zielgruppenbefragung, wobei die Bekanntheit des Videos und das Image abgefragt werden. Das Ergebnis zeigt, dass die Zielbotschaft signifikant stärker bei solchen Befragten präsent ist, die das Video kennen, als bei anderen Befragten. Das ist ein klarer Beleg für den Erfolg der Kampagne in Bezug auf das Ziel.

5 Fazit und Ausblick

Der digitale Medienwandel stellt das Kommunikations-Controlling vor große Herausforderungen, bietet aber auch erhebliche Chancen. Noch nie standen so viele Daten zur Messung und Steuerung des Kommunikationserfolges zur Verfügung, die auf allen Stufen der Wertschöpfung zu erheben sind. Durch die geschickte Kombination von Medienresonanzanalysen, Webanalytics und Marktforschung kann die gesamte Wertschöpfungskette bis hin zum Outflow analysiert werden. Hier ist die Herausforderung, aus der Vielzahl an Kennzahlen die relevanten Werttreiber herauszufiltern und aus ihnen sinnvolle KPIs abzuleiten. Die Berufsfelder wie Medienanalyse, Webanalytics und Marktforschung werden miteinander verschmelzen, da gerade durch die sozialen Medien die Übergänge der Aufgabengebiete fließend sind. Eine klare Trennung von Public Relations und Marketingkommunikation wird zunehmend schwerer. Die Chancen stehen gut, dass zukünftig tatsächlich von integrierter Kommunikation gesprochen werden kann. Der Kommunikations-Controller von morgen muss sich mit den unterschiedlichsten Plattformen, Medien und Tools zur Datenerfassung auskennen und aus den anfallenden Daten belastbare und interpretierbare Ergebnisse ableiten. Eine klare Zielformulierung kann diese Anforderung aber, wie in den Beispielen gezeigt, einfach und effektiv unterstützen.

Literatur

Amazon (2015). *Über Amazon*. Abgerufen von http://amazon-presse.de/Top-Navi/Unternehmen/-ber-Amazon.html

Arbeitsgemeinschaft Onlineforschung (AGOF) e. V. (22. 05. 2014). *Macht der Bilder: 80 Prozent der Onliner nutzen Video-Content*. Abgerufen von http://www.agof.de/pressemitteilung-2014-05-22/

ARD/ZDF-Medienkommission (2014). *ARD/ZDF-Onlinestudie 2014*. Abgerufen von http://www.ard-zdf-onlinestudie.de/

Bundesverband Digitale Wirtschaft (BVDW) e. V. (2014). *BVDW-Studie: Social Media in Unternehmen*. Abgerufen von http://www.bvdw.org/medien/bvdw-studie-social-media-in-unternehmen?media=5991

Forrester Research (16. 12. 2009). *Defining Earned, Owned And Paid Media*. Abgerufen von http://blogs.forrester.com/interactive{_}marketing/2009/12/defining-earned-owned-and-paid-media.html

Hofert, S. (02. 05. 2013). *Dein Highscore für den nächsten Job*. Abgerufen von http://www.spiegel.de/forum/karriere/erste-hilfe-karriere-dein-highscore-fuer-den-naechsten-job-thread-89319-1.html

Huhn, J. & Sass, J. (2011). *Positionspapier Kommunikationscontrolling*. Berlin: Deutsche Public Relations Gesellschaft e. V. (DPRG), Gauting: Internationaler Controller Verein e. V. (ICV). Bonn.

Tölle, E. (24. 09. 2012). *Social Media Monitoring der Marke Eigenbau, Teil 1: Die Clusterung der Tools*. Abgerufen von http://www.medienrot.de/social-media-monitoring-marke-eigenbau-teil-1-die-clusterung-der-tools-liste/

Webermann, J. (15. 01. 2014). *Gute Geschäfte mit falschen Freunden – Facebook-Klickfarmen in Bangladesch*. Abgerufen von http://www.tagesschau.de/wirtschaft/facebook436.html

Lothar Rolke
Webmonitoring next level

Benchmark-orientiertes Performance- und Response-Measurement in den Kommunikationsräumen des Internets

Vorstände, die sich mit Kommunikation befassen, neigen nicht selten zu einem eindimensionalen Denken. Wenn sie sich im Rahmen des routinemäßigen Reportings nicht nur mit der Qualität eines Fernsehspots oder einem Blogbeitrags befassen, die Nachricht in der Pressemitteilung oder den Facebook-Auftritt diskutieren wollen, sondern ambitioniert nach der Wirkung fragen, dann meist sehr direkt: Wozu führt das? Oder was bringt es? Oder was erreicht man damit? Doch mit solcher Art Fragen wird der Wirkungsraum von öffentlicher, internet-gestützter Kommunikation und seine immanenten Gesetzmäßigkeiten unter- und fehleingeschätzt. Vor allem wird damit deutlich, dass das kommunikative Handeln der User unter den vorhandenen komplexen Bedingungen nicht verstanden wird – weder offline noch online. Denn Kunden und andere Internetnutzer verhalten sich nicht eindimensional.

Angesichts von tausenden von Informations- und Kommunikations-Angeboten, denen jeder Mensch tagtäglich ausgesetzt ist, und angesichts der ungezählten Zugangs- und Recherche-Möglichkeiten jedes Users, scheint die Annahme vermessen wie auch unprofessionell zu sein, dass eine einzelne Kommunikationsmaßnahme eine klare, sofortige und messbare Wirkung erzeugt. Kommunikatoren, die das nicht hinreichend reflektieren, unterschätzen schon den Durchschnittskunden, der sich in relevanten Fragen wohl kaum auf eine einzelne Quelle verlassen wird. Im Gegenteil, benötigt er doch nur wenige Clicks, um sich ein paar Nutzerkommentare, Blogbeiträge, Homepages und Vergleichsportale binnen kürzester Zeit anzuschauen, bevor er in persönlichen Gesprächen auch noch mit Freunden und eventuell sogar mit Fachleuten spricht. Wie soll da der kommunikative Impuls einer einzelnen Maßnahme direkt zum Kauf, zur Weiterempfehlung oder zu sonst einem geldwerten Effekt führen. Selbst der sogenannte Spontankauf im Geschäft kann eine längere Vorgeschichte haben – in Form einer Reihe längst vergessener Stimuli, an die sich der Käufer nicht einmal mehr gestützt erinnern würde. Und direkt bei der Online-Bestellung gilt, was Ehrlich et al. (2012: 29) in ihrer Studie zur Webshop-Optimierung gezeigt haben, dass noch kurz vor dem eigentlichen Kaufakt ein Großteil von Kunden verloren geht. Die Impulse für einen Kauf sind weder klar auf einen Stimuli zurückzuführen noch so stabil, dass sie nicht außer Kraft gesetzt werden könnten.

Kommunikation funktioniert nicht linear, sondern muss heute räumlich gedacht und insofern als Kommunikationsraum konzipiert, beobachtet und gemanagt werden. Und da es für Kommunikationsleistungen keinen selbstevidenten Wertmaßstab gibt, obwohl ihre grundsätzliche Wirksamkeit außer Frage steht und sie damit als Wettbewerbsfaktor betrachtet werden müssen, ist es Unternehmen bzw. Organisationen anzuraten, nicht nur nach den Ergebnissen der eigenen Aktivitäten zu schauen, sondern sich immer wieder im Rahmen eines Benchmarkings mit der Peergroup zu messen. Also nicht nur zu fragen, wie viele Likes der selbst initiierte Facebook-Post bringt und ob die Zahl stetig steigt, sondern eben auch danach, was der Wettbewerber mit seinen Aktivitäten an Präsenz, Aufmerksamkeit und Feedback generiert, um Vorbildliches ohne Skrupel zu kopieren oder wenigstens Anregungen daraus mitzunehmen.

Kommunikation mit den verschiedenen Stakeholdern eines Unternehmens ist kein Anhängsel der vermeintlich normalen Geschäftstätigkeit, sondern konstitutiv für jedweden geschäftlichen Erfolg (vgl. Rolke in diesem Band). Insofern muss der immaterielle Wert von Kommunikation so selbstverständlich gemanagt werden wie etwa die Beschaffung von Geld zur Finanzierung von Investitionen, der Einsatz von Arbeitskräften für die Leistungserstellung oder das Bemühen um die Akzeptanz der Gesellschaft – immer mit dem selben Ziel: das eigene Business voranzubringen. Dazu gehört dann auch die regelmäßige analytische Beobachtung. Interessanterweise hat das Internet nicht nur viele neue und neuartige Kommunikationskanäle und -plattformen geschaffen, sondern es hat zugleich eine Reihe von Monitoring- und Auswertungstools sowie neuartige Messmöglichkeiten generiert, die sich für eine systematische Onlinepräsenz- und -profilanalyse nutzen lassen. Allerdings erschließt sich der Wert eines professionellen Monitorings und Managements des digitalen Kommunikationsraumes erst dann, wenn man die veränderten Kommunikationsbedingungen akzeptiert, die bei allen Stakeholdern und besonders in der Kundenansprache gelten.

1 Das neue Denken: Von Impulsketten und Marken-Trichtern zum Wirkungsraum

Marketingtypisch wird Kommunikation gerne linear gedacht. Ob klassische Stufenmodelle wie das AIDA-Schema (in der Übersicht Bruhn 2013: 51) oder Berater-Ansätze wie der Brand Funnel (beispielhaft Maskus 2004: 2219 ff.; Arnold & Deuringer 2005: 177 ff.) – immer wieder wird der Wirkungsverlauf von Kommunikationsmaßnahmen und der damit ausgelösten Folgeeffekte als linearer Prozess konstruiert. Das führt dann dazu, dass vor allem für solche Marketingaktivitäten Budgets zur Verfügung gestellt werden, die die Sichtbarkeit von Produkten, Marken und Botschaften erhöhen, wie Edelmann (2011: 25) in seinem viel beachteten Aufsatz betont. Getreu der einfachen, aber doch nur sehr eingeschränkt geltenden Vorstellung: Je mehr Bekanntheit desto mehr Zustimmung, Bindung und am Ende Kauf. Entsprechend spielen Bannerwerbung, Produkt-Videos und Werbe-Mails noch immer eine große Rolle. Doch der Trichter-Ansatz mit seiner Vorstellung eines linearen Automatismus funktioniert weder überzeugend in der Offline- und noch viel weniger in der Online-Welt.

Trigger wie Posts, Blogbeiträge, Homepages, Videos und Online-Artikel wirken genauso wenig aus sich selber heraus wie Werbespots, Produktanzeigen oder Zeitungsartikel. Denn Kommunikation findet immer im Kontext anderer Angebote und weiterer Einflüsse statt. Da im Internet nur wenige Clicks nötig sind, um sich schnell und ausführlich mit neuen Informationen zu versorgen, gönnen sich Kunden (aber auch potentielle neue Mitarbeiter, Aktionäre oder sonstige Stakeholder) ausgedehnte Beurteilungsphasen, um sich ein Bild von dem Unternehmen, seinen Produkten, Konditionen und Services sowie zusätzlich seiner Verantwortungsbereitschaft gegenüber der Gesellschaft zu machen. Manager mögen sich manchmal von eindimensionalen Denkmodellen leiten lassen, Kunden und andere Stakeholder tun es nicht.

Angesichts der massiven Veränderungen in der Produkt- und Unternehmenskommunikation haben die Marketing- und Vertriebsspezialisten von McKinsey (Edelman 2011; Edelmann & Singer 2016) auf Basis einer Verbraucherbefragung von fast 20.000 Probanden und unter Berücksichtigung von fünf Branchen (Automobil, Hautpflege, Versicherung, Unterhaltungselektronik und Mobilfunk) vor einigen Jahren ein komplexeres Modell mit einem neuen Fokus entwickelt: die „Consumer Decision Journey" (CDJ). Dieses Modell wird von der Grundeinsicht bestimmt, dass Kunden nicht fortwährend „angetriggert", also unmotiviert an Marken erinnert werden wollen, sondern auf ihrem Beziehungsweg zur Marke qualifiziert begleitet werden sollten: durch nutzwertige Informationen, Beratung, Möglichkeiten des Ausprobierens, Vergleich etc. Nicht Werbedruck und Knebelverträge wie noch vor einigen Jahren im Mobilfunkbereich (Edelmann & Singer 2016: 27) vermögen den Kunden zu binden, sondern letztlich nur seine eigenen Erfahrungen, die allerdings von anderen bestätigt oder sogar angeregt werden können. Denn „bei vielen Produkten ist der einzige starke Leistungsanreiz für den Verbraucher die Empfehlung eines anderen" (Edelmann 2011: 23). Übertragen auf das CDJ-Modell ist hervorzuheben, dass zwischen der wichtigen Bewertungsphase (vor dem Kauf) und der späteren Empfehlungsphase (nach dem Kauf) eine neue, für Unternehmen kaum kontrollierbare Kommunikationsachse relativer Kundenautonomie entstanden ist, die bislang noch zu wenig beachtet wird.

Die McKinsey-Experten erkennen zwar die Bedeutung von Bewerten und Empfehlen und raten daher auch dazu, dass sich die Unternehmen stärker im Entscheidungsprozess um diese Phasen kümmern sollen, aber sie unterschätzen doch die Macht und Eigendynamik dieser neu entstandenen Kommunikationsachse, die einen direkten anonymen Erfahrungsaustausch ermöglicht: Diejenigen, die kaufen wollen, profitieren ungefiltert von den Erfahrungen derjenigen, die ein Produkt bereits gekauft oder eine Dienstleistung in Anspruch genommen haben (vgl. Abbildung 1). In dieser Konstellation ist das Unternehmen nicht mehr der dominante Gestalter der Kommunikationsbeziehungen rund um seine eigenen Leistungsangebote, sondern nur noch Mitspieler. Und sicherlich ist den McKinsey-Spezialisten zuzustimmen, dass es für den

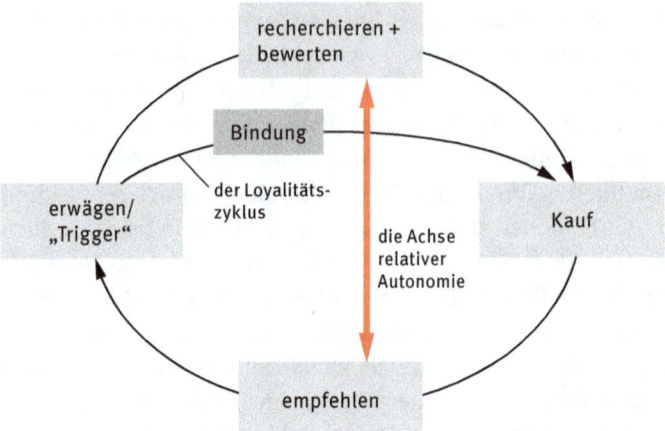

Abb. 1: Die Consumer Decision Journey (CDJ) mit der Achse relativer Autonomie

Erfolg sehr entscheidend ist, wie kundennah und nutzwertig sich das Unternehmen in diesem Spiel verhält.

Aber die deshalb empfohlene personalisierte und ständige Begleitung des Kunden ist sehr aufwendig und schon aus wirtschaftlichen Gründen häufig nicht leistbar. Hinzu kommt die Komplexität der Kommunikationssituation insgesamt. Denn neben den Usern/Kunden und den Unternehmen gibt es noch eine dritte Gruppe im Wettbewerb um Aufmerksamkeit: die Medienplattformen und Vergleichsportale, die ihr eigenes Geschäft verfolgen, in dem sie den Usern/Kunden einen Zusatznutzen aus vermeintlich neutraler Perspektive anbieten. In dieser kommunikativen Dreiecksbeziehung zwischen Usern, Unternehmen und unabhängigen Nutzwert-Anbietern kann keiner den anderen verdrängen. Aber es können sich Beziehung zwischen zwei Partnern verfestigen oder sich sogar tiefer gehende Interessenskoalitionen bilden – zwischen

- Unternehmen und ihren Fan-Gruppen beispielsweise, was viele Markenartikler inzwischen verstanden haben,
- Medienplattformen und Unternehmen, die die eigens für sie erstellten Themenumfelder etwa für Bannerwerbung nutzen, aber auch
- Medien und Usern, bei denen letztere als Bürger-Reporter zu Recherche-Partnern der Online-Journalisten werden.

So wurden erst jüngst die Leser von faz-net aufgefordert, bei ihren örtlichen Sparkassen nachzuforschen, wie hoch der Anteil fauler Kredite ist, wie hoch die Gehälter und Betriebsrenten der Vorstände sind oder wofür die Gewinne verwendet werden. Um das für 414 Sparkassen herauszufinden, haben die F.A.Z. und die gemeinnützige Rechercheplattform CORRECT!V einen Crowdnewsroom geschaffen, wo die Recherche-Ergebnisse abgelegt werden können, um sie später dann auszuwerten. Unumwunden räumte die Redaktion ein, dass sie hier nicht über genug eigene Recherche-Kapazitäten verfügt.

Alle drei Gruppen erzeugen spezifische Kommunikationssphären, die zwar gegenüber den anderen offen sind, aber von jeweils einer Gruppe, die weitgehend die Regeln zu bestimmen vermag, dominiert werden. Aus Sicht des Unternehmens ergeben sich daraus drei Kommunikationsräume (siehe Abbildung 2), die ineinandergreifen, aber unterschiedlichen Anforderungen unterliegen – jeweils verbunden mit Chancen und Risiken. Und überall muss das Unternehmen mitspielen. Dabei muss es möglichst überall besser sein als seine Mitbewerber, die ihrerseits die verschiedenen Räume professionell bespielen – immer von dem Ziel geleitet, mit den (potenziellen) Kunden oder auch anderen Stakeholdern im regelmäßigen Kontakt zu bleiben, um sie mit den Informationen und Angeboten zu versorgen, die diese für ihre spezifische Situation benötigt.

Berücksichtigt man, dass der User nicht nur die Wahl zwischen den Informationen und Kontaktangeboten der konkurrierenden Unternehmen einerseits (= Verkäufer-Käufer-Beziehung) und den vielfältigen Erfahrungen der User andererseits hat (= Achse relativer Autonomie), sondern auch auf Medienplattformen und Vergleichsportale zugreifen kann, dann erscheint es plausibel, warum es nicht reicht, sich nur auf den „Entscheidungsweg" des Kunden zu konzentrieren – zumal dieser unbefestigt ist und überall Alternativangebote und Ablenkungen bereit hält. Auch wer mit Hilfe von Tools wie Clickfox und ähnlichen Systemen das Nutzerverhalten seiner Kunden und damit die Customer Journey kennt, kann nicht auf Gewohnheit und Trägheit vertrauen. Zu aktiv ist der Kunde selbst und zu wettbewerbsintensiv sein Umfeld. Deswegen müssen alle Kommunikationsräume im Umgang mit den Kunden und anderer Stakeholder einbezogen werden, ist doch jeder User mit nur einem Click schon an einem neuen Ort. Die drei evolutionär entstandenen Großräume des Internets bilden den kommunikativen Hintergrund für alle Kontakte und Interaktionen zwischen Unternehmen und Usern (Rolke 2014; Rolke 2016) – eingebettet in einen ständigen Wettbewerb. Deswegen ist es so wichtig, dass Unternehmen die Reichweite und Qualität ihrer Präsenz, ihre Wettbewerbsfähigkeit und die Akzeptanz bei den Usern kennen. Und ihr Standing im Netz durch Vergleich immer wieder überprüfen. Was zeichnet nun die drei Großräume im Netz aus, wie lassen sie sich verstehen, und wie sollten sie genutzt werden?

2 The Three-Places-Model: Präsenzstärke, Wettbewerbsfähigkeit und Akzeptanz im Netz response-geleitet managen

Die Wirkungen der Online-Kommunikation lassen sich durchaus mit dem klassischen Instrumentarium der Markt- und Meinungsforschung sowie der Medieninhaltsanalysen untersuchen. Doch interessanter ist in diesem Zusammenhang, dass mit dem Internet ganz neue Möglichkeiten der Beobachtung und Überprüfung von Wirkungen entstanden sind (Brauckmann 2010; Werner 2013; Rolke 2014; Rolke 2016), die aufgrund der Vergleichbarkeit zu ganz neuen Einblicken verhelfen. Das ist möglich, weil
- der User in einem bisher nicht gekannten Ausmaß digitale Spuren hinterlässt, die in vielen Fällen kostenlos abrufbar sind, und
- die Kommunikation der Wettbewerber und ihr Wirkungsradius sehr viel transparenter geworden sind, als dieses früher der Fall war.

Die im Web angebotenen kostenpflichtigen wie auch kostenlosen Tools ermöglichen ein Kommunikations-Controlling auf Benchmarkbasis, wodurch sich das Unternehmen mit seinen Aktivitäten im Kontext seiner Peergroup einschätzen kann. Auch hier kommt es darauf an, ein Toolset zu nutzen, das es erlaubt, den Wirkungsprozess – wie in der Offline-Welt auch – stufenweise zu beobachten: von den Output- über die Outcome- bis zu den Outflow-Effekten. Oder in der Sprachwelt von Microsoft, die diesen Wirkungsdreiklang: *„Exposure, Engagement, Conversion"* nennen. Doch die Effekte und Erfolgskriterien differieren je nach Kommunikationsraum.

Daher hat es sich bei der Beobachtung von Kommunikationseffekten im Web bewährt, zunächst einmal zwischen drei großen Kommunikationsräumen zu unterscheiden (Rolke 2014; Mast 2015: 148), um dann die spezifischen Erfolgsfaktoren zu bestimmen:
- Ausgangsbasis ist für jedes Unternehmen der *Owned Place*: Hier ist jede Organisation bei sich und vermag diesen Raum nach eigenen Vorstellungen zu gestalten. Den Mittelpunkt dieses Raumes bildet die eigene Homepage. Hinzu kommen produktbezogene Homepages und selbst initiierte Projekt- oder Aktionsplattformen. Auch die Paid Media-Plätze sind dazu zurechnen. *Wie positioniert sich das Unternehmen mit seiner Homepage web-2.0-fähig im Netz, so dass sie für die User attraktiver ist als die seiner Wettbewerber*, lautet hier die strategische Leitfrage. Untersuchungen zeigen diesbezüglich, dass Homepages für User eine hohe Relevanz haben, nicht nur wenn es um Produkte geht, sondern gerade auch wenn sich das Unternehmen in einem kritischen Themenumfeld bewegt. Hier können Qualitätsmerkmale, Auffindbarkeit, Besucheranzahl und Verweildauer, aber auch Leads und Downloads gemessen werden. Mittels Google Analytics (gilt nur für die eigenen Seiten) oder Tools wie Seittest.de, Seitwert.de oder Qualidator.com können

entsprechende Auswertungen vorgenommen werden. Die sichtbar Verlinkung mit den eigenen Social Media Aktivitäten und relevanten Fachseiten ist hier Pflicht.
- Unternehmen wollen auch außerhalb ihrer eigenen Seiten wahrgenommen werden. Sie suchen nach Wegen, ihre Produkte und Botschaften, relevante Themen und internet-gerechte Keywords wahrnehmbar zu platzieren. Dabei begeben sich in einen Kommunikationsraum, der hier als *Open Place* bezeichnet werden soll. Er ist für alle zugänglich. Deshalb konkurrieren Unternehmen hier mit anderen Markt- und Meinungswettbewerbern um Aufmerksamkeit, um die Durchsetzung von Botschaften, um Präsenz und um Anerkennung. Nachrichten- und Vergleichsportale, Fachplattformen und Infodienste beherrschen diesen Raum. *Wie gut kann sich das Unternehmen mit seinen Produkten, Themen und Keywords gegenüber den Wettbewerbern behaupten*, lautet für diesen Raum die strategische Leitfrage. Dabei ist Interaktivität nur eingeschränkt vonnöten. Noch können sich die Unternehmen auf die Beobachtung dessen beschränken, was mit ihren Informationsangeboten passiert. Aber sie werden mitunter von Dritten in den Vergleich gezwungen und konkurrieren darum, gefunden zu werden. Aufschlussreich ist in diesem Zusammenhang das Interesse der User, das über Google Trends, Alexa.com oder Similarweb.com gemessen werden kann. Und die Tonalität ihrer Kommentare, die sich inhaltsanalytisch auswerten lassen.
- Im sogenannten *Outing Place* ist der Dialog zwingend erforderlich. Es ist der kommunikative Großraum, der von den Social Media beherrscht wird. Facebook-Angebote ohne die Einladung zum Austausch machen genauso wenig Sinn wie Twittern ohne die Möglichkeit, Retweets zu versenden. Hier muss sich das Unternehmen transparent machen und als Dialogpartner beweisen. *Wird das Unternehmen als attraktiver Kommunikationspartner wahrgenommen und anerkannt*, lautet somit hier die strategische Leitfrage. Wem das gelingt, der kann echte Fans gewinnen, die sich erfahrungsgemäß gerne auch auf die eigene Homepage führen lassen und genauso gerne das Unternehmen und seine Leistungen weiterempfehlen. Schwalbach (2013) hat erst jüngst mit seinem Team nachweisen können, dass es beispielsweise einen signifikanten Zusammenhang zwischen der Attraktivität von Facebook-Seiten und Markensympathie gibt und dass die Mehrheit der User Werbeangebote keineswegs grundsätzlich ablehnt.

Die Vorstellung vom Web als ein Universum dreier verschiedener, wenn auch miteinander verbundener Räume hat Folgen für das *Monitoring*. Die Auftritte sind nicht überall gleich und können auch nicht nach gleichen Kriterien beurteilt werden, sondern folgen den unterschiedlichen Anforderungen des jeweiligen Kommunikationsraumes und müssen deswegen auch verschieden bewertet werden. Um also Präsenzstärke, Durchsetzungskraft und Akzeptanzumfang zu ermitteln, bedarf es unterschiedlicher Beobachtungswerkzeuge – also insgesamt eines Tool-Sets, dessen Ergebnisse ein raumübergreifendes Gesamtbild ergeben.

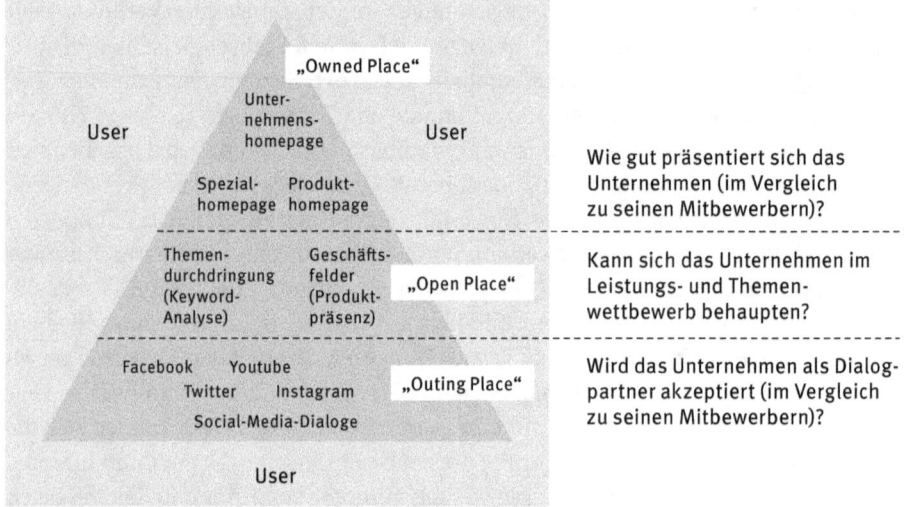

Abb. 2: The Three-Places-Model

Da die einzelnen Ergebnisse nicht für sich sprechen, sondern erst durch Vergleich mit den Ergebnissen einer Wettbewerberanalyse Aussagekraft gewinnen, stellt sich eine besondere Anforderung an das Tool-Set: Es muss ein *Benchmarking* ermöglichen, womit Tools wie beispielsweise Google Analytics, die auf den unternehmenseigenen Server zugreifen, hier herausfallen. Denn Wettbewerber würden einen solchen Zugriff bekanntlich nicht erlauben.

3 Das Toolset: Lernen durch systematisches Monitoring eigener und fremder Kommunikation im Netz

Interessanterweise hat das Netz selber eine ganze Reihe von kostenlosen oder zeitweilig kostenlosen Tools generiert, die sich für eine benchmarkorientierte Potenzialanalyse im Netz eignen. Gleichzeitig lassen sich aus den von Google generierten Daten weitere Analysetools ableiten (sog. Derivate Tools). Ein erprobtes Tool-Set für eine Basis-Analyse findet sich nachstehend (vgl. Abbildung 3). Doch Vorsicht, diese kostenlosen Tools, von denen es sehr viel mehr gibt und die immer wieder neu entstehen, funktionieren nicht immer und bei allen. Zudem werden die Analysemethoden nie vollständig offen gelegt. Und doch kann man mit ihnen zu sehr brauchbaren Ergebnissen kommen, wenn man sich nicht auf ein einzelnes verlässt und sich auf den Trend konzentriert. Wie also sollte man vorgehen?

	Kostenlose Tools:		Derivate Tools:	
Owned Place	Seittest.de Qualidatur.com	zeigen die Qualität der Homepage/machen Vorschläge	Präsenz-/ Interesse-Relation	zeigt das Verhältnis von Treffern und Suchanfragen
	Seitwert.de	zeigt Verlinkung, Auffindbarkeit und Bedeutung der Homepage		
	Alexa.com SimiliarWeb.com	zeigen Bekanntheit, Traffic und Suchbegriffe (auch für Apps)		
	6Webmaster.com SeoKick.com	prüft Metatags einer Homepage, analysiert Backlinks		
Open Place	GoogleTrends	zeigt Interesse an Homepage, Produkte, Keywords und Themen (siehe auch Alexa und SimiliarWeb)	Google 100-Wort- und Bild-Analyse	wertet die 100 relevantesten Treffer nach Tonalität/Thema aus/Bilder nach Botschaften
			Polaritäten-Profil	zeigt mit welchen Attributen ein Unternehmen verbunden ist
			Verknüpfungs-Analyse	zeigt die Schnittmenge zu Produkten oder Tochter-Betrieben
Outing Place	Twitalyzer.com	zeigt Links und Influencer (auch Klout Score und Peer Index)	Quantitative Analyse für facebook etc.	Anzahl von Fans, Follower, Gruppen, Aufrufen etc.
	Twazzup/Topsy/ SocialBro.com	geben Hinweise auf Twitterer und Keywords	Qualitative Analyse für facebook etc.	Beiträge, Kommentare, Weiterempfehlung auswerten
	Allfacebook.de Quintly.com	zeigen Fan-Entwicklung und Post-Typen		
	Socialmention.com	bewertet Ergebnisse von SM-Suche (anders Klout score)	Relationen bilden	z. B. zwischen Anzahl von Fans und ihren Reaktionen
	Boardreader.com	zeigt zeitlich begrenzt Präsenz in Foren		

*Alle Tools können Funktion und Nutzungsbedingungen ändern; manche sind nur auf Zeit kostenlos (Stand: September 2015)

Abb. 3: Toolset für eine Online-Potenzial-Analyse nach dem Three-Places-Model (eigene Darstellung)

- *Fragen sammeln:* Was will ich über meine Unternehmen bzw. meine Organisation alles wissen? Daten haben keinen Wert an sich, sondern sie erhalten ihren Wert erst, wenn sie sich zu Antworten formen. Das aber setzt voraus, dass vorher Fragen gestellt wurden. Typischerweise fragen Unternehmen danach, *ob ihr Auftritt im Netz auffindbar ist und wie er besucht wird. Ob ihre Kernbotschaften das Netz durchdringen. Wie über sie auf Social Media Plattformen gesprochen wird und wo überall Optimierungsbedarf besteht. Vor allem auch, wie sie im Vergleich zu ihren Wettbewerbern abschneiden.*
- *Fragen den drei definierten Räumen zuordnen:* Welche der Fragen kreisen um Präsenz und Auffindbarkeit, welche um thematische Wettbewerbsfähigkeit und Durchsetzungskraft von Keywords, welche um Akzeptanz und Dialogfähigkeit? Die meisten Fragen lassen sich erfahrungsgemäß ziemlich eindeutig den drei Places zuordnen.
- *Benchmark-Partner bestimmen.* Die einzelnen Ergebnisse gewinnen erst durch Vergleich an Aussagekraft. Um also die Position eines Unternehmens oder einer Organisation zu bestimmen, muss man die Peergroup zum Vergleich heranziehen (In der Regel nicht mehr als vier Benchmark-Partner). Mitunter ist es nötig, für unterschiedliche Geschäftsbereiche verschiedene Benchmark-Partner zu definieren.

- *Test der Tools und Festlegung des Toolsets:* Zunächst gilt es zu überprüfen, was funktioniert, dann sind für jeden Kommunikationsraum die Tools festlegen. Hier hat es sich bewährt, mehrere Tools für einen Bereich (z. B. die eigene Homepage) einzusetzen und die verschiedenen Ergebnisse durch Vergleich auf Plausibilität zu testen.
- *Benchmark-Analyse starten und Ergebnisse fragebezogen aufbereiten:* In Analysen kann man sich verlieren, wenn das Ziel aus dem Blick gerät Deswegen sollten die ermittelten Vergleichswerte von Anfang an in Hinblick auf oben gestellten Fragen formuliert und interpretiert werden. Die analytischen Vergleiche sollten nicht nur quantitativ sein *(Wie viele Kommentare werden durchschnittlich von einem Post ausgelöst?),* sondern auch qualitativ erfolgen *(Wie unterscheiden sich die Posts der Mitbewerber von den eigenen zum gleichen Thema?).*
- *Ermittlung des Optimierungspotenzials:* Durch den gezielten Vergleich mit der Peergroup werden Ansätze zur Verbesserung und Weiterentwicklung erkennbar. Manche Tools (wie seitwert oder seittest) geben aus sich selbst heraus erste Verbesserungshinweise; bei anderen funktioniert es nur durch Gegenüberstellung.
- *Durch regelmäßiges Wiederholen im Halbjahres- oder Jahresrhythmus, was für viele Unternehmen reicht, beginnt ein Prozess der kontinuierlichen Verbesserung.* Nicht die Tools stehen im Vordergrund, sondern die Erkenntnisse. Das kann aber auch bedeuten, sich kostenpflichtige Tools und eine entsprechende Analyseleistung irgendwann einzukaufen. Unternehmen, die sich auf dieses Art und Weise regelmäßig überprüfen, nutzen meist einen Mix aus kostenpflichtigen Tools mit ihrem vollen Angebot und ergänzend kostenlose Toolvarianten mit begrenzten Ergebnisreichweiten, weil es am Ende um manageable Erkenntnisse und nicht um Datenfriedhöfe geht, die sich sehr leicht produzieren lassen.

Das Angebot an professionellen kostenpflichtigen Monitoring- und Analysetools ist schon heute sehr groß (Steimel et al. 2010). Die Tendenz in der Quantität wie in der Qualität ist weiter ansteigend. Doch vielen Unternehmen/Organisationen reichen kleinere Lösungen. Sie benötigen nur wenige tagesaktuelle Informationen aus dem Netz. Veränderungen im Gesamtprofil sind meist so gering, dass eine halb- oder jährliche Überprüfung ausreicht. Hinzu kommt die Bedeutung eigener Erfahrungen. Um die Onlinewelt zu verstehen, bedarf es ständiger Versuche und Learnings daraus – das gilt übrigens für die Kommunikation selbst wie für das systematische Monitoring der Spuren und Effekte. Beides schult den Blick für die digitale Welt, die das alltägliche Leben immer stärker durchdringt und konstituiert. Und die die Ergebnisse des eigenen Tuns stillschweigend dokumentiert und archiviert. Daraus lässt sich lernen – über die eigene Organisation wie über die anderen. Noch nie war kommunikative Transparenz so umgreifend wie heute in der Webgesellschaft.

Wirkungslogisch funktioniert Online-Kommunikation ähnlich wie in der Offline-Welt. Nur die Bedingungen und Möglichkeiten unterscheiden sich. Zur Messung der Effekte jedoch kann das gleiche Wirkungsstufenmodell genutzt werden, das sich in der klassischen Unternehmenskommunikation bewährt hat. In der hier vereinfachten Version (vgl. Abbildung 4) geht es um die Erfassung und Bewertung des Kommunikationsangebotes (externer Output), der Wahrnehmung sowie Akzeptanz und Imagebildung (direkter und indirekter Outcome) und um die geldwerten Verhaltenseffekte (unmittelbarer Outflow):

Wirkungsstufen

		Output (externer)	Outcome (indirekter)	Outcome (direkter)	Outflow (unmittelbarer)
Webräume	Owned Place	Trefferanzahl für Homepage und eigene Seiten (Google-Suche)*	Visits/Views (Google analytics, alexa.com, similarweb.com)	Verweildauer (Google analytics, alexa.com, similarweb.com)	Leads Downloads Sales (intern)**
	Open Place	Trefferanzahl für Unternehmens-/ Produktname (Google-Suche)*	relatives Interesse (Google-Trends)	digitales Image-Polaritätenprofil (Google-Analyse)*	
	Outing Place	Anzahl Posts/ Tweets/ Blogbeiträge	Visits/Views/ Impressions (plattformabhängige Tools)	Comments, Likes, @Replies, Weiterleitung (Inhaltsanalyse)*	Weiterempfehlung, Sharing (Reaktionsanalyse)*

*Auswertung erfolgt manuell **Auswertung kann nur unternehmensintern erfolgen

Abb. 4: Vereinfachte Impulskette: Kenngrößen und digitale/manuelle Messinstrumente (eigene Darstellung)

Eigene Forschungen zum Online-Monitoring zeigen, dass das Internet nicht nur selbst eine Reihe von Tools generiert hat, um die User-Reaktion auf die Content-Angebote auf Seiten, Plattformen und Communities zu messen, sondern Suchmaschinen wie Google auch helfen neue Auswertungsverfahren zu kreieren – wie ein digitales Image Polaritätenprofil. Dabei wird mit Hilfe der Google-Suchfunktion und einer entsprechenden Eingabe sichtbar gemacht, wie stark ein Unternehmen mit seinen Werten (z. B. „fair", „nachhaltig", „mitarbeiterfreundlich" oder „qualitäts-orientiert") online-präsent ist. Oder aber wie häufig das Unternehmen mit seinen Produkten in

Verbindung gebracht werden. Oder ob hier die Beziehungen zur Unternehmensmarke eher schwach sind. Schließlich ist es auch interessant auf diese Weise zu messen, wie stark die Muttergesellschaft mit den Tochterunternehmen im Verbund erscheint. All das hilft, die digitale Durchdringungskraft des Unternehmens sichtbar zu machen.

Neu ist übrigens auch die Möglichkeit, mit einem einfachen Verfahren die Bildsprache eines Unternehmens zu untersuchen. Dabei werden die ersten 200 Bild-Treffer bei Google inhaltlich ausgewertet und geclustert. Erfahrungsgemäß, so zeigen eigene Forschungen, wird die Bildsprache von sechs Motivgruppen dominiert: Logos, Gebäude, Produkte, Einzelpersonen, Aktionsbilder und Grafiken. Interessante Erkenntnisse entstehen dadurch, dass die jeweiligen Anteile mit denen der Mitbewerber verglichen werden. So wird beispielsweise sichtbar, ob sich ein Unternehmen über seine Bilder eher dynamisch mitteilt oder statisch verharrt, ob es über Personen ein Gesicht erhält oder mit Hilfe überdominanter Logos den Betrachter auf Distanz zu halten sucht.

Die Möglichkeiten des Online-Monitoring wie der digitalen Datenauswertung werden in den nächsten Jahren rasant ansteigen. Die Herausforderung wird daher in einem integrierten evidenz-basierten Controlling-System für die Netz-Kommunikation liegen, das die empirischen Wirkungsverläufe sichtbar machen und damit die Steuerbarkeit erhöhen kann. Ziemlich sicher wird derjenige im Vorteil sein, der mit seinen Produkten und Angeboten, Themen und Botschaften, Attributen und Keywords den digitalen Kommunikationsraum beherrscht – nicht durch absender-orientiertes Dominanzgebaren, sondern durch Dialog und Nutzwert. Dazu ist es nötig vorab die richtigen Fragen zu stellen: *Ist mein Unternehmen mit seinen Kommunikationsangeboten dort, wo die Kunden und Stakeholder suchen? Sind die Inhalte (Themen, Botschaften, Stories etc.) attraktiv und/oder nutzwertig? Wird das Unternehmen mit seinen kommunizierenden Mitarbeiter als hilfreicher und/oder interessanter Dialogpartner akzeptiert? Vermag meine Kommunikation geldwerte Effekte (öffentliche Zustimmung, Loyalität, Weiterempfehlung, Kaufinteresse etc.) auszulösen? Wie gut ist das eigene Unternehmen in seinem Online-Auftritt im Vergleich zu seinen Mitbewerbern?*

Literatur

Arnold, H., & Deuringer, C. (2005). Markenbewertung als strategische Herausforderung. Das Beispiel der Allianz Group. In J. Pfannenberg & A. Zerfaß (Hrsg.), *Wertschöpfung durch Kommunikation. Wie Unternehmen den Erfolg ihrer Kommunikation steuern und bilanzieren* (S. 173–182). Frankfurt a. M.: Verlag Frankfurter Allgemeine Buch.

Brauckmann, P. (2010). *Web-Monitoring. Gewinnung und Analyse von Daten über Kommunikationsverhalten im Internet*. Konstanz: Verlag UVK.

Bruhn, M. (2013). *Kommunikationspolitik. Systematischer Einsatz der Kommunikation für Unternehmen*. München: Verlag Franz Vahlen.

Edelmann, D. C. (2011). Die neuen Regeln im Marketing. *Harvard Business, 2*, 20–30.

Edelmann, D. C., & Singer, M. (2016). Erfolgsfaktor Customer Journey. *Harvard Business, 1*, 24–35.

Ehrlich, O., Galante, N., Kullmann, M., & Mittermüller, B. (2012). Webshop-Optimierung. Besser h@ndeln. In: McKinsey&Company (Hrsg.), *Was Kunden wirklich wollen. Akzente* (1/12), 24–31. Abgerufen von https://www.mckinsey.de/sites/mck_files/files/akzente_12_01.pdf

Maskus, M. (2004). Markenführung im Versicherungsmarkt. In Bruhn, M. (Hrsg.), *Handbuch Markenführung. Bd. 3.* Wiesbaden: Gabler, 2209–2227

Mast, C. (2016). *Unternehmenskommunikation.* Konstanz und München: UVK Verlagsgesellschaft

Rolke, L. (2014). Webmonitoring für lau. Welche Tools brauche ich? In A. Atchison, Th. Mickeleit & C. Rossi (Hrsg.), *Social Business* (S. 152–158). Frankfurt a. M.: Verlag Frankfurter Allgemeine Buch.

Rolke, L. (2016). Kommunikations-Controlling: Strategiegeleitete Steuerung mittels Wirkungsmanagement. In F.-R. Esch, T. Langner & M. Bruhn (Hrsg.), *Handbuch Controlling der Kommunikation* (S. 27–51). Wiesbaden: Springer Fachmedien.

Schwalbach, M. (2013). *Markenführung 2.0. Ein Social Media User Kompass.* Abgerufen von http://www.imm.bwl.unimuenchen.de/dateien/5_praxis/smuk/smuk_masterpraesentation

Steimel, B., Halemba, C., & Dimitrova, T. (2010). *Praxisleitfaden Social Media Monitoring. Erst zuhören, dann mitreden in den Mitmachmedien.* Abgerufen von whitepaper.vhb.jaf-systems.de/aws/startDownload.php/hash/5733/start/now

Werner, A. (2013). *Social Media – Analytics & Monitoring. Verfahren und Werkzeuge zur Optimierung des ROI.* Heidelberg: dpunkt Verlag.

Autorenverzeichnis

Uwe Berlinghoff ist seit Januar 2015 Bereichsleiter für Kommunikation und Politik bei der Mainova AG. Er kam von der Air Berlin Group, wo er Senior Vice President Communications war. Zuvor war Berlinghoff fast 20 Jahre bei der Adam Opel AG in verschiedenen Funktionen tätig. Dabei war er unter anderem als Director Government Relations und Leiter der Hauptstadtrepräsentanz in Berlin Ansprechpartner für die Bundespolitik und leitete als Pressechef viele Jahre die Hauptabteilung Presse und Information. Nach dem Studium der Germanistik und der Politischen Wissenschaften arbeitete Berlinghoff zunächst als wissenschaftlicher Mitarbeiter eines Mitglieds des Europäischen Parlaments, bevor er zum Pressesprecher des Hessischen Sozialministeriums berufen wurde.
Kontakt: u.berlinghoff@mainova.de

Dr. Heike Bernard ist seit Oktober 2014 Director für Communication Performance Excellence der Siemens AG. Zuvor hat sie im Sektor Energy und als verantwortliche Projektleiterin zahlreiche globale Kommunikationsinitiativen konzipiert und geleitet, unter anderem die Energy Campagne „Road to Daegu" sowie die Präsenz der Siemens AG während des Weltenergie-Kongresses 2013.
Kontakt: heike.bernard@siemens.com

Dr. Thomas Breuer ist Leiter Presse und Öffentlichkeitsarbeit bei der Mainova AG und ist dabei auch zuständig für das Kommunikations-Controlling des Unternehmens. Er war zuvor Leiter des Presseamtes der nordrhein-westfälischen Landesregierung und Sprecher des Schulministeriums von Nordrhein-Westfalen. Nach dem Studium der Politischen Wissenschaft, Germanistik und Geschichte promovierte er mit einem kommunikationswissenschaftlichen Thema zum Dr. phil.
Kontakt: t.breuer@mainova.de

Dr. Mark-Steffen Buchele ist Geschäftsführer der buchele cc GmbH, ein Beratungsunternehmen aus Spezialisten für Kommunikationsmanagement und Kommunikations-Controlling. Mit seinem Team entwickelt und setzt er seit 2007 umfassende Evaluations- und Messkonzepte sowie KPI-Systeme für interne und externe Kommunikation bei namhaften Unternehmen um. Er hat zahlreiche Lehraufträge, ist Mit-Initiator und Chefredakteur von communicationcontrolling.de und hat den DPRG/ICV Bezugsrahmen für Kommunikations-Controlling mitentwickelt.
Kontakt: mark-steffen.buchele@buchele-cc.de

Andreas Cezanne ist Mitarbeiter in der Gruppe Unternehmenskommunikation bei Union Investment. Er studierte Politikwissenschaften und Volkswirtschaftslehre an der Johannes Gutenberg Universität in Mainz und ist akademischer PR-Berater. Seit

2007 ist er im Bereich Unternehmenskommunikation bei verschiedenen Finanzdienstleistern tätig.
Kontakt: andreas.cezanne@gmail.com

Matthias Eberle leitet seit 2016 die Unternehmenskommunikation der Eurowings Group. Ab 2014 war er für Interne Kommunikation der Lufthansa Group mit ihren 120.000 Mitarbeitern verantwortlich. Der Diplom-Betriebswirt (FH) hat zuvor mehr als zehn Jahre als Wirtschaftsjournalist gearbeitet, unter anderem als New York-Korrespondent und späterer Auslandschef der führenden deutschen Wirtschafts- und Finanzzeitung „Handelsblatt". 2012 übernahm er die Leitung der Unternehmenskommunikation der Fracht-Airline Lufthansa Cargo. Dabei war Eberle für die Interne und Externe Kommunikation sowie für die Marketingkommunikation des Unternehmens verantwortlich.
Kontakt: matthias.eberle@eurowings.com

Prof. Dr. Christof E. Ehrhart ist Executive Vice President sowie Leiter Konzernkommunikation und Unternehmensverantwortung bei Deutsche Post DHL Group, Bonn. 2013 wurde er zum Honorarprofessor für Internationale Unternehmenskommunikation an der Universität Leipzig ernannt. Er studierte Politikwissenschaft, Wirtschaftsgeschichte und Literaturwissenschaft an der Universität des Saarlandes (Saarbrücken) und der University of Wales (College of Cardiff). Nach der Promotion in Politikwissenschaft und journalistischer Praxis wechselte er in die Wirtschaft. Er verfügt über mehr als zwanzig Jahre Berufserfahrung im Kommunikationsmanagement globaler Konzerne und hat Lehraufträge für internationale bzw. strategische Unternehmenskommunikation u. a. an der FU Berlin und der Universität Zürich wahrgenommen.
Kontakt: christof.ehrhart@dpdhl.com

Ariana Fischer ist Inhaberin von ARIANAFISCHER Kommunikationsberatung & Organisationsentwicklung und Referentin für Kommunikationsmanagement bei depak Deutsche Presseakademie und SCM School for Communication and Management. Die Diplom-Kauffrau und ausgebildete Organisationsentwicklerin ist seit vielen Jahren in der internen und externen Kommunikationsberatung von Groß- und mittelständischen Unternehmen aktiv und verfügt über eine große Praxiserfahrung im Messen und Steuern von Unternehmenskommunikation.
Kontakt sowie Buch- und Fachbeiträge bei www.ariana-fischer.de.

Dorothee Hutter leitete bis Ende 2015 die Unternehmenskommunikation der Deutschen Gesellschaft für Internationale Zusammenarbeit (GIZ) GmbH in Bonn und Eschborn. Seit Dezember 2015 befindet sie sich in einem Sabbatjahr und absolviert ein Masterstudium an der Viadrina Europa-Universität in Frankfurt/Oder in Mediation und Konfliktmanagement. Weitere Stationen ihres beruflichen Werdegangs sind die Leitung der Unternehmenskommunikationen der Deutschen Gesellschaft für Techni-

sche Zusammenarbeit (GTZ) Gmbh, Eschborn, der InWEnt Internationale Weiterbildung und Entwicklung GmbH, Bonn und der Carl Duisberg Gesellschaft (CDG) e. V., Köln. Zudem war sie mehrere Jahre als Landesdirektorin der GTZ in Uganda tätig. Daneben ist sie Mitglied im Deutschen Rat für Public Relations sowie im Advisory Council des Weltverbandes für Kommunikation, Global Alliance for Public Relations and Communication Management.
Kontakt: dorothee.hutter@giz.de

Dr. Jan Janzen ist Leiter Analyse bei AUSSCHNITT. Er studierte Mathematik, Logik & Wissenschaftstheorie sowie Philosophie in München, Boston und Berlin. Er promovierte mit einer Arbeit zur mathematischen Rekonstruktion komplexer Debatten und arbeitete am Lehrstuhl für Logik & Wissenschaftstheorie der FU Berlin als Wissenschaftlicher Mitarbeiter, bevor er verschiedene Positionen im Bereich des strategischen Marketings (etwa bei den Agenturen diffferent und aperto) innehatte. Seit 2012 gehört er zum Team von AUSSCHNITT, wo er im ersten Jahr die Abteilung Digitale Medien verantwortete, bevor er 2013 die Leitung der Analyse übernahm.
Kontakt: jan.janzen@ausschnitt.de

Stefan Kantzenbach leitet die Gruppe Unternehmenskommunikation bei Union Investment. Der studierte Kommunikationswirt verantwortet die Darstellung der Unternehmensgruppe und die interne Kommunikation. Vor seiner Tätigkeit bei Union Investment arbeitete er in unterschiedlichen Branchen bei namhaften PR-Agenturen und Unternehmen.
Kontakt: stefan.kantzenbach@union-investment.de

Anja Kaup ist PR und Marketing Managerin für die SAP Business Intelligence Beratung Infocient Consulting GmbH, Mannheim. Die studierte Wirtschaftswissenschaftlerin mit Weiterbildung zur akademischen PR-Beraterin verfügt über langjährige Berufserfahrung in der internen und externen Kommunikationsberatung mit Schwerpunkt auf dem Messen und Steuern von Unternehmenskommunikation und der Konzeption von Content-Strategien.
Kontakt: www.xing.to/Kaup

Jürgen Kornmann leitet seit Juni 2008 die Kommunikation Verkehr und Transport bei der Deutschen Bahn AG und verantwortet sämtliche Themen des Personen- und Güterverkehrs auf der Schiene. Während des Studiums der Publizistik, Anglistik und Politologie arbeitete Kornmann von 1987 bis 1996 als Reporter u. a. für die Tageszeitungen „Die Rheinpfalz" und „North Devon Journal" (GB) sowie für die TV-Sender ZDF und MDR. Im Anschluss war er als Pressereferent beim Deutschen Zentrum für Luft- und Raumfahrt (DLR) in Köln und beim Gesamtverband der deutschen Versicherungswirtschaft (GDV) in Bonn und Berlin tätig. Beim Volkswagen-Konzern übernahm er von 1998 bis 2007 verschiedene Leitungspositionen, u. a. als Konzern- und Marken-

sprecher für Vertrieb, Marketing, Elektronische Medien und IT in Berlin und Wolfsburg. Ab 2007 verantwortete er als Director PR and Communications die Kommunikation beim Zughersteller Bombardier Transportation.
Kontakt: juergen.kornmann@deutschebahn.com

Christoph Lautenbach ist Geschäftsführender Partner von LAUTENBACH SASS, Unternehmensberater für Kommunikation, in Frankfurt am Main. Er unterstützt Unternehmen bei der strategischen Ausrichtung und organisatorischen Weiterentwicklung ihrer Unternehmenskommunikation. Der studierte Historiker und Kommunikationswissenschaftler ist Lehrbeauftragter im Master Unternehmenskommunikation an der Universität Mainz und hält regelmäßig Vorträge und Seminare zum Management der Unternehmenskommunikation. Vor der Gründung von LAUTENBACH SASS 2004 war er Geschäftsführer der Agentur Cohn & Wolfe in Frankfurt.
Kontakt: lautenbach@lautenbachsass.de

Dr. Jan Dietrich Müller leitet den Kommunikations- und Marketingbereich von MAN Diesel & Turbo. Er hat Allgemeine Rhetorik, Philosophie, Geschichte und Medienwissenschaften in Düsseldorf, Madrid und Tübingen studiert und an der Universität Tübingen in Allgemeiner Rhetorik promoviert. Bevor er 2013 zu MAN kam, hatte er Führungspositionen in der Unternehmenskommunikation von Deutsche Post DHL und beim europäischen Luftfahrt- und Verteidigungskonzern EADS inne, wo er auch das deutsche Büro des CEOs geleitet hat. Begonnen hat er seine Laufbahn im Planungsstab der CDU Bundesgeschäftsstelle in Berlin als Wahlkampfplaner und Redenschreiber für Angela Merkel.
Kontakt: jan.mueller@man.eu

Philip Müller ist geschäftsführender Gesellschafter der PRCC Personal- und Unternehmensberatung (www.prcc-personal.de) mit Sitz in Düsseldorf. Das Unternehmen vermittelt bundesweit und international Fach- und Führungskräfte in Public Relations, Unternehmenskommunikation, Investor Relations und Marketing. Müller ist außerdem geschäftsführender Gesellschafter der Deutschen Akademie für Public Relations (www.dapr.de). Er ist Autor und Herausgeber diverser Publikationen zu den Themen Karriere und Kommunikation. Müller hat einen Magister-Abschluss in Kommunikationswissenschaft, Politik und Psychologie an der RWTH Aachen.
Kontakt: philip.mueller@prcc-personal.de

Dr. Ulrich Ott ist Generalbevollmächtigter und Leiter der Unternehmenskommunikation bei der ING-DiBa. Der 1960 in Koblenz geborene Ott hat Komparatistik, Germanistik und Philosophie studiert und war unter anderem als Wirtschaftsberater und Consultant tätig.
Kontakt: ulrich.ott@ing-diba.de

Dipl. Kfm. Rainer Pollmann ist geschäftsführender Partner von Pollmann & Rühm Training und als solcher seit 1989 als Trainer und Berater für Controller aktiv. Als externer Leiter von Workshops begleitet er Unternehmen bei deren Aufbau eines Kommunikations-Controllings. Seit 2006 entwickelt er Branchenstandards im Kommunikations-Management als stellvertretender Leiter des Fachkreises Kommunikations-Controlling im Internationalen Controller Verein (ICV) mit.
Kontakt: r.pollmann@prt.de

Gerhard Rickes arbeitet beim Software-Unternehmen SAP SE schwerpunktmäßig im Bereich Vorstandskommunikation. Er studierte Amerikanistik, Publizistik und Hispanistik und sammelte über viele Jahre Erfahrung in den globalen Bereichen Media Relations, interne Kommunikation, Change Management, Krisenkommunikation, Executive Communications sowie strategische Kommunikationsplanung und -steuerung.
Kontakt: gerhard.rickes@sap.com

Prof. Dr. Lothar Rolke lehrt Betriebswirtschaftslehre und Unternehmenskommunikation seit 1996 an der Hochschule Mainz – University of Applied Sciences. Seine Forschungsschwerpunkte bilden Fragen des Managements, der Steuerung und Erfolgskontrolle von Unternehmenskommunikation. Er ist Co-Leiter des Arbeitskreises „Kommunikationssteuerung und Wertschöpfung" der Deutschen Public Relations Gesellschaft (DPRG). Von 1986 bis 1996 war Rolke zunächst Berater und dann Geschäftsführender Gesellschafter der Reporter PR GmbH sowie Sprecher der Geschäftsführung. Er ist Autor zahlreicher Bücher und Aufsätze zur Medien- und Unternehmenskommunikation.
Kontakt: lothar.rolke@hs-mainz.de

Dr. Jan Sass ist Partner von LAUTENBACH SASS, Unternehmensberater für Kommunikation, in Frankfurt am Main. Er ist Co-Leiter des Arbeitskreises „Kommunikationssteuerung und Wertschöpfung" der Deutschen Public Relations Gesellschaft (DPRG). Von 2000 bis 2003 war er bei der marktführenden Kommunikationsberatung ECC Kohtes Klewes (heute Ketchum Pleon) Partner mit Sitz in Hamburg, von 1992 bis 1999 gehörte er der Geschäftsleitung der Agenturgruppe ABC (heute Havas) an.
Kontakt: sass@lautenbachsass.de

Michael Schlechtriem beschäftigt sich als Vice President International Coordination & Strategy im Bereich Corporate Communications der Deutschen Telekom unter anderem mit der Weiterentwicklung der Unternehmenskommunikation angesichts eines digitalisierten Medien- und Meinungsmarkts. Er ist seit 1999 in verschiedenen Kommunikationsfunktionen im Konzern tätig.
Kontakt: michael.schlechtriem@telekom.de

Katharina Simon ist bei der Fraunhofer-Gesellschaft verantwortlich für Qualitätsmanagement und Wirkungsmessung in der Kommunikation. Zuvor hat die studierte Kommunikationswissenschaftlerin als Consultant bei LAUTENBACH SASS, Unternehmensberater für Kommunikation, Kunden u. a. zur Reorganisation der Unternehmenskommunikation und Markenpositionierung sowie zum strategischen Themenmanagement und zum Kommunikations-Controlling beraten.
Kontakt: katharina.simon@zv.fraunhofer.de

Prof. Dr. Christopher Storck ist Managing Director der Strategieberatung für Kommunikation HERING SCHUPPENER in Düsseldorf und Professor für Strategie und Kommunikationsmanagement der Quadriga Hochschule Berlin. Er ist Mitglied des Fachkreises Kommunikations-Controlling im Internationalen Controller Verein (ICV) sowie der wissenschaftlichen Beiräte des Bundesverbands der Pressesprecher (BdP) und des Berufsverbands der Compliance Manager (BCM). Von 2009 bis 2013 leitete er den Arbeitskreis „Wertschöpfung durch Kommunikation" der Deutschen Public Relations Gesellschaft (DPRG).
Kontakt: cstorck@heringschuppener.com

Eike Tölle ist Leiter Medienanalyse bei der Landau Media AG, Berlin. Er studierte Wirtschaftsingenieurwesen an der Technischen Universität Berlin. Seit 2001 ist er für den Aufbau und die Implementierung des Leistungsbereiches Medienanalyse bei der Landau Media AG verantwortlich und entwickelt im Rahmen dieser Tätigkeit Methodiken und Tools der Medienresonanzanalyse. Außerdem hält er Vorträge und verfasst Fachbeiträge mit dem Schwerpunkt PR-Controlling und ist Mitglied diverser Arbeitskreise zum Thema Kommunikations-Controlling.
Kontakt: toelle@landaumedia.de

Dr. Christine Viertmann ist wissenschaftliche Mitarbeiterin am Lehrstuhl für Strategische Kommunikation sowie Projektleiterin des Forschungsprojekts „Value Creating Communication" der Akademischen Gesellschaft für Unternehmensführung und Kommunikation. Ihre Dissertation „Der Sündenbock in der öffentlichen Kommunikation" publizierte sie 2015. Sie forscht zu CEO-Kommunikation, Wertschöpfung durch Kommunikation und NGO-Kommunikation.
Kontakt: christine.viertmann@uni-leipzig.de

Prof. Dr. Ansgar Zerfaß ist Professor für Strategische Kommunikation an der Universität Leipzig und der BI Norwegian Business School, Oslo, sowie u. a. Herausgeber des „International Journal of Strategic Communication", USA. Zu seinen Forschungsgebieten Unternehmenskommunikation, Wertschöpfung durch Kommunikation und Digitale Kommunikation hat er bislang 33 Bücher und 280 Beiträge publiziert.
Kontakt: zerfass@uni-leipzig.de

Stichwortverzeichnis

A
ABB 51
Achse relativer Autonomie 322, 323
Agilität 43, 122, 172, 250, 254
AGOF 309
Akzeptanzbeitrag 55
Akzeptanzmarkt 23, 197
AMEC 41
Anspruchsgruppe 6, 9, 40, 42, 45, 273
architecture of listening 73, 74
Attributionsmodell 299

B
Balanced Scorecard 19, 298
BASF 149
Beeinflussungsmatrix 277, 278
Benchmarking 29, 99, 320, 326
Beratungsportal 109–111
Big Data 224, 241
Bill & Melinda Gates Stiftung 104
BITKOM 309
Budget 217, 255, 257, 259–262, 264, 276, 284, 320
Budgetierung 61, 260, 262, 264
Budgetierungspraxis 260
Business Partner 34, 93, 99, 100, 116, 181–190, 193–196

C
CEO-Kommunikation 88, 89
Change 71, 163, 176, 238
Change Management 108, 124
Commerzbank 118
Communication Performance Excellence 101
Communication Performance Measurement 93, 94
Consumer Decision Journey 321
Content Factory 123, 124, 253, 254
Corporate Empathy 46, 83, 90
Creating Shared Value 56
Customer Journey 215, 296, 297, 300, 303, 304, 323

D
Daimler 123, 231
DAPR 228
DB 127–131, 133–137
Deutsche Bahn 11
Deutsche Post DHL Group 84–87, 90, 123
Deutsche Telekom 13, 118, 123, 189, 245
digitale Gesellschaft 17, 21
digitale Kommunikation 47, 115, 223
digitale Transformation 10, 43, 221, 226, 240, 245, 247, 249
Digitalisierung 2, 4, 13, 42–45, 47, 51, 67, 72, 75, 81–83, 113, 123, 146, 164, 171–173, 175, 222, 225, 229, 230, 242, 244–249, 251, 252, 254, 269, 293, 294, 296, 299, 304
DPRG 39, 40, 44, 72, 94, 96, 97, 153, 207, 215, 228, 240, 308

E
Earned Media 310, 311, 316
Entlastung 5
Erfolgskontrolle 8, 30, 67, 153, 178
Erfolgsmessung 13, 39, 40, 316
European Communication Monitor 41, 48, 51, 185–187, 255
Eurowings Group 12, 161
Evaluation 39, 40, 98, 99, 116, 153, 154, 178, 179, 237, 270, 282, 293, 298, 302
Evaluationspraxis 41
Evaluationsverfahren 13
Evaluierung 104, 106, 217
Exzellenz 27, 28, 32, 33, 36, 190

F
Flughafen München 188, 189
Fraunhofer-Gesellschaft 12

G
GIZ 11, 103–107, 109–112
Google Analytics 313
Governance 11, 46, 48, 98, 120, 186–188, 190, 212

H
Henkel 44
hr-Info 127, 128, 132
HSH Nordbank 226
Hypovereinsbank 94

I

ICV 39, 40, 60, 72, 94, 97, 153, 207, 215, 308
Image 10, 17, 19, 23, 25, 26, 28, 29, 32–35, 68, 84, 91, 137, 142, 182, 215, 256, 258, 276, 283–287, 289–291, 317, 329
immaterielle Werte 21, 41, 69
Immaterielles Kapital 70, 72
ING-DiBa 13, 233, 234, 236–240, 242, 244
Innovations- und Wissensmanagement 146, 148
Innovationsfähigkeit 145
Innovationskommunikation 146, 152, 248
Input 39, 94, 153, 308
integrierte Kommunikation 118, 202, 269, 270, 276, 283, 293
Issue Management 58, 140, 234, 237

J

journalistische Kampagne 137, 142

K

Kampagnen-Kommunikation 8
Kaskade 12, 26, 171, 173, 179
kausale Attribution 293
Kennzahl 7, 8, 156, 169, 170, 263, 281, 308, 310, 316
Key Account Management 116
Key Performance Indikator 95–97, 99, 100, 107, 111, 309
Knowledge Turn 18–20
Kommunikationsbudget 13, 39, 160, 256, 276
Kommunikations-Controlling 7, 10, 13, 14, 27–31, 39–42, 45, 46, 48, 60, 63, 68, 71, 72, 75, 93, 94, 97, 100, 101, 104–106, 119, 169, 215, 223, 225, 236, 256, 258, 269, 270, 283, 286–288, 293, 298, 304, 307, 309, 312, 317, 324
Kommunikationserfolg 9, 14, 32, 42, 180, 307, 317
Kommunikationskaskade 12, 109
Kommunikationskultur 26, 236
Kommunikationsmanagement 8, 13, 31, 39, 40, 47, 51, 60, 67–70, 75, 82, 83, 85, 87, 88, 90, 93, 95, 101, 207, 209, 215, 221, 225, 256, 270
Kommunikationsmedien 3, 274, 275
Kommunikationsraum 319, 323–325
Kommunikationssteuerung 1, 5–7, 9–12, 17, 28, 63, 81, 84, 87, 89, 90, 93, 129, 213, 218, 310

Kommunikationsstrategie 7, 39, 64, 84, 91, 99–101, 160, 208, 223, 248–250, 258, 276, 309
Kommunikationswirkung 6–8, 32, 48, 249, 269
korridorale Kausalität 32
Krise 25, 71, 83, 86, 138, 239
Krisenkommunikation 8, 228

L

Lenkungsstruktur 193
Licence to operate 25, 210
Linienorganisation 117, 118
Lufthansa Group 160–163, 165–168, 170

M

Magisches Viereck 34
Mainova 13, 48, 283–292
MAN Diesel & Turbo 12, 207–209, 211, 213–216, 218
Marke 17, 19, 26, 31, 35, 41, 59, 68, 70–72, 84, 87, 88, 104, 114, 164, 167, 168, 170, 239, 256, 271, 294, 316, 320, 321, 330
Materialitätsanalyse 90, 91
Matrixorganisation 118
Media Richness 274–276
Messgröße 40, 41, 94, 257, 281, 308, 309
Monitoring 14, 71, 74, 111, 112, 115, 224, 284, 311, 316, 320, 325, 326, 328–330
Munich Re 94, 123

N

Nachhaltigkeit 6, 32, 33, 90, 285, 286
Nestlé 56
Netzwerk 71, 104, 109, 110, 116, 199, 200, 204, 218, 233
Newsdesk 213, 214
Newsroom 122–124
Novartis 56
Nutzwertanalyse 280, 281

O

Online-Potenzial-Analyse 327
Open Place 325
Organisation der Unternehmenskommunikation 113
Organisational Listening 46, 73, 254
Organisationsmodell 113, 117, 118, 253
Outcome 30, 39, 94, 153, 224, 257, 308, 315, 324, 329

Outflow 31, 39, 94, 153, 224, 258, 308, 313, 314, 324, 329
Outing Place 325
Output 30, 39, 94, 153, 224, 263, 298, 308, 315, 324, 329
Outsourcing 115
Owned Media 67, 308, 311
Owned Place 324

P
Paid-Earned-Shared-Owned-Media (PESO) 223, 308
Performance Measurement System 98
Performance- und Response-Measurement 319
Performanzindikator 7
Portfolioanalyse 271–273
PwC 42

R
Rationalität 7, 8, 27, 28, 40, 46, 68
Regelkommunikation 8
Reorganisation 108, 115, 118, 124, 147, 161, 187, 189, 212, 214
Reporting 98, 100, 186, 256, 258, 281, 319
RepTrak 72, 237
Reputation 10, 19, 23, 25, 26, 31, 32, 34, 35, 46, 55, 58–60, 68, 70–72, 82, 84–88, 90, 91, 107, 121, 181, 182, 184, 194, 210, 215, 216, 235–237, 239, 241, 249, 256, 258, 294
Reputationsmanagement 238
Ressourcen 8, 9, 13, 18, 28, 30, 36, 43, 53, 55, 61–64, 73, 84–86, 93–95, 114, 116, 119, 148, 150, 155, 171, 174, 178, 194, 199, 202, 218, 225, 250, 255–257, 259, 260, 264, 265, 272, 273, 276, 284, 289, 292, 294, 308
ROI 40, 68, 84, 88, 91, 314
Rolle 45, 51, 56, 58, 59, 104, 111, 121, 182, 184, 190, 212, 249, 252, 254

S
SAP 11, 12, 150, 151, 193
Scorecard 40, 72, 207, 281, 282
Scoring 273
selbstreferentielles System 139
Shareholder-Value 68, 69
Shitstorm 5, 130
Siemens 93, 94, 96, 98, 99, 101, 123, 152
Social Collaboration 146, 149, 152–156, 251

Stakeholder 4–6, 8–10, 18, 21, 22, 33, 35, 36, 40, 45–47, 54–59, 61, 63, 67, 71, 83, 85, 90, 91, 104–106, 110, 113, 142, 159, 184, 196, 201, 202, 208, 210, 211, 215–217, 236, 248, 249, 253, 257, 258, 287, 296, 320, 321, 323
Stakeholder-Kompass 22, 23, 72
Stakeholder-Value 69
Steuerung 1, 8, 11, 14, 40, 48, 75, 96, 115, 117, 153, 154, 156, 161, 162, 169, 188, 207–209, 219, 233, 235, 244, 260, 269, 284, 292, 310, 316
Steuerungsmedien 2–4
Storytelling 151–153, 155, 156, 159, 161, 224
Strategy Map 19
Stufenmodell 320

T
Telekom 44, 246–249, 251, 252
Themenmanagement 13, 167, 189, 233, 235, 236, 241, 242
Themenplanung 284
Themensteuerung 13, 213
Three-Places-Model 324, 326
Touchpoint 44, 45, 296, 297, 300–303
TRI*M-Index 87

U
Union Investment 12, 171, 174–179
Unternehmensstrategie 7, 10, 28, 33, 34, 45, 51, 59, 60, 106, 172, 181, 185, 211, 246–248, 309
User Empowerment 5

V
Valid Metrics Framework 41
Value Based Management 68
Verbreitungsmedien 3
verständigungsbasierte Kommunikation 3, 4, 6
Vorstandskommunikation 12, 193, 194, 196, 197, 200–204
VUKA 245

W
Webanalytics 14, 313, 317
Webmonitoring 319
Wertaufbau 9, 25
Wertbeitrag 9, 39, 41, 69, 152, 309, 313
Wertkette 19

Wertschöpfung 9, 10, 17, 18, 20–24, 28, 33, 45, 69, 73–75, 81, 83, 93, 145, 147, 156, 168, 224, 258, 298, 314, 317
Wertschöpfungsachse 26
Wertschöpfungsbeitrag 17, 24, 28, 63, 190, 255, 257, 258
Wertschöpfungskette 26, 42, 44, 72, 213, 227, 230, 317
Wertschöpfungsprozess 19, 24, 35, 258
Wertschöpfungsziel 46
Wertsicherung 9, 22, 24, 25

Werttreiber 14, 40, 47, 169, 317
Wirkungskontrolle 7
Wirkungsmanagement 17, 31
Wirkungsstufe 8, 14, 27, 40, 60, 97, 153, 308, 329
Wirkungsstufenmodell 59, 62, 64, 207, 215, 315, 329
Wirkungsziel 106, 169, 257, 275, 276
World Economic Forum 56

Z
Zielerreichungsmatrix 276, 277, 279

www.ingramcontent.com/pod-product-compliance
Lightning Source LLC
Chambersburg PA
CBHW080633230426
43663CB00016B/2854